21世纪普通高等院校系列规划教材

管理会计（第二版）

Guanli Kuaiji

主　编　陈万江　李来儿

副主编　闫书丽　肖　霞　彭　强

西南财经大学出版社

图书在版编目(CIP)数据

管理会计/陈万江,李来儿主编.—2版.—成都:西南财经大学出版社,2016.2(2016.7重印)

ISBN 978-7-5504-2329-9

Ⅰ.①管… Ⅱ.①陈…②李… Ⅲ.①管理会计 Ⅳ.①F234.3

中国版本图书馆CIP数据核字(2016)第038865号

管理会计(第二版)

主　编:陈万江　李来儿

副主编:闫书丽　肖霞　彭强

责任编辑:王利

助理编辑:魏玉兰

封面设计:杨红鹰

责任印制:封俊川

出版发行	西南财经大学出版社(四川省成都市光华村街55号)
网　　址	http://www.bookcj.com
电子邮件	bookcj@foxmail.com
邮政编码	610074
电　　话	028-87353785　87352368
照　　排	四川胜翔数码印务设计有限公司
印　　刷	郫县犀浦印刷厂
成品尺寸	185mm×260mm
印　　张	17.75
字　　数	400千字
版　　次	2016年2月第2版
印　　次	2016年7月第2次印刷
印　　数	3001—6000册
书　　号	ISBN 978-7-5504-2329-9
定　　价	35.00元

21 世纪普通高等院校系列规划教材
编　委　会

总 序

为推进中国高等教育事业可持续发展，经国务院批准，教育部、财政部启动实施了“高等学校本科教学质量与教学改革工程”（下面简称“质量工程”）。这是深入贯彻科学发展观、落实“把高等教育的工作重点放在提高质量上”的战略部署，在新时期实施的一项意义重大的本科教学改革举措。“质量工程”以提高高等学校本科教学质量为目标，以推进改革和实现优质资源共享为手段，按照“分类指导、鼓励特色、重在改革”的原则，加强课程建设，着力提升我国高等教育的质量和整体实力。为满足本科层次经济类、管理类教学改革与发展的需求，培养高素质有特色应用型创新型人才，迫切需要普通本科院校经管类教学部门开展深度合作，加强信息交流。值得庆幸的是，西南财经大学出版社给我们搭建了一个平台，协调组织召开了普通本科院校经管学院院长联席会议，就教学、科研、管理、师资队伍建设、人才培养等方面的问题进行了广泛而深入的研讨。

为了切实推进“质量工程”，第一次联席会议将“课程、教材建设与资源共享”作为讨论、落实的重点。与会人员对普通本科的教材内容建设问题进行了深入探讨，认为目前各高校使用的教材存在实用性和实践性不强、针对性不够等问题，需要编写一套高质量的普通本科教材，以促进课程体系和教学体系的合理构建，推动教学内容和教学方法的创新，形成具有鲜明特色的教学体系，以利于普通本科教育的可持续发展。通过充分的研讨和沟通，与会人员一致同意，共同打造切合教育改革潮流、深刻理解和把握普通本科教育内涵特征、贴近教学需求的高质量的21世纪普通高等院校系列规划教材。鉴于此，本编委会与西南财经大学出版社合作，组织了二十余所院校的教师共同编写本系列规划教材。

本系列规划教材编写的指导思想是：在适度的基础知识与理论体系覆盖下，针对普通本科院校学生的特点，夯实基础，强化实训。编写时，一是注重教材的科学性和前沿性，二是注重教材的基础性，三是注重教材的实践性，力争使本系列教材做到“教师易教，学生乐学，技能实用”。

本系列规划教材以立体化、系列化和精品化为特色，包括教材、辅导读物、讲课课件、案例及实训等；同时，力争做到“基础课横向广覆盖，专业课纵向成系统”；力争把每本教材都打造成精品，让多数教材能成为省级精品课教材、部分教材成为国家级精品课教材。

为了编好本系列教材，在西南财经大学出版社的支持下，经过多次磋商和讨论成立了由西南财经大学副校长、博士生导师丁任重教授任名誉主任，章道云教授任主任，王朝全教授、李成文教授、花海燕教授、赵鹏程教授、傅江景教授、蒋远胜教授任副主任，二十余所院校的专家教授任委员的编委会。

在编委会的组织、协调下，该系列教材由各院校具有丰富教学经验并有教授或副教授职称的教师担任主编，由各书主编拟订大纲，经编委会审核后再编写。同时，每一种教材均吸收多所院校的教师参加编写，以集众家之长。自2008年启动以来，经几年的打造，现在已出版了公共基础、工商管理、财务与会计、旅游管理、电子商务、国际商务、专业实训、金融、综合类九大系列七十余种教材。该系列教材出版后，社会反响好，有九种获评四川省“十二五”规划教材，有多种成为省级精品课程教材。

下一步根据各院校的教学需要，还将做两件事：一是结合转变教学范式，按照理念先进（体现人才培养的宽口径、厚基础、重创新的现代教育理念）、特色鲜明（体现科学发展观要求的学科特色、人才质量水平和转变教学范式的最新成果）、理论前沿（体现学科行业新知识、新技术、新成果和新制度）、立体化建设（基于网络与信息技术支持，形成一本主教材加与之配套的数字化资源、以辅助教学的网络平台提供创新型教学服务为支撑的内容产品体系）、模块新颖（教材应充分利用现代教育技术创新内容结构体系，以利于进行更加生动活泼的教学，引导学生利用各种网络资源促进自主学习和个性化学习，兼具“客观化教材”“开放性索引”“研究性资料”和“实践性环节”的功能）的要求，引进先进的教材编写模块来修订、完善已出版的教材；二是重点补充规划旅游类、实训类教材。

希望经多方努力，力争将此系列教材打造成适应教学范式转变的高水平教材。在此，我们对各学院领导的大力支持、各位作者的辛勤劳动以及西南财经大学出版社的鼎力相助表示衷心的感谢！

21世纪普通高等院校系列规划教材编委会

2013年4月

第二版前言

本教材自第一版出版以来，已历经七年有余。在这七年的时间里，对管理会计具有重要影响的管理学、经济学的学术均已经有了长足的发展，学术界对企业管理的实践，更加强调精细化。不仅如此，其还将市场机制对企业的影响，与传统的管理理念中强调的成本管理结合起来，这就在理论层面上形成了一种具有最新时代特点的企业管理模式。与理论研究同时，管理实践还面临着宏观背景上的众创、众筹大课题。

在这一系列的新理念和新实践背景下的管理会计，应如何从理论、技术角度实现自我完善，从而使得管理会计学科可以更好地服务于企业管理实践，是所有从事管理会计学理论和应用技术体系研究的人所面临的大课题。

基于上述认识，我们对本教材进行了一次修订。为了在理念上更加地符合上述大经济背景对理论应该与时俱进的要求，应用技术体系应该更加精准化，我们着重对第二章和第五章进行了改写。对第二章的改写，着重在于将作为管理会计理论基础的核心概念的“性态”进行了扩展，把原来一般教材将性态概念仅仅只是用于对成本范畴进行分析，扩展至各主要损益指标。进而，本章题目也由“性态理论”修改为“财务指标的形态分析”。这种修改使得本章标题可以更加充分地体现本章的核心内容。对第五章的修改，主要集中在相关成本概念的准确化和日常经营决策方法的系统化上。相关成本是经营决策中的一个基础概念。这一概念是对传统会计成本概念的一个异化。这一次的修改，根本目的就在于要突出和强调这种异化以及由此产生的经营决策的价值。而对于经营决策方法的修改，则在于更加系统化地凸显经营决策分析方法作为一个体系的逻辑脉络。这种逻辑脉络就是基于备选方案的财务指标的数量特征以及因此而可以建立的函数模型特征。有了这种对方法体系的逻辑关系的明确化后，由于把握了方法体系的根本，就可以更加灵活地对待经营决策方法，包括使用和构造。

本次修订，是在一些不定期的讨论基础上，主要由陈万江来完成的。这一次修订，西南财经大学出版社给予了原始动力和过程的协助。在此，谨向他们致以衷心感谢！

陈万江

2016 年 1 月

前言

20世纪是世界金融经济获得划时代发展的时代。然而，也正是在金融经济如火如荼发展的时候，爆发了世界性的金融危机。这是一种历史演进的必然还是一种对过度投机的惩罚？可以说，世界性的金融危机引起了理论界和实务界的反思。人们不得不思考这样的问题：在强调与自然环境协调发展、人与人之间协调发展的同时，以竞争为灵魂的市场经济究竟应该以何种方式才能得以持续发展。从而，在以市场经济为背景的当今企业，以人的主观能动性为核心的现代企业管理，究竟还能获得怎样的发展，在现代企业管理中管理者的主观能动性究竟发挥到什么程度才是适当的。

基于对上述问题的思考和对企业管理的需要，我们编写了这本教材。在编写本教材的过程中，我们贯彻了这样的思想：企业管理必须基于对企业的发展规律的了解与把握，这里的发展规律既是自然的也是社会的。否则，以在市场竞争中取胜为目标的企业管理，就难免走火入魔，陷入不协调发展的泥沼。所以，本教材以描述企业发展规律为已任，在充分揭示企业发展和运行规律的基础上，将企业中体现各种运行规律的系统关系归纳总结为各种相应模式，以充分地适应企业管理实务的需要。

本教材的主要特点是充分地结合企业管理实践，以满足学习者了解企业管理实践的需求，从而为学习者提升工作能力素质奠定一个坚实的基础。因此，本教材主要适应于大学本科会计专业、财务管理专业、企业管理专业的学生的学习需要和企业管理者的了解和参阅。

在本教材成书过程中，参阅了众多专家学者的大量著述，在此谨向他们致以衷心感谢。同时西南财经大学出版社为本教材的编辑出版，做了重要的工作，全体作者也要在此向他们致以衷心感谢！

本教材的具体编写分工是：西华大学陈万江教授和成都信息工程学院李来儿教授共同商定全书提纲，西华大学陈万江教授编写第一章和第十三章，成都信息工程学院李来儿教授编写第八章、第十章和第十一章，成都信息工程学院闫书丽副教授编写第二章，成都理工大学肖霞副教授编写第三章，四川理工学院彭强副教授编写第五章和第十二章，成都信息工程学院刘名旭老师编写第四章和第六章，西华大学刘毅老师编写第七章和第十四章，西昌学院马小丽老师编写第九章。最后由西华大学陈万江教授和成都信息工程学院李来儿教授审定全书。

限于编写时间和作者的局限性，本教材的缺陷在所难免，唯祈名家赐教。

全体编写者　谨识

2009 年 2 月

目录

第一章　总论

案例与问题分析

MN 公司正在经历一个严峻的时刻。该公司的产品在市场中逐渐失去销路。于是，公司今后的道路该如何走下去的问题就摆在企业管理当局面前。如是否需要对企业的目标进行调整，是否需要对产品结构、技术结构进行改造，是否需要对市场的定位重新进行确定等问题。这些问题涉及该公司的经营管理中的根本问题。

由于涉及公司经营管理的根本问题，所以在对企业经营管理方面的一个重要的或根本的信息需求就产生了。这就是应该对企业经营管理的运行规律的了解和把握，从而可以为解决前述问题提供基础条件。

第一节　管理会计的意义

现代系统论认为，会计的本质是一个信息系统，是为了满足信息消费者能够据以做出有根据的决策行为的需要而产生和形成的一种加工生成有关信息，并加以反馈的认定、计量和传递经济信息的程序。强调对信息使用者的决策提供支持是现代会计的一个重要特点。因此，会计常被看成是为经济决策提供信息支持的决策支持信息系统。基于信息使用者的不同需要，现代企业会计逐步形成两个相对独立的领域：财务会计和管理会计。

一、管理会计的概念

管理会计起源于19 世纪后半叶，成长于20 世纪上半叶，并于20 世纪50 年代得以基本成形。其基本成形表现为已经具有完整的理论架构和一个独特的完善的方法体系，从而形成一个独立的学科。

会计学基本理论表明，会计活动是以资产、负债、所有者权益、收入、费用以及利润为基本的工作对象，尤其是在确认上述各会计要素间存在客观的经济关系基础上，进行会计的一系列活动。财务会计活动的基本内容包括：首先按一定的观念原则，对特定会计主体的资产及法定归属做出准确的货币计量，同时通过对收入、费用的确认和配比，计算出利润并以此解释特定期间的经营成果和某一时点的财务状况。会计信息外部使用者因远离企业生产经营的实体，主要通过企业提供的财务报表来获得相关信息，自然要求财务会计站在公正的立场上，客观地反映情况，以保证有关的信息资料真实、可靠。因此，财务会计在进行这一系列活动时，必须遵守“客观性”准则。“客观性”准则要求会计在记录反映时必须以已发生的事项为记录内容，而不得以计划或预测资料来代替实际信息，同时，对各种信息的会计处理应保持不偏不倚的立场。一切为了对信息使用者产生特定影响，以使其产生符合其他意志的行为，都是违背财务会计准则的。所以，以公认会计准则为行动规范的财务会计活动，应该真实地反映特定会计主体的财务状况及经营成果的信息。

财务会计是以货币形式，运用复式记账原理，以反映企业生产经营活动过程为基本内容，以向外部信息使用者提供关于企业特定期间财务状况和经营成果信息为基本目的的对外报告型会计。

管理会计则是一种与财务会计具有不同特征的会计活动。

管理会计是以将生产经营活动理解为一个有规律的连续过程为基础，以揭示各财务指标的数量关系为基本内容，从而对生产经营活动的管理建立在科学而不是经验基础上的一种经营管理型会计。它是为满足企业管理者的信息使用需求而提供经营决策所需的和改善经营管理的相关信息，以发挥作为决策支持系统作用的内部管理型会计。

管理会计仍然以会计基本要素为研究对象，尤其是要以各要素之间的经济数量联系作为其研究对象。在管理会计的工作理念中，仍然坚持各会计要素间存在的客观联系，尤其是“收入 - 费用 = 利润”这一等式中所表现的关系并在此基础上展开其理论和技术结构。管理会计的这种工作内容的特点充分地证明了管理会计中包含的会计基本特征。但是，在研究各会计要素的关系时，管理会计突破了传统的会计方法，吸收了经济学、管理学和数学的研究成果，借鉴工程技术研究和数理统计和分析等方法，以努力实现满足管理活动之信息需求的目标。

管理会计作为一种经营管理型会计，在其理论与技术架构的构造理念上，表现出独特的性质特征。在管理会计的视野中，企业经营活动是一个连续的、有规律可循的运动变化过程。作为其所发出之信息，并具体体现这一过程的各个财务指标，表现出经济变量的特征；进而各个财务指标作为变量又表现出规律性可知的特征。财务指标的规律性具体包括各个财务指标之间存在的质的相关、互补性和指标之间的数量联系，进而财务指标的变化规律以及相互之间的联系，也就是企业经营活动运动变化规律的实质性内容。基于这一理解，管理会计的理论与技术结构体系表现如下特征：在努力探求财务指标体系中各财务指标的数量变化规律及相互间数量联系的基础上，表达出生产经营活动的运动变化规律，从而为企业的管理活动奠定一个定量化的科学基础。以这一理解为基础，管理会计的学科体系上还形成了一个重要特征即将各种基本的经济数量管理概括成一系列基本范畴，并构成管理会计的理论基础，进而构建出管理会计的理论架构与技术体系。应该指出，这一理论技术架构的特点决定了管理会计在理念上总是把对企业经营活动的管理视为一个动态的过程来加以理解，而不是像传统会计那样，总是静态地描述企业生产经营活动。

基于此，可以对管理会计的内容归纳如下：管理会计通过特定的信息加工方式生成相关信息，并提供给企业管理当局，以支持其关于生产经营活动的管理。

综上所述，可以对管理会计定义如下：管理会计是指以表述企业经营活动的相关运动变化规律为基本工作内容，并将其提供给企业管理当局以支持企业管理当局的管理活动的决策支持系统。

二、管理会计的学科性质

管理会计是现代会计的一个基本领域。管理会计同财务会计共同构成现代会计体系，因此管理会计和财务会计是现代会计的两个基本的分野。

管理会计的出现首先是现代管理活动的需要，同时现代管理理论以及实践又为管理会计的出现奠定了基础。管理会计是现代管理理论同会计理论以及实践相结合的产物。这一历史渊源决定了管理会计既具有管理活动的特征，又具有会计的信息生成系统特征。正如有的学者所指出的一样：管理会计是以会计信息系统形式存在的决策支持系统。

管理会计首先是以会计信息系统的形式存在的。管理会计的理论与技术架构决定了管理会计首先是进行信息加工。在管理会计的活动进程中，其目标和工作理念的实现，都必须体现为信息加工的过程和行为。在企业经营活动过程中，各种资源要素在其被取得和使用的过程中，都呈现出一种资源流的状态。而这些资源流，无论是物质流还是资本流，都将形成流量与存量的结果状态。而这些经济要素流本身的确认和计量，又必然表现为一定的信息以及信息流。依据对以决策为核心的管理是否有用而进行的信息流加工处理，从而再次生成更高层次和管理相关性更强的信息。这种对基本信息的处理就是管理会计作为一种信息系统的核心活动内容。

不仅如此，管理会计又是一个典型的决策支持系统，从而表现出典型的管理活动特征。美国会计学会对管理会计的特征作了如下的概括：管理会计是运用适当的技巧和概念，处理和分析企业的历史资料或预测的经济资料，以协助企业管理当局制定经营目标、编制计划、做出各种决策，从而达到企业经营目标的一种理论技术体系。从管理系统构成理论来看，企业管理大系统由决策计划制订系统、决策计划支持系统和决策计划执行系统所构成。决策计划支持系统是企业管理大系统中不可须臾暂离的有机构成部分。因此，决策支持系统具有典型的管理活动属性。而管理会计是决策支持系统中的典型内容，所以管理会计也具有典型的管理活动属性。

第二节　管理会计的产生和发展

一、管理会计的产生与形成

19 世纪是资本主义经济形式影响深远的时代，同时，也是诸种现代经济学说百家争鸣的一个时代。管理会计正是在这一背景下得以萌芽、滥觞和发扬光大的。

在 19 世纪，一个值得经济学说史大书特书的事件就是股份制经济形式在社会经济活动中的深远影响。这种影响的一个关键结果是关于社会财富相关权益的分离以及其社会意义。在社会经济领域，基于社会财富相关权益的分离而产生的重要相关内容就是经营权与所有权相分离。尤其应该在这里指出的是这一分离对会计活动和会计学说的影响。当上述的两权分离学说与微观经济主体——企业相结合时，现代意义的公司制企业也相应产生了。与两权分离的公司制企业必然相关的是产生了两种不同需求的会计信息消费者：一是握有企业所有权的企业所有者，二是握有企业经营权的企业经理人。前者处于企业经营活动之外，但与企业存在经济利益的相关性，他们关心的是其注入企业的资本的安全性和增值结果；而后者则关注着已经注入企业的资本的效用如何能够得以充分发挥。这是基于社会经济实践活动而产生的对会计信息的不同需求。而恰恰是这种不同需求，形成了使早期会计转变并形成现代会计架构的历史前提。现代会计的基本架构即财务会计和管理会计两个基本分野，这两个会计的基本分野正是为满足前述的不同会计信息需求而产生和形成的。

管理活动以及理论由早期状态发展为现代形式，也为管理会计的发展奠定了理论基础。在19世纪末期至20世纪初期，以严格而著名的泰罗的管理理论，成为管理理论的主流，因其严格和标准化特征，故称其为典型的标准化硬管理模式。这种模式的核心特征是严格和标准化。而标准化思想对会计活动以及理论的影响，就是标准成本制度理论与实践的形成。标准成本制度的形成和在实践中的运用，导致了成本性态思想以及实践形态的形成，变动成本和固定成本理论又导致变动成本法的产生，由此同时又产生了量本利分析理论框架和实用模型。

在经历了20世纪30年代初的经济大萧条后，如何使得投资具有安全性和有效性，就成为管理者的着眼点。这里的投资，并不仅仅指对外的金融投资，也包括一个企业内部的资金使用的效率问题。正是在这一社会背景下，投资理论、投资的经济评价方法等也就成为管理理论的核心问题，这也是管理会计的重点问题之一。以折现计算为核心技术理念的净现值计算和内部收益率计算等方法，也在这一时期成为管理会计基本架构的核心构成内容。

在管理理论对管理会计的影响中，尤其值得一提的是行为科学理论与系统理论对管理会计理论与实践的影响。以对泰罗的硬管理模式进行批判和扬弃为基础，是在管理活动中引进行为科学思想理论。泰罗的硬管理模式的核心是将人作为自然物对待，忽视人的主观能动性。而行为科学理论的核心则是重视人，重视社会活动尤其是经济活动的真正动因。行为科学思想对会计活动和理论的直接影响就是形成了管理会计基本理念，并且直接导致在管理会计理论技术体系中形成了以人为核心对象的会计核算体系、以人的经济行为动因即经济责任、利益和权利适配的会计核算体系，这就是责任会计核算体系。与此同时，作为现代科学的理论基础和方法论基础的系统论理论，也在深刻地影响着管理会计的体系和内容。这首先表现在，无论是从问题的某一部分进行决策规划还是研究问题的整体，在管理理念上，都是以问题的整体以及整体的系统关系为管理的依归，也就是说，管理会计的管理理念始终是以整体地、全面地、相互联系地研究问题为其根本特征的。作为这一系统理念的具体体现，就是全面的预算管理体系的形成。

在20世纪50年代，管理会计在其基本体系构建上取得了进展，这就是管理会计目标研究。50年代初已有学者明确指出：管理会计以“提供基础信息，以便让经营人员拟定关于企业各项活动的计划，并进行控制”为目的。美国会计学会于1955年度及1958年度的报告书中对管理会计的目标进一步做出了类似表述，如在1958年度的报告书中指出，管理会计工作在于协助经营管理人员拟订达到合理经营的计划，并依此做出明智的决策。这些发展状况表现了管理会计的理论、理念的现代特征。

20世纪70年代社会经济活动的巨变再一次深刻地影响了管理会计的理论和技术体系。一方面，20世纪出现的“顾客化生产”理论使企业面临更加激烈的市场竞争；另一方面，风起云涌的企业购并浪潮，使得企业必须构造自己的战略目标与计划。与此相适应的是企业成本概念的完善化和成本管理会计的发展与战略会计的形成和发展。

基于前述内容，在管理会计理论逻辑上不仅提出了前述的管理会计系列内容体系，而且也从改革管理会计的理论体系、控制与方法体系等方面着手，来研究建立管理会计方面的问题。对管理会计的这种研究以及管理会计本身的发展线索表明了一个管理会计本身的逻辑发展方向，正是这种方向体现着现代管理会计发展对新领域的开辟，体现着现代管理会计在新世纪的发展方向。

二、管理会计发展的阶段特征

虽然逻辑判断的结论与历史事实并不在每时每刻都一致，就正如所谓规范研究与实证研究有时候不一致一样，但是在充分长的时间和充分多的样板实例中观察，其实两者还是几乎一致的。管理会计的上述发展历程，就其特征而言，可以划分成两个具有不同特征的阶段，即执行性阶段和决策性阶段。

（一）执行性阶段的管理会计

执行性阶段的管理会计，其核心是制定标准指标并保证其实施。执行性阶段的管理会计的理论基础是以泰罗的硬管理思想为核心的管理思想体系。在硬管理思想体系中，以自然科学的理论和技术方法为依据，制定从自然科学角度具有可执行性的指标，并以特定的过程控制方式来保证其实现。这种管理模式的关注重心在于执行过程。就具体内容而言，这一阶段的核心是围绕标准成本的制定和执行而展开的。

（二）决策性阶段的管理会计

在管理会计的发展历程中，一个重要理念的出现，成为管理会计发生的阶段性转折的标志，这就是：“管理的重心在于经营，而经营的重心在于决策”的理念。这一理念使得企业管理者将经营活动的重心由经济活动过程之中转移至经济活动过程之前。这一重心的转移，使得管理者的视野由过程的控制转移至过程之前的预测、决策和规划。也正是这一管理重心的转移，使得这一阶段上形成了一个管理活动的新中心即企业未来经营活动应该如何进行。

第三节 管理会计与财务会计的联系与区别

会计是随着社会生产的发展和经济管理的要求而产生、发展并不断完善的。随着市场经济的发展和管理水平的提高，企业会计逐步形成了两个相对独立的领域：管理会计和财务会计。管理会计和财务会计都是从传统会计中派生出来的学科，两者同源分流，所以它们之间既有联系又有区别，两者既相互补充又各具独特职能。两者共同为与企业相关的信息消费者服务。

一、管理会计与财务会计的联系

按照现代会计理论的一般解释，管理会计从传统会计中分离出去，原会计体系中组织日常会计核算和期末对外报告的内容部分就形成现代财务会计系统，并与管理会计体系成为相互独立的两个体系。显然，管理会计与财务会计两者源于同一母体，虽各自独立，但又相互依存、相互制约、相互补充。这就使得这两个以信息的加工和反馈为基本内容的体系表现出了共性与联系。

（一）基本信息同源

管理会计和财务会计都是会计信息系统的一部分，它们的信息均来源于企业经济活动的原始信息。管理会计是通过分析、加工多种资料为企业管理服务的。这些资料包括会计资料、统计资料、业务活动的资料及其他有关的资料，其中最重要的还是会计核算资料，是财务会计通过凭证、账簿所记录、汇总、整理的企业整个生产经营活动的有关数据。管理会计对这些数据进行加工整理，使之成为管理者规划、控制生产经营活动，考核工作业绩，做出正确决策的科学依据。这表明，它们的基本信息来源是相同的。

（二）管理会计的工作是财务会计工作的延续和发展

财务会计职能是正确记录经济业务发生的财务数据，按照国家规定的会计核算制度和规定格式正确编制企业财务报表，提供给公众报表使用人。而管理会计是在财务会计提供的财务数据基础上依据经营者的需要将有用的财务数据重新组合，运用统计、数学等方法，与企业预算相比较，分析完成和未完成原因，修正预算，提出改进措施，发挥财务计划、分析、监督和控制职能，变财务会计的事后反映为管理会计的事前预测、事中监督和控制、事后的分析和总结，成为企业经营者的参谋。

（三）最终目标相同

管理会计与财务会计虽然分别为企业内部和外部的信息使用者提供经济信息，但它们的最终目标都是为了提高企业的经济效益。财务会计对企业外部的信息使用者提供财务报告的同时，也为企业内部的信息使用者提供了准确、可靠的信息，这将有助于决策者进行合理的决策，有助于强化企业内部管理，进而达到提高企业经济效益的目标。而管理会计则直接参与企业的经营管理决策，以帮助企业改善经营管理和提高经济效益。

（四）发展趋势相同

管理会计与财务会计是由于企业所有权与经营权的分离而产生的，在此之前，管理会计与财务会计的概念并不存在，而只存在着会计的概念。但随着企业经营环境的迅速变化，越来越多的企业外部经济利害关系人逐步认识到管理会计所反映的企业重大经营决策控制行为的相关信息对保护各自经济利益的重要性。因此，将管理会计所体现的重要会计信息纳入到财务报告范畴的呼声日渐增高。目前财务会计报告中将诸如现金流量等许多的管理信息已经纳入其体系，管理会计信息的规范化和财务报告化也已成为趋势。这对管理会计的未来发展会产生方向性的重大影响。

二、管理会计与财务会计的区别

管理会计虽是从传统会计中派生出来的，但是其与财务会计既然并列为会计学科的两大领域，当然也就有与财务会计的不同之处。

（一）信息的相关性差异

财务会计是以货币为计量工具，运用复式记账原理，按照规定的程序，将特定企业生产经营活动中相关的业务数据进行性质变动的确认、数量增减的计量、并将确认和计量的全部内容经过分类整理并记录，最终加工成以会计报表形式承载的信息，并对外进行信息的反馈，以满足处于企业外部并与企业之间存在经济利益的利害关系主体的信息消费需求。企业提供一定期间的经营成果和财务状况信息，使前述的利害关系相关主体能够及时、准确地了解企业的生产经营状况，并能够对企业的经营状况做出准确的判断，以确保其自身的经济利益。因此，习惯上把财务会计叫做“对外报告会计”。

管理会计的性质决定了管理会计侧重于为企业经营管理服务。如前所述，管理会计是以将生产经营活动理解为一个有规律的连续过程为基础，以揭示各财务指标的数量关系为基本内容，从而将对生产经营活动的管理建立在科学而不是经验基础上的一种经营管理型会计，它是为满足企业管理者的信息使用需求而提供经营决策所需的和改善经营管理的相关信息，以发挥作为决策支持系统作用的内部管理型会计。基于这一论断，通常也称管理会计为内部会计。

（二）信息的时间属性差异

财务会计总结历史，管理会计面向未来。

财务会计的工作必须建立在已经发生的经济事项基础上，而绝不允许以计划或定额一类的指标代替实际的经济数据。同时，财务会计总是以观念的货币为工具对已经发生的经营活动相关数据进行加工。所以，财务会计的工作表现出一个根本的特征就是对“历史”的观念总结。财务会计的这一工作特征表明，财务会计侧重于从观念上总结企业经营活动的历史。

作为经营管理型会计，管理会计主要是要表达企业经营活动的规律，从而为企业未来经营活动该如何进行提供科学的依据。显然，管理会计侧重于对企业未来的经营决策提供信息支持。因此，从时间上而言，管理会计的关注视野始终是企业未来的经营活动。

（三）信息的空间范围差异

财务会计遵循的会计准则以其会计活动的假设为前提。而其中的主体假设是关于财务会计活动的空间范围的一个假设前提。这一假设使得财务会计的工作视野总是以一个企业整体作为关注的范围。在财务会计的工作中，即使是仅仅一笔业务，其实质也是在加工有关一个企业的整体财务信息而不是孤立的一笔业务的核算。财务会计的任何工作，都是为反馈企业最终的以会计报表所承载的会计信息的有机组成部分。所以，财务会计的工作对象的主体层次是唯一的和确定的，也就是会计主体即企业。

但是，基于学科属性的特色，管理会计并不受到会计准则的约束。所以，管理会计并无类似于财务会计所必须遵循的会计主体的工作空间的约束。事实上，管理会计的工作空间范围是不确定的，它可以是企业整体，也可以是企业的某一具体部分，还可以是某一特定经营活动，甚至是某一经营活动的某一片段或环节。管理会计的工作空间范围完全视所解决具体问题的本身之所需而相应确定。

（四）信息的生产工作所遵循的规范差异

财务会计在其加工和反馈企业的相关经济信息时，必须遵循公认会计准则。财务会计生产信息时的基本工作活动包括确认、计量、记录和报告（信息反馈）。对这些活动，公认会计准则都做出了相应的准则规定。会计确认应该遵循权责发生制；会计计量应该遵循历史成本原则并在适当的情况下可以采用公允价值计量属性；会计记录必须采用复式记账方法；会计报告应该采用公认的会计报表形式，这些规定已经囊括了财务会计的信息加工和报告的全过程。因此，财务会计的信息的生产工作方法体系是受到严格的规范的，而且绝对不允许有随意违背公认会计准则的行为发生。之所以如此，是因为财务会计既然是一种对外报告会计，就存在一个取得外部利益相关主体信任的任务。而遵循公认会计准则，就为取得这样的信任奠定了一个理论与技术的基础。

同样道理，基于学科属性，作为企业决策支持系统的管理会计，主要任务是帮助企业管理者对未来的生产经营活动进行规划和控制。而这一活动单位，是一个主体内部的经济管理行为，并不存在需要取得外部其他市场主体信任的问题。因此，管理会计并不需要遵循类似于财务会计所必须遵循的公认会计准则问题。正是基于这一差异，在信息载体形式、信息的相关时间范围、信息的加工程序等在财务会计活动中必须遵循公认会计准则的事项上，管理会计完全是灵活多样而不受公认会计准则的约束的。在这种灵活的信息生产活动中，管理会计唯一受到的约束是经营管理活动对信息的具体需求。

（五）法律责任不同

由于财务会计的学科属性特征是一种对外报告会计，因此财务会计的活动是涉及不同市场主体的一种活动。这些主体与企业之间存在经济利益的相关性。而财务会计的信息生产加工活动既然涉及不同的法律主体，因而就应该承担相应的法律责任。作为财务会计必须遵循的会计准则，本身也具有广义的法的性质。公认会计准则对财务会计活动的约束，本身也在表明财务会计的法律责任。

而管理会计作为一种内部会计，所提供的资料信息在形式上不是正式报告，不对外公开发表，只为企业管理当局使用，所以不涉及其他法律主体，因而也不存在承担法律责任的问题。

第四节　管理会计的基本内容

一、管理会计的职能

管理会计是为企业管理服务的，对企业加强内部经营管理，提高经济效益有着重要的作用。它通过对企业的人、财、物等资源进行计划和控制，达到管理者对资源最优化使用的目标。管理会计的主要职能可以概括为预测、决策、规划、控制和考核评价等管理职能。

（一）预测职能

按照企业确定的经营目标和经营方针，在充分考虑经济规律的作用和经济环境的影响的条件下，对利润、销售、成本及资金等重要经济指标进行科学的预测分析，为企业经营决策提供有用信息。

（二）决策职能

决策作为企业管理的核心，贯穿于企业管理的整个过程。管理会计发挥“决策”职能，就是参与经济决策。主要体现在根据企业的决策目标，收集、整理有关的信息资料，选择科学的方法计算、评价决策方案的指标并做出正确的财务评价，选出最优方案。

（三）规划职能

管理会计的规划职能是通过编制各种计划和预算实现的。它是以经营决策为基础，将预先确定的经营目标从时间和空间两个角度进行分解，最终落实到企业经营活动各有关实践地和各有关环节上，形成各种分部预算，从而科学、合理地配置企业的各项资源，同时形成企业经营活动的运行规范，并为控制和业绩考核评价确定了标准。

（四）控制职能

管理会计的控制职能是指将经济活动的事前控制和事中控制有机地结合起来。企业应监督计划的执行过程，并对执行过程中实际与计划的偏差进行分析，促使有关方面及时采取相应的措施，改进工作，确保经济活动按照计划进行。

（五）考核评价职能

管理会计的考核评价职能，就是对企业各有关单位责任的落实与履行等业绩的考核与评价。根据各责任单位所编制的业绩报告，通过对比、计算并分析实际数与预算数的差异，来评价和考核各责任单位的绩效，奖优罚劣，保证经济责任制的贯彻执行。

二、管理会计的基本内容

管理会计的内容是指与其职能相适应的工作内容。根据上述管理会计的职能，管理会计的基本内容包括预测与决策会计、规划与控制会计和责任会计三个部分。

（一）预测与决策会计

预测与决策会计是指管理会计系统中为企业管理当局预测经济前景和实施经营决策职能的管理会计子系统。它首先对企业会计信息系统和其他管理信息系统所提供的信息和数据进行预测分析，并利用专门的决策方法对企业经营投资等有关问题进行决策分析；然后采用预测和决策分析的各种专门方法，帮助管理者确定企业的经营目标、经营方针和经营方法，并通过全面预算将企业的总体规划具体化，使企业的各种生产要素和经济资源得到合理、有效地运用和最优配置，从而取得最佳的经济效益和社会效益。预测与决策会计主要包括预测、短期经营决策、长期投资决策和全面预算等。

1. 预测

利用财务会计信息和其他相关信息，通过调查研究和综合判断，对企业短期和长期的生产经营活动进行科学的预测分析。通过预测分析，就可以了解经济发展趋势和企业的生产经营前景，确定未来一定期间的各种经营目标，为企业的投资决策和经营决策提供依据。预测一般包括成本预测、销售预测、利润预测和资金预测等。

2. 短期经营决策

短期经营决策是指为了有效地组织企业的日常生产经营活动，合理利用经济资源，根据企业的经营目标，通过对有关可行性方案的经济效益进行计量、分析和评价，以获取最佳的经济效益，为决策者提供最佳可行方案。短期经营决策主要包括生产决策、存货决策和定价决策等。

3. 长期投资决策

长期投资决策是在合理确定预期投资报酬水平、考虑货币时间价值和投资风险价值的条件下，通过对企业长期的、资本性投资进行决策分析，选取技术引进、产品开发、设备购置与更新等方面的最佳方案。长期投资决策一般包括固定资产投资、固定资产更新决策和无形资产投资决策等。

4. 全面预算

通过编制全面预算，将企业预测、决策所确定的目标和任务以数量的形式表现出来，建立一个包括生产、销售、财务等在内的预算指标体系，从而使企业生产经营各个环节能相互协调，保证企业经营目标的实现。全面预算一般包括业务预算、专门预算和财务预算三大类。

（二）规划与控制会计

运用各种控制手段，包括事前控制、事中控制与事后控制等，在决策目标和经营方针已经明确的前提下，对执行既定的决策方案而进行有关规划和控制，使之能达到或符合预定的目标或标准。规划与控制会计的内容主要包括存货控制、成本控制等内容。

1. 存货控制

在保证企业生产经营活动对存货正常需要的前提下，尽量降低存货的成本费用，并通过对存货的成本构成及其相互关系的计量与分析，确定不同情况下的最佳合理的存货储存和订购数量，并制定相应的存货控制制度与方法。

2. 成本控制

成本控制是根据历史成本资料和相关经济技术做出成本预测、成本预算以及标准成本的规划，并通过对实际成本与标准成本的差异进行比较、分析，达到降低产品成本、加强成本控制、完成成本目标和成本预算的目的。

（三）责任会计

责任会计把经济责任与会计信息结合起来，以加强企业内部控制。从实质上看，责任会计是一种以人为对象的会计，以人的经济权利、利益和责任为核算对象的会计。在组织企业经营管理时，按照分权管理的思想将生产经营决策权在不同层次的管理部门及人员之间进行适当划分，并划分各个内部管理层次的相应职责、权限及所承担义务的范围和内容。即在企业内部建立若干层次的责任中心。责任中心的建立，就形成了责任会计的基础，利用会计信息对各个责任中心的业绩进行计量、确认、记录、评价和考核，以适应权、责、利相统一的要求。责任会计体系应建立健全各项定额标准，明确各级责任中心，实行全面经济预算，把权、责、利落实到各责任中心。责任会计的核算过程一般包括划分责任中心、编制责任预算、对各责任中心的业绩进行计量、控制、评价和考核、调整经济活动等环节内容。

第二章 财务指标的性态分析

案例与问题分析

某股份有限公司下属甲和乙两个企业，公司总经理在翻阅财务报告时发现了一个问题：甲企业2006年产销不景气，库存大量积压，贷款不断增加，资金频频告急。2007年，该厂对此积极努力，一方面适当生产，另一方面想方设法广开渠道，扩大销售，减少库存。但最终其报表反映2007年的利润却比2006年低。乙企业的情况则恰好相反，2007年市场不景气，销售量比2006年低，年度报表上，除货币资金外，其他反映经济效益的指标却都比上年好。总经理对此情况大为不解，要求财务经理进行合理地分析。

第一节 成本的性态分析

一、成本的概念及分类

(一) 成本的概念

对于“成本”一词，会计学、管理学、经济学都有不同的解释。即便是在同一领域，对成本的理解也是各种各样。

马克思说：“按照资本主义方式生产的每一个商品W的价值，用公式来表示是 $W=c+v+m$。如果我们从这个产品价值中减去剩余价值m，那么，在商品中剩下的，只是一个在生产要素上耗费的资本价值 $c+v$ 的等价物或补偿价值。”① 由此可见，所谓成本是指商品生产中耗费的活劳动和物化劳动的货币表现。

西方经济学家们还把成本描述为：“为了获得某些产品或劳务而作出的牺牲，这种牺牲可以用支付的现金、转移的财产以及提供的劳务等来衡量。”②

财务会计中对成本从广义和狭义两个方面来定义。广义的成本概念是指为了取得某项资产或达到特定的目的而付出的代价。如：购买固定资产所支付的代价构成固定

① 马克思，恩格斯. 马克思恩格斯全集：第25卷［M］. 北京：人民出版社，1972.

② 【美】R. H. 加里森. 管理会计［M］. 4版. 1995.

资产的成本，购买原材料付出的代价构成原材料的成本。狭义的成本概念是指产品成本，即企业一定时期生产和销售一定数量的产品或提供一定数量的劳务所支出的费用总和。

管理会计与财务会计的职能不同，它主要是为企业管理部门的预测、决策、控制和业绩评价服务。要履行这些职能，所需要的信息各不相同，即：管理会计需要根据其职能的要求来核算和提供满足需要的成本信息。中心思想是"针对特定的决策需要确定特定的成本对象，计算特定内涵的成本"。在这样一个思想的基础上，可以将成本定义为：企业在生产经营过程中对象化的、以货币表现的、为达到一定目的而应当或可能发生的各种经济资源的价值牺牲或代价。① 这个定义主要强调形成成本的原因（目的性）和成本发生的必要性。成本的时态可以是过去时、现在时、完成时或将来时。因此，管理会计的成本范畴在时间和空间上都被进一步扩展，是广义的成本观念。

成本按照不同的标准有不同的分类，而且在对成本分类的这个问题上是"仁者见仁，智者见智"。本书在此主要从成本的经济职能和成本性态来进行介绍。

（二）成本按经济职能进行的分类

在实际工作中，我们可以根据不同的目的和需要，从不同的角度对成本进行分类。由于制造业发生的成本最完整、最典型，因此，通常按经济职能对成本进行分类。

按照经济职能分，可以将成本分为制造成本和非制造成本。

1. 制造成本

制造成本也称为生产成本或产品成本，是指企业为生产产品、提供劳务而发生的各种耗费。在财务会计中制造成本通常被分摊到本期生产的产品中，通过产品的销售，将产品成本转化为产品销售成本，成为当期费用。当期未售出的产品作为存货，相应的产品成本就构成了存货成本。制造成本根据其具体的经济用途分为：

（1）直接材料：是指在产品生产过程中，用于产品生产，并构成产品实体的原材料及主要辅料。

（2）直接人工：是指直接在对原材料进行加工，使之成为产品的过程中所耗费的人工成本。

（3）制造费用：是指在产品生产过程中发生的除直接材料、直接人工以外所有其他成本支出，如车间管理费、车间照明、机器设备折旧费、维修费等。

2. 非制造成本

非制造成本也称为期间成本或期间费用，是指不构成产品实体的价值，而只与会计期间有关，并直接计入当期损益的成本。包括：

（1）营业费用

营业费用是指企业在销售商品、提供劳务等日常经营过程中发生的各项费用以及专设销售机构的各项费用，包括运输费、装卸费、包装费、保险费、展览费、广告费，以及为销售本企业商品而专设的销售机构的职工工资及福利费等经常性费用。

---

① 吴大军．管理会计［M］．北京：中央广播电视大学出版社，2000.

(2) 管理费用

管理费用是指企业为组织和管理企业生产经营活动所发生的费用，包括企业的董事会和行政管理部门在企业的经营管理中发生的或者应当由企业统一负担的公司经费、工会经费、待业保险费、劳动保险费、董事会费、咨询费、诉讼费、业务招待费、无形资产摊销费、职工教育经费、房产税、车船使用税、土地使用税、印花税、技术转让费、研究与开发费、排污费等。

(3) 财务费用

财务费用是指企业为筹集生产经营所需资金而发生的费用，包括应当作为期间费用的利息支出（减利息收入）、汇兑损失（减汇兑收益）以及相关的手续费等。

成本按经济职能分类，可以反映产品成本的构成，有利于分析成本升降的原因并寻找降低成本的途径。但是，这种分类不能反映成本发生的驱动因子，即成本的发生及金额的大小与数量的关系，如产品数量对制造业人工总成本的影响、运输里程对运输公司的油料成本的影响等；不利于企业管理者加强成本的规划、控制和挖掘企业内部潜力。而客观上成本与数量之间是存在着内在联系的，因此，管理会计将成本按照与数量的关系来进行分类。

二、成本性态

成本性态也称为成本习性（Cost Behavior），是指成本总额与业务量之间客观上所存在的依存关系。这里的业务量可以是生产量、销售量，也可以是作业量。由于成本与业务量之间的内在联系，我们可以根据其变动规律，将成本划分为变动成本、固定成本和混合成本。

(一) 变动成本（Variable Cost）

1. 变动成本的概念

变动成本是指在一定期间和一定业务量范围内（相关范围内）其总额随着业务量的变动而成正比例变动的成本，即当业务量发生一定比例的变动时，相应的变动成本也会随之发生相同比例的变动，如计件工资、直接材料消耗等。工资总额和材料消耗成本都将随着产品生产数量的增加呈正比例增加。

【例2-1】轿车生产企业每生产一辆轿车需用一个发动机，每一个发动机价值7 000元。随着企业生产轿车数量的增减，发动机的总成本随之呈正比例增减，如表2-1所示。

表2-1　　轿车变动成本表

轿车产量（台）	发动机单位成本（元）	发动机总成本（元）
1	7 000	7 000
2	7 000	14 000
3	7 000	21 000
4	7 000	28 000
5	7 000	35 000

2. 变动成本的特点

（1）相关范围内，变动成本总额随业务量变动成正比例变动（如图2－1）。

（2）相关范围内，单位变动成本不随业务变动而变动，是一个常数（图2－2）。

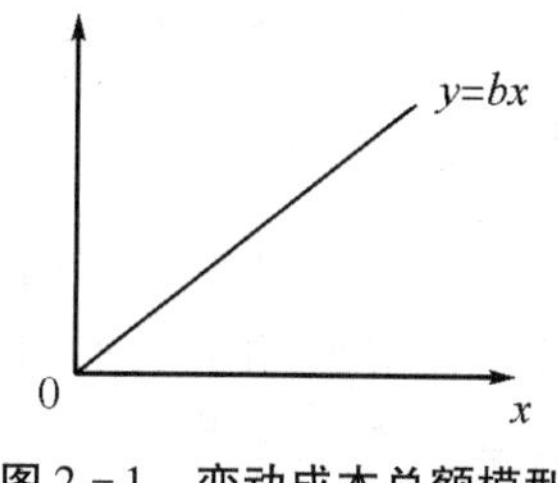

图2－1 变动成本总额模型

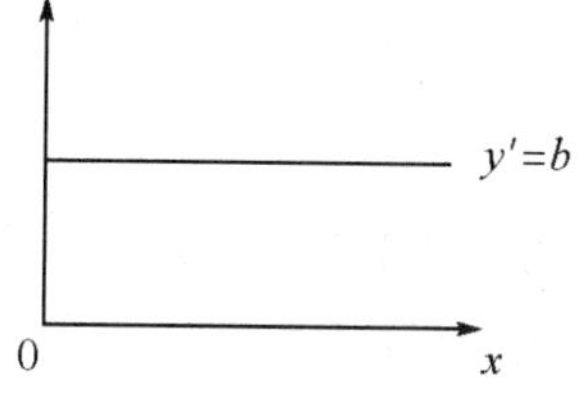

图2－2 单位变动成本模型

（3）没有业务量，也就没有变动成本。

2. 变动成本分类

通常情况下，变动成本的发生有两种情况。第一种情况：变动成本的发生是由生产技术或者实物之间的关系决定。这类成本是企业利用生产能力所必须发生的成本。第二种情况：变动成本的发生是由管理者的决策决定。根据变动成本发生的不同原因，将其划分成酌量性变动成本和约束性变动成本两类。

（1）酌量性变动成本

酌量性变动成本是指企业管理当局的决策可以改变其支出数额的变动成本，如销售人员按照销售百分比（量）计提的佣金。

（2）约束性变动成本

约束性变动成本是指企业管理当局的决策无法改变其支出数额的变动成本。这类成本受客观因素影响，其消耗量由技术因素决定，因此，也称为技术性变动成本，如一辆汽车需配备一个发动机、四个轮胎、一个蓄电池。

（二）固定成本（Fixed Cost）

1. 固定成本的概念

固定成本是指在一定期间和一定业务量范围内（相关范围内），不随业务量的变动而变动的成本，如差旅费、职工培训费、保险费、广告费、劳动保护费、办公费、管理人员固定工资、按直线法提取的固定资产折旧费。

【例2－2】企业租用一套生产设施，该设施设计年产能为10万件，按照合同规定，无论设施是否使用，租用方每年均支付租金100万元。目前，企业生产产品的最大市场容量为8万件。那么，企业租金与每年的产量没有直接关系，是固定不变的，属固定成本。

2. 固定成本的特点

（1）相关范围内，固定成本总额不随业务量的变动而变动，是一个常数。由于在一定的条件下，固定成本总额不随业务量的变动而变动，因此，在平面直角坐标中，固定成本线是一条平行于X轴的直线，总成本模型是：$y=a$（如图2－3所示）。

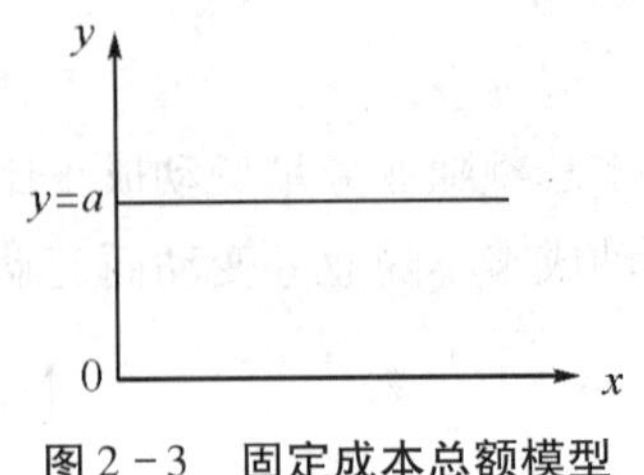

图 2－3　固定成本总额模型

（2）相关范围内，固定成本数量与业务量数量无关。所以，计算单位固定成本是没有意义的。在相关范围内，业务量的增加或减少，并不能导致固定成本相应增加或减少。例如，假设某企业业务量的相关范围是 10 000 单位，对应于此的的固定成本为 200 000 元。该企业第一期的业务量为 5 000 单位，固定成本发生额为 200 000 元。第二期业务量为 8 000 单位，对应的固定成本为 220 000 万元。对此，我们并不能得到第二期固定成本节约了的结论。

（3）但是，超过相关范围，固定成本总额仍然要发生变化。固定成本保持在某一个常数水平上是相对于一定条件而言的，当条件发生变化时，固定成本仍然要发生变化。

如，某企业一生产线最大生产能力是 10 000 件产品，该生产线按直线法计提折旧额为 300 000 元。若产品市场容量扩大到 15 000 件，则需增加一条生产线。这样，按照直线法计提的折旧额将增加到 600 000 元。那么，也就是说，当生产量保持在 100 000 件以内，折旧额保持在 300 000 元，是一条平行于 X 轴的直线；当生产量超过 100 000 件，折旧额将增加到 600 000 元；在 100 000 件到 200 000 件以内，折旧额又保持在 600 000元，又呈现出一条平行于 X 轴的直线（如图 2－4）。

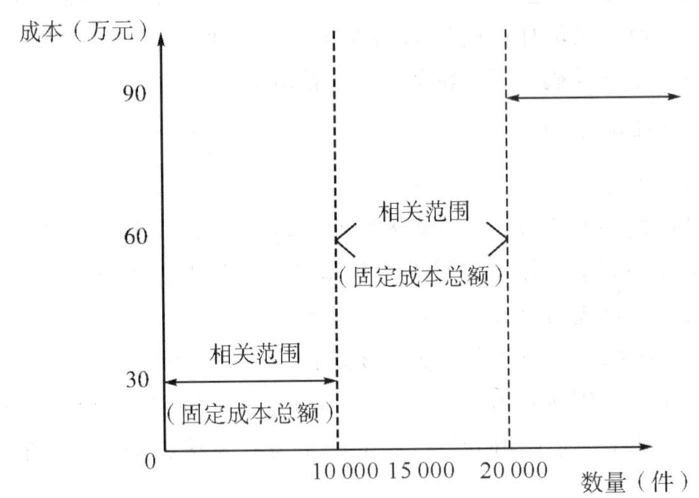

图 2－4　某企业生产量与折旧额按直线法计提的关系

3. 固定成本的分类

根据决策者的经营决策行为对不同固定成本是否可控，可以将固定成本分为酌量性固定成本和约束性固定成本。

（1）酌量性固定成本

酌量性固定成本是指企业管理当局的决策可以改变其支出数额和决定其是否发生的固定成本，也称选择性固定成本或者任意性固定成本，如广告费、职工教育经费、技术开发费、新产品研发费等。这类成本的期限相对较短，通常是在一年以内。由于管理者可以决定其是否发生，故其可以降低为零。但，这部分成本是企业可持续发展的基础，因而，企业还必须根据其发展战略合理安排酌量性固定成本。

（2）约束性固定成本

约束性固定成本是指企业管理当局的决策无法改变其支出数额和决定其是否发生的固定成本，也称承诺性固定成本。由于约束性固定成本与企业的经营能力有关，因而也称为“经营能力成本”“能量成本”，如按直线折旧法计提的固定资产折旧费、房屋和设备的租金、不动产税金、财产保险费等。这类成本具有长期性，且不可能为零。因此，企业根据约束性固定成本的这两个特点，应尽可能充分利用一切生产能力，以达到降低单位产品成本的目的。

（三）混合成本

1. 定义

混合成本是指成本总额随业务量的变动而变动，但不呈正比例变动的成本。混合成本中包含了变动成本和固定成本。这种成本一般存在着一个初始量，类似于固定成本。在此基础上，另一部分成本随业务量的变动呈正比例关系变动，这部分成本类似于变动成本。也就是说，混合成本中即包含了变动成本，又包含了固定成本，如电话费、照明费、水费、设备维护费等。

实际工作中，企业的总成本就是混合成本，其成本项目中有的可以直接归属为变动成本，有的可以直接归属为固定成本，剩下的归属为混合成本。这些混合成本项目中的变动成本和固定成本可以进行分解，分别归属到变动成本和固定成本中。这个过程，称为成本性态分析（如图2－5）。

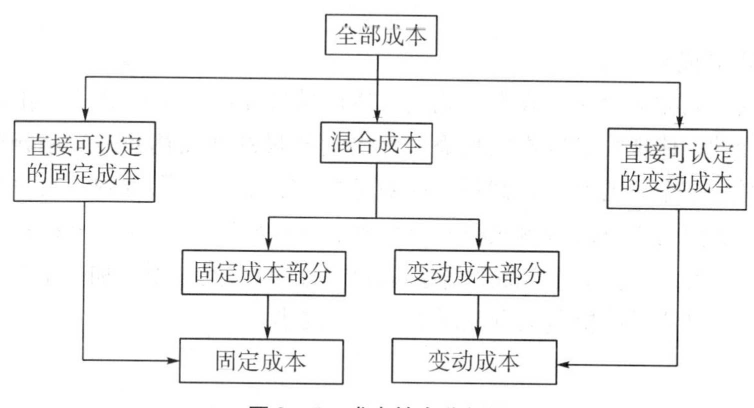

图2－5　成本性态分析图

2. 混合成本通用模式

按照成本性态，企业成本总额由变动成本和固定成本组成。根据变动成本和固定成本的特点，我们可以得到以下模型：

成本总额 = 固定成本 + 变动成本

　　　　 = 固定成本 + 单位变动成本 × 业务量；

即，$y = a + bx$；

其中，y 为成本总额；a 为固定成本总额；b 为单位变动成本；x 为业务量。

混合成本通用模式反映了成本与业务量之间客观上存在的内在联系，管理会计就是利用这一模型来发挥其各种职能。

3. 混合成本的种类

虽然混合成本可以用通用的模式来反映，但混合成本总额与业务量的关系比较复杂，按照混合成本变动趋势，可以将混合成本分为以下几类。

（1）半变动成本

此类成本的特征是当业务量为零时，成本为一个非零基，它不随业务量的变化而变化，体现固定成本的性质，但在基数部分以上，则随业务量的变化而成比例地变化，又呈现出变动成本性态（如图 2 -6 所示）。如，电话费，每月的电话费总额是由座机费和通话费构成，座机费与通话时间没有关系，属于固定成本范畴；通话费与通话时间呈正比例关系，属于变动成本范畴。

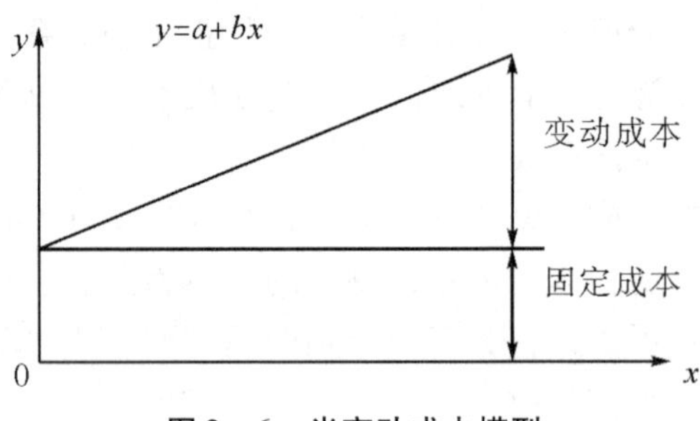

图 2 -6　半变动成本模型

（2）半固定成本

半固定成本又称为阶梯式成本。此类成本的特征是在一定业务量范围内其发生额的数量是不变的，体现固定成本的性态，但当业务量的增长达到一定限额时，其发生额会突然跳跃到一个新的水平，然后，在业务量增长的一定限度内，其发生额的数量又保持不变，直到另一个新的跳跃为止（如图 2 -7 所示）。如，一个检验员每月最多检验 3 000 件产品，当企业的产品产量超过 3 000 件时，就必须增加一个检验员才能完成产品检验。企业质量检验员工资就属于半固定成本。

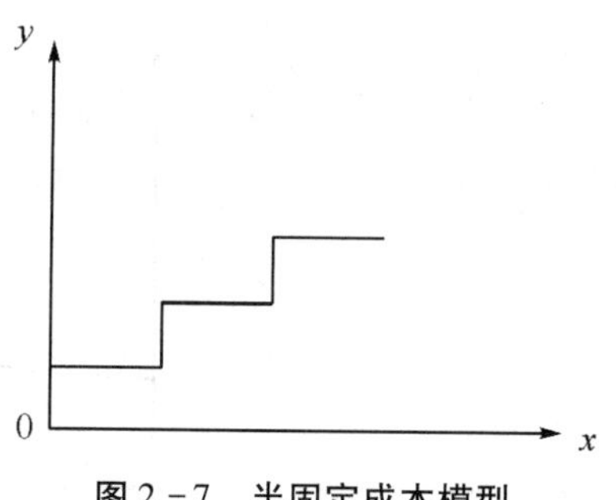

图 2-7 半固定成本模型

（3）延伸变动成本

也称为低坡型混合成本。这类成本在一定范围内成本总额不随业务量的变动而变动，但当业务量超出这一范围后，成本总额将随业务量的变动而发生相应的增减变动。也就是说，此类成本的特征是在业务量的某一临界点以下表现为固定成本，超过这一临界点则表现为变动成本（如图 2-8 所示）。如，企业在正常工作时间内，按固定工资支付给职工，超出工作时间加班时，按照加班时间长短或次数支付加班费。

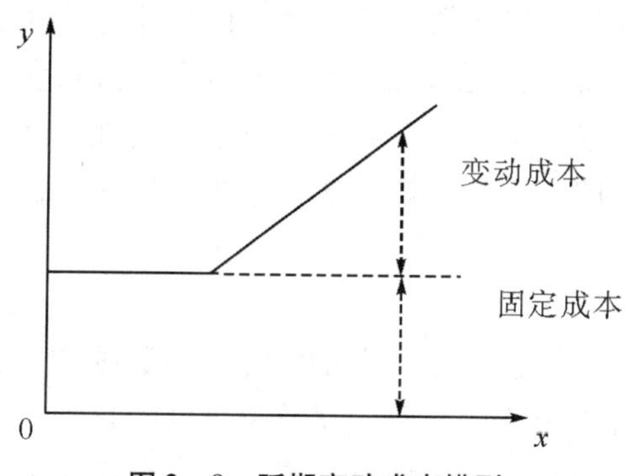

图 2-8 延期变动成本模型

（4）曲线变动成本

这类成本通常也有一个不变的基数，相当于固定成本，但在这个基数之上，成本虽然随着业务量的增加而增加，但两者之间并不像变动成本那样保持严格的正比例直线关系，而是呈现非线性的曲线关系。按照曲线变动趋势，可以分成递减曲线成本（如图 2-9 所示），如热处理的电炉设备，每班需要预热，预热耗电成本属于固定成本，预热后进行热处理的耗电成本逐渐增加；递增曲线成本（如图 2-10 所示），如累进计件工资、各种违约金、罚金等。

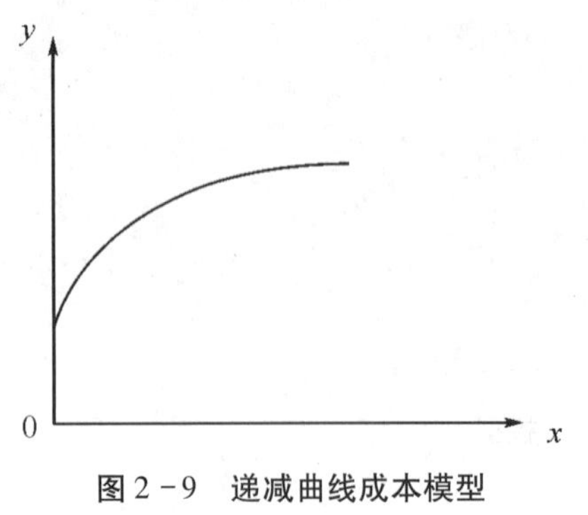

图 2-9　递减曲线成本模型

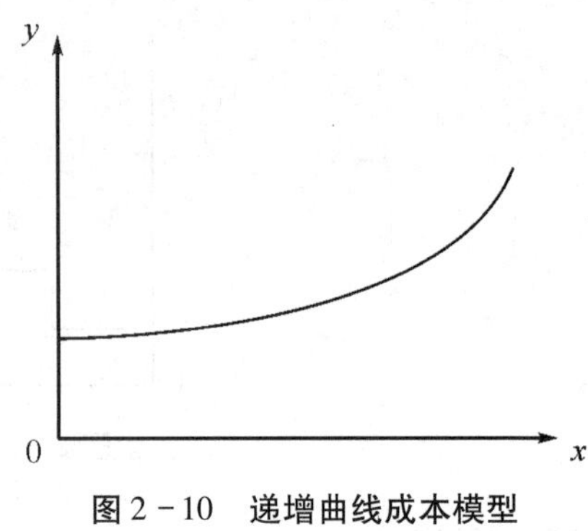

图 2-10　递增曲线成本模型

4. 混合成本的分解

为了加大对企业经济活动进行的计划和控制力度，加强成本管理，我们需对混合成本进行分解，把全部成本最终归属为固定成本和变动成本两大类。从理论上说，我们应该针对不同的业务逐笔、逐次地进行分析、分解，从而判断所发生的成本应该归属到哪一类成本范畴，这样无疑是最为准确的。但企业经济业务繁多、复杂，按照这种分析方法，实际操作太麻烦，工作量太大，也不容易做到。管理会计主要针对的是未来的经济活动，预测的是一种趋势，而不要求十分精准。因此，实际工作中对混合成本的分解，通常采用概略的方法，其主要有历史成本法、直接估算法、契约检查法、账户分析法、技术估算法。

（1）历史成本法

历史成本法就是对企业以往若干时期的实际成本数据和业务量数据进行收集、分析和计算，以完成成本性态分析的一种定量分析方法。这种方法是成本性态分析中最常用的方法，根据分析、计算的不同特点，历史成本分析法又分为高低点法、散布图法和回归直线法。

①高低点法

高低点法是根据企业一定时期内最高点业务量和最低点业务量的相应成本，利用变动成本和固定成本的特点，分析计算固定成本总额和变动成本总额的一种成本性态分析。

高低点法的基本原理：在相关范围内，固定成本是一个常数，业务量最高点和业务量最低点所对应的混合成本之差即是变动成本。由此，根据业务量变动的范围可以确定单位变动成本。在相关范围内，单位变动成本是一个常数，结合历史资料中任意时间点的资料，便可测算出固定成本总额。

高低点法分析步骤：

第一步：确定业务量最高点和业务量最低点；

第二步：计算单位变动成本 b，

单位变动成本 b =（最高点混合成本 - 最低点混合成本）/（最高点业务量 - 最低点业务量）；

第三步：计算固定成本 a，

固定成本 a = 最高点混合成本 - 最高点业务量 × 单位变动成本

或固定成本 a = 最低点混合成本 - 最低点业务量 × 单位变动成本

第四步：将固定成本和单位变动成本代入混合成本模型，

$y = a + bx$

【例 2 -3】假设某企业去年 1 ~6 月份生产量与水费资料如下表 2 -2 所示：

表 2 -2　　生产量与水费表

月　份	产量（吨）	水费（元）
1 月	600	3 800
2 月	700	4 000
3 月	650	3 300
4 月	1 000	5 000
5 月	900	4 600
6 月	800	4 200

根据资料，确定业务量最高点为 4 月，相应水费为 5 000 元；业务量最低点为 1 月，相应水费为 3 800 元。

b = （最高点混合成本 - 最低点混合成本）／（最高点业务量 - 最低点业务量）

= （5 000 -3 800）／（1 000 -600）=3（元/吨）；

a = 最高点混合成本 - 最高点业务量 × 单位变动成本

=5 000 - 1 000 ×3 =2 000（元）

或 a = 最低点混合成本 - 最低点业务量 × 单位变动成本

=3 800 -600 ×3 =2 000（元）

以上计算说明，该企业的水费中有 2 000 元属于固定成本，单位变动成本为每吨 3 元。水费的成本模型为：

$y = 2\,000 + 3x$

通过以上分析可见，利用高低点法进行成本性态分析，简便易懂。但是，高低点法的基本原理主要是利用变动成本和固定成本的特点，而变动成本和固定成本均只在相关范围内才具有各自的特点，从而决定了该方法进行成本性态分析所建立的成本模型只适用于相关范围内。也即是说，只有历史资料是相关范围内的，才能采用高低点法。另外，由于这种方法没有利用所占有的全部数据来估计成本，只利用了极点业务量的数据，因此，该计算结果可能受到偶然性因素的影响。

②散布图法

散点图法也称布点图法，是指将所收集的业务量和混合成本的历史数据，标注在坐标纸上，通过目测做出一条接近所有坐标点的直线，并据以确定混合成本中的固定成本和变动成本的一种成本性态分析方法。

散布图法的分析步骤：

第一步：建立直角坐标，以横轴代表业务量（x），以纵轴代表混合成本（y），并将历史数据所反映的各种业务量水平和混合成本逐一标明在坐标图上。

第二步：通过目测，在各成本点之间画出一条反映成本变动平均趋势的直线。作直线时尽量使直线上下方分布的点数基本一致，且上下各点到直线的垂直距离之和大致相等。

第三步：分析坐标图，直线与纵轴 Y 的交点就是固定成本，再根据图中任意一点的坐标，利用总成本模型确定单位变动成本。

$b=(y-a)/x$

【例2－4】依据【例2－3】的资料，采用散布图法对水费进行成本性态分析（如图2－11 所示）。

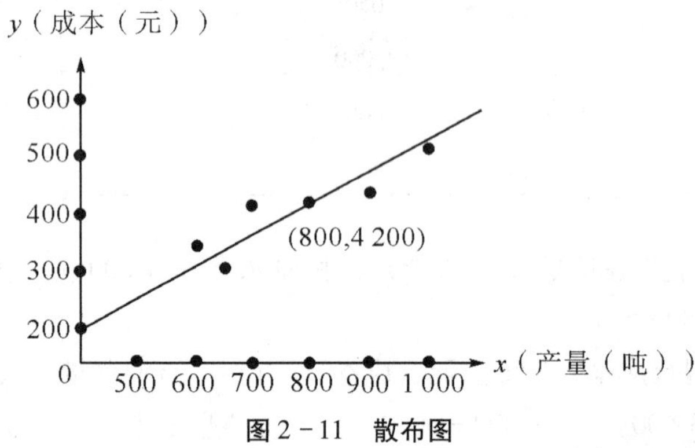

图2－11　散布图

首先建立直角坐标，以 X 轴代表产量，以 Y 轴代表水费。然后将1～6 月份的产量和水费以相应的各点在坐标中进行标注，用目测的方法作出一条直线。直线与 Y 轴的交点约为2 100 元，即固定成本可以确定为2 100 元。再根据点（800，4 200）的资料代入成本模型，求得单位变动成本为：

$b=(4\,200-2\,100)/800\approx 2.63$（元/吨）

散布图法和高低点法的原理相同，利用散布图来确定反映成本变动趋势的直线，由于综合考虑了一系列观察点上的成本与产量的依存关系，比高低点法的计算结果更为准确。然而，由于散布图法所得到的，反映成本变动趋势的直线是通过目测的方法在各个成本点之间进行绘制的，所以计算结果主观性较强。

③回归直线法

回归直线法是利用数理统计中常用的最小平方法的原理，对收集到的业务量和混合成本进行计算，确定出代表平均成本水平的直线，这条通过回归分析而得到的直线叫做回归直线，其截距就是固定成本 a，斜率就是单位变动成本 b。这种分析方法也称为最小平方法。

回归直线法对混合成本进行分解的过程就是求取 a 和 b 的二元一次联立方程的过程。假设有 n 个（x，y）的历史数据，可以建立一组决定回归直线的联立方程式。

$\sum y = na + b\sum x$

也就是说有多条可以用 $y = a + bx$ 来描述的混合成本。我们假定有一条由 a 和 b 两个数值决定的直线能够使各观测值 y 与这条直线上相应各点的离差平方之和最小，那么，这条线就是各个离散点的回归直线了。通过推导，可以用以下公式求取 a 和 b，

$b = (n\sum xy - \sum x\sum y) / [n\sum x^2 - (\sum x)^2]$

$a = (\sum y - b\sum x) / n$

$= (\sum x^2\sum y - \sum x\sum xy) / [n\sum x^2 - (\sum x)^2]$

根据 a 和 b，可以建立成本模型 $Y = a + bX$。

【例2－5】仍依据例2－3的资料，采用回归直线法对水费进行成本性态分析。

为使计算过程更方便、清晰，我们将计算 a 和 b 的公式中所需的有关数据通过下表2－3来反映。

表2－3　　**生产量与水费表**

月份	产量 x（吨）	水费 y（元）	xy	x^2
1月	600	3 800	2 280 000	360 000
2月	700	4 000	2 800 000	490 000
3月	650	3 300	2 145 000	422 500
4月	1 000	5 000	5 000 000	1 000 000
5月	900	4 600	4 140 000	810 000
6月	800	4 200	3 360 000	640 000
$\sum$	4 650	24 900	19 725 000	3 722 500

将表中有关数据代入计算 a 和 b，

$b = (n\sum xy - \sum x\sum y) / [n\sum x^2 - (\sum x)^2]$

$= (6 \times 19\,725\,000 - 4\,650 \times 24\,900) / (6 \times 3\,722\,500 - 4\,650 \times 4\,650)$

$= 3.6$（元/吨）

$a = (\sum y - b\sum x) / n$

$= (24\,900 - 3.6 \times 4\,650) / 6$

$= 1\,360$（元）

回归直线法相对于高低点法和散布图法而言较为麻烦，但与高低点法相比较，由于选择了所有历史数据，避免了偶然性；与散布图法相比较，用计算公式代替目测方法来确定直线，避免了人为的主观臆断。并且，其利用最小二乘法的误差平方和最小的原理来进行分解，其计算结果较为准确。所以，回归直线法是一种较为理想的成本性态分析方法。不过，它的分析仍然具有　定的假设性和估计的成分。

（2）直接估算法

直接估算法就是根据各成本项目的性质，把总体上与业务量变动较为密切的成本项目直接归到变动成本，如制造业中所发生的原材料、燃料、动力以及在计件工资制下的人工成本、销售佣金、包装费等；把总体上较为稳定，与业务量的变动关系不大的成本项目归到固定成本，如机器设备折旧费、车间管理人员工资、车间办公费、保险费、广告费等。

按照直接估算法进行成本性态分析，通常是把整个企业的所有成本看作是混合成本，然后按成本及费用项目来逐项认定。此法简便易行，但需要分析人员作出一定的主观判断，尤其是对一些混合成本项目，只能按照判断归属到变动成本或固定成本，分析结果对管理者决策、控制、考核等容易引起偏差，而且，采用此法还要求企业有较好的会计基础工作。

（3）契约检查法①

契约检查法就是根据企业签订的契约和合同、既定的管理与预算制度以及支付费用的规定等估算固定成本和变动成本的成本性态分析方法。

【例2－6】按供电局规定，企业变压器维持费为4 000元/月，每度电费0.6元，用电额度每月10 000度，超额用电按正常电费的10倍计价。某企业生产每件产品平均用电2度，照明用电每月2 000度。要求采用合同认定法对该企业的电费进行成本性态分析。

用电额度内最大产量＝（10 000－2 000）/2＝4 000（件）

产量在4 000件以内时，建立成本模型如下：

$y=0.6\times(2\,000+2x)+4\,000=5\,200+1.2x$

产量在4 000件以上时，建立的成本模型如下：

$y=(5\,200+1.2\times4\,000)+0.6\times10\times(x-4\,000)\times2$

$=-38\,000+12x$

契约检查法适用于有明确计算办法的各项成本，不依赖历史成本资料，但必须有相关的契约，且在契约中有较为详尽的规定。

（4）账户分析法

账户分析法是根据各个账户（包括明细账户）的本期发生额，通过直接判断或比例分配，对各成本项目进行成本性态分析的方法。

由于实际工作中各单位每个账户所记录的成本内容不同，或者成本估计要求的准确性不同，故分别采用近似分类和比例分配两种具体做法。近似分类是将比较接近固定成本的项目归入固定成本，比较接近变动成本的项目归入变动成本；比例分配是将不宜简单归入固定成本和变动成本的项目，通过一定比例将其分解成固定成本和变动成本两个部分。

【例2－7】某企业的成本费用发生额如表2－4所示，要求采用账户分析法对各项

① 中国注册会计师协会．财务成本管理［M］．北京：经济科学出版社，2008．

成本进行成本性态分析。

表 2－4　　账户分析表

单位：元

项目	总成本	变动成本	固定成本
产品成本	8 000	8 000	0
工资	487	187	300
福利费	48	0	48
广告费	331	231	100
房地产租赁费	53	0	53
保险费	14	0	14
修理费	45	0	45
易耗品	100	30	70
水电费	50	0	50
利息	100	100	0
折旧费	250	0	250
合计	9 478	8 548	930

首先，对每个项目进行分析，根据成本特性，结合企业具体情况，确定各项分别属于哪一项。上表 2－3 中，产品成本、利息与企业业务量关系密切，基本上属于变动成本。福利费、租金、保险、修理费、水电费、折旧费与企业业务量无关，可归为固定成本。

其次，剩下的工资、广告费、易耗品属于混合成本，对这些成本项目可分别采用历史成本分析法、契约检查法、直接认定法或技术估算法进行分析，确定其成本模型。假设该企业的易耗品为包装用品，使用高低点法分析，其总成本模型为，

$y = 77 + 0.003\,3x$

又设该企业正常业务量为 10 000 元，则易耗品的成本总额为，

$y = 77 + 0.003\,3 \times 10\,000 = 110$（元）

其中：固定成本比总 $= 77/110 = 70\%$

变动成本比总 $= 1 - 70\% = 30\%$

当期：固定成本 $= 100 \times 70\% = 70$（元）

变动成本 $= 100 \times 30\% = 30$（元）

账户分析法是成本性态分析中最简单的一种，因此，也是实际工作中运用较多的一种方法。但，这种方法在很大程度上取决于分析人员的判断能力，因而，在一定程度上也带有一定的片面性和局限性。

（5）技术估算法

技术估算法又称工程分析法，是运用工业工程的研究方法来研究影响各有关成本

项目数额大小的每个因素，并在此基础上直接估算出固定成本和单位变动成本的一种成本性态分析方法。

技术估算法是现代科学管理的一个重要组成部分，是随着现代化大生产的发展而逐步形成的，它所研究的范围涉及整个企业的经营管理。它以降低成本为目的，研究人、原材料和机器设备的综合系统的设计、改进和实施方案。在研究过程中，要综合利用数学、物理学、社会学及工程学等方面的专业知识和技术。它的核心内容是方法研究，即对所有生产活动和辅助生产活动进行详细分析，寻找改进工作方法的途径，找出最经济、最有效的程序和方法，使产品制造、工作效率和资源利用达到最优效果。

技术估算法分析成本的基本步骤：

第一步：确定研究的成本项目；

第二步：对导致成本形成的生产过程进行观察与分析；

第三步：确定生产过程的最佳操作方法；

第四步：以最佳操作方法为标准方法，测定标准方法下成本项目的每一个构成内容，并按成本性态分别确定为固定成本和变动成本。

【例 2 - 8】对某企业车间的燃料成本进行分析。该车间燃料用于铸造工段的熔炉，具体分为点火（耗用木材和焦炭）和融化铁水（耗用焦炭）两项操作。对这两项操作进行观测和技术测定后，寻找到最佳的操作方法。按照最佳的操作方法，每次点火要使用木柴 0.1 吨、焦炭 1.5 吨，融化 1 吨铁水要使用焦炭 0.15 吨；每个工作日点火一次，全月工作 26 天，点火燃料属于固定成本；融化铁水所用燃料与产量相联系，属于变动成本。木柴每吨价格为 180 元。

每日固定成本 $=0.1\times100+1.5\times180=280$（元）

每月固定成本 $=280\times26=7\ 280$（元）

每吨铸件变动成本 $=0.15\times180=27$（元）

每月燃料总成本模型为，

$y=7\ 280+27x$

技术分析法作为一种独立的分析方法，不需要依赖历史成本数据，它是从投入与产出之间的关系入手的，可以排除一些无效支出或不正常的支出。采用此方法所得到的分析结果，更有利于标准成本的制定和预算的编制。但，此法分析成本较高，且对于不能直接将其归属于特定投入与产出过程的成本，或不能单独进行观察的联合过程中的成本，如间接成本的分解，不能采用该方法。

三、成本性态的特点①

前面在进行成本性态分析时，一致强调“相关范围”。那么，什么是相关范围？管理会计把不会改变固定成本、变动成本性态的有关期间和业务量的特定变动范围称为广义的相关范围，把业务量因素的特定变动范围称为狭义的相关范围。只要是在相关

① 吴大军. 管理会计［M］. 北京：中央广播电视大学出版社，2000.

范围内，固定成本总额的不变性和变动成本总额的正比例变动性都将存在。原有的相关范围被打破，又将形成新的相关范围，固定成本总额和变动成本总额的正比例又将是一个新的标准。

由于相关范围的存在，使得各类成本的性态具有相对性、暂时性和可转化性的特点。

（1）成本性态的相关性是指在同一时期内同一成本项目在不同企业之间可能具有不同的性态。因而，不同企业之间就不应当相互照抄、照搬其他企业成本性态分析的结论。

（2）成本性态的暂时性是指就同一个企业而言，同一成本项目在不同时期可能有不同的性态。因而就某一具体企业而言，应当经常进行成本性态分析，而不是将某次成本性态分析的结果当作一成不变的教条。

（3）成本性态的可转化性是指在同一时空条件下，某些成本项目可以在固定成本和变动成本之间实现转化。因此，任何企业在进行成本性态分析时，都必须从实际出发，具体问题具体分析。

第二节 收益性指标的性态分析

一、营业收入的性态分析

营业收入是企业通过其营业活动而获取的收益。在企业的经济指标上对应地表现为资产的相应增加。营业收入作为一种变量指标，其变化方式取决于销售量和销售单价。销售量是以线性自变量形式存在的，因此营业收入就是因变量指标。但是作为因变量的营业收入，当单价是以常量形式存在时，营业收入就是线性的因变量。也就是说，此时的营业收入与销售量之间是正比例函数关系。这使得营业收入的性态关系表达式为：

$y = px$

式中：y 为营业收入额；p 为销售单价；x 为销售量。

销售单价以常数形式存在是普遍情况。在特定的情况下，销售单价也可以成为随销售量的变化规律变化的变量。比如，企业在销售商品时规定等额的量级折扣，而把一个量级视为一个销售单位时，等额折扣的价格就成为一个随销售量的变化而均匀连续变化的指标。这时的营业收入就成为一个二次曲线函数。应该指出，这种情况只在一定的业务量范围内存在。

营业收入是获取利润的前提或基础。没有营业收入，就无从谈及边际贡献，更不可能产生利润。

二、边际贡献的性态分析

(一) 边际贡献的定义

由于企业总是存在着为保持其生产能力所需要的最低限度的经营能力成本，因此，企业即使其产销量为零，其成本总额也不一定为零。企业销售产品所取得的收入，除了为生产和销售产品而发生的成本外，还要弥补这些最低限度的经营能力的成本。管理会计的一个基本假设是“目标利润最大化”，即是企业在经营管理决策中，以目标利润最大化的方案为最优方案，并假定在实施最优方案时能够实现目标利润。通过成本性态分析，我们将企业的总成本划分成了固定成本和变动成本，相关范围内固定成本是一个常数。那么，决定企业利润大小的主要因素是收入与变动成本的差额。当这个差额等于固定成本时，企业不盈不亏；当这个差额大于固定成本时，企业便盈利；当这个差额小于固定成本时，企业就亏损。这个差额反映了企业的盈利能力。营业收入与相应变动成本总额的这个差额称为边际贡献或贡献毛益。边际贡献是从特定角度表现企业的赢利能力的指标。

根据边际贡献的含义，可以有以下计算公式：

边际贡献总额 = 销售收入总额 - 变动成本总额

= 销售数量 ×（销售单价 - 单位变动成本）

= 销售数量 × 单位边际贡献

管理会计中除了用绝对量指标反映边际贡献以外，还常用相对量指标反映边际贡献率。所谓边际贡献率是指边际贡献总额与销售收入总额的比率，反映了边际贡献占销售收入的比重。

边际贡献率 = 边际贡献总额/销售收入总额

= 单位边际贡献/销售单价

= 1 - 变动成本率

以上公式中的变动成本率是指变动成本与销售收入的比率，反映变动成本在销售收入中所占的比重。

变动成本率 = 变动成本总额/销售收入

= 单位变动成本/销售单价

(二) 边际贡献的性态分析

边际贡献是管理会计理论中的基础范畴。应当注意的是，边际贡献是一种盈利指标，但它并不是企业的最终利润。单位边际贡献或边际贡献率反映了各种产品的初步盈利能力。边际贡献总额反映了各种产品的初步盈利能力对企业最终利润所作的贡献，所以边际贡献又称为创利额。

根据成本性态，企业的成本可以划分为固定成本和变动成本两大类。固定成本与产销业务量无关，在相关范围内保持不变，而变动成本随产品生产或销售而发生，随生产和销售的增长而增长。因此，可以说变动成本与各种具体产品相关，固定成本与各种具体产品无关，是为企业整体而发生的。

要使产品取得盈利，就要求产品上的销售收入大于在这种产品上的变动成本，所以只要这种产品的单位收入，即单价大于单位变动成本，这种产品便可取得初步的盈利。产品销售业务量越大，这种初步盈利数额就越高。因此，单位边际贡献反映了这种产品的初步盈利能力。

产品初步盈利能力数额，即边际贡献数额，是用来弥补固定成本的，企业的固定成本最终也只能通过一定的标准分摊给各种产品来承担。各种产品的边际贡献如果能全部弥补所分摊的固定成本，就会给企业带来利润，反之，就会亏损。因此，各种产品的边际贡献总额是各种产品对企业最终利润所作贡献大小的标志。

综上所述，产品的边际贡献指标反映了产品的初步盈利能力和对企业最终利润所作的贡献。该指标的这种性质告诉我们，不能以财务会计中各种产品的最终利润数额来衡量产品的盈利水平，即使是产品的售价低于其平均单位成本，只要售价能大于单位变动成本，这种产品提供了边际贡献，就有初步的盈利能力。另外，应当注意的是边际贡献与边际利润并不是同一个概念。边际利润是针对所增加或减少一个单位的业务量的产品而言，边际贡献是针对产品现有业务量总和而言。对于所增加或减少的这个单位业务量的产品来说，在相关范围内单位边际贡献与边际利润是一致的。

边际贡献的性态是指边际贡献与业务量的关系。由于边际贡献总额是业务量与单位边际贡献的乘积，因此，当销售单价和单位变动成本固定以后，边际贡献与业务量成正比例关系，单位边际贡献不变。销售收入、变动成本、固定成本以及边际贡献之间的关系我们可以通过图 2－12 来反映。

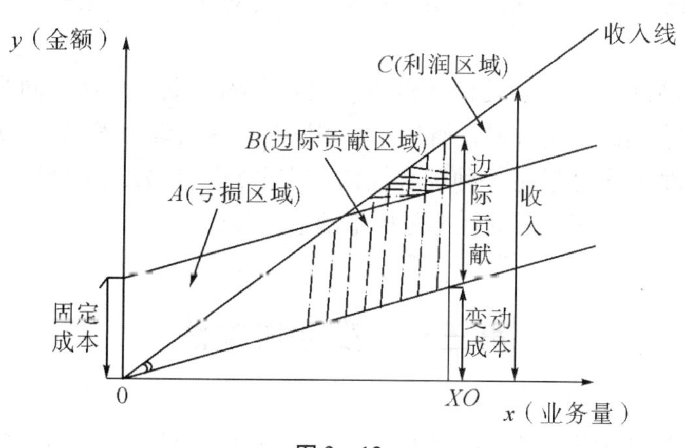

图 2－12

从上图中可以看出以下规律：

（1）总收入线与变动成本线相夹的区域 B 为边际贡献区域。边际贡献区域从坐标图原点出发，意味着没有业务量就不能有边际贡献，业务量越大，边际贡献就越多。

（2）由于总收入线与横轴之间的夹角反映单价水平，变动成本线与横轴之间的夹角反映变动成本水平，因此，总收入线与变动成本线之间的夹角反映单位边际贡献水平。因此，在一定业务量水平下，此角度越大，产品的初步盈利能力越高。

（3）在 A 区域内，边际贡献小于固定成本，表现为亏损；在 C 区域内，边际贡献大于固定成本，表现为盈利。因此，在一定业务量水平下，扩大边际贡献区域的途径是提高销售单价和降低单位变动成本。

三、利润的性态分析

利润是基于企业的经营活动所赚取的收益。在企业的经济指标内容上，对应表现是企业的资产变动净额。这一变动净额如果是正数，即是通常意义的盈利，如为负数，则是亏损。利润指标在不同计算层次上有若干不同口径的指标。为了更准确地反映经营活动结果的质量，这里选取息税前利润指标形式为例进行利润指标的性态分析。

息税前利润是边际贡献扣除固定成本之后的结果。其计算式为：

息税前利润 = 边际贡献 - 固定成本

或者： $EBIT = (P-b)x-a$

式中：P 为销售单价；b 为单位变动成本；x 为销售量；a 为固定成本；$(P-b)$ 为单位边际贡献。

营业收入和边际贡献的性态均与业务量成正比例关系，而息税前利润则与此不同。息税前利润与业务量间呈普通一次函数关系。基于这一差异，可以在比较的基础上，归纳出息税前利润的形态特征：

（1）与业务量呈正比例关系的营业收入和边际贡献，其变化率与业务量变化率相同。而与业务量呈普通一次函数关系的息税前利润，由于截距是负值，其变化率总是大于业务量变化率。这就是说，当业务量发生一定的变化时，息税前利润将以更大幅度对应变动。

（2）息税前利润的总体状况由单位边际贡献和固定成本总额共同决定。单位边际贡献决定息税前利润的变化快慢，而具体的利润结果还需综合固定成本总额才能确定。

对利润指标的性态分析是一种综合性的性态分析。因为，这种性态分析是建立在对成本、营业收入、边际贡献的性态分析基础上的分析。

第三节　变动成本法

随着社会经济的发展，生产技术的进步，成本会计制度也在不断地发展。在工业化大生产之前漫长的时期，生产技术落后，主要是手工操作，产品生产成本也主要由投入生产的直接材料和直接人工构成。工业化大生产开始后，随着生产规模的扩大，机械化、自动化程度的加强，同时伴随着管理人员的增加，导致生产中“制造费用”不断增加。到了20世纪，随着科学技术的进一步发展和管理理论的日新月异，企业之间的竞争加剧。企业要生存和发展，必须重视技术进步和管理现代化，从而使企业管理人员和间接生产人员急剧增加，制造费用中的固定性成本不断膨胀。这就给管理者提出了一个新问题：如何加强对固定制造费用的管理？成本会计提出了一个解决办法：

将固定制造费用不再计入产品成本，而是一次全部计入当期损益，从当期的收入中全部扣出。这种方法就是“变动成本法”。变动成本法产生以后，人们将传统的成本计算模式称为“完全成本法”。由于完全成本法将固定性制造费用也计入产品成本和存货成本，所以，这种成本计算模式又称为“吸收成本法”。我国 1992 年会计制度改革时，财政部将其称为“制造成本法”。

对于变动成本法的起源，在国内外会计学界有不同的观点，但是有一点是可以肯定的，那就是发生于20 世纪30 年代末的那场世界性的经济危机，对变动成本法的发展起到了极大的推进作用。因此，一般认为变动成本法是20 世纪30 年代起源于美国。随着科学技术的迅猛发展和市场环境的日趋严峻，企业预测、决策和控制的重要性日益突出。到了50 年代，人们意识到传统的成本计算越来越难以满足企业内部管理的需要，企业管理者要求会计人员提供更加适用和更加深入的信息，以便加强对经济活动的事前规划和日常控制，于是变动成本法开始受到重视。到了 60 年代，它已风靡欧美，成为管理会计的一项重要内容。

（一）变动成本法的定义

所谓变动成本法是指在产品成本的计算上，只包括产品生产过程中所消耗的直接材料、直接人工和变动性制造费用，而固定性制造费用则被视为期间成本而从相应期间的收入中全额扣除。

变动成本计算法就是在计算产品的生产成本和存货成本时，只包括产品在生产过程中所消耗的直接材料、直接人工和变动制造费用，而把固定制造费用全数列入当期损益，作为“期间成本”，从当期的收入总额中一次全部地扣除。

变动成本计算法的理论根据是：固定制造费用是为企业提供一定的生产经营条件，以便保持生产能力，并使它处于准备状态而发生的成本。它们同产品的实际产量没有直接联系，既不会由于产量的提高而增加，也不会因产量的下降而减少。它们实质上是与会计期间相联系所发生的费用，并随着时间的消逝而逐渐丧失，故其效益不应递延到下一个会计期间，而应在费用发生的当期全额列入收益表内，作为本期贡献毛益总额的减除项目。

（二）变动成本法的特点

变动成本法与全部成本法相比较，表现出以下特点：

1. 以成本性态分析为基础计算产品成本

全部成本法是建立在成本按经济职能分类的基础上的，它将所有的生产成本全部计入产品成本，随产品的销售而转入当期利润或随存货结转下期，将所有非生产成本作为期间成本，全部从当期利润中抵减。变动成本法是建立在成本性态的基础上，它把直接材料、直接人工、变动制造费用作为产品成本的组成部分，而把固定制造费用作为期间成本处理，与非生产成本一起直接在当期的收入中扣减，如表 2 -5 所示。

表 2-5　　成本项目对比表

项目	完全成本法	变动成本法
成本项目	直接材料 直接人工 变动性制造费用 固定性制造费用	直接材料 直接人工 变动性制造费用
期间成本	营业费用 管理费用 财务费用	固定性制造费用 营业费用 管理费用 财务费用

2. 强调不同的制造成本在补偿方式上存在着差异性

变动成本法认为产品成本应该在其销售收入中得到补偿。而固定性制造费用主要是为企业提供一定的生产经营条件而发生的，这些条件一经形成，不管其实际利用程度如何，有关费用照样发生，同产品的实际生产没有直接的联系，并不随产量的增减而增减，也就是说，这部分费用所联系的是会计期间而非产品。由于固定性制造费用只与企业的经营有关，与经营状况无关，所以应该与其他非生产成本一样，在其发生的同期收入中获得补偿。

3. 强调销售环节对企业利润的贡献

在变动成本法下，本期发生的固定制造费用是一个固定不变的常数，而利润又等于当期的边际贡献扣减固定成本。在一定产量条件下，边际贡献与销售量成正比例变动。因此，利润额的大小主要由销售量影响，即表现出损益对销量的变化更为直接敏感，这在客观上有刺激销售的作用。

二、变动成本法与全部成本法的比较①

变动成本法与全部成本法对固定制造费用的不同处理，导致了两种方法下的一系列差异。这主要表现在产品成本的构成不同、存货成本的构成内容不同以及各期损益有所不同三个方面。

（一）产品成本的构成内容不同

全部成本法将所有成本分为制造成本（或称生产成本，包括直接材料、直接人工和制造费用）和非制造成本（包括管理费用和销售费用）两大类。将制造成本“完全”计入产品成本，而将非制造成本作为期间成本，全部计入当期损益。

变动成本法则是先将制造成本按成本性态划分为变动性制造费用和固定性制造费用两类，再将变动性制造费用和直接材料、直接人工一起计入产品成本，而将固定制造费用与非制造成本一起列为期间成本。当然，按照变动成本法的要求，非制造成本也应划分为固定和变动两个部分，但是与制造费用划分后分别归属不同的对象有所不同的是，非制造成本划分的无论是固定部分还是变动部分都计入期间成本，如图 2-13、图 2-14 所示。

① 孙茂竹，文光伟，杨万贵．管理会计［M］．3 版．北京：中国人民大学出版社，2006.

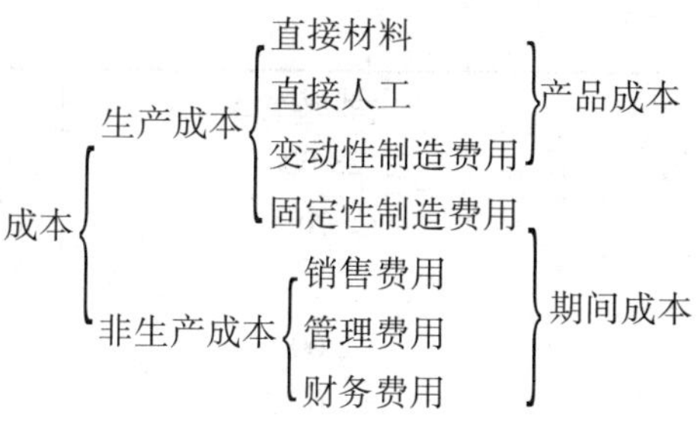

图 2-13 变动成本法

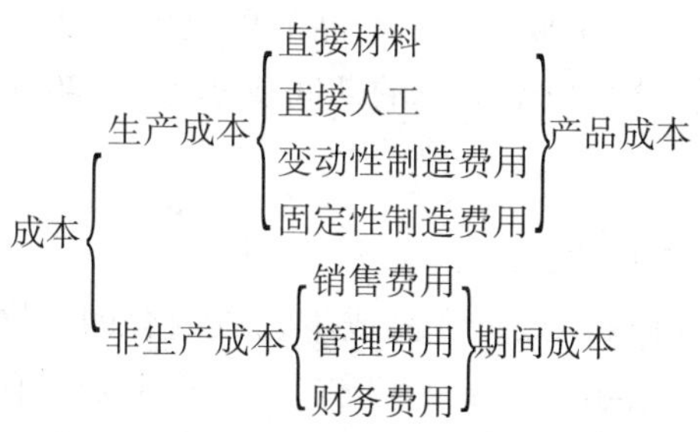

图 2-14 全部成本法

【例2-9】某企业只生产一种产品，年初库存为0，当年生产400件，销售300件，销售单价为300元。该产品制造成本和非制造成本有关资料如下：

直接材料 10 000元
直接人工 3 000元
变动制造费用 3 000元
固定制造费用 12 000元
变动销售及管理费用 4 000元
固定销售及管理费用 2 000元

根据以上资料，分别采用全部成本法和变动成本法计算产品的生产成本和期间成本，如表2-6所示。

表2-6 成本计算表

单位：元

项目	全部成本法	变动成本法
产品成本：		
直接材料	10 000	10 000
直接人工	3 000	3 000
制造费用	15 000	
其中：		
变动制造费用	3 000	3 000
固定制造费用	12 000	

表2－6(续)

项目	全部成本法	变动成本法
产品成本总额	28 000	16 000
单位产品成本	70	40
期间成本：		
固定期间成本	2 000	14 000
变动期间成本	4 000	4 000
期间成本总额	6 000	18 000

从上表计算结果可见，全部成本法下产品的单位生产成本为70元，变动成本法下产品的单位成本为40元；全部成本法下的期间成本为6 000元，变动成本法下的期间成本为18 000元。

(二) 存货成本的构成内容不同

由于变动成本法与全部成本法下产品成本构成内容的不同，当然产成品和在产品存货的成本构成内容也就不同。采用变动成本法，不论是库存产成品、在产品还是已销产品，其成本均只包括制造成本中的变动部分，期末存货计价也只是这一部分。而采用全部成本法时，不论是库存产成品、在产品还是已销产品，其成本中均包括了一定份额的固定性制造费用，期末存货计价当然也包括了这一份额。

很显然，变动成本法下的期末存货计价必然小于全部成本法下的期末存货计价。前例中，按照全部成本法计算的期末存货成本为7 000元（100×70）；按照变动成本法计算的期末存货成本为4 000元（100×40）。

变动成本法与全部成本法下“产品成本的构成内容不同”与“存货成本的构成内容不同”是相关联的两个问题，也可以说是同一问题的两个方面。产品成本的构成内容不同，自然存货成本的构成内容也就不同，而存货成本上的差异又会对损益的计算产生影响。

(三) 各期损益不同

如前所述，变动成本法下的产品成本只包括变动成本，而将固定成本当作期间成本，也就是说对固定成本的补偿由当期销售的产品承担。而全部成本法下的产品成本既包括变动成本又包括固定成本。换句话说，全部成本法下对固定成本的补偿是由当期生产的产品承担，期末未销售的产品与当期已销售的产品承担着相同的份额。固定成本上述处理方法上的不同，对两种成本计算方法下的损益计算产生影响，影响的程度取决于产量和销量的均衡程度，且表现为相向关系。即产销越均衡，两种成本计算法下所计算的损益相差就越小，反之则越大。只有当产成品实现所谓的“零存货”，即产销绝对均衡时，损益计算上的差异才会消失。事实上，产销绝对均衡只是个别的、相对的和理想化的，不均衡才是普遍的、绝对的和现实的，这也是研究本问题的意义所在。

【例2－10】以【例2－9】的资料，分别采用变动成本法和全部成本法，计算出当期税前利润。

根据变动成本法和全部成本法的特点，两种方法计算息税前利润的公式如下：

（1）完全成本法

销售毛利 = 销售收入 - 销售生产成本

= 销售收入 - （期初存货成本 + 本期生产成本 - 期末存货成本）

税前净利 = 销售毛利 - 期间成本

= 销售毛利 - （管理费用 + 营业费用 + 财务费用）

（2）变动成本法

贡献毛益（制造部分） = 销售收入 - 变动生产成本

贡献毛益（全部） = 贡献毛益（制造部分） - 变动销售管理成本

税前净利 = 贡献毛益（全部） - 固定成本

= 贡献毛益（全部） - （固定制造费用 + 固定销售管理费用）

按照以上公式计算息税前利润的过程如表 2 - 7 所示：

表 2 - 7　　损益计算

单位：元

成本计算方法 / 损益计算过程	全部成本法	变动成本法
销售收入	300 × 300 = 90 000	300 × 300 = 90 000
减：销售成本		
期初存货成本	0	0
本期生产成本	400 × 70 = 28 000	400 × 40 = 16 000
期末存货成本	100 × 70 = 7 000	100 × 40 = 4 000
销售成本	0 + 28 000 - 7 000 = 21 000	0 + 16 000 - 4 000 = 12 000
销售毛利（生产边际贡献）	90 000 - 21 000 = 69 000	90 000 - 12 000 = 78 000
减：期间成本		
变动销售及管理费用	4 000	4 000
全部边际贡献		78 000 - 4 000 = 74 000
固定销售及管理费用	2 000	2 000
固定制造费用		12 000
息税前利润	69 000 - 4 000 - 2 000 = 63 000	74 000 - 2 000 - 12 000 = 60 000

从表 2 - 6 可以看出，不同成本法下所计算出的息税前利润不同。采用变动成本法时，息税前利润为 60 000 元；采用全部成本法时，计算出的息税前利润为63 000元。两种方法计算结果相差了 3 000 元，这 3 000 元恰好是期末存货中所包含的固定制造费用部分（100 × 30），而在变动成本法下，这 3 000 元固定制造费用是作为期间成本在当

期的损益中全部扣除了的。换句话来说，这 3 000 元在全部成本法下被视为“一种可以在将来换取收益的资产”列入了资产负债表，而在变动成本法下则被视为“取得收益而已然丧失的资产”列入了损益表。

上例中的假设是企业期初没有存货，那么当所生产的产品未全部销售出去时，按变动成本法计算的损益就小于按全部成本法计算的损益。就产品的整个寿命周期而言，销售总量最多也只能等于生产量，但就某个或某些空间期间而言，也可能出现销量大于产量的情况。为了全面说明变动成本与全部成本对损益的影响，见【例 2－11】和【例 2－12】[①]。

【例 2－11】假设某企业从事单一产品的生产，只生产甲产品，该产品最近 3 年有关资料如表 2－8 所示：

表 2－8　　甲产品产销情况

单位：件

项目	第 1 年	第 2 年	第 3 年	合计
期初存货量	500	500	1 500	500
本期生产量	8 000	8 000	8 000	24 000
本期销售量	8 000	7 000	9 000	24 000
期末存货量	500	1 500	500	500

甲产品每件售价 12 元，单位变动生产成本 5 元，固定性制造费用 24 000 元，固定性销售及管理费用总额 25 000 元。分别采用全部成本法和变动成本法计算这连续三年的息税前利润。

采用变动成本法和全部成本法计算各年损益情况分别见表 2－9 和表 2－10。

表 2－9　　变动成本法损益计算表

单位：元

序号	项目	第 1 年	第 2 年	第 3 年	合计
(1)	销售收入（销售量×12）	96 000	84 000	108 000	288 000
(2)	销售成本（销售量×5）	40 000	35 000	45 000	120 000
(3)	贡献毛益（1）－(2)	56 000	49 000	63 000	168 000
(4)	固定性制造费用	24 000	24 000	24 000	72 000
(5)	固定性销售及管理成本	25 000	25 000	25 000	75 000
(6)	固定成本（4）＋（5）	49 000	49 000	49 000	147 000
(7)	税前净利	7 000	0	14 000	21 000

① 孙茂竹，等. 管理会计学［M］. 北京：中国人民大学出版社，2008.

表 2－10　　全部成本法损益计算表

单位：元

序号	项目	第 1 年	第 2 年	第 3 年	合计
（1）	销售收入（销售量×12）	96 000	84 000	108 000	288 000
（2）	销售成本				
（3）	期初存货成本	4 000	4 000	12 000	4 000
（4）	本期生产成本	64 000	64 000	64 000	192 000
（5）	可供销售产品成本（3）＋（4）	68 000	68 000	76 000	196 000
（6）	期末存货成本	4 000	12 000	4 000	4 000
（7）	销售成本（5）－（6）	64 000	56 000	72 000	192 000
（8）	销售毛利（1）－（7）	32 000	28 000	36 000	96 000
（9）	销售及管理成本	25 000	25 000	25 000	75 000
（10）	税前净利	7 000	3 000	11 000	21 000

通过以上计算结果可见，各年生产数量不变的情况下，第一年由于期初存货数量和期末存货数量一样，两种不同成本法计算的损益是一样的，都为 7 000 元。第二年由于销售量下降，期末存货成本增加了 1 000 件，从而使得采用全部成本法计算的损益比采用变动成本法计算的损益增加了 3 000 元，这 3 000 元恰好是期末增加的存货中所含有的固定性制造费用（1 000×3）。第三年又扩大了销售，第三年采用变动成本法计算的损益比采用全部成本法计算的损益增加了 3 000 元，这 3 000 元恰好是当年减少的存货 1 000 件所包含的固定性制造费用。第三年末的存货数量与第一年年初存货的数量相等，表明这三年达到了产销平衡，从而使得这三年采用两种不同成本法计算的损益之和相等，均为 21 000 元。

以上计算结果是在各年生产量不变的情况下，那么，在各年生产量不同的情况下其又将是个什么结果呢？我们通过下面的例题来看看。

【例 2－12】某企业最近 3 年只生产一种甲产品，产销情况见表 2－11 所示：

表 2－11　　甲产品产销情况

单位：件

项目	第 1 年	第 2 年	第 3 年	合计
期初存货量	0	0	2 000	0
本期生产量	6 000	8 000	4 000	18 000
本期销售量	6 000	6 000	6 000	18 000
期末存货量	0	2 000	0	0

甲产品每件售价 10 元，单位变动生产成本 4 元，固定性制造费用 24 000 元，固定性销售及管理费用总额 6 000 元。分别采用全部成本法和变动成本法计算这连续三年的息税前利润。

采用变动成本法和全部成本法计算各年损益情况分别见表 2－12 和表 2－13 所示。

表 2－12　　变动成本法损益计算表

单位：元

序号	项目	第 1 年	第 2 年	第 3 年	合计
(1)	销售收入（销售量 ×10）	60 000	60 000	60 000	180 000
(2)	销售成本（销售量 ×4）	24 000	24 000	24 000	72 000
(3)	贡献毛益（1）－（2）	36 000	36 000	36 000	108 000
(4)	固定性制造费用	24 000	24 000	24 000	72 000
(5)	固定性销售及管理成本	6 000	6 000	6 000	18 000
(6)	固定成本（4）＋（5）	30 000	30 000	30 000	90 000
(7)	税前净利	6 000	6 000	6 000	18 000

表 2－13　　完全成本法损益计算表

单位：元

序号	项目	第 1 年	第 2 年	第 3 年	合计
(1)	销售收入（销售量 ×10）	60 000	60 000	60 000	180 000
(2)	销售成本				
(3)	期初存货成本	0	0	14 000	0
(4)	本期生产成本	48 000	56 000	40 000	144 000
(5)	可供销售产品成本（3）＋（4）	48 000	56 000	54 000	144 000
(6)	期末存货成本	0	14 000	0	0
(7)	销售成本（5）－（6）	48 000	42 000	54 000	144 000
(8)	销售毛利（1）－（7）	12 000	18 000	6 000	36 000
(9)	销售及管理成本	6 000	6 000	6 000	18 000
(10)	税前净利	6 000	12 000	0	18 000

从上面的计算结果可见，由于各年的销量相同，所以按变动成本法计算的各年的息税前利润相等，均为 6 000 元。这是因为尽管各年的产量不同，但由于各年的固定性制造费用全部作为固定成本进入了当期损益，所以，当其他条件不变时，息税前利润也就保持不变。由于各年的产量发生了变化，所以按照全部成本法所计算的各年的息税前利润完全不同。导致这种结果的原因就在于固定性制造费用需要在所生产的产品

中进行分摊。上例中第二年的息税前利润最大，这是因为第二年的产量8 000件，大于销量6 000件，期末产品存货2 000件成本中负担了相应份额的固定性制造费用6 000元（2 000×3）。第三年的情况恰好相反，销量6 000件，大于产量4 000件，从而使得第三年采用变动成本法计算的利润大于采用全部成本法计算的利润。其原因是第三年的销售成本中不仅包括了由当年产品所负担的固定性制造费用，还包括了伴随着年初存货的销售而“递延”到了本期的固定性制造费用。

通过以上例题分析，我们可以总结出以下规律：

（1）当期末存货量不为零，而期初存货量为零时，完全成本法计算确定的税前净利大于变动成本法计算确定的税前净利。其差额 = 本期单位固定性制造费用 × 期末存货量。

（2）当期初存货量不为零，而期末存货量为零时，完全成本法计算确定的税前净利小于变动成本法计算确定的税前净利。其差额 = 期初存货单位固定性制造费用 × 期初存货量。

（3）当期初存货量和期末存货量均为零时，完全成本法计算确定的税前净利等于变动成本法计算确定的税前净利。

（4）当期初存货量和期末存货量均不为零，而且其单位产品包含的固定性制造费用相等时，两种成本计算方法下的税前净利之间的关系取决于当期产品生产的产销平衡关系。

产销平衡时，完全成本法计算确定的税前净利等于变动成本法计算确定的税前净利；

产大于销时，完全成本法计算确定的税前净利大于变动成本法计算确定的税前净利；

产小于销时，完全成本法计算确定的税前净利小于变动成本法计算确定的税前净利。

（5）当期初存货量和期末存货量均不为零，而且其单位产品包含的固定性制造费用不相等时，两种成本计算方法下的税前净利的差额 = 期末存货中固定性制造费用 - 期初存货中固定性制造费用。

三、对变动成本法的评价①

（一）变动成本法的优点

变动成本法的产生有其客观必然性。随着社会经济的不断发展，变动成本法在企业的实际管理中发挥着越来越重要的作用。这是由变动成本法具有全部成本法所不具有的优点所决定的，变动成本法的优点主要表现在以下几方面。

1. 变动成本法增强了成本信息的有用性，有利于企业的短期决策

企业的短期经营决策一般是不考虑生产经营能力的因素的，而只是关注成本、产

---

① 孙茂竹，文光伟，杨万贵. 管理会计［M］. 3版. 北京：中国人民大学出版社，2006.

量、利润之间的消长关系。采用变动成本法能够揭示这种关系，提供各种产品的盈利能力、经营风险等重要信息。从前面的分析中可以看出，全部成本法下计算的利润受到存货变动的影响，而这种影响是有违逻辑的：尽管产品的生产是企业实现利润的必要条件之一，但却不是充分条件，只有产品销售出去，其价值才算为社会所承认，企业也才能取得收入和利润。产品的销售，不仅是企业实现收入和利润的必要条件，也是充分条件，多销售才会多得利润。而全部成本法下反映的是多生产即可多得利润，这种关系不符合逻辑。当然，在产销均衡的条件下，多生产会多得利润。因为这时变动成本法和全部成本法计算的结果是完全一致的。

2. 变动成本法更符合“配比原则”的精神

变动成本法将成本划分为两大类：直接与产品数量有联系的变动成本，包括直接材料、直接人工和变动制造费用。这部分成本需要按产品销售比例，将其中已销售的部分转作当期费用，同本期销售收入相配比，另外将未销售的产品成本转作存货成本，以便与未来预期获得的收益相配比。另一部分是同产品生产数量没有直接关系的固定成本，即固定制造费用，这部分成本是企业为维持正常生产能力所必须负担的成本，与生产能力的利用程度无关，既不会因为产量的提高而增加，也不会因为产量的减少而下降，只会随着时间的推移而丧失，所以是一种为取得收益而已经丧失的成本。这种成本只联系期间，并随时间的消逝而逐渐丧失，故应全部作为期间成本，同本期的收益相配比。

3. 变动成本法便于企业加强管理

成本升降主要有两种方法：一是提高产量，二是成本控制。变动成本法可以区分由于产量的变动所引起的成本升降和成本控制所引起的成本升降，是通过制定标准成本和费用预算、考核执行情况、兑现奖惩来达到加强企业管理的一种有效的做法。

4. 变动成本法有利于促使管理当局重视销售工作，防止盲目生产

变动成本法下，产量的高低与存货的增减对税前净利都没有影响。在销售单价、单位变动成本、销售组合不变的情况下，企业的税前净利将只随销售量的增减变化发生同向变化。这样一种信息必然会使管理当局更加重视销售环节，把注意力更多地集中在分析市场动态、开拓销售渠道、以销定产，搞好售后服务，从而防止盲目生产。

由于全部成本法重视生产，变动成本法重视销售。那么，随着生产力水平的不断提高，资本有机构成不断上升，设备折旧费和固定制造费用在两种不同的成本方法下的“杠杆作用”也就会越来越大。即它会使管理者在全部成本法下更重视生产，在变动成本法下更重视销售。

5. 简化成本计算工作，避免固定性制造费用分配上的主观臆断性

在变动成本法下，固定性制造费用被全部作为期间成本从当期的收益中全部扣除，从而省略了各种固定制造费用的分摊工作，这样做大大简化了产品成本的计算工作，也避免了固定制造费用分配中出现的主观臆断性。

6. 变动成本法为管理会计的系统方法奠定了基础

利用变动成本法的资料可深入进行本量利分析和日常的经营风险分析；有利于贡献毛益分析方法的应用；有利于建立弹性预算、制定标准成本、实行责任会计。

（二）变动成本法的缺点

与全部成本法相比较，变动成本法具有以上优点，但任何事物都有两面性，存在优点的同时也伴随着缺点。对于变动成本法，主要的缺点表现在以下几个方面：

1. 不符合传统产品成本的概念的要求

传统的成本观念认为，产品成本是“一切可以计入存货的制造成本”，是“为了生产产品或为了销售而购置的产品所发生的成本”。那么，从这样的观念来认识产品成本的话，成本中就应该既包括固定成本又包括变动成本，也就是说，固定制造费用就应当作为成本的一部分。而变动成本法是把这部分作为期间成本来处理的。

2. 按成本性态进行成本的划分，其本身具有局限性

成本形态分析将成本划分成变动成本和固定成本只是一种粗略的计算，结果并不是十分精确，只能反映成本与业务量变动的大致趋势，况且，“相关范围”随着不同的时间、不同的产量、不同的企业在不断发生着变化，是一个动态的条件。人们把握变动的事物在一定程度上受人的判断能力影响，不同的人其判断的标准和能力存在着差异。这更决定了变动成本和固定成本划分的不准确性。

3. 不利于长期决策，特别是定价决策

由于成本形态分析的相关范围是一个动态的条件，从而也决定了变动成本法不适宜用于长期决策。因为长期决策要解决的是生产能力的增减和经验规模的扩大或缩减的问题，涉及的时间长，必然会不断地突破相关范围的限制。

变动成本与全部成本法相比存在着以上的优缺点，两种成本法的优缺点恰恰是相互弥补的，即变动成本法的优点恰好是全部成本法的缺点，变动成本法的缺点恰好是全部成本法的优点。因此，全部成本法的优点主要表现为：符合人们传统产品成本观念，反映了生产产品发生的全部耗费，以此确定产品实际成本和损益，满足对外提供报表的需要，容易被企业外部各界所接受。全部成本法反映的是生产量与利润之间的关系，生产量越多，企业利润越大，有助于刺激企业加速生产发展的积极性。

但是，全部成本法也存在着不足，主要表现为：用全部成本法计算出来的单位产品成本不仅不能反映生产部门的真实业绩，反而掩盖或夸大了他们的生产业绩；采用完全成本法计算所确定的分期损益，其结果往往难以为管理部门所理解，甚至会鼓励企业片面追求产量，盲目生产，造成积压和浪费；由于成本未按照成本性态将变动成本和固定成本分开，不利于预测、决策分析，不利于弹性预算的编制；在产品成本计算时，对于固定制造费用的分摊有许多方法可以使用，难免受到会计主管人员主观判断的影响，带有一定的主观随意性。

第三章　本量利分析

案例与问题分析

SR公司的产品获得市场的好评，其销路在迅速扩大。但是，企业管理当局有一些隐忧：该产品这种状况能够维持的时间是多长，实际的获利水平究竟如何，有何相应的风险。如果其中的相关因素发生改变，对公司有何影响等就成为企业管理当局所考虑的问题。

解决这一系列问题的基本措施，首先应该了解企业损益结果的相关决定指标及其相互的数量联系，尤其是销售量和销售额、销售的相关成本等指标与销售利润之间的关系；其次应该从这一系列指标的动态过程来了解把握上述的数量关系，从而建立起相关的数量规划模型，这样才可以解决上述问题。

第一节　本量利分析概述

一、本量利分析的涵义

本量利分析是成本—业务量—利润依存关系分析的简称，也称为CVP分析。它是在成本性态分析和变动成本计算模式的基础上，运用数学模型或图形，通过对成本、产销量、利润等因素进行综合分析，揭示变量之间的内在规律性，为会计预测、决策、规划和业绩考评提供必要的财务信息的一种定量分析方法。

本量利分析是现代管理会计学的重要组成部分，是管理会计的核心内容，所提供的原理、方法在管理会计中有着广泛的用途，同时它又是企业进行决策、计划、控制和业绩考评的重要工具。将本量利分析与控制相结合，可根据本量利之间的关系编制全面预算，进行成本控制，以寻求企业降低成本的途径；与预测相结合，有利于企业进行保本点和目标利润的预测；与决策相结合，有利于企业进行生产决策、定价决策和不确定性决策；与业绩评价相结合，有利于企业进行业绩考核等。因此，掌握并学会运用本量利分析法，对于企业有效地控制生产经营活动，正确地进行经营决策具有重要的意义。

二、本量利分析的基本前提

本量利分析必须以一定的假设条件作为基础，目前，本量利分析主要包含下述几个方面的假设：

（一）成本性态分析假设

假定企业的全部成本已经按成本性态划分为固定成本和变动成本，且相关成本性态模型也已经建立起来。

（二）线性假设

假设在一定时期和一定的业务量的范围内，成本水平与销售单价不发生变化且成本函数表现为线性方程。该假设具体包含下述几个方面的内容：

1. 固定成本不变假设

假设企业生产经营能力在一定时期和一定业务量的范围内，固定成本总额不受业务量变动的影响，固定保持不变。表示在平面直角坐标图中就是一条与横轴平行的直线。

2. 变动成本与产量（销量）呈完全线性关系假设

变动成本也要研究相关范围。即假设在一定的相关范围内，产品每单位的变动成本不变，变动成本总额与产销量呈完全线性关系。表示在平面直角坐标图中就是一条过原点的直线，该直线的斜率就是单位变动成本。

3. 销售收入与销售数量呈完全线性关系假设

假设产品平均的单位售价不变即设定销售价格为一常数，在此基础上，企业的销售收入同产品的销售量呈完全线性关系。表示在平面直角坐标图中也是一条过原点的直线，该直线的斜率就是销售单价。

（三）产销平衡假设

假设当期产品的生产量与业务量相一致，不考虑产品存货水平变动对利润的影响。即假定每期生产的产品总量总是能在当期全部销售出去，产销平衡。

（四）产品品种结构不变假设

假设同时生产与销售多种产品的企业，其销售产品的品种结构不变。即在一个生产与销售多种产品的企业，以价值形式表现的产品的产销总量发生变化时，原来各产品的产销额在全部产品的产销额中所占的比重不会发生变化。

（五）变动成本法假设

假设产品成本是按照变动成本法计算的。即产品成本中只包含变动生产成本，而所有的固定成本总额均作为期间成本处理。

第二节　盈亏临界点分析

一、盈亏临界点的涵义

企业生存与发展的基础是实现一定数量的盈利，而实现盈利的基本前提是不盈不亏即保本经营。所谓盈亏临界点又称盈亏平衡点、保本点、盈亏分歧点，是指企业的经营处于不盈不亏状态时的销售量或销售额。企业的销售收入减去变动成本后所得到的边际贡献只有在补偿固定成本后出现了剩余，才能为企业提供一定的盈利，否则，企业就会出现亏损。当边际贡献刚好等于固定成本时，企业处于不盈不亏状态，此时的销售量即为盈亏临界点。盈亏临界点是企业的一项重要指标，企业的销售量必须达到这个指标才能保本，大于这个指标才能盈利。可见，盈亏临界点分析是本量利分析中的一项基本内容，它是专门用于研究使企业处于盈亏平衡状态下本量利关系的一种定量分析方法。进行盈亏临界点分析，可为企业管理层提供未来期间防止亏损发生应达到的最低销售量信息。

二、盈亏临界点的确定

（一）盈亏临界点确定的基本计算模型

盈亏临界点的分析是建立在成本性态分析与变动成本法的基础上的。在变动成本法下，本量利之间的基本关系用数学模型表示为：

销售收入 -（固定成本 + 变动成本）= 利润

（单价售价 - 单位变动成本）× 销售量 - 固定成本 = 利润

盈亏临界点就是使利润等于零时的销售量，据此，上述模型可转换成：

（单价售价 - 单位变动成本）× 销售量 - 固定成本 = 0

由此可以得到盈亏临界点计算的基本模型：

$$\text{盈亏临界点} = \frac{\text{固定成本}}{\text{单位售价} - \text{单位变动成本}} = \frac{\text{固定成本}}{\text{单位边际贡献}}$$

设：P 代表利润，V 代表销量，SP 代表单位售价，VC 代表单位变动成本，FC 代表固定成本，BE 代表盈亏临界点。则盈亏临界点销售量用符号表示为：

$$BE = \frac{FC}{SP - VC} = \frac{FC}{CM}$$

盈亏临界点的表现形式通常有两种：一种以实物量来表现，叫做盈亏临界销售量；另一种以货币量来表现，叫做盈亏临界销售额。

1. 按实物量计算的盈亏临界点

$$\text{盈亏临界点销售量} = \frac{\text{固定成本}}{\text{单位售价} - \text{单位变动成本}}$$

$$=\frac{固定成本}{单位边际贡献}$$

2. 按货币量计算的盈亏临界点

$$单位售价\times销售量=\frac{固定成本}{单位边际贡献}\times单位售价$$

$$而边际贡献率=\frac{单位边际贡献}{单位售价}$$

$$因此盈亏临界点销售量（额）=\frac{固定成本}{边际贡献率}$$

【例3－1】某企业销售B产品200 000件，单位售价为100元/件，单位变动成本为50元，固定成本为130 000元，要求：

（1）计算B产品的盈亏临界点销售量；

（2）计算B产品的盈亏临界点销售额。

解析：

$$（1）盈亏临界点销售量=\frac{固定成本}{单位售价-单位变动成本}=\frac{130\ 000}{100-50}=2\ 600（件）$$

$$边际贡献率=\frac{边际贡献}{售价收入}=\frac{单位边际贡献}{单位售价}=\frac{100-50}{100}=50\%$$

$$（2）盈亏临界点销售额=\frac{固定成本}{边际贡献率}=\frac{130\ 000}{50\%}=260\ 000（件）$$

（二）安全边际与安全边际率模型

1. 安全边际与安全边际率

当企业处于盈亏临界点时，意味着企业正好处于不盈不亏的状态即企业在此点上产生的边际贡献已补偿全部的固定成本；而要想获利，其销售量必需超过盈亏临界点才能得以实现，且超过的越多，企业经营发生损失的可能性越小，企业就越安全。由此可以得到与盈亏临界点相关联的另一个计算指标——安全边际。

安全边际是指实际或预计销售量（额）超过盈亏临界点销售量（额）的差额。该指标标志着企业从现有销售量（额）到盈亏临界点还有多大的差距，此差距说明企业现有销售量（额）再降低多少，就可能会发生损失。显然，差距越大，安全边际越大，企业的抗风险能力越强，发生亏损的可能性越小，其经营越安全；反之，差距越小，安全边际越小，其抗风险能力越差，发生亏损的可能性也越高，经营的安全程度越低。

安全边际可以用绝对数与相对数两种形式来表现。如果用绝对数来表现，则称为安全边际量（额）；如果用相对数来表现，则称为安全边际率，它是指安全边际量（额）与实际或预计销售量（额）之比。

其计算模型如下：

安全边际量（额）＝实际（或预计）销售量（额）－盈亏临界点销售量（额）

安全边际额＝安全边际量×单位售价

$$安全边际率=\frac{安全边际量}{实际（预计）销售量}\times100\%$$

$$= \frac{\text{安全边际额}}{\text{实际（预计）销售额}} \times 100\%$$

西方企业通常采用安全边际率这一指标来评价企业经营安全与否。表 3－1 为安全边际率与评价企业经营安全程度的一般性标准，但该标准只能作为企业评价经营安全与否的参考。

表 3－1　　安全边际率与评价企业经营安全程度的一般标准

安全边际率	10% 以下	10% ～20%	20% ～30%	30% ～40%	40% 以上
安全程度	危险	不安全	较安全	安全	很安全

【例 3－2】假定在【例 3－1】中，本期销售该产品 8 000 件，试计算：期间内经营 A 产品的安全边际及安全边际率。

解析：

（1）计算盈亏临界点销售量和盈亏临界点销售额：

盈亏平衡临界点销售量＝2 600 件

盈亏临界点销售额＝260 000 元

（2）计算安全边际及安全边际率：

安全边际量＝8 000－2 600＝5 400（件）

安全边际额＝8 000×100－260 000＝540 000（元）

$$\text{安全边际率} = \frac{5\ 400}{8\ 000} \times 100\% = 67\%$$

$$\text{或安全边际率} = \frac{540\ 000}{8\ 000 \times 100} \times 100\% = 67\%$$

2. 盈亏临界点作业率

以盈亏临界点为基础还可以得到另一个辅助性的指标，即盈亏临界点作业率。

盈亏临界点作业率也称为盈亏临界点的开工率，是指盈亏临界点销售量（额）占正常经营（或开工）情况下的销售量（额）的百分比。所谓正常经营销售量，是指在正常的市场环境和企业正常开工情况下产品的销售数量。其计算模型如下：

$$\text{盈亏临界点作业率} = \frac{\text{盈亏临界点销售量（额）}}{\text{正常经营销售量（额）}} \times 100\%$$

盈亏临界点作业率表明企业保本的销售量在正常经营销售量中所占的比重，该指标可以提供企业在保本状态下生产能力利用程度的信息。

【例 3－3】依据上例的资料及有关计算结果并假定该企业正常经营条件下的销售量为 5 000 件。要求：计算其盈亏临界点作业率。

解析：

$$\text{盈亏临界点作业率} = \frac{2\ 600}{5\ 000} \times 100\% = 52\%$$

$$\text{或盈亏临界点作业率} = \frac{260\ 000}{5\ 000 \times 100} \times 100\% = 52\%$$

计算结果表明，该企业盈亏临界点作业率必须达到52%，即销售量必须达到正常经营业务量的52%方可保本；要想盈利，作业率必须达到52%以上；否则，企业将会发生亏损。

3. 安全边际率与销售利润率

当企业的销售量达到盈亏临界点时，其固定成本已全部得到补偿。因此，只有盈亏临界点以上的销售额（即安全边际部分）才能为企业提供利润。所以，安全边际与利润之间的关系用模型表示为：

销售利润＝安全边际量（额）×单位边际贡献（率）

将等式两边同时除以销售收入，则：

销售利润率＝安全边际率×边际贡献率

【例3－4】依据【例3－2】和【例3－3】的资料及有关计算结果，计算其销售利润及销售利润率。

解析：

销售利润＝5 400×（100－50）＝270 000（元）

$$\text{或销售利润} = 540\ 000 \times \frac{100-50}{100} = 540\ 000 \times 50\% = 270\ 000\text{（元）}$$

$$\text{销售利润率} = 67\% \times \frac{100-50}{100} = 33.5\%$$

（三）多品种盈亏临界点分析模型

通常情况下，企业不可能只产销一种产品，当企业产销多种产品时，由于不同产品的实物计量单位可能有所不同。因此，虽然也可以按具体品种计算各自的盈亏临界销售量，但由于不同品种的盈亏临界销售量不能直接相加，其总的盈亏临界点通常不能表现为用实物量来计量的盈亏临界销售量，而只能表现为用金额来计量的盈亏临界销售额。在多品种条件下，盈亏临界点常用计算模型很多，但主要有综合边际贡献率模型、联合单位法模型、分算模型等。

1. 综合边际贡献率模型

综合边际贡献率模型是建立在综合边际贡献率计算基础上的模型。所谓综合边际贡献率计算，是指以各种产品的边际贡献为基础计算加权平均边际贡献率，然后，再据以计算综合盈亏临界点销售额的计算方法。其具体计算模型为：

$$\text{企业的综合盈亏临界点销售额} = \frac{\text{固定成本总额}}{\text{综合边际贡献率}}$$

$$\text{综合边际贡献率} = \frac{\text{各种产品边际贡献之和}}{\text{各种产品销售收入之和}}$$

上述综合边际贡献率的实质是加权平均的边际贡献率。

【例3－5】某企业计划期内生产经营甲、乙、丙三种产品，计划期内固定成本总额为108 000元。其他有关资料如表3－2所示。要求：运用综合边际贡献率法计算该企业的综合盈亏临界点销售额。

表 3-2　　　　某企业产品资料表

项　目	甲产品	乙产品	丙产品	合计
预计产销数量（件）	3 000	4 000	5 000	
产品单位售价（元）	40	25	30	
单位变动成本（元）	24	15	18	
预计产品销售额（元）	120 000	100 000	150 000	370 000
变动成本总额（元）	72 000	60 000	90 000	222 000
边际贡献（元）	48 000	40 000	60 000	148 000

解析：

$$综合边际贡献率=\frac{各种产品边际贡献之和}{各种产品销售收入之和}=\frac{148\ 000}{370\ 000}=40\%$$

$$综合盈亏临界点销售额=\frac{固定成本总额}{综合边际贡献率}=\frac{108\ 000}{40\%}=270\ 000\text{（元）}$$

2. 联合单位模型

如果企业的产品结构保持不变，则在多品种条件下的盈亏临界点的计算还可采用联合单位作为盈亏临界点销售量的计量单位。所谓联合单位，是指按固定实物比例构成的一组产品。例如，企业同时生产 A、B、C 三种产品且这三种产品之间的销量长期保持比较稳定的比例关系，这三种产品的产销量比为 1∶2∶3。则这 1 件 A 产品、2 件 B 产品和 3 件 C 产品之间就构成了一组产品，简称联合单位。该方法的实质是将多种产品盈亏临界点的计算问题转换为单一产品盈亏临界点问题的计算。根据存在稳定比例关系的产品之间的销量比，可以计算出每一联合单位的联合单位边际贡献和联合单位变动成本，并以此计算整个企业的联合盈亏临界点销售量以及各产品的盈亏临界点销售量。其计算模型为：

企业的综合盈亏临界点销售额 = 盈亏临界点联合单位 × 联合单位售价

某产品的盈亏临界点销售量 = 盈亏临界点联合单位 × 该产品的产销量比重

其中：

$$盈亏临界点联合单位=\frac{企业固定成本总额}{联合单位边际贡献}$$

联合单位边际贡献 = 联合单位售价 − 联合单位变动成本

【例 3-6】某企业计划期内生产经营 A、B、C 三种产品，固定成本投资总额为 228 000元。其他有关资料如表 3-3 所示。要求：用联合单位模型计算企业的综合盈亏临界点销售额和各产品的盈亏临界点销售量。

表 3-3 某企业产品资料表

项 目	A 产品	B 产品	C 产品
预计产销数量（件）	5 000	10 000	15 000
产品单位售价（元）	30	20	40
单位变动成本（元）	20	15	20
单位边际贡献（元）	10	5	20

（1）确定产品销量比：

A：B：C = 5 000：10 000：15 000 = 1：2：3

（2）确定联合单位边际贡献：

联合单位边际贡献 = 10 × 1 + 5 × 2 + 20 × 3 = 80（元）

（3）确定盈亏临界点联合单位：

$$盈亏临界点联合单位 = \frac{228\ 000}{80} = 2\ 850（联合单位）$$

（4）确定企业的综合盈亏临界点销售额：

联合单位售价 = 30 × 1 + 20 × 2 + 40 × 3 = 190

综合盈亏临界点销售额 = 2 850 × 190 = 541 500（元）

（5）确定各产品盈亏临界点销售量：

A 产品的盈亏临界点销售量 = 2 850 × 1 = 2 850（件）

B 产品的盈亏临界点销售量 = 2 850 × 2 = 5 700（件）

C 产品的盈亏临界点销售量 = 2 850 × 3 = 8 550（件）

3. 分算模型

分算模型建立的基础是分算法的实施。所谓分算法，是指在一定的条件下，将企业的固定成本总额按一定标准在各产品之间进行分配，分别确定各产品的固定成本数额，再按单一品种盈亏临界点的计算方法计算各产品的盈亏临界点的一种方法。该方法的关键是要合理地进行固定成本的分配。在分配固定成本时，对于专属某种产品的固定成本应直接计入产品成本；对于应由多种产品共同负担的共同性固定成本，则应选择适当的分配标准（如销售额、产品重量、长度、体积、工时、边际贡献、材料耗用量等）在各产品之间进行分配。

【例 3-7】仍以上例的资料为例。要求：用分算法计算企业各产品的盈亏临界点销售量（假定固定成本按销售额的比重分配）和企业的综合盈亏临界点销售额。

解析：

（1）计算各产品应分配的固定成本：

$$固定成本分配率 = \frac{228\ 000}{150\ 000 + 200\ 000 + 600\ 000} = \frac{228\ 000}{950\ 000} = 0.24$$

A 产品应负担的固定成本 = 150 000 × 0.24 = 36 000（元）

B 产品应负担的固定成本 = 200 000 × 0.24 = 48 000（元）

C 产品应负担的固定成本 = 600 000 × 0.24 = 144 000（元）

（2）计算各产品的盈亏临界点销售量：

A 产品的盈亏临界点销售额 $=\frac{36\ 000}{30-20}\times 30=108\ 000$（元）

B 产品的盈亏临界点销售额 $=\frac{60\ 000}{20-15}\times 20=240\ 000$（元）

C 产品的盈亏临界点销售额 $=\frac{144\ 000}{40-20}\times 40=288\ 000$（元）

（3）计算企业的综合盈亏临界点销售额：

综合盈亏临界点销售额 = 108 000 + 240 000 + 288 000 = 636 000（元）

三、有关因素变动对盈亏临界点的影响分析

前述盈亏临界点模型是建立在假设固定成本、单位变动成本、产品的销售单价以及产品品种结构不变的基础上的，而现实中，这些因素在企业的生产经营过程中往往又是经常变动并引起盈亏临界点的相应变动的。显然，上述诸因素的变动与盈亏临界点取值之间存在一定的内在联系。通常情况下，固定成本、变动成本下降，销售单价提高，则盈亏临界点的取值变小；反之亦然。可见，产品的单位售价、单位变动成本、固定成本以及产品的品种结构等因素的变动都会对盈亏临界点产生影响。

（一）单位售价变动对盈亏临界点的影响

产品单位售价的变动是影响盈亏平衡临界点的一个重要因素。产品单位售价的变动会引起单位边际贡献和边际贡献率向同方向变动，从而改变盈亏临界点。在一定成本水平的条件下，当产品单位售价上升时，边际贡献和边际贡献率上升，盈亏临界点降低，同样销售量下实现的利润也就越高；当产品的销售价格下降时，边际贡献和边际贡献率下降，盈亏临界点上升，同样销售量下实现的利润也就越低。

【例 3－8】假定某产品的销售单价为 30 元，单位变动成本为 20 元，固定成本总额为 40 000 元。按实物计算的盈亏临界点销售量为：

盈亏临界点销售量 $=\frac{40\ 000}{30-20}=4\ 000$（件）

在其他条件不变的情况下，企业打算将产品单位售价从原来的 30 元提高到 40 元。要求：计算提价后的盈亏临界点销售量。

提价后的盈亏临界点销售量 $=\frac{40\ 000}{40-20}=2\ 000$（件）

当产品售价从 30 元提高 40 元后，盈亏临界点销售量由 4 000 件下降到 2 000 件，在盈亏临界图上，销售单价表现为销售收入线的斜率，当成本水平一定时，销售单价上升，则销售收入线的斜率加大，盈亏临界点降低，同样的销售量实现的利润也就越多。产品单位售价变动前后的盈亏临界点变动如图 3－1 所示。

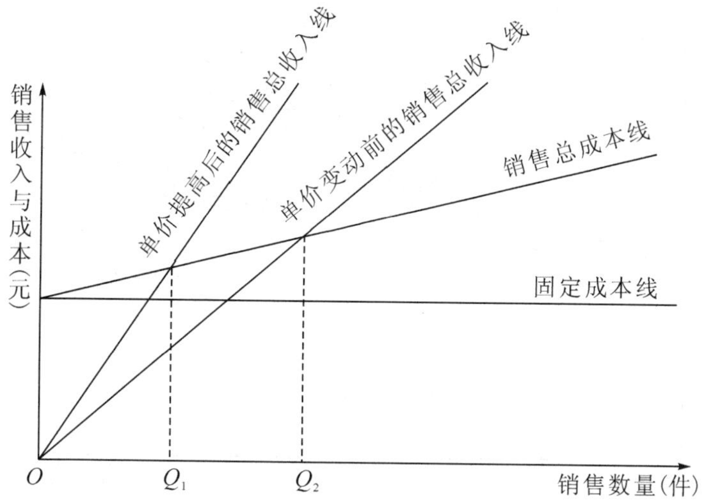

图3-1 产品单位售价变动前后的盈亏平衡图

（二）单位变动成本变动对盈亏临界点的影响

产品单位变动成本的变动会引起单位边际贡献和边际贡献率向相反方向变动，从而改变盈亏临界点。在其他因素不变的前提下，当产品单位变动成本上升时，单位边际贡献和边际贡献率降低，盈亏临界点上升；当产品单位变动成本下降时，单位边际贡献和边际贡献率上升，盈亏临界点下降。

在盈亏平衡图中，表现为总成本线的斜率提高，导致盈亏临界点上升；当产品单位变动成本下降时，会增大单位边际贡献和边际贡献率，在盈亏平衡图中，表现为总成本线的斜率降低，导致盈亏临界点下降。

【例3-9】仍以上例的资料为例。假定由于原材料采购成本上升，导致产品单位变动成本从20元/件上升到22元/件，其他因素保持不变。要求：计算单位变动成本上升后的盈亏临界点销售量。

$$单位变动成本上升后的盈亏临界点销售量=\frac{50\ 000}{30-20}=5\ 000（件）$$

当产品单位变动成本从20元上升到22元后，盈亏平衡临界点销售量由4 000件上升到5 000件。在盈亏平衡图中，单位变动成本表现为总成本线的斜率，在其他因素不变的条件下，单位变动成本提高，则变动成本线的斜率加大。由于新的变动成本线的斜率大于原变动成本线的斜率，因此，盈亏临界点上升，利润减少。产品单位变动成本变动前后的盈亏临界点变动如图3-2所示。

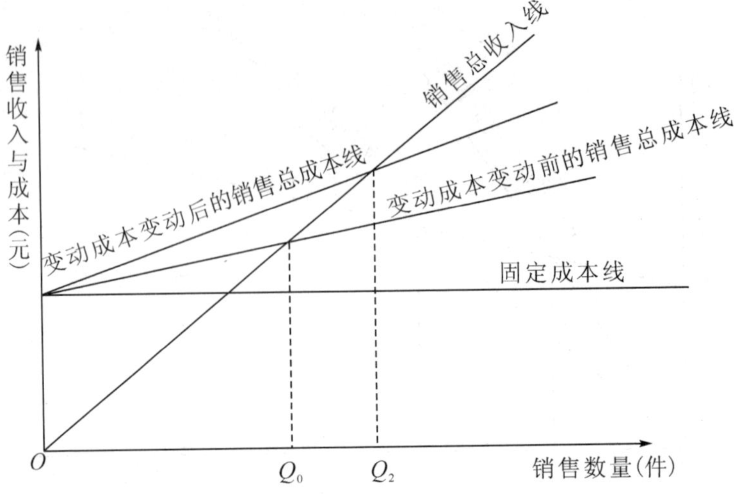

图 3-2　产品单位变动成本变动前后的盈亏平衡图

(三) 固定成本变动对盈亏临界点的影响

固定成本在一定的产销量范围内虽然不随产销量的变动而出现变动，但当企业的经营能力出现变化时，则也会导致固定成本出现变化。一般地，固定成本线是总成本线的起点，在单位变动成本不变的前提下，固定成本的高低直接决定着总成本线的高低的变化，因而也会对盈亏临界点产生影响。在其他条件不发生变化的前提下，企业的经营规模越大，固定成本就越高，其盈亏临界点就越高；反之，就越低。

【例 3-10】仍以【例 3-8】的资料为例，假定企业进行固定资产的更新改造，使得生产该产品的年固定成本总额从 40 000 元上升到 50 000 元，其他因素保持不变。要求：计算固定成本上升后的盈亏临界点销售量。

$$固定成本上升后的盈亏临界点销售量=\frac{50\ 000}{30-20}=5\ 000\text{（件）}$$

当固定成本从 40 000 元上升到 50 000 元后，盈亏临界点销售量由 4 000 件上升到 5 000件。如果其他因素不变，则当固定成本总额上升时，在盈亏平衡图中，会使成本线的位置平行上移，导致盈亏临界点上升。固定成本变动前后的盈亏临界点变动如图 3-3 所示。

(四) 产品品种结构变动对盈亏临界点的影响

通常情况下，企业产销多种产品时，不同产品的盈利能力可能各不相同，而盈利能力不同的产品其边际贡献率也各不相同。当边际贡献率不同的产品在总销售收入中所占的比重发生变化时，加权平均边际贡献率也会发生变化。因此，在其他因素不发生变化的前提下，当所销售产品的品种结构发生变动时，会导致综合边际贡献率发生变化，从而影响综合盈亏临界点销售额。当边际贡献较低的产品的销售比重上升时，会引起企业的综合边际贡献率下降，综合盈亏临界点销售额上升，同样的销售收入但利润反而会下降；反之，当边际贡献率较高的产品的销售比重提高时，企业的综合边

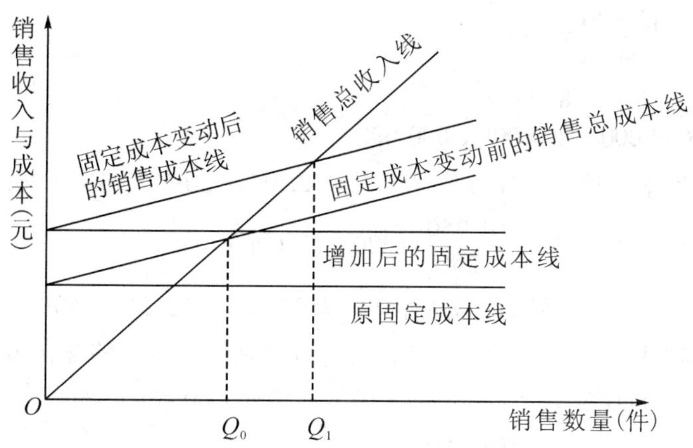

图 3－3　固定成本变动前后的盈亏平衡图

际贡献率会上升，综合盈亏临界点销售额下降，同样的销售收入但利润反而会上升。

【例 3－11】某企业计划期内生产经营 A、B、C 三种产品，固定成本投资总额为 101 750 元。其他有关资料如表 3－4 所示。在其他因素不发生变化的前提下，销售比重变为 30%、30%、40%。要求：计算综合盈亏临界点销售额。

表 3－4　　某企业产品资料表

项　目	A 产品	B 产品	C 产品
预计产销数量（件）	10 000	10 000	20 000
产品单位售价（元）	60	20	40
单位变动成本（元）	36	10	20
单位边际贡献（元）	24	10	20

解析：根据上述资料，相关计算步骤如下：

（1）计算三种产品的边际贡献率与销售比重：

A 产品：

$$边际贡献率=\frac{60-36}{60}=40\%$$

$$销售比重=\frac{600\ 000}{600\ 000+200\ 000+800\ 000}=37.5\%$$

B 产品：

$$边际贡献率=\frac{20-10}{20}=50\%$$

$$销售比重=\frac{200\ 000}{600\ 000+200\ 000+800\ 000}=12.5\%$$

C 产品：

$$边际贡献率 = \frac{40-20}{40} = 50\%$$

$$销售比重 = \frac{800\ 000}{600\ 000 + 200\ 000 + 800\ 000} = 50\%$$

综合边际贡献率 =40% ×37. 5% +50% ×12. 5% +50% ×50% =46. 25%

$$综合盈亏临界点销售额 = \frac{101\ 750}{46.25\%} = 220\ 000（元）$$

（2）A、B、C 三种产品原有的品种结构为 37. 5%、12. 5%、50%，当 A、B、C 三种产品的品种结构变为 30%、10%、60%时，计算现行结构下的综合边际贡献率：

综合边际贡献 =40% ×30% +50% ×10% +50% ×60% =47%

$$综合盈亏临界点销售额 = \frac{101\ 750}{47\%} = 216\ 489（元）$$

第三节　目标利润的分析

一、目标利润分析

目标利润分析是指在保证目标利润实现的前提下开展的本量利分析。

前述的盈亏临界点分析仅是企业本量利分析在假定利润为零时的本量利分析。由于保本经营并非企业的最终目的，确定盈亏临界点只是为管理者建立一道经营的预警线，企业经营的最终目的还是为了获取利润，因此，为保证预定目标利润的顺利实现，企业应在盈亏临界点分析的基础上进一步开展目标利润分析，即分析为实现目标利润应完成的业务量、应控制的成本水平以及应达到的销售量水平等。

由于销售收入 -（固定成本 + 变动成本）= 目标利润

（单价售价 - 单位变动成本）× 销售量 - 固定成本 = 目标利润

因此，目标利润分析的基本模型为：

$$目标利润销售量 = \frac{固定成本 + 目标利润}{单位边际贡献} = \frac{目标边际贡献}{单位边际贡献}$$

$$目标利润销售额 = \frac{固定成本 + 目标利润}{单位边际贡献} = \frac{目标边际贡献}{边际贡献率}$$

依据上述分析式，可以确定保证目标利润实现的一系列指标，包括目标销售量（额）、目标成本和目标价格。

（一）实现目标利润应完成的业务量

实现目标利润应完成的业务量又称为保利点业务量。它通常有下述两种表现形式，即实现目标利润的销售量和实现目标利润的销售额。其计算模型如下：

$$实现目标利润的销售量=\frac{固定成本总额+目标利润}{单位售价-单位变动成本}$$

$$=\frac{固定成本总额+目标利润}{单位边际贡献}$$

$$实现目标利润的销售额=\frac{固定成本总额+目标利润}{边际贡献率}$$

或实现目标利润的销售额 = 实现目标利润的销售量 × 单位售价

【例3-12】某公司生产A产品，单位售价为40元/件，单位变动成本为25元/件，固定成本总额为20 000元。若计划年度目标利润确定为100 000元，试计算为实现上述目标应完成的销售量和销售额。

解析：

$$实现目标利润的销售量=\frac{20\ 000+100\ 000}{40-25}=8\ 000（件）$$

$$实现目标利润的销售额=\frac{20\ 000+100\ 000}{（40-25）\div 40}=320\ 000（元）$$

或实现目标利润的销售额 = 8 000 × 40 = 320 000（元）

（二）实现目标利润应控制的成本水平

在企业目标利润已定的情况下，如果产品的单位售价与销售量受到市场的约束，而按目前的生产销售水平又无法实现目标利润，此时就应考虑将成本降低并控制在一定的水平上才可实现目标利润。鉴于成本按性态可区分为变动成本与固定成本两部分，因此，对实现目标利润应控制的成本水平，可分别从单位变动成本与固定成本总额两方面加以确定。其计算模型为：

$$\begin{array}{l}实现目标利润应控制\\的单位变动成本水平\end{array}=\frac{销售收入-固定成本总额-目标利润}{销售量}$$

$$=单位售价-\frac{固定成本总额+目标利润}{销售量}$$

实现目标利润应控制的固定成本 = 销售收入 - 变动成本总额 - 目标利润

= 边际贡献 - 目标利润

= 单位边际贡献 × 销售量 - 目标利润

【例3-13】仍以上例的资料为例，并假定该企业当期最大的产量仅为7 500件，其他有关单位售价、固定成本及目标利润情况不变。要求：计算实现目标利润应控制的单位变动成本水平。

解析：

$$实现目标利润应控制的单位变动成本水平=\frac{40\times 7\ 500-20\ 000-100\ 000}{7\ 500}$$

$$=24（元/件）$$

假如该公司生产 A 产品的单位变动成本已无法降低，则实现目标利润应控制的固定成本水平为：

$(40-25)\times 7\,500-100\,000=12\,500$（元）

（三）实现目标利润的价格水平

在企业目标利润已定的情况下，如果销售量与成本分别受到市场需求与企业生产条件的约束而无法改变，此时就应考虑以怎样的销售价格才可实现目标利润。实现目标利润的销售价格的计算可按下述模型进行：

$$\text{实现目标利润的产品销售单价}=\frac{\text{变动成本}+\text{固定资产成本}+\text{目标利润}}{\text{销售数量}}$$

$$=\text{单位变动成本}+\frac{\text{固定成本}+\text{目标利润}}{\text{销售数量}}$$

【例 3－14】以【例 3－12】的资料为例，并假定该企业因受市场萎缩的影响当期只能产销产品 7 500 件，其他有关单位变动成本、固定成本及目标利润等情况不变。要求：计算实现目标利润的价格水平。

解析：

$$\text{实现目标利润的产品销售单价}=25+\frac{20\,000+100\,000}{7\,500}=41\text{（元/件）}$$

二、利润的敏感性分析

利润的敏感性分析是一种分析影响利润的有关因素对利润指标影响强弱的一种相关程度分析。分析各个因素的变化对利润变化影响的敏感程度，可以使管理人员能按照重点管理思想，科学地做出相应的决策。

影响利润的主要因素有：单位售价（SP）、单位变动成本（VC）、销售量（V）和固定成本总额（FC）。而确定这些因素对利润的影响大小的指标是敏感系数。根据本量利分析的基本方程式：$P=SP\times V-(VC\times V+FC)$，可以得到敏感系数公式如下：

$$\text{某一因素的敏感系数}=\frac{\text{含有某一因素的项}}{\text{目标利润项}}$$

具体地有：

$$\text{价格的敏感系数}=\frac{SP\times V}{P}$$

$$\text{单位变动成本的敏感系数}=\frac{VC\times V}{P}$$

$$\text{业务量的敏感系数}=\frac{SP\times V-VC\times V}{P}$$

$$\text{固定成本的敏感系数}=\frac{FC}{P}$$

现以下例说明利润的敏感系数的运用。

【例 3－15】某企业经营 A 产品，已知单位售价为 30 元，单位变动成本为 20 元，固定成本为200 000元。销售量为100 000单位。如果产品的单位售价、单位变动成本、销售量和固定成本分别上升10%，求各因素的敏感系数和对利润的影响程度。

解析：

利润 = 30 × 100 000 − （20 × 100 000 + 200 000） = 800 000（元）

（1）假设单位售价上升10%：

$$利润对单价的敏感系数 = \frac{SP \times V}{P} = \frac{30 \times 100\ 000}{800\ 000} = 3.75$$

利润的变动率 = 10% × 3.75 = 37.5%

这一计算表明，本例中的单位售价变动1%，利润就会变动3.75%，而本例中假设单价将上升10%，那么利润就将上升37.5%。

（2）假设单位变动成本上升10%：

$$利润对单位变动成本的敏感系数 = \frac{VC \times V}{P} = \frac{20 \times 100\ 000}{800\ 000} = 2.5$$

利润的变动率 = 10% × 2.5 = 25%

即单位变动成本变动1%，利润就会变动2.5%，而本例中单位变动成本的变动值为10%，所以利润将下降25%。

（3）假设销售量上升10%：

$$\begin{aligned}销售量的敏感系数 &= \frac{SP \times V - VC \times V}{P} \\ &= \frac{30 \times 100\ 000 - 20 \times 100\ 000}{800\ 000} \\ &= 1.25\end{aligned}$$

利润的变动率 = 10% × 1.25 = 12.5%

即销售量变动1%，利润就会变动1.25%，本例中销售量的变动值为10%，所以利润将上升12.5%。值得注意的是，关于利润对销售量的敏感系数其实就是经营杠杆系数。

（4）假设固定成本上升10%：

$$固定成本的敏感系数 = \frac{FC}{P} = \frac{200\ 000}{800\ 000} = 0.25$$

利润变动率 = 10% × 0.25 = 2.5%

即固定成本变动1%，利润只变动0.25%。本例中固定成本的变动值为10%，故利润只变动2.5%。

因此，将上述四个因素按其敏感系数的绝对值排列，其顺序依次是单位售价（3.75）、单位变动成本（2.5）、销售量（1.25）、固定成本（0.25），也就是说，影响利润最大的因素是单位售价和单位变动成本，然后才是销售量和固定成本。利润对各因素的敏感程度由相应敏感系数的大小来决定。在企业正常盈利的条件下，如果各因素的变动确定为1%的话，各因素敏感系数的大小顺序及相关关系有如下规律：

（1）单位售价的敏感系数总是最高且大于1。

（2）单位售价的敏感系数与单位变动成本的敏感系数之差等于销售量的敏感系数。

（3）销售量的敏感系数与固定成本的敏感系数之差等于1。

（4）销售量的敏感系数不可能最低。

三、经营杠杆

（一）经营杠杆的涵义

经营杠杆现象源于固定成本的存在。在产品单位售价和单位变动成本不变的情况下，边际贡献的变动率必然等于产销量变动率。由于固定成本必然存在，从而导致产生的利润变动率必然大于边际贡献变动率即产销量变动率。如果其他因素不变，固定成本金额越大，这一现象就越是强烈。这种现象通常称为经营杠杆现象。为具体计量经营杠杆的强烈程度，就必须确定经营杠杆系数。

经营杠杆系数又称为营业杠杆系数（简记为*DOL*），是指利润变动率相当于产销量变动率的倍数，或指利润变动率与产销量变动率的比值。经营杠杆系数由下式确定：

$$\text{经营杠杆系数}=\frac{\text{利润的变动率}}{\text{产销量的变动率}}$$

【例3－16】某企业只产销A产品，该产品的单位售价为30元/件，单位变动成本为20元/件，上年产销该产品300件，固定成本为2 000元。若计划期预计产销量增加20%，试计算该企业的经营杠杆系数。

解析：依据题目所给资料，计算其利润变动率（见表3－5）。

表3－5　　利润变动率计算表

项　目	基　期	计划期	变动值	变动率
销售量（件）	300	360	60	20%
边际贡献（元）	3 000	3 600	600	20%
固定成本（元）	2 000	2 000	0	0
利润（元）	1 000	1 600	600	60%

$$\text{经营杠杆系数}=\frac{\text{利润的变动率}}{\text{产销量的变动率}}=\frac{60\%}{20\%}=3$$

依据上述理论公式进行营业杠杆系数的计算不仅烦琐，而且常常不便于开展有关的预测分析。因此，通常在实际工作中经营杠杆系数的计算按下列公式进行：

$$\text{经营杠杆系数}=\frac{\text{基期的边际贡献}}{\text{基期的利润}}$$

利用该公式计算【例3－16】中的经营杠杆系数，得：

$$\text{经营杠杆系数}=\frac{\text{基期的边际贡献}}{\text{基期的利润}}=\frac{3\ 000}{1\ 000}=3$$

可见，运用这两种方法所得的计算结果完全一致。

（二）经营杠杆系数的应用

经营杠杆系数在实际工作中主要用于以下三个方面：

1. 反映企业的经营风险

市场供需的变化以及生产、成本等因素的不确定性是引起企业经营风险的主要原因，而经营杠杆本身并非企业利润不稳定的根源，但如前所述，经营杠杆系数＝利润的变动率÷产销量的变动率，即利润的变动率＝产销量的变动率×经营杠杆系数。

由于经营杠杆系数的公式又可以表示为：

$$经营杠杆系数=\frac{基期的边际贡献}{基期的利润}=\frac{基期的利润+固定成本}{基期的利润}=1+\frac{固定成本}{基期的利润}$$

可见，经营杠杆系数>1，意味着销售量发生增减变动，利润将以DOL的倍数发生增减变动。由此可见，经营杠杆系数越大，利润的变动越激烈，企业的经营风险也就越大。因此，经营杠杆系数的变动，能反映出企业经营风险的大小。影响经营杠杆系数高低的因素主要有固定成本和销售量两个因素，从经营杠杆系数的公式来看，DOL总是随着固定成本的变动做同方向变动，因此，在销售量相关范围内，降低固定成本总额，能降低企业的经营风险。

2. 帮助企业管理当局进行科学的利润预测

在已知经营杠杆系数、基期利润和产销变动率的情况下，可按下列公式预测未来利润变动率和利润预测额。

未来的利润变动率＝销售变动率×经营杠杆系数

预测利润＝基期利润×（1＋销售变动率×经营杠杆系数）

另外，我们也可以利用经营杠杆系数来预测保证目标利润实现的预期销售变动率。其计算公式为：

$$保证目标利润实现的预期销售利润率=\frac{目标利润-基期利润}{基期利润\times 经营杠杆系数}$$

$$或保证目标利润实现的预期销售利润率=\frac{目标利润变动率}{经营杠杆系数}$$

3. 帮助企业管理当局做出正确的经营决策

引进新设备，采用先进技术，虽可提高产品的产量和质量，降低单位变动成本，提高边际贡献，但会使固定成本增加，经营杠杆系数增大，从而加大企业的经营风险。因此，只有该产品在市场上能够顺利销售，其销售量呈持续增长的趋势，才适宜做出引进新设备，采用先进技术的决策。倘若市场疲软，销售量不能保持持续增长的势头，甚至还会出现下降趋势时，则引进先进设备和采用新技术应持谨慎的态度。因为经营杠杆系数提高，风险也随之增大，若销售量略有下降，将会引起利润大幅度降低，甚至出现亏损的危险。

另外，企业经常通过降价扩大销售来增加利润，占领市场份额，但其效果对不同类型的企业却并不相同。对于资本密集型企业，由于固定成本高，单位变动成本低，经营杠杆的作用大，降价销售后，单位产品利润虽有所降低，但由于销售量的增长，可使企业营业利润大幅度提高。而对于劳动密集型企业，由于固定成本低，单位变动成本高，经营杠杆的作用小，采用降价销售，往往不会提高企业的利润，甚至还会使利润下降。

第四章 预测分析

案例与问题分析

华美汽车配件制造公司的主打产品为火花塞，其销售的主要地区为东北三省。公司准备做2001年的预算计划，财务经理要求小王预计2001年的销售量。小王是财务部的一名年轻的会计人员。首先，他对各个部门提供的相关资料进行分析，资料显示，华美汽车配件制造公司火花塞销售量的主要决定因素是东北三省汽车需求量。于是，他进一步找到最近五年相关的东北三省汽车需求量（华美汽车配件制造公司所占份额部分）以及华美汽车配件制造公司火花塞销售量的有关资料。其次，小王根据资料，以相关汽车需求量与火花塞之间的关系建立了数学模型，得出了回归的预测模型。最后，小王根据公司调研的2001年的汽车需求量，最终确定了2002年的火花塞的销售量。

财务经理看了小王的预测分析，觉得小王的分析有理有据，感到很满意。

其实，从企业的角度来说，销售预测是订购材料、安排人工、规划生产、处理财务的基础。企业的全面预算通常是从编制销售预算开始的，良好的销售预算有赖于可靠的销售预测。销售预测的方法很多，有些方法要求有内、外部的各种资料，有些方法则只需要内部的历史资料。各种方法难易不同、繁简不等，本案例所采用的分析方法是因果分析法。该方法简便易行、成本低廉。其运用原理为：产品的销售一般总会与社会经济的这些或那些因素相关，甚至有时完全取决于某些因素，通过找出与预测对象（因变量）相关的因素（自变量）以及它们之间的依存关系，来建立相应的因果预测的数学模型，然后利用数学模型来确定预测对象在计划期的销售指标。本章的主要内容就是讲授企业管理活动中的各种预测活动，主要包括销售预测、成本预测、利润预测和资金量预测等内容。

第一节 预测分析概述

所谓预测，就是根据过去和现有的信息，运用一定的科学手段和方法，预计和估计事物未来发展趋势。

一、预测分析的基本原理

（一）可知性原理

可知性原理也称为规律性原理。辩证唯物主义认为，世界是物质的，事物的发展尽管千姿百态，但还是有其固有的变化规律。只要人们掌握了事物的发展变化规律，就可以预测事物的未来发展状况。一切预测活动都奠基于可知性原理。

（二）延续性原理

延续性原理是指企业在生产经营过程中，过去和现在的某种发展规律将会延续下去，并假设决定过去和现在发展的条件同样适用于未来。预测分析根据延续性原理，就可以把未来视作历史的延伸进行推测。趋势预测分析就是基于这条原理而建立的。

（三）相关性原理

任何事物总是与其他事物之间存在着相互依存、相互制约的关系。作为预测对象的任何事物，其未来发展趋势和状况，也必然在多种因素共同作用下出现。预测分析根据经济变量之间的联系，利用对某些经济变量的研究来推测受它们影响的另一个经济变量发展的规律性。因果预测分析就是基于这条原理而建立的。

（四）可控性原理

预测对象有自身的发展规律，人们在掌握其规律性的情况下，可以发挥自己的主观能动性和创造性，使事物朝着符合人们愿望的方向发展，这就是可控性原理。

二、预测分析的方法

（一）定量分析法

定量分析法主要应用数学方法和各种现代化计算工具对经济信息进行科学加工处理，建立预测分析数学模型，揭示各有关变量之间的规律性联系，并做出预测结论。按照对数据资料的处理方式，定量分析法可以分为以下两种类型：

1. 趋势预测分析方法

趋势预测分析方法也称为时间序列分析法或外推分析法，是指将预测对象的历史数据按时间顺序排列，应用数学方法处理、计算、借以预测其未来发展趋势的分析方法。它的实质是根据事物发展的延续性，采用数理统计的方法，预测事物发展的趋势。如算术平均法、移动平均法、趋势平均法、加权平均法、指数平滑法、时间序列分析法。

2. 因果预测分析法

因果预测分析法是指根据预测对象与其他相关指标之间的相互依存、相互制约的规律性联系，建立相应的因果数学模型进行预测分析的方法。它的实质是根据事物发展的相关性，推测事物发展的趋势。如本量利分析法、投入产出分析法、回归分析法、经济计量法。

(二) 定性分析法

定性分析法又称为非数量分析法，是指由有关各方的专业人士根据个人经验和知识结合预测对象的特点进行综合分析，对事物的未来状况和发展趋势做出推测的一类预测方法。定性分析法在西方国家又称为判断分析法、集合意见法。如个人判断法、专家会议法、德尔菲法。

三、预测分析的一般程序

预测分析的一般程序为：

(1) 确定预测目标。

(2) 收集并整理与预测目标有关的资料、数据。

(3) 选择预测方法、建立预测模型。

(4) 实施预测，并对预测结果进行评价。

运用选定的预测方法和建立的预测模型对预测对象进行预测，求出预测结果，并对预测的结果进行比较、分析和评定，检查其结果的正确与否和误差大小，最后确定预测结果的可靠程度及适用范围。

(5) 修正预测结果，做出最后决策。

一般用定量方法进行的预测，常会因为有一些因素由于数据不足或无法定量加以表示而影响预测的精度，这样就可以采用定性的方法，考虑这些因素，并借以修正定量预测的结果，而对于定性预测的结果也常常采用定量方法加以补充、修正，以使结果更接近实际。实践证明，经过这样的修正，预测结果将更加完善。

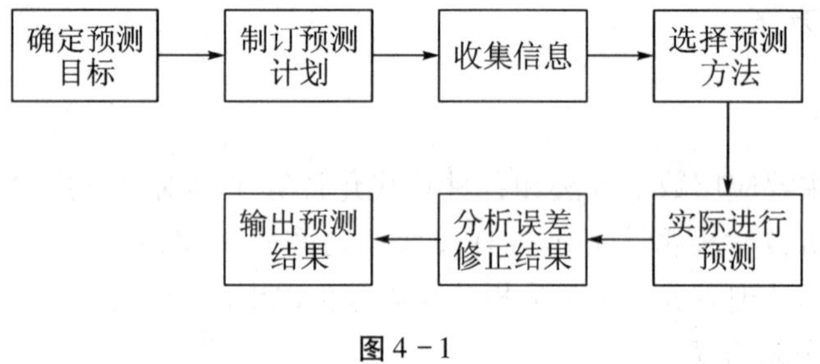

图 4-1

第二节 销售预测分析

一、销售预测的意义

销售预测又称为销量预测，是指企业在一定的市场环境和一定的行销规划下，根据产品的历史销售数据，对其在未来某一时期的销售量或销售额进行科学的预计和测算。市场环境是指政治、经济、人口、文化和科技等的发展情况。行销规划是指企业对销售价格、产品改进、推销活动和分销途径等方面的计划安排。不同的市场环境和不同的行销规划，会产生不同的预测结果。开展销售预测的目的在于了解产品的社会需求量及销售前景。掌握产品的销售状态和市场占有情况。在市场经济条件下，现实和科学的销售预测对企业的整个生产经营活动具有十分重要的作用。具体地讲，主要有以下三个方面：

（一）销售预测是企业各项经营预测的前提

经营预测包括利润预测、销售预测、成本预测等内容，虽然利润、成本等预测各有其特定的内容和范围，但都必须以销售预测为前提条件，这是由市场经济所决定的。在市场经济条件下，企业能否在竞争激烈、复杂多变的环境下求得生存和发展，已不再取决于上级主管部门的意志，而是取决于企业对市场的适应程度，取决于企业能否生产出满足市场需求的适销对路、品质优良的产品，因此对企业产品销售的预测对于其他预测起着决定性的作用，是其他预测工作能够顺利进行的保证。

（二）销售预测是进行经营决策的基础

企业在生产经营活动的各个阶段都存在着许多需要决策的问题。例如，产品品种决策，生产规模决策，成本决策以及利润决策等。在这些需要决策的问题中，有许多是要以销售预测的结果为前提的。为了保证决策的正确性，企业必须事先进行科学的销售预测，为各项决策提供可靠的依据。销售预测便于企业以销定产，使企业的产品生产避免盲目性，使产品的供、产、销、存密切衔接，是制定生产经营决策最重要的依据。

（三）销售预测是企业编制各项计划的前提

如前所述，企业是以满足市场需求为目标的。要达到这一目标，企业需要借助于销售计划，通过销售计划对企业整个生产经营活动进行组织和协调。因为销售计划的营销目标是根据市场需求确定的，通过编制销售计划能使企业的生产与市场需求有机地结合起来。另外，销售计划规定了计划期内企业产品的销售数量、结构、生产所需的财力和物力等条件，这样，就为编制其他计划（如生产计划、成本计划、物资供应计划等）提供了可靠的依据。因此，企业计划的编制一般都从销售计划开始，而销售计划如何，又决定于销售预测的准确与否。

二、影响销售的主要因素

（一）国民经济的发展速度

国民经济的发展速度，制约着整个社会的需求和消费水平，影响着每个企业的生产、供应和销售活动。因此，进行销售预测时，必须首先分析研究国民经济建设的方针、政策；国民经济发展计划和国民收入的增长情况；国家的资源政策和自然资源的开发、利用；农、轻、重之间的投资比例等。

（二）社会购买力水平

社会购买力是指一定时期内全社会用于购买商品的货币支付能力。它一般包括居民购买力、集团购买力和农村生产资料购买力三类。

社会购买力是衡量一定时期内社会上有支付能力的商品需求和国内市场容量大小的重要标志。为正确掌握产品销售的变化趋势，对销售做出尽可能符合实际的预测，应对城乡居民的货币收入、储蓄动态、就业程度、年成好坏等与社会购买力相关的因素进行全面的了解和分析。

（三）消费结构和消费倾向

消费结构和消费倾向是影响市场需求的重要因素，它们的变动主要取决于生产发展水平、科学文化水平和居民收入水平，同时也受消费心理、国际交往和政治因素的影响。要进行科学的预测，就应综合考察生产和科学文化的发展，以及人民群众生活水平、消费水平和消费心理的变化对商品的品种、规格、质量、功能、款式、造型等提出的各种新要求和新观念。

（四）市场价格

市场价格的变动可直接引起市场需求的变动。由于产品本身的价值量和市场供求关系变化的影响，常常使市场价格处于不断地变化之中，而市场价格的某种变动，又必然引起市场需求发生相应变动。因此，进行销售预测时，就应深入了解市场价格的变动及其变动趋势、产品的供求关系以及消费者对市场价格的信赖程度和承受能力。

（五）竞争态势

在市场经济条件下，开展公平竞争有利于降低成本、提高产品质量、改进售后服务。因此，进行销售预测时，应做到知己知彼，注意调查和研究同行业、同类产品之间的竞争态势，正确判断企业产品与同类产品相比究竟处在何种地位；同时还应针对现在的和潜在的竞争对手的活动及其能力，扬长避短，制定强有力的对应策略和措施，以保证本企业产品在激烈的竞争中永远立于不败之地，为进一步开拓国内外市场创造良好的条件。

三、销售预测分析的常用方法

（一）趋势预测分析法

1. 算术平均法

算术平均法是指以过去若干期的销售量或销售额的算术平均数作为计划期的销售预测的方法。

【例4-1】某公司2008年下半年销售A类产品六个月的销售额资料如表4-1所示。要求：预测2009年1月份A类产品的销售额。

表4-1　　A类产品销售资料

月　份	7	8	9	10	11	12
销售额（万元）	14.8	14.6	15.2	14.4	15.6	15.4

1 月份 A 类产品的销售额 =（14.8 + 14.6 + 15.2 + 14.4 + 15.6 + 15.4）÷6
= 15（万元）

这种方法的优点是计算简单、方便易行；其缺点是没有考虑近期（即 10 月、11 月、12 月）的变动趋势。这种方法适用于销售量或销售额比较稳定的商品，对于某些没有季节性的商品，如食品、文具、日常用品等，仍是一种十分有用的方法。

2. 移动加权平均法

移动加权平均法是指对过去若干期的销售量或销售额，按其距离预测期的远近分别进行加权（近期所加权数大些，远期所加权数小些），然后计算其加权平均数，并以此作为计划期的销售预测值的方法。

应该注意的是，所谓移动，是指所取的观测值（历史数据）随时间的推移而顺延。另外，由于接近预测期的实际销售情况对预测值的影响较大，故所加权数应大些；反之，则应小些。若取三个观测值，其权数可取 0.2、0.3、0.5。若取五个观测值，其权数可取 0.03、0.07、0.15、0.25、0.5。移动加权平均法的计算公式为：

计划期销售预测值 = ∑各期销售量（额）×权数

【例 4－2】根据 10 月份、11 月份、12 月份的观测值，按移动加权平均法预测 2009 年 1 月份 A 类产品的销售额。

2009 年 1 月份 A 类产品的销售额 = ∑各期销售量（额）×权数
= 14.4 × 0.2 + 15.6 × 0.3 + 15.4 × 0.5
= 15.26（万元）

3. 指数平滑法

指数平滑法是指利用平滑系数（加权因子），对过去不同期间的实际销售量或销售额进行加权计算，作为计划期的销售预测值的方法。

令：D 表示实际值，F 表示预测值，小标 t 表示第 t 期，a 表示平滑系数（$0 \leqslant a \leqslant 1$），有计算公式：

$$F_t = aD_{t-1} + (1-a)F_{t-1}$$

【例 4－3】上例中，假设该公司 12 月份 A 类商品实际销售额为 15.4 万元，原来预测 12 月份的销售额为 14.8 万元；平滑系数为 0.7。要求：按指数平滑法预测 2009 年 1 月份该类商品的销售额。

2009 年 1 月份的预测值 = $aD_{t-1} + (1-a)F_{t-1}$
= 0.7 × 15.4 +（1 － 0.7）× 14.8
= 15.22（万元）

用指数平滑法进行预测时，平滑系数值通常由预测者根据过去销售实际数与预测值之间差异的大小来确定，故确定平滑系数带有一定的主观因素。平滑系数越大，则近期实际数对预测结果的影响越大；反之，平滑系数越小，则近期实际数对预测结果的影响越小。因此，为使预测值能反映观测值的长期变动趋势，可选用较小的平滑系数；若为使预测值能反映观测值的近期变动趋势，则应选用较大的平滑系数。这个方法的优点是：采用一个平滑系数，在确定其数值时，可以结合考虑某些可能出现的偶然因素的影响，从而使预测值更加符合实际。在实际工作中，平滑系数也可以通过用若干不同数值计算预测值，以预测值与实际值差异最小的作为最佳数值。

（二）因果预测分析法

因果预测分析法又称为相关预测分析法，是指利用事物发展的因果关系来推测事物发展趋势的方法。它是根据已掌握的历史资料，找出预测对象的变量与其相关事物的变量之间的依存关系，建立相应的因果预测的数学模型，据以预测计划期的销售量或销售额。

产品的销售一般总会与社会经济的某些因素相关，甚至有些因素对产品销售起决定性作用。例如，推土机销售量主要取决于基本建设的土方工作量；家具销售量则要考虑新结婚的人数、可自由支配的个人收入、可供分配的房屋数等相关因素的影响。利用这些变量间的函数关系，选择最恰当的相关因素建立起预测销售量或销售额的数学模型，往往会比采用趋势预测分析法获得更为理想的预测结果。需要注意的是，影响销售的因素应尽量选择官方公布的统计数字和预测数字的那些经济指标，有时也需要一些其他的经济因素。常用的经济指标有国民生产总值、个人可支配收入、人口、相关工业的销售量、价格及需求弹性等。

因果预测所采用的具体方法较多，最常用而且比较简单的是最小平方法，亦即回归分析法。这种方法的优点是简便易行，成本低廉。

例如，某些工业品的销售在很大程度上取决于相关工业的销售，如玻璃与建筑，轮胎与汽车、纺织面料与服装等，而且都是前者的销售量取决于后者的销售量。在这种情况下，可利用后者现成的销售预测信息，采用最小平方法推算出前者的销售预测值。其具体做法是，以 x 表示预测对象的相关因素变量，以 y 表示预测对象的销售量或销售额，建立模型如下：

$$y = a + bx$$

$$b = (n\sum xy - \sum x\sum y) \div (n\sum x^2 - \sum x\sum x)$$

$$a = (\sum y/n) - b(\sum x/n)$$

应用相关预测法，一般还应进行相关程度测定，即通过计算相关系数来检验预测变量与相关因素变量间的相关性，以判断预测结果的可靠性。相关系数 R 的计算公式如下：

$$R = \frac{n\sum xy - \sum x\sum y}{(n\sum x^2 - \sum x\sum x)(n\sum y^2 - \sum y\sum y)^{1/2}}$$

相关系数 R 的取值范围为：$-1 \leqslant R \leqslant 1$。$R$ 的绝对值愈接近 1，相关关系越密切。一般可按如下标准加以判断：

$0.7 \leqslant R \leqslant 1$，高度相关；

$0.3 \leqslant R \leqslant 0.7$，中等程度相关；

$0 \leqslant R \leqslant 0.3$，低度相关。

【例4－4】某汽车轮胎厂专门生产汽车轮胎，而决定汽车轮胎销售量的主要因素是汽车销量。假如中国汽车工业联合会最近五年的实际销售量统计及该企业五年的实际销售量资料如表 4 - 2 所示。

表 4 - 2　　汽车、轮胎销售量统计资料

年　度	1996	1997	1998	1999	2000
汽车销售量（万辆）	10	12	15	18	20
轮胎销售量（万只）	64	78	80	106	120

假定计划期 2001 年汽车销售量根据汽车工业联合会的预测为 25 万辆，该轮胎生产企业的市场占有率为 35%，要求采取最小平方法预测 2001 年轮胎的销售量。

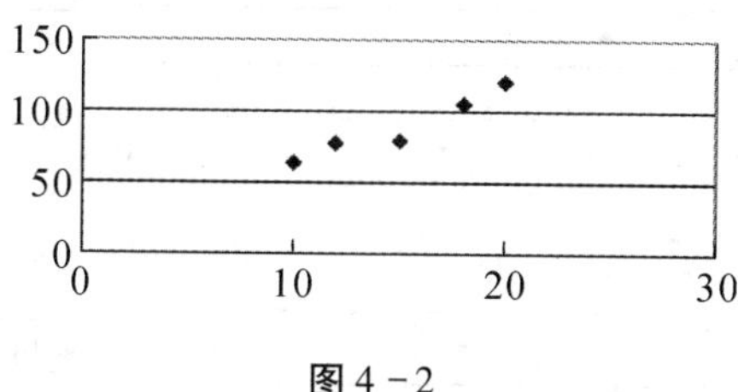

图 4 - 2

（1）编制计算表（见表 4 - 3）。

表 4 - 3　　回归预测计算表

年　度	汽车销售量 x（万辆）	轮胎销售量 y（万只）	xy	x^2	y^2
1996	10	64	640	100	4 096
1997	12	78	936	144	6 084
1998	15	80	1 200	225	6 400
1999	18	106	1 908	324	11 236
2000	20	120	2 400	400	14 400
$n=5$	$\sum x=75$	$\sum y=448$	$\sum xy=7\ 084$	$\sum x^2=1\ 193$	$\sum y^2=42\ 216$

（2）计算 a、b，并计算预测值。

$b=(n\sum xy-\sum x\sum y)\div(n\sum x^2-\sum x\sum x)$

$=(5\times7\ 084-75\times448)\div(5\times1\ 193-75\times75)$

$=5.35$

$a=(\sum y/n)-b(\sum x/n)$

$=448\div5-5.35\times(75\div5)$

$=9.35$

$y=9.35+5.35x$

2001 年轮胎的销售量 $=9.35+5.35\times25=143.1$（万元）

2001 年该企业轮胎的销售量 $=143.1\times35\%=50.085$（万元）

表 4-4

家庭编号	1	2	3	4	5	6	7	8	9	10
消费支出	20	15	40	30	42	60	65	70	53	78
可支配收入	25	18	60	45	62	88	92	99	75	98

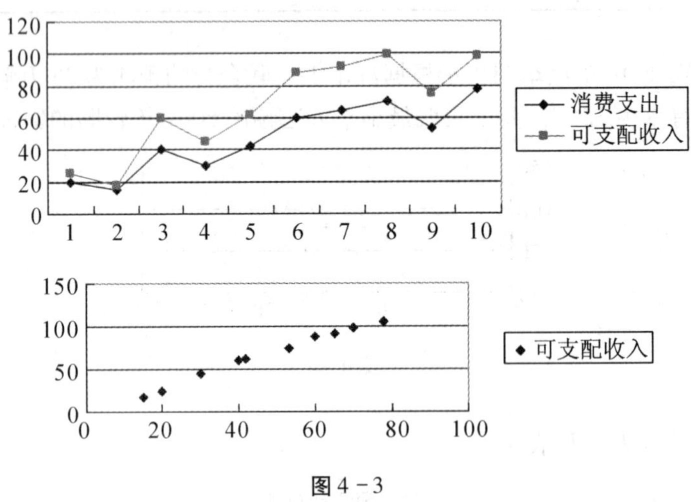

图 4-3

(三) 顾客意向调查法

顾客意向调查法是指通过对有代表性顾客的消费意向的调查，来了解市场需求的变化趋向，进行销售预测的一种方法。企业产品要由顾客来购买，顾客的消费意向当然是销售预测中最有价值的信息。调查时，可重点调查顾客对企业产品的需求量、客户的发展前景、财务状况、产品的选择标准等。

在调查时应当注意：首先，选择的调查对象要具有普遍性和代表性，使社会或市场中不同阶层或行业的需要、习惯、爱好等都能通过调查对象反映出来；其次，调查的方法一定要简便易行，使被调查者乐于接受。此外，对调查所取得的数据与资料一定要进行科学的分析，特别要注意去粗取精，去伪存真。只有这样，所获得的资料才具有真实性、代表性，才能作为预测的依据。

这种方法主要适用于工业销售的预测，其准确性远胜于对消费品的预测；而用于耐用消费品的预测，其可靠性又高于一般消费品。

(四) 专家会议法和德尔菲法

这两种方法都属于判断分析法，常常用于销售量的预测，由于后者较前者预测结果更接近实际，因此在西方德尔菲法更加流行。采用德尔菲法时，可以向应邀参加预测的专家提供有关社会未来经济发展动态、本企业过去预测与实际销售的比较记录、本企业今后的市场规划等资料，以供参考。德尔菲法一般要经过三四轮征询意见，每次专家都可以得到反馈的资料，并据此做出进一步的判断和修正。在每次重复征询意见的过程中，都应注意把上次征询意见的结果进行加以整理，特别要注意不应忽略少数人的意见，以便各专家在重复预测时都能做出较全面的分析和判断。

例如，某企业聘请七位专家，采用德尔菲法对该企业某种商品 3 月份的销售量进行预测，预测结果如表 4-5 所示。

表 4-5 专家意见汇总表

专家编号	第一次判断情况			第二次判断情况			第三次判断情况		
	最高	最可能	最低	最高	最可能	最低	最高	最可能	最低
1	650	620	570	650	620	580	670	630	560
2	680	610	580	700	610	590	660	610	580
3	700	630	600	690	630	600	720	640	600
4	620	590	560	620	590	570	620	600	570
5	630	610	560	630	600	550	640	610	560
6	660	620	590	660	620	580	650	620	580
7	710	640	600	690	640	600	700	640	600
平均值	664	617	580	663	616	581	666	621	579

该企业在此基础上，按最后一次预测结果，假设最高、最可能和最低预测销售量的概率分别为 0.2、0.6 和 0.2，则采用加权平均法确定最终的预测值 621 件。

第三节 成本预测

一、成本预测的意义

成本预测就是根据企业目前的经营状况和发展目标，利用定量分析和定性分析的方法，对企业未来成本水平和变动趋势进行的预测。

成本预测是成本管理的重要环节，是企业进行产品设计方案选择、零件自制或外购、是否增加新设备等决策的基础。通过成本预测，掌握未来的成本水平和变动趋势，将有利于全面目标管理的实施，有利于加强成本控制，同时可以为编制成本计划、进行成本控制、成本分析和成本考核提供依据，为提高企业生产经营的经济效益提供有力的保证。

二、成本预测的步骤

成本预测是对未来的成本水平进行预测，因此，成本预测时要求掌握大量的有关信息，运用专门的方法，按照特定的程序加以进行。一般来说，成本预测的步骤有：

（一）根据企业的经营总目标，提出初选的目标成本方案

目标成本是指企业为实现经营目标所应达到的成本，也是企业未来期间成本管理

所应达到的目标。在实务中，企业比较常用的目标成本有：①以某一先进的成本水平作为初选的目标成本，该成本可以是本企业历史上某一期最好的成本水平，也可以是国内外同类产品的先进成本水平，甚至可以是标准成本或计划成本；②根据企业预期的目标利润计算出来的目标成本。即根据下列公式计算出来的成本：

目标成本 = 预计单价 × 预计销售量 - 目标利润

（二）预测当前生产经营水平下可能达到的成本水平，并找出与目标成本水平的差距

采用各种专门方法，并建立相应的数学模式，初步预测在当前生产经营条件下成本可能达到的水平，并找出与初选目标成本的差距。

（三）提出降低成本的方案

降低成本可以从以下三方面着手：

（1）改进产品设计，努力节约原材料、燃料和人力等消耗。

（2）改善生产经营管理，合理组织生产。

（3）建立费用控制制度，严格控制费用开支，努力减少管理费用。

（四）制定正式的目标成本

对降低成本的各种可行性方案进行技术经济分析，从而选出最佳的既能满足社会效益又能满足企业经济效益的降低成本的方案，据以修正初选目标成本，正确确定企业正式的目标成本。

三、成本预测的方法

（一）可比产品成本的预测

可比产品是指以往年度正常生产过的产品，其过去的成本资料比较齐全和稳定。对可比产品的成本进行预测，通常都是根据本企业已经掌握的产品成本的有关历史资料，按照成本习性的原理，建立总成本模型 $y = a + bx$，模型中的 a 表示固定成本，b 表示单位变动成本，然后利用销售量的预测值，预测出未来总成本和单位成本水平。常用的方法有高低点法、直线回归分析法和因素分析法等。

1. 高低点法

在成本预测中运用高低点法，关键在于要有历史成本数据、相关的业务量（通常是产量）数据，然后就可以利用最高点和最低点的数据联立方程，进而求出产品的单位变动成本和固定成本，最后就可以求出预测期内产品的总成本。

2. 回归分析法举例

当企业的历史成本资料中的单位产品成本忽高忽低时，则不应采用高低点法，此时应采用回归分析法较为适宜。

3. 因素分析法

因素分析法是指通过对影响产品成本的各因素的具体分析进而预测计划期成本水平的方法。

产品的生产成本包括料、工、费三个部分。因此，影响产品成本的因素有很多，

在测算各因素对成本的影响时，应该抓住影响成本的重点因素进行测算。一般来说，可以从节约原材料消耗、提高产品的生产率、合理利用设备、减少废品损失等方面入手进行测算。

（1）测算材料费用对产品成本的影响。原材料费用是构成产品成本的主要项目，在产品成本中一般占较大比重。在保证产品质量的前提下，合理使用原材料，降低原材料费用，是不断降低产品成本的主要途径。影响材料费用变动的因素有材料消耗定额和材料价格。材料消耗定额减少，将导致产品单位成本中的材料费用相应地降低，但由于材料只是构成产品的一个重要组成部分，因此，材料消耗定额的降低率，并不等于产品成本的降低率。材料消耗定额降低形成的节约，应按下列公式计算：

材料消耗定额降低影响的成本降低率 = 材料费用占成本的比重 × 材料消耗定额降低的百分比

如果在材料消耗定额发生变动的同时，价格也发生变动，则材料价格变动对成本的影响，可按下列公式计算：

材料价格变动影响成本降低率 = 材料费占成本的比重 ×（1 − 材料消耗定额降低的百分比）× 材料价格降低的百分比

以上两个公式可合并计算如下：

材料消耗定额与价格变动影响的成本降低率 = 材料费占成本的比重 ×［1 −（1 − 材料消耗定额降低的百分比）×（1 − 材料价格定额降低的百分比）］

以上公式同样适用于燃料和动力费的测算。

（2）测算工资费用对产品成本的影响。产品单位成本中的工资费用，取决于生产工人的平均工资和生产工人劳动生产率的高低。劳动生产率的提高，说明单位时间内生产的产品增加，在其他因素不变的情况下，单位产品所承担的工资费用就减少，因此，劳动生产率的变动，同单位产品中工资费用的变动成反比例关系；而平均工资的增长，同单位产品中工资费用的增长成正比例关系。所以，当工资增长幅度大于劳动生产率增长幅度时，产品成本就会上升；当工资增长幅度小于劳动生产率增长幅度时，产品成本就会下降。我们可以利用这些关系来具体测算劳动生产率与平均工资的变动对成本的影响程度。其计算公式如下：

劳动生产率和平均工资变动对成本的降低率 = 工资费用占成本的比重 ×［1 −（1 + 平均工资增长率）÷（1 + 劳动生产率的增长率）］

（3）测算产量和制造费用变动对产品成本的影响。在企业的制造费用中，大部分属于相对固定的费用，如折旧费等，也有一部分属于变动费用。相对固定的费用一般不随产量的增长而发生变动。当产品生产量增加时，单位产品所分摊的固定费用就会减少。变动费用虽然随产品生产量的增加而有所增长，但只要采用适当的节约措施，其增长速度一般应小于生产增长速度。因此，当生产量增加时，也会减少单位产品所分摊的变动费用，从而使产品单位成本降低。其计算公式如下：

固定性制造费用影响的成本降低率 = ［1－1÷（1＋产量增长率）］×固定费用占成本的比重

变动性制造费用影响的成本降低率 = ［1－（1＋变动费用增长率）÷（1＋产量增长率）］×变动费用占成本的比重

（4）测算产品废品损失对产品成本的影响。生产中发生废品，意味着人力、物力和财力的浪费。由于生产成本总额不变，发生废品，势必导致合格产品成本的增加。降低废品率，则可减少废品损失，从而降低产品成本。其计算公式如下：

废品损失变动对成本的降低率＝废品损失减少率×废品损失占产品成本的比重

将上述各因素的影响数加以综合，即可得到计划期可比产品成本总的降低率。将总的降低率乘以按上年度平均单位成本计算的计划年度的可比产品总成本，即可求得计划期可比产品成本总降低额。

【例4－5】甲公司生产A产品，该产品上年平均单位成本为500元，各成本项目的构成以及比重如表4－6所示。A产品目标成本初步测算为降低8%，经充分论证，确定预测期影响成本的主要因素有：

可比产品生产增长	20%
材料消耗定额降低	10%
材料价格上升	2%
劳动生产率提高	20%
生产工人工资增加	5%
变动性制造费用增加	4%
废品损失减少	10%

表4－6　　**甲公司A产品成本构成及比重情况表**

成本项目	金额（元）	比重
材料	350	70%
工资	60	12%
变动性制造费用	40	8%
固定性制造费用	40	8%
废品损失	10	2%
合　计	500	100%

（1）由于材料消耗定额降低及价格上升对成本的影响：

成本降低率＝［1－（1－10%）×（1＋2%）］×70%＝5.74%

（2）由于劳动生产率提高对成本的影响：

成本降低率＝［1－（1＋5%）÷（1＋20%）］×12%＝1.5%

（3）由于产量和制造费用变动对成本的影响：

固定性制造费用影响的成本降低率＝［1－1÷（1＋20%）］×8%＝1.33%

变动性制造费用影响的成本降低率＝［1－（1＋4%）÷（1＋20%）］×8%＝1.07%

（4）由于废品损失减少而形成的节约：

废品损失减少影响的成本降低率 = 10% ×2% = 0.2%

（5）总成本降低率：

5.74% +1.5% +1.33% +1.07% +0.2% =9.84%

总成本降低额 = 500 ×9.84% = 49.2（元）

综合以上计算结果，预测期 A 产品成本总的降低率为 9.84%，总降低额为 49.2 元。企业可以以此作为目标成本，并据以编制成本计划。

（二）不可比产品成本的预测

不可比产品是指企业过去没有正式生产过的产品，其成本无法进行比较，所以不能采用像可比产品一样的方法来控制成本支出。但是，随着科学技术的发展，产品的更新换代频率越来越快，不可比产品在企业中所占的比重也就越来越大，加强对不可比产品成本的预测，对于全面控制成本支出，加强成本管理的重要性也就越来越大。不可比产品成本预测的方法主要有：

1. 技术测定法

技术测定法是指在充分挖掘潜力的基础上，根据产品设计结构、生产技术和工艺方法，对影响人力、物力消耗的各个因素逐个进行技术测试和分析计算，从而确定产品成本的一种方法。该方法比较科学，预测较准确，但由于需要逐项测试，故工作量较大，一般适用于品种少、技术资料比较齐全的产品。

2. 类比分析法

类比分析法是指以国内外同类产品为基础，结合企业自身条件，进行对比分析，从而测定产品成本的一种方法。采用该方法预测时，特别应注意，在条件不可比或情况有变化时，必须对国内外同类产品成本做出调整或修正。该方法简单易行，工作量小，但预测结果不太准确。

3. 目标成本法

目标成本法是指根据收入、成本和利润三者之间的内在关系，先确定出目标成本，进而测定产品成本的一种方法。因为产品成本包括产品成本、销售税金和利润三个部分，在企业实行目标管理过程中，可以先确定产品单位售价和单位利润，就可算出单位产品的目标成本，即：

单位产品目标成本 = 预测单位售价 − 单位产品销售税金 − 单位产品目标利润

= 预测单位售价 ×（1 − 税率）− 单位产品目标利润

采用该方法，关键在于通过市场调查，确定一个合适的销售价格和目标利润。该方法比较简单易懂，但如果市场调查有偏差，那么预测值就将受到很大影响。

第四节　利润预测

一、利润预测的意义

利润是企业在一定会计期间进行经营活动的结果，是营业收入减去与之相应的费用后的余额。利润预测就是按照企业经营目标的要求，通过对影响利润变化的各因素进行综合分析，对未来一定时间内可达到的利润水平和变化趋势所进行的预计和推测。

利润预测是企业进行科学管理的重要环节。通过利润预测，可以明确目标，指导和调节人们的经营行为，促使企业采取切实有效的经营策略和措施，不断寻求提高利润的途径，从而提高企业的经济效益。

二、利润预测的方法

对企业未来时期利润水平的预测，一般可以根据销售预测中预计的销售量和有关销售价格、成本等资料，运用本量利之间的相互关系，通过边际贡献、经营杠杆、安全边际等概念来建立相应的数学模式。具体来说，可采用直接预测法和因素分析法两种方法。

（一）直接预测法

直接预测法是根据本期的有关数据，直接推算预测期利润数额的方法。

【例4-6】甲公司生产A、B、C三种产品，本期有关销售单价、单位变动成本、固定成本及下期预计销售量的资料如表4-7所示。

表4-7

产品	单价（元）	单位变动成本（元）	固定成本（元）	预计产销量（件）
A B C	100 150 90	80 120 75		5 000 1 000 8 000
			200 000	14 000

根据以上资料，预测下期的利润。

A产品的边际贡献=100-80=20（元）

B产品的边际贡献=150-120=30（元）

C产品的边际贡献=90-75=15（元）

预计下期的边际贡献总额=20×5 000+30×1 000+15×8 000=250 000（元）

预计下期的利润=250 000-200 000=50 000（元）

（二）因素分析法

因素分析法是在本期已经实现的利润水平基础上，充分估计预测期影响产品销售利润的各因素增减变动的可能，来预测企业下期利润的数额。而我们知道，利润是一个综合性的指标，它不仅受销售量的影响，同时还受销售单价、产品成本等因素的影响。因此，在运用因素分析法的时候，应重点考察产品的销售数量、产品的品种结构、产品的销售成本、产品的价格以及产品的销售税金等因素。各因素对利润的影响如下：

（1）在其他因素不变的情况下，预测期产品的销售数量增加，利润也随之增加；

预测期产品的销售数量减少，利润也随之减少。

销售变动对利润的影响 =（预测期产品的销售成本 − 本期产品的销售成本）× 本期的成本利润率

因为要利用到本期的成本利润率，所以在分析之前还要先对本期的成本利润率进行计算。其计算公式为：

$$本期成本利润率 = \frac{本期产品销售利润额}{本期产品销售成本}$$

（2）在其他因素不变的情况下，产品成本降低，利润随之增加；反之，利润随之减少。

成本变动对利润的影响 = 按本期成本计算的预测期成本额 × 产品成本变动率

（3）在其他因素不变的情况下，如果预测期产品销售价格上升，则销售收入增加，利润随之增加；反之，如果价格降低，则会降低利润。

销售价格对利润的影响 = 预测期产品销售数量 × 变动前单价 × 价格变动率 ×（1 − 销售税率）

（4）产品的品种结构对利润的影响。在其他因素不变的条件下，如果利润率较高的产品销售量下降，则其在产品组合中的比重下降，其结果会导致利润下降；如果利润率较低的产品销售量下降，则意味着利润率较高的产品销售比重增加，其结果会导致利润上升。

产品品种结构对利润的影响 = 按本期成本计算的下期成本总额 ×（预测期平均利润 − 本期平均利润）

其中：预测期平均利润 = ∑（各产品本期利润率 × 该产品下期的销售比重）

（5）销售税率对利润的影响。在其他因素不变的条件下，如果销售税率提高，可以使利润额下降；如果税率下降，则利润额增加。

产品销售税率对利润的变动率 = 预测期产品销售收入 ×（1 ± 价格变动率）×（原税率 − 新税率）

第五节　资金预测

一、资金需要量预测的意义

资金预测是企业生产经营预测中必不可少的组成部分。通过资金预测可以使企业保证资金供应，恰当的资本数量应既能满足生产经营的需要，又不会导致资本闲置。

资金预测的前提是销售预测。这里主要介绍在企业已经完成销售预测的基础上对资金需要量进行的预测。

二、资金需要量预测的方法

资金需要量预测的方法很多，有销售百分比法、线性回归法和判断分析法等。线性回归法和判断分析法的原理在销售预测中已经讲述，这里只介绍销售百分比法。

所谓销售百分比法，是指根据销售收入总额与资产、负债各个项目之间的依存关系，并假定这些关系在未来时期保持不变的情况下，根据计划期销售额的增长幅度来预测需要相应追加多少资金的一种资金需要量的预测方法。

销售百分比法一般可按以下几个步骤来进行预测：

（1）要将资产负债表上的各个项目按其与销售收入之间的相关性分为敏感项目与非敏感项目。其中，敏感项目是指数额会随销售收入变化的项目。敏感性资产一般包括现金、应收账款、存货等。如果企业的生产能力没有剩余，那么继续增加销售收入就要增加新的固定资产投资，在这种情况下，固定资产也会成为敏感性资产。敏感性负债项目一般有应付账款、应交税金等。例如，企业的存货数量往往与销售量成一定的比例，假定某公司销售10 000元的货物就会增加4 000元的存货储备，即存货与销售收入之间的百分比是40%，预计出未来的销售收入就可以确定存货的资金需要量。非敏感项目是指数额不随销售收入的变化而变化的项目，一般包括长期借款项目、权益资本项目等。

（2）将敏感的资产、负债以销售百分比表示（有关资产和负债项目与销售额之比），用资产的销售百分比的合计数减去负债的销售百分比合计数，就可以求出计划期年度每增加1元的销售额需要追加资金的百分比。

（3）根据计划期的销售收入和销售净利率，结合计划期支付股利的比率，确定计划期内部留存收益的增加额。

（4）根据销售收入的增长额确定企业计划期需要从外部筹集的资金需要量。

其计算公式为：

$$M=\frac{A_0}{S_0}\times(S_1-S_0)-\frac{L_0}{S_0}\times(S_1-S_0)-S_1\times R\times(1-D)+M_0$$

式中：

M——外部融资需求量；

D——股利支付率；

S_0——基期销售额；

$\frac{A_0}{S_0}$——敏感资产占基期销售额的百分比；

S_1——计划销售额；

$\frac{L_0}{S_0}$——敏感负债占基期销售额的百分比；

R——销售利润率；

M_0——计划期零星资金需求。

【例4-7】某公司2005年12月31日的资产负债表如表4-8所示。已知该公司2005年的销售收入为800万元，现在还有剩余的生产能力，另外一些资产、负债和权益项目将随销售收入的变化而成本比例变化，并计算出变化项目占销售收入的百分比，获得表4-9，经预测2006年的销售收入将增加到1 000万元。假定销售收入净利率为

15%，留存收益为净利润的25%。

表4-8

资产负债表

2005年12月31日 单位：万元

资 产	金 额	负债与所有者权益	金 额
现金	40	应付账款	80
应收账款	120	应付费用	40
存货	240	短期借款	60
固定资产净值	160	应付债券	60
实收资本	300		
留存收益	20		
合 计	560	合 计	560

表4-9

销售百分比表

资 产	占销售比重%	负债与所有者权益	占销售比重%
现金	5	应付账款	5
应收账款	15	应付费用	10
存货	30	短期借款	不变动
固定资产净值	-	应付债券	不变动
实收资本	不变动		
留存收益	-		
合 计	50	合 计	15

（1）销售收入增加额=1 000-800=200（万元）

（2）随销售变化的资产增加额=50%×200=100（万元）

（3）随销售变化的负债的增加额=15%×200=30（万元）

（4）随销售增加的权益增加额=1 000×15%×25%=37.5（万元）

（5）企业需要对外筹集的资金额=变动资产增加额-变动负债增加额-权益增加额

=100-30-37.5=32.5（万元）

第五章　经营决策分析

案例与问题分析

某公司有一台机器原生产甲产品，每件需要工时 12 分钟，能提供边际贡献 20 元，现在销售部门建议用该机器生产乙产品，因为它每件提供的边际贡献是甲产品的一倍，为 40 元（制造乙产品每件需要工时 30 分钟）。面对这样的问题应该如何决策呢？就单位边际贡献而言，显然乙产品更大，但就单位时间创造得边际贡献（甲产品：20/12 = 1.67 元；乙产品：40/30 = 1.33 元）而言则甲产品更高。在判断生产乙产品是否为最优方案时，应将停止生产甲产品而放弃的潜在利益作为生产乙产品的机会成本。因此，在决策时，需要掌握一些基本理论和方法。

西方管理学家通常认为管理的重心在经营，经营的重心在“决策”，决策的正确与否是关系到一个企业盛衰兴亡的大事。本章拟就什么是经营决策？决策分析需要考虑哪些成本概念？决策分析有哪些常用方法？怎样对产品生产的典型案例进行决策分析等问题加以阐述。

第一节　经营决策分析概述

经营决策是在现有的生产经营能力基础上，以取得最大经营成果为目的，而对现有生产经营能力如何最有效地运用所进行的谋划。经营决策的前提是已经形成了特定的生产经营能力，而其内容则是如何最有效地运用现存的生产经营能力，其目的则是获取最大的经营活动成果。

经营决策所考虑的是已经有的生产经营能力。生产经营能力通常的经典表现形式就是企业或者项目。而对生产经营能力的使用考虑，通常是按期来实施的，因此经营决策是一种基于持续经营的分期决策。其决策视野为一个会计期间，其决策行为的直接影响范围为一个会计期间。这就决定了经营决策的特点是短期性。所以，经营决策也称为短期决策。

经营决策通常将形成特定的行动方案。而且，为了某一特定的经营目标，往往能形成若干个行动方案。这时就需要对这些方案进行分析，以确定方案是否可行和是否最优。经营决策分析就是指对经营决策所形成的方案，按照其内含的数量关系以及表现这些数量关系的财务指标，所进行的分析。而这里的财务指标集中地表现为与方案有关的收入、费用、边际贡献、利润以及资产。而所谓内含的数量关系，就是由这些指标表现出来的收支对比关系。而分析则是对这些指标的具体数量水平进行绝对数的规模大小比较和相对数的质量优劣比较。

第二节　经营决策需要考虑的成本概念

决策分析的最终目的是确定最优方案，这就决定了决策分析是必须完整地考虑经营决策的各备选方案经济数量关系。体现经济数量关系的财务指标这时表现出一个重要的特点，即与决策行为相关。相关成本就是指其发生与否、其数量水平变化与否，取决于决策行为对某一特定方案的具体取舍的经济数量指标 。当某一方案要实施时，某种经济数量指标将产生或者其数量水平将发生增加或减少，那么这一数量指标就是相关成本。相关成本的具体内容可以是收入，可以是传统意义的成本，还可以是利润或边际贡献。与相关成本相对应的是无关成本。同样道理，无关成本就是其发生与否或数量变化与否，均与决策行为无关，是与某一方案的取舍无关的经济数量指标。

由于经济指标与决策行为和方案的相关性不同，这就决定了，相关成本是决策行为必须考虑的因素。相反，无关成本则是决策行为不应该考虑的因素。

相关成本和无关成本通常可以表现为如下具体形式。

一、机会成本

机会成本（Opportunity Cost）是指在决策分析过程中，因为选择某一备选方案而必须放弃的另　方案的可能收益。在互斥决策中，决策者在选取某一方时也就意味着总要放弃另一个本也可以选取的方案。而被放弃的这一方案的收益，此时则成为所选方案的对比背景，从而成为减数亦即取得成本费用的地位。若选取的方案，其收益小于放弃方案，则说明收益小于成本费用，因此决策不可取。选择方案时，将机会成本的影响考虑进去，有利于对所选方案的最终效益进行全面评价。

【例5－1】某公司现有一空闲的车间，既可以用于甲产品的生产，也可以用于出租。如果用来生产甲产品，其收入为3 500元，成本费用为1 800元，可获净利1 700元；用于出租则可获租金收入1 200元：在决策中，如果选择用于生产甲产品。则出租方案必然放弃，其本来可能获得的租金收入1 200元应作为生产A产品的机会成本由生产A产品负担。这时，我们可以得出正确的判断结论：生产A产品将比出租多获净利500元。

可见，机会成本产生于公司的某项资产的用途选择。具体讲，如果一项资产只能用来实现某一职能而不能用于实现其他职能时，不会产生机会成本。如公司购买的一次还本付息债券，只能在到期时获得约定的收益，因而不会产生机会成本，如果一项资产可以同时用来实现若干职能时，则可能会产生机会成本。如公司购买的可转让债券，既可以到期获得约定收益，又可以在未到期前中途转让以获得转让收益，从而可能产生机会成本。

此外，应注意的是：由于机会成本仅仅只是被放弃方案的潜在利益，而非实际支出，因而不能据以登记入账。但由于公司资源的有限性，而必须充分发挥资源效益，所以，机会成本在经营决策中应作为一个现实的重要因素予以考虑。

二、差量成本

差量成本（Differential Cost）通常有广义和狭义之分。广义的差量成本是指企业在进行经营决策时，根据不同备选方案计算出来的成本差异。

【例5－2】某公司今年需要12 000件A零件，可以外购，也可以自制。如果外购，单价为5元；如果自制，则单位变动成本为3元，固定成本500元。外购或自制决策的成本计算如表5－1所示。

表5－1

单位：元

项目 \ 方案	外购	自制	差量成本
采购成本	12 000×5＝60 000		
变动成本		12 000×3＝36 000	
固定成本		500	
总成本	60 000	36 500	23 500

由于外购总成本比自制总成本高23 500元（即差量成本为23 500元），在其他条件相同时，应选择自制方案。

狭义差量成本是指由于生产能力利用程度的不同（增加产量或减少产量）而形成的成本差别。

【例5－3】某企业生产甲产品，最大生产能力为年产10 000件，正常利用率为最大生产能力的80%，甲产品单位变动成本为3元，年固定成本为6 000元。按生产能力正常利用率可达到的产量8 000件分摊，每件单位固定成本为0.75元。则以年产量8 000件为基础，每增加1 000件产品的生产量而追加的差异成本计算如表5－2所示。

表5－2

单位：元

产量	总成本		产量增加1 000件的差异成本		单位成本		产量增加1 000件的差别单位成本	
	固定成本	变动成本	固定成本	变动成本	固定成本	变动成本	固定成本	变动成本
8 000	6 000	24 000	—	—	0.75	3	—	—
9 000	6 000	27 000	0	+3 000	0.67	3	－0.08	0
10 000	6 000	30 000	0	+3 000	0.6	3	－0.07	0

从上表可以看出，在相关范围内，即产量不超过其最大生产能力 10 000 件时。固定成本总额不随产量的变动而变动，所以，每增加生产 1 000 件产品而追加的成本额为变动成本 3 000 元，这时差量成本总额与变动成本总额一致。单位固定成本则呈降低的趋势。

三、边际成本

从纯粹数学的观点来看，边际成本是指产量（业务量）无限小变化时，成本的相应变动数额。然而从管理学角度来讲，业务量不可能小于一个有经济意义的单位，否则这种小就于经济和管理学无意义。由此有经济和管理学的边际成本概念：边际成本也就是业务量增加或减少 1 个单位所引起的成本变动数额。

【例 5－4】某企业每增加 1 个单位产量的生产引起总成本的变化及追加成本的变化，如表 5－3 所示。

表 5－3

产量（件）	总成本（元）	边际成本（元）
100	800	—
101	802	2
102	804	2
103	806	2
104	808	2
105	918	110
106	920	2
107	922	2

从表 5－3 资料可以看出，产量每增加 1 个单位，边际成本并不总是一个固定的数值。当产量从 100 件至 104 件递增时，每增加 1 个单位产量的边际成本为 2 元；但从 104 件到 105 件时，增加 1 个单位产量的边际成本就上升为 110 元；接着，总成本又以每增加 1 个单位产量边际成本为 2 元的趋势变化。这是因为，当产量从 100 件增加到 104 件时，是在相关范围内，固定成本不随产量变化，而只是变动成本随产量发生变化；而当产量从 104 件增加到 105 件时，边际成本上升为 110 元，这表明第 105 件产品已超出了原来的相关范围。要到这个产量需增加固定成本。在这之后，边际成本又以一个固定的数值（2 元），在新的相关范围内，随着单位产量的增加而增加。

由此看来，边际成本和变动成本是有区别的，变动成本反映的是增加单位产量所追加成本的平均变动，而边际成本是反映每增加 1 个单位产量所追加的成本的实际数额。所以，只有在相关范围内，增加 1 个单位产量的单位变动成本才能和边际成本相一致。

此外，如果把不同产量作为不同方案来理解，边际成本实际就是不同方案形成的差量成本。

四、沉没成本

沉没成本是指过去已经发生并无法由现在或将来的任何决策所改变的成本。可见，沉没成本是对现在或将来的任何决策都无影响的成本。

【例5-5】企业有一台旧设备要提前报废，其原始成本为24 000元，已提折旧8 000元，净值为16 000元，这16 000元的净值就是沉没成本。假设处理这台旧设备有两个方案可以考虑：一是将旧设备直接出售，可获得变价收入500元；二是经修理后再出售，则需支出修理费用1 000元，但可得收入1 800元。在进行决策时，出售旧设备净值16 000元属于过去已经支出再无法收回的沉没成本，所以不予考虑，只需将这两个方案的收入加以比较，直接出售可得收入500元，而修理后出售可得净收入800元（1 800-1 000）。显然，采用第二方案比采用第一方案可多得300元（800-500）。所以，应将旧设备修理后再出售。

可见，沉没成本是企业在以前经营活动中已经支付现金，而在现在或将来经营期间摊入成本费用的支出。因此，固定资产、无形资产、递延资产等均属于企业的沉没成本。

五、付现成本

付现成本是指由现在或将来的任何决策所能够改变其支出数额的成本。付现成本是决策必须考虑的重要影响因素。

【例5-6】企业计划进行甲产品的生产。现有A设备一台，原始价值5 000元，已提折旧3 500元，折余净值1 500元。生产甲产品时，还需对甲设备进行技术改造，为此须追加支出1 000元。如果市场上有B设备出售，其性能与改造后的A设备相同，售价为2 000元。在是否改造旧设备的决策中，如果我们简单地用旧设备的折余净值及追加支出之和（即2 500元）与新设备买价（2 000元）进行比较、选择，就会作出错误的抉择：选择新设备将比改造旧设备节约支出500元。因为旧设备的折余净值属于沉没成本，不影响我们的决策。正确的决策应该是：将改造旧设备的付现成本1 000元与购买新设备的2 000元进行比较，从而作出正确的抉择：选择改造旧设备将比购买新设备节约支出1 000元。

六、专属成本和共同成本

固定成本还可以按其所涉及范围的大小，划分为专属成本和共同成本。

专属成本是指可以明确归属于企业生产的某种产品，或为企业设置的某个部门而发生的固定成本。没有这些产品或部门，就不会发生这些成本，所以专属成本是与特定的产品或部门相联系的特定的成本。例如专门生产某种产品的专用设备折旧费、保险费等。

共同成本是指为多种产品的生产或为多个部门的设置而发生的，应由这些产品或这些部门共同负担的成本。如在企业生产过程中，几种产品共同的设备折旧费、辅助车间成本等都是共同成本。

在进行方案选择时，专属成本是与决策有关的成本，必须予以考虑；而共同成本则是与决策无关的成本，可以不予考虑。

七、可避免成本与不可避免成本

固定成本按照是否能够随管理行为改变而改变，划分为可避免成本和不可避免成本两部分。

由企业管理者的决策来决定其是否发生的固定成本，称为可避免成本，如广告费、职工培训费、管理人员奖金、研究开发费等。那些为进行企业经营而必须负担的，不能改变的最低限度的固定成本，如厂房、设备等固定资产所提的折旧、不动产的税金、保险费以及管理人员薪金等，称为不可避免成本。

有些固定成本，是依决策者的主观判断将其划分为可避免成本或不可避免成本的。一般说来，可避免成本是相关成本，不可避免成本是无关成本。

八、相关成本与无关成本

企业在进行经营决策时，可供选择的多种方案中所涉及的各种成本，有些与方案的抉择有关，而有些则无关。

相关成本是对决策有影响的各种形式的未来成本，如差量成本、机会成本、边际成本、付现成本、专属成本、可避免成本等。

那些对决策没有影响的成本，称为无关成本。这类成本过去已经发生，或对未来决策没有影响，因而在决策时不予考虑，如沉没成本、共同成本、不可避免成本等。

相关成本与无关成本的区分并不是绝对的。有些成本在某一决策方案中是相关成本，而在另一决策方案中则可能是无关成本。

第三节　经营决策的基本方法

经营决策分析所采用的专门方法，根本上是对体现经济数量关系的指标进行大小比较。但是，依据这些指标在方案的经济数量关系中的不同状态，是确定的常量还是变量，如果是变量，还应该分清楚是线性变量还是非线性变量，以及是有约束的变量还是无约束的变量，就可以形成不同的分析方法。

一、差量分析法（Differential Analysis Method）

差量分析法就是通过对各备选方案的收益指标进行比较，从而以具有最大收益的方案为选择的经营决策分析法。差量分析法适用于各备选方案的财务指标是常量的情况。当某个备选方案的财务指标是常量时，这个方案的损益总额也就因而确定。于是决策者就可以通过对备选方案的损益指标总额进行比较而确定最佳方案。

收益指标是差量分析法进行比较的经典对象。但是，在特定的情况下，比较指标可以有不同的具体形式。当备选方案不涉及收入时，可以仅仅比较备选方案的相关成本。于是形成差量成本法。甚至于在不涉及固定成本时，仅仅只比较备选方案的变动成本，或者不涉及变动成本而只比较固定成本。也可以在不涉及成本情况下只比较收入。还可以在备选方案有收入和变动成本的情况下，只比较备选方案的边际贡献。这种情况也被称为差量毛益法。应该指出，这些具体的所谓方法，其实都是差量分析法的特例。

在运用差量分析法时，应首先强调几个概念。差量，是指两个备选方案同类指标之间的数量差异。具体地包括：差量收入，是指两个备选方案预期收入之间的数量差异；差量成本，是指两个备选方案预期成本之间的数量差异；差量利润，是指差量收入与差量成本之间的数量差异。当差量收入大于差量成本时，其数量差异为差量收益；当差量收入小于差量成本时，其数量差异为差量损失。差量损益实际上是两个备选方案收益的数量差异。

当差量损益确定后，我们就可以进行方案的选择：如果差量损益为正（即为差量收益），说明比较方案更优；如果差量损益为负（即为差量损失），说明被比较方案更优。

差量分析法的决策过程可如表 5－4 所示。

表 5－4　　差量分析法的决策过程

甲方案	乙方案	差量
预期收入 预期成本 预期损益	预期收入 预期成本 预期损益	差量收入 差量成本 差量损益

当差量损益 >0 时（即为差量收益），甲方案可取；

当差量损益 <0 时（即为差量损失），乙方案可取。

二、平衡点分析法

平衡点分析法就是在各备选方案的经济数量关系是函数关系前提下，以确定各备选方案函数关系之图像交点作为决策依据的方法。平衡点分析法适用于备选方案的业务量是变量，且由此可构建出完整的函数关系式的情况。从纯粹的技术理论而言，这里的业务量可以是线性变量，也可以是非线性变量。在平衡点计算程序上，两者基本一致。基于当前实务的考虑，本教材仅对线性变量情况进行讨论。

如果，备选方案的经济数量关系是完整内容的损益关系，那么具体的平衡点分析称为利润平衡点分析；如果备选方案的经济数量关系内容仅仅只包含相关成本，则称此种分析为成本平衡点分析。

在经济指标按照性态被表述的基础上，对备选方案的以方案利润为内容的函数表述模式通常是：

$EBIT = (P - b) X - a$

而对仅仅只涉及成本内容的备选方案的函数表述模式则是：

$Ytc = bx + a$

基于上述分析，通过解析联立方程的方式，可以分别确定利润平衡点和成本平衡点计算公式如下：

利润平衡点计算公式：

$X_0 = \{a_1 - a_2\} / \{(P_1 - b_1) - (P_2 - b_2)\}$

成本平衡点计算公式：

$X_0 = (a_1 - a_2) / (b_2 - b_1)$

平衡点确定之后，整个业务量被分割为 $0 \sim X_0$ 及 X_0 以上两个区域，在这两个区域中，选择结论正好相反。

如果备选方案是利润决策型问题，则选择结论就是：若预期业务量水平在平衡点以下，则应该选择固定成本值大（绝对值小），单位边际贡献小的方案；若预期业务量水平在平衡点以上，则应该选择固定成本值小（绝对值大）、单位边际贡献大的方案。

如果备选方案是成本决策型问题，则选择结论就是：若预期业务量水平在平衡点以下，则应该选择固定成本值小、单位变动成本大的方案；若预期业务量水平在平衡点以上，则应该选择固定成本值大、单位变动成本小的方案。

三、边际分析法

边际分析法是将数学的极值计算原理用于经营决策之中，以确定备选方案之最佳值从而据以决策的决策分析方法。边际分析法适用于备选方案的经济数量关系表现出完整的非线性函数的情况。在现实的经济管理实践中，具有非线性数量关系的决策方案，其数量关系多为二次函数，故本教材仅以二次函数类型决策方案为讨论对象。

边际分析法的基本步骤如下：

首先将备选方案数量关系概括成相应的函数模型；然后计算该具体函数模型的极值。若是收益型模型，则应该选取具有极大值的方案；若是成本型模型，则应该选取具有极小值的方案。

除此之外，管理决策实践中，还经常直接借用数学分析中的线性规划方法和动态规划方法。因为在数学中是可以直接借用的现成完整方法，故不在此赘述。

第四节　经营决策案例分析

一、产品功能成本决策

在保证产品质量的前提下，改进产品设计结构，可以大大降低产品成本。据国内外有关资料显示，通过改进产品设计结构所降低的成本数额，占事前成本决策取得成本降低额的70% ~80%。可见，大力推广功能成本决策，不仅可以保证产品必要的功能及质量，而且可以确定努力实现的目标成本，从而降低产品成本。

产品功能成本决策是将产品的功能（产品所担负的职能或所起的作用）与成本（为获得产品一定的功能必须支出的费用）对比，寻找降低产品途径的管理活动。其目的在于以最低的成本实现产品适当的、必要的功能，提高企业的经济效益。

产品功能与成本之间的关系，可用下面公式表示：

$$价值（V）=\frac{功能（F）}{成本（C）}$$

从上式可以看出，功能与价值成正比，功能越高。价值越大，反之则越小；成本与价值成反比。成本越高，价值越小，反之则越大。因此，提高产品价值的途径可概括如下：

（1）在产品成本不变的情况下，功能提高，将会提高产品的价值。

（2）在产品功能不变的情况下，成本降低，将会提高产品的价值。

（3）在产品功能提高的情况下，成本降低，将会提高产品的价值。

（4）在产品成本提高的情况下，功能提高的幅度大于成本提高的幅度，将会提高产品的价值。

（5）在产品功能降低的情况下，成本降低的幅度大于功能降低的幅度，将会提高产品的价值。

企业可以根据实际情况，从上述途径着手，运用功能成本决策方法确定目标成本。

功能成本决策大致分为以下几个步骤。

（一）选择分析对象

由于企业的产品（或零件、部件）很多，实际工作中不可能都进行功能成本分析，应有所选择。选择的一般原则是：

（1）从产量大的产品中选，可以有效地积累每一产品的成本降低额。

（2）从结构复杂、零部件多的产品中选，可以简化结构，减少零部件的种类或数量。

（3）从体积大或重量大的产品中选，可以缩小体积，减轻重量。

（4）从投产期长的老产品中选，可以改进产品设计，尽量采用新技术、新工艺、新方法加工。

（5）从畅销产品中选，不仅可以降低成本，而且能使该产品处于更有利的竞争地位。

（6）从原设计问题比较多的产品中选，可以充分挖掘、改进设计的潜力。

（7）从工艺复杂、工序繁多的产品中选，可以简化工艺，减少工序。

（8）从成本高的产品中选，可以较大幅度地降低成本。

（9）从零部件消耗量大的产品中选，可以大幅度降低成本，优化结构。

（10）从废品率高、退货多、用户意见大的产品中选，可以提高功能成本分析的效率。

（二）围绕分析对象收集各种资料

分析对象确定后，应深入进行市场调查，收集各种资料作为分析研究的依据。所需资料大致包括以下几个方面：

（1）产品的需求状况。如用户对产品性能及成本的要求、销售结构及数量的预期值、价格水平等。

（2）产品的竞争状况。如竞争对手的数量、分布、能力，以及竞争对手在产品设计上的特点及推销渠道等。

（3）产品设计、工艺加工状况。结合市场需求及竞争对手的优势，在产品设计、工艺加工技术方面本企业存在的不足等。

（4）经济分析资料。如产品成本构成、成本水平、消耗定额、生产指标等。

（5）国内外同类型产品的其他有关资料。

对于收集到的各种资料，应进行详细分析，去粗取精，去伪存真，增加分析资料的可靠性。

（三）功能评价

功能评价的基本步骤包括：以功能评价系数为基准，将功能评价系数与按目前成本计算的成本系数相比，确定价值系数；将目标成本按价值系数进行分配，并确定目标成本分配额与目前成本的差异值；选择价值系数低、降低成本潜力大的作为重点分析对象。

功能评价的方法很多，现介绍两种常用的方法——评分法和强制确定法。

1. 评分法

该方法按产品或零部件的功能重要程度打分，通过确定不同方案的价值系数来选择最优方案。

【例 5－7】为改进某型时钟有 3 个方案可供选择。现从走时、夜光、防水、防震、外观等五个方面采用 5 分制评分，评分结果如表 5－10 所示。

表 5－5　功能比较表

项目	走时	夜光	防水	防震	外观	总分	选择
方案 1	3	4	5	4	5	21	√
方案 2	5	5	3	5	4	22	√
方案 3	5	4	4	3	4	20	×

上述 3 个方案中，方案 3 的总分最低，初选淘汰。对于方案 1 和方案 2 应结合成本资料进行第二轮比较，有关成本资料如表 5－11 所示。

表 5－6　方案估计成本比较表

项目	预计销售量（件）	直接材料、人工等	制造费用	制造成本
方案 1	5 000	280	80 000	296
方案 2	5 000	270	50 000	280

然后，进行价值分析。如果方案1的成本系数为100，则方案2的成本系数为：

$$\frac{280}{296}\times 100 = 94.59$$

方案1和方案2的价值系数分别为：

$$V_1 = \frac{21}{100} = 0.21$$

$$V_2 = \frac{22}{94.59} = 0.23$$

通过对比可知，方案2不仅成本较低，而且功能成本比值（价值系数）高，因而应该选择方案2。

2. 强制确定法

这种方法也称为一对一比较法或“0”“1”评分法，就是把组成产品的零件排列起来，一对一地对比，凡功能相对重要的零件得1分，功能相对不重要的零件得0分。然后，将各零件得分总计数被全部零件得分总数除，即可求得零件的功能评价系数。假设甲产品由A、B、C、D、E、F、G七个零件组成，按强制确定法计算功能评价系数如表5-7所示：

表5-7 功能比较表

零件名称	一对一比较结果							得分合计	功能评价系数
	A	B	C	D	E	F	G		
A	×	1	1	0	1	1	1	5	5÷21=0.238
B	0	×	0	1	1	0	0	2	2÷21=0.095
C	0	1	×	0	0	1	1	3	3÷21=0.143
D	1	0	1	×	1	1	0	4	4÷21=0.191
E	0	0	1	0	×	1	1	3	3÷21=0.143
F	0	1	0	0	0	×	1	2	2÷21=0.095
G	0	1	0	1	0	0	×	2	2÷21=0.095
合计								21	1.000

表5-7中A、D两个零件的功能评价系数较大，说明其功能较为重要，而B、F、G三个零件的功能评价系数最小，说明其功能较不重要。

在功能评价系数确定后，应计算各零件的成本系数和价值系数：

$$各零件的成本系数 = \frac{某零件的目前成本}{所有零件目前成本合计}$$

$$各零件的价值系数 = \frac{某零件的功能评价系数}{该零件的成本系数}$$

【例5-8】以表5-7中甲产品的七个零件为例，说明价值系数的计算（如表5-8所示）。

表 5－8

零件价值系数计算表

单位：元

项目 零件名称	功能评价系数	目前成本	成本系数	价值系数
A	0. 238	300	0. 250	0. 952
B	0. 095	500	0. 417	0. 228
C	0. 143	48	0. 040	3. 575
D	0. 191	46	0. 038	5. 026
E	0. 143	100	0. 083	1. 723
F	0. 095	80	0. 067	1. 418
G	0. 095	126	0. 105	0. 905
合计	1. 000	1 200	1. 000	—

价值系数表示功能与成本之比，如果价值系数等于1或接近于1（如A、G零件），则说明零件的功能与成本基本相当，因而也就不是降低成本的主要目标；如果价值系数大于1（如C、D、E、F零件），则说明零件的功能过剩或成本偏低，在该零件功能得到满足的情况下，已无必要进一步降低成本或减少过剩功能；如果价值系数小于1（如B零件），则说明与功能相比成本偏高了，应作为降低成本的主要目标，进一步寻找提高功能、降低成本的潜力。

那么B零件的成本应降低到什么程度，才能与功能相匹配呢？在产品目标成本已定的情况下，可将产品目标成本按功能评价系数分配给各零件，然后与各零件的目前成本比较，即可确定各零件成本降低的数额。假定甲产品的目标成本为1 000元，则各零件预计成本及成本降低额的计算如表5－9所示。

表 5－9

零件预计成本表

单位：元

项目 零件名称	功能评价系数	按功能评价系数分配目标成本	目前成本	成本降低额
A	0. 238	238	300	62
B	0. 095	95	500	405
C	0. 143	143	48	－95
D	0. 191	191	46	－145
E	0. 143	143	100	－43
F	0. 095	95	80	－15
G	0. 095	95	126	31
合计	1. 000	1 000	1 200	200

从表5－9可以看出，目标成本比目前成本应降低200元。其中A、B、G零件成本与其功能相比偏高，故应作为降低成本的对象，尤其是B零件更应作为重点对象；至于C、D、E、F零件（特别是D零件），只有在功能过剩的情况下才考虑减少过剩功能以降低成本，否则应维持原状。

（四）试验与提案

在功能评价的基础上，即可对过剩功能和不必要成本进行调整，从而提出新的、可供试验的方案。然后，按新方案进行试验生产，在征求各方面意见的同时，对新方案的不足予以改进。新方案经进一步调整即可作为正式方案提交有关部门审批，批准后即可组织实施。

二、品种决策

品种决策旨在解决生产什么产品的问题，例如，生产何种新产品、亏损产品是否停产、零部件是自制还是外购、半成品（或联产品）是否需要进一步加工等。在品种决策中，经常以成本作为判断方案优劣的标准，有时也以边际贡献额作为判断标准。

（一）生产何种新产品

如果企业有剩余的生产能力可供使用，或者利用过时老产品腾出来的生产力，在有几种新产品可供选择而每种新产品都不需要增加专属固定成本时，应选择提供边际贡献总额最多的方案。

【例5－9】某企业原来生产甲、乙两种产品，现有丙、丁两种新产品可以投入生产，但剩余生产能力有限，只能将其中一种新产品投入生产。企业的固定成本为1 800元，并不因为新产品投产而增加。各种产品的资料如表5－10所示。

表5－10

单位：元

项目 \ 产品名称	甲	乙	丙	丁
产品数量（件）	300	200	180	240
售价	10	8	6	9
单位变动成本	4	5	3	5

这时，只要分别计算丙、丁产品能够提供的边际贡献额（如表5－11），加以对比，便可作出决策。

表 5－11

单位：元

项目＼产品名称	丙	丁
预计销售数量（件）	180	240
售价	6	9
单位变动成本	3	5
单位边际贡献	3	4
边际贡献总额	540	960

以上计算表明，丁产品的边际贡献额大于丙产品的边际贡献额 420 元（960－540）。可见，生产丁产品优于丙产品。

如果新产品投产将发生不同的专属固定成本，在决策时就应以各种产品的剩余边际贡献额作为判断方案优劣的标准。剩余边际贡献额等于边际贡献额减专属固定成本。剩余边际贡献额越大，该方案就越可行。

【例 5－10】如果例 5－9 中丙产品有专属固定成本（如专门设置设备的折旧）180 元，丁产品有专属固定成本 650 元，则有关分析如表 5－12 所示。

表 5－12

单位：元

项目＼产品名称	丙	丁
边际贡献总额	540	960
专属固定成本	180	650
剩余边际贡献总额	360	310

在这种情况下，丁产品的剩余边际贡献额比内产品的少 50 元（360－310），所以生产丙产品优于丁产品。

（二）亏损产品的决策

在企业生产经营中，某种产品发生亏损是经常遇到的问题。对于亏损产品，绝不能简单地予以停产，而必须综合考虑企业各种产品的经营状况、生产能力的利用及有关因素的影响，采用变动成本法进行分析后，做出停产、继续生产、转产或出租等最优选择。

【例 5－11】光华公司生产甲、乙、丙三种产品，其中甲产品是亏损产品。有关盈亏按全部成本法计算如表 5－13 所示。

表5－13　　盈亏计算表

单位：元

项目 \ 产品名称	甲	乙	丙	合计
销售收入	1 800	2 900	7 300	12 000
销货成本	2 100	2 400	4 900	9 400
营业利润	－300	500	2 400	2 600

如果仅仅根据表5－13的资料来看，停止甲产品的生产是有利的（利润将上升到2 900元）。但是否真正有利，还应参考其他资料才能确定。假设按变动成本法分解成本如表5－14所示。

表5－14　　成本分解表

单位：元

项目 \ 产品名称	甲	乙	丙
制造成本	1 200	800	2 900
制造费用	200	400	700
管理费用	192	340	360
财务费用	220	380	420
销售费用	288	480	520

从表5－14可以看出，在按全部成本法计算的甲产品成本总额2 100元中，有期间费用分摊额共计700元（192＋220＋288），而在变动成本法下，这部分费用均应在本期全数扣除，因此，在甲产品尚能提供边际贡献额400元（1 800－1 200－200）的情况下，停止甲产品生产不但不会增加300元利润，反而会减少400元利润（利润将降至2 200元）。表5－15可以证明这一点。

表5－15　　差量分析表

单位：元

项目	继续生产甲产品	停止生产甲产品	差量
销售收入	12 000	10 200	1 800
成本：			
制造成本	4 900	3 700	1 200
制造费用	1 300	1 100	200
费用：			
管理费用	892	892	0
财务费用	1 020	1 020	0
销售费用	1 288	1 288	0
利润	2 600	2 200	400

亏损产品的决策是一个复杂的多因素综合考虑过程，一般应注意以下几点：

（1）如果亏损产品能够提供边际贡献额，弥补一部分固定成本，除特殊情况外（如存在更加有利可图的机会），一般不应停产。但如果亏损产品不能提供边际贡献额，通常应考虑停产。

（2）亏损产品能够提供边际贡献额，并不意味该亏损产品一定要继续生产，如果存在更加有利可图的机会（如转产其他产品或将停止亏损产品生产而腾出的固定资产出租），使企业获得更多的边际贡献额，那么该亏损产品应停产。

【例5－12】依例5－11，假定光华公司在停止甲产品生产后可将生产能力转产丁产品，丁产品销售单价为150元，单位变动成本（单位制造成本与单位制造费用之和）为110元，通过市场销售预测，丁产品一年可产销500件。转产丁产品需追加机器投资12 000元。问是否停止甲产品生产而转产丁产品？

在转产决策中，只要转产的丁产品提供的边际贡献总额（在有专属固定成本时应计算剩余边际贡献总额）大于亏损的甲产品提供的边际贡献总额，就应作出转产的决策。丁产品剩余边际贡献总额的计算如下：

丁产品销售收入＝500×150＝75 000（元）

丁产品变动成本＝500x110＝55 000（元）

丁产品边际贡献额＝20 000（元）

丁产品专属固定成本＝12 000（元）

丁产品剩余边际贡献额＝8 000（元）

从上述计算可以看出，丁产品提供的剩余边际贡献额大于甲产品提供的边际贡献额7 600元（8 000－400），说明转产丁产品比继续生产甲产品更加有利可图，此时企业利润总额将增至10 200元，增加利润7 600元（如表5－16所示）。

表5－16　　差量分析表

单位：元

项目	生产甲产品	生产丁产品	差量
销售收入总额	12 000	85 200	(73 200)
变动成本总额	6 200	59 800	(53 600)
边际贡献总额	5 800	25 400	(19 600)
固定成本总额	3 200	15 200	(12 000)
（其中：专属固定成本）		(12 000)	
利润总额	2 600	10 200	(7 600)

在亏损产品停产后，闲置的厂房、设备等固定资产可以出租时，只要出租净收入（指租金收入扣除合同规定的应由出租者负担的某些费用后的余额）大于亏损产品所提供的边际贡献额，这时也应考虑停止亏损产品生产而采用出租的方案。

综上所述，在不改变生产能力的短期决策中，固定成本一般不变，因而可以把固定成本排除在决策考虑因素外（但专属固定成本必须考虑），只需要比较各方案的边际贡献额即可选择最优方案。

（3）在生产、销售条件允许的情况下，大力发展能够提供边际贡献额的亏损产品，也会扭亏为盈，并使企业的利润大大增加。

【例5－13】依例5－11，假定光华公司将甲产品的销售收入由1 800元提高到3 600元（假设固定成本分摊额不变），则企业将盈利3 000元（其中甲产品将盈利100元），有关计算如表5－17所示。

表5－17　　盈亏计算表

单位：元

项目＼产品	甲	乙	丙	合计
销售收入	3 600	2 900	7 300	13 800
减：变动成本	2 800	1 200	3 600	7 600
边际贡献总额	800	1 700	3 700	6 200
减：固定成本	700	1 200	1 300	3 200
利润	100	500	2 400	3 000

总之，亏损产品的决策涉及的因素很多，需要从不同角度设计方案并采用恰当的方法优选方案。

（三）零部件自制还是外购的决策

对于那些具有机械加工能力的企业而言，其常常面临所需零部件是自制还是外购的决策问题。由于自制方案或外购方案的预期收入都是相同的，因而这类决策通常只需要考虑自制方案和外购方案的成本高低，在相同质量并保证及时供货的情况下，就低不就高。

影响自制或外购的因素很多，因而所采用的决策分析方法也不尽相同，但一般都采用增量成本（实行某方案而增加的成本）分析法。

1. 外购不减少固定成本的决策

如果企业可以从市场上买到现在由企业自己生产的某种零部件，而且质量相当、供货及时、价格低廉，这时一般都会考虑是否停产外购。在由自制转为外购，且其剩余生产能力不能挪作他用（固定成本并不因停产外购而减少）的情况下，正确的分析方法是：将外购的单位增量成本，即购买零部件的价格（包括买价、单位零部件应负担的订购、运输、装卸、检验等费用），与自制时的单位增量成本相对比，单位增量成本低的即为最优方案。由于固定成本不因停产外购而减少，这样，自制时的单位变动成本就是自制方案的单位增量成本。所以，自制单位变动成本 > 购买价格时，应该外购；自制单位变动成本 < 购买价格时，应该自制。

【例5－14】某公司生产甲产品每年需要甲零件5 800件，由车间自制时每件成本为78元，其中单位变动成本为60元，单位固定成本为18元。现市场上销售的A零件价格为每件65元，且质量更好，保证按时送货上门。这时企业应该自制还是外购？

由于：自制单位变动成本60元 < 外购单位价格65元

所以，应选择自制。这时每件甲零配件的成本将降低5元，总共降低29 000元。但如果停产外购，则自制时所负担的一部分固定成本（外购价格与自制单位成本的差额）将由其他产品负担，此时企业将减少利润：

(5 800×18) －（78－65）×5 800＝29 000（元）

2. 自制增加固定成本的决策

在企业所需零部件由外购转为自制时需要增加一定的专属固定成本（如购置专用设备而增加的固定成本），或由自制转为外购时可以减少一定的专属固定成本的情况下，自制方案的单位增量成本不仅包括单位变动成本，而且还应包括单位专属固定成本。由于单位专属固定成本随产量的增加而减少，因此自制方案单位增量成本与外购方案单位增量成本的对比将在某个产量点产生优劣互换的现象，即产量超过某一限度时自制有利，产量低于该限度时外购有利。这时，就必须首先确定该产量限度点（利用成本分界点的分析方法），并将产量划分为不同的区域，然后确定在何种区域内哪个方案最优。

【例5－15】某公司每年需用乙零件860件，以前一直外购，购买价格每件8.40元。现该公司有无法移作他用的多余生产能力可以用来生产B零件，但每年将增加专属固定成本1 200元，自制时单位变动成本6元。

为了便于了解两种方案的产量取舍范围，可将上述资料绘入直角坐标系内，如图5－1所示。

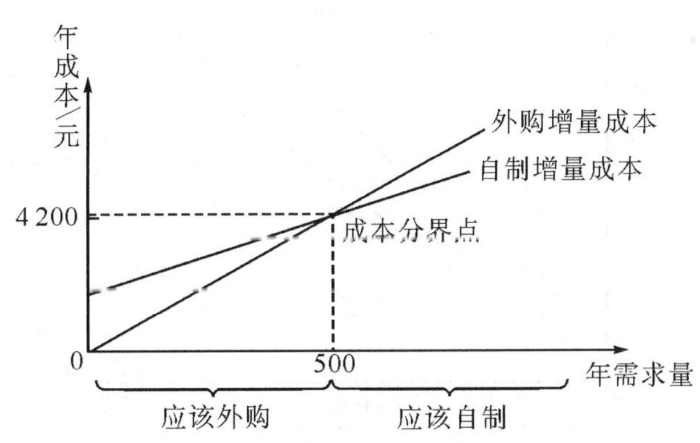

图5－1　零部件外购与自制成本分界图

从图5－1可以看出，乙零件需求量在500件以内时，应该外购；而当需求量超过500件时，则自制有利。由于该公司B零件的需求量为860件，因而自制有利。

图5－1中的成本分界点也可以按下列公式计算：

设x为B零件年需求量，则：

外购增量成本 $y_1 = 8.4x$

自制增量成本 $y_2 = 1\ 200 + 6x$

外购增量成本与自制增量成本相等时的年需求量为：

$8.4x = 1\ 200 + 6x$

$x = \frac{1\ 200}{8.4 - 6} = 500$（件）

所以，成本分界点的公式为：

$$成本分界点 = \frac{自制增加的专属固定成本}{购买价格 - 自制单位变动成本}$$

利用公式法确定成本分界点只是将整个需求量划分为500件以内和500件以上两个区域，要确定这两个区域中哪个方案有利还需将某一设定值代入 y_1 或 y_2 进行试算：

假定产量为100件，则：

$y_1 = 8.4 \times 100 = 840$（元）

$y_2 = 1\ 200 + 6 \times 100 = 1\ 800$（元）

可见，在500件以内时外购有利，500件以上则自制有利。

为了促进产品销售，供应商常常采用一些促销方法，如折扣或折让。在这种情况下，外购方案就应考虑购买价格的变动，以作出正确的决策。

【例5-16】某公司生产需要一种零件，若自制，单位变动成本为1元，并需购置一台年折旧额为2 200元的设备；若外购，供应商规定，凡一次购买量在3 000件以下时，单位售价2元，超过3 000件时，单位售价1.55元。根据以上资料，可绘制图5-2。

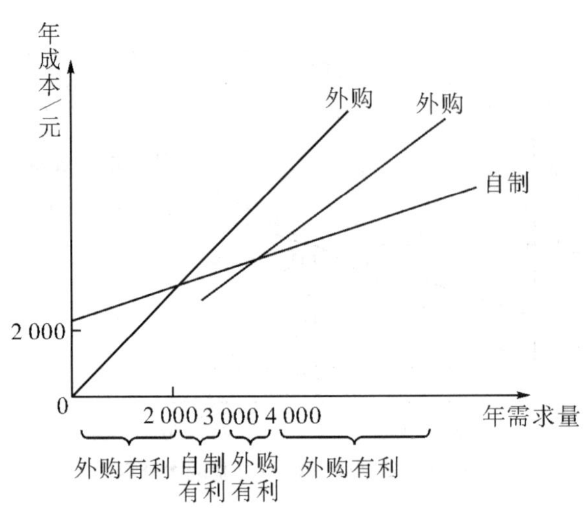

图5-2　零部件外购与自制决策图

图5-2形象地说明，当零件需要量低于2 200件或为3 000~4 000件时，外购成本低，外购比较有利；零件需要量为2 200~3 000件或在4 000件以上时，自制成本低，自制比较有利。

此决策也可采用公式法来求解。

设自制方案的成本与一次购买量在 3 000 件以下的成本分界点产量为 x_1，则：

$$2\ 200 + 1 \times x_1 = 2x_1$$

$$x_1 = \frac{2\ 200}{2-1} = 2\ 200\ (件)$$

设自制方案的成本与一次购买量在 3 000 件以上的成本分界点产量为 x_2，则：

$$2\ 200 + 1 \times x_2 = 1.55\ x_2$$

$$x_2 = \frac{2\ 200}{1.55-1} = 4\ 000\ (件)$$

于是，整个需求量被划分为四个区域：2 200 件以下、2 200 ~ 3 000 件、3 000 ~ 4 000件、4 000 件以上。至于各个区域自制有利还是外购有利，可设置代入自制方案成本公式及外购方案成本公式进行计算确定。

3. 外购时有租金收入的决策

在零配件外购、腾出的剩余生产能力可以转移的情况下（如出租、转产其他产品），由于出租剩余生产能力能获得租金收入，转产其他产品能提供边际贡献额，因此将自制方案与外购方案对比时，就必须把租金收入或转产产品的边际贡献额作为自制方案的一项机会成本，并构成自制方案增量成本的一部分。这时，将自制方案的变动成本与租金收入（或转产产品的边际贡献额）之和，与外购成本相比，择其低者。

【例 5 - 17】某公司每年需要 A 零件 50 000 件，若要自制，则自制单位变动成本为 10 元；若要外购，则外购单位价格为 12 元。如果外购 A 零件，则腾出来的生产能力可以出租，每年租金收入为 32 000 元。

在计算、比较外购和自制这两个方案的增量成本时，应将租金收入 3 200 元作为自制方案的机会成本，如表 5 - 18 所示。

表 5 - 18　　增量成本对比表

单位：元

项目	自制增量成本	外购增量成本
外购成本		12 × 50 000 = 600 000
自制变动成本	10 × 50 000 = 500 000	
外购时租金收入	32 000	
合计	532 000	600 000
自制利益	600 000 - 532 000 = 68 000	

计算结果表明，选择自制方案是有利的，比外购方案减少成本 68 000 元。

4. 不分配订购费用、准备费用的决策

在前面的决策中，订购费用、准备费用、储存费用等，或忽略不计，或分配计入单位变动成本。但是，订购费用、准备费用通常更接近于固定成本，因此也可以将此类费用单独予以考虑。

分析时，应先计算自制方案和外购方案的总成本，然后再加以比较，择其低者。

在计算自制方案和外购方案总成本时，既要计算基本费用（如自制中的生产成本、外购中的购买价格），又要计算附属费用（如自制中的生产准备费用、保管费用等，外购中的订购费用和保管费用）。

【例 5－18】某公司生产需要某种零件 7 200 件，每日需要 20 件。该零件可以自制，也可以外购。若外购，每件购买价格 8 元，订购费用每次 180 元，单位零件年存储费用 0.6 元；若自制，每件单位变动成本 7 元，生产准备费用每次为 300 元，每件年储存费用为 0.6 元，日产量为 40 件。

1. 计算自制总成本

（1）变动成本

7 200 × 7 = 50 400（元）

（2）附属成本（年准备费用与年存储费用之和）

$$T = \sqrt{2ASC\left(1 - \frac{y}{x}\right)}$$

$$= \sqrt{2 \times 7\ 200 \times 300 \times 0.6 \times \left(1 - \frac{20}{40}\right)}$$

$= 1\ 138.42$（元）

（3）自制总成本

50 400 + 1 138.42 = 51 538.42（元）

2. 计算外购总成本

（1）外购价款

7 200 × 8 = 57 600（元）

（2）附属成本（年订购费用与年存储费用之和）

$$T = \sqrt{2APC}$$

$= \sqrt{2 \times 7\ 200 \times 180 \times 0.6} = 1\ 247.08$（元）

（3）外购总成本

57 600 + 1 247.08 = 58 847.08（元）

从上面计算可以看出，外购总成本 58 847.08 元大于自制总成本 51 538.24，因而应该选择自制方案。

（四）半成品（或联产品）是否进一步加工的决策

当半成品可以对外销售时，存在一个将产品加工到什么程度（卖半成品还是产成品）的问题。对这类问题，决策时只需考虑进一步加工后增加的收入是否超过增加的成本，如果前者大于后者，则应进一步加工为产成品出售；反之，则应作为半成品销售。在此，进一步加工前的收入和成本都与决策无关，不必予以考虑。

1. 半成品是否进一步加工的决策分析

产品作为半成品出售，其售价和成本都低于进一步加工后作为产成品出售的售价和成本。是否进一步加工，可按下列公式计算、确定。

（1）应进一步加工的条件

（进一步加工后的销售收入－半成品的销售收入）＞（进一步加工后的成本－半成品的成本）

（2）应出售半成品的条件

（进一步加工后的销售收入－半成品的销售收入）＜（进一步加工后的成本－半成品的成本）

在上列公式中，左边是差异收入，右边是差异成本。另外，进一步加工后的成本包括追加的变动成本和专属固定成本。

【例5－19】某企业每年生产、销售甲产品3 800件，每件变动成本为16元，每件固定成本为1元，售价为24元。如果把甲产品进一步加工成乙产品，售价可提高到30元，但单位变动成本需增至20元，另外尚需发生专属固定成本800元。

差异收入＝（30－24）×3 800＝22 800（元）

差异成本＝（20－16）×3 800＋800＝16 000（元）

由于差异收入大于差异成本6 800元（22 800－16 000），因而进一步加工是有利的。应注意的是，单位固定成本1元在计算中未予考虑，因为这一部分固定成本加工前、加工后均存在，属于与决策无关的沉没成本。

2. 联产品是否进一步加工

在同一生产过程中生产出来的若干种经济价值较大的产品，称为联产品。有些联产品可在分离后就出售，有的则可以在分离后继续加工出售。分离前的成本属于联合成本，要按售价等标准分配给各种联产品。联产品在分离后继续加工的追加变动成本和专属固定成本，称为可分成本。联合成本是沉没成本，决策时不予考虑；可分成本是与决策相关的成本，决策时应予以考虑。联产品是否进一步加工，可按下列公式计算、确定：

（1）应进一步加工

（进一步加工后的销售收入－分离后的销售收入）＞可分成本

（2）分离后即出售

（进一步加工后的销售收入－分离后的销售收入）＜可分成本

【例5－20】某企业生产的甲产品在继续加工过程中，可分离出A、B两种联产品。甲产品售价200元，单位变动成本140元。A产品分离后即予销售，单位售价160元；B产品单位售价240元，可进一步加工成子产品销售，子产品售价360元，需追加单位变动成本62元。

（1）分离前的联合成本按A、B两种产品的售价分配。

A产品分离后的单位变动成本＝140/（160＋240）×160＝56（元）

B产品分离后的单位变动成本＝140/（160＋240）×240＝84（元）

（2）由于A产品分离后的售价大于分离后的单位变动成本104元（160－56），故分离后销售是有利的。

（3）B产品进一步加工成子产品的可分成本为62元，进一步加工后的销售收入为

360 元，而分离后 B 产品的销售收入为 240 元，则：

差异收入 = 360 - 240 = 120（元）

差异收入大于可分成本 58 元（120 - 62），可见，B 产品进一步加工成子产品再出售是有利的。

三、产品组合优化决策

产品组合优化决策适用于多品种产品生产的企业。在多品种产品的生产过程中，各种产品的生产都离不开一些必要的条件或因素，如机器设备、人工、原材料等，而其中有些因素可以用于不同产品的生产，如果各种产品共用一种或几种因素，而这些因素又是有限的，就应使各种产品的生产组合达到最优化的结构，以便有效、合理地使用这些限制因素。产品组合优化决策就是通过计算、分析进而作出各种产品应生产多少才能使得各个生产因素得到合理、充分地利用，并能获得最大效益的决策。

进行产品组合优化决策的方法，主要介绍以下两种。

（一）逐次测算法

逐次测算法是根据企业有限的各项生产条件和各种产品的情况及各项限制因素等数据资料，分别计算单位限制因素所提供的边际贡献并加以比较，在此基础上，经过逐步测试，使各种产品达到最优组合。

【例 5 - 21】某企业生产甲、乙两种产品，两种产品共用设备工时总数为 18 000 小时，共用人工工时总数为 24 000 小时，甲产品单位产品所需设备工时 3 小时，人工工时 5 小时，单位边际贡献额为 42 元；乙产品单位产品所需设备工时 5 小时，人工工时 6 小时，单位边际贡献额为 60 元，预测市场销售量：甲产品为 3 000 件，乙产品为 2 000件。

计算并比较两种产品单位限制因素所提供的边际贡献额，如表 5 - 19 所示。

表 5 - 19

项目	甲产品	乙产品	限制因素（小时）
单位设备工时边际贡献（元）	14	12	18 000
单位人工工时边际贡献（元）	8.4	10	24 000

比较两种产品单位限制因素所提供的边际贡献额可知，甲产品每单位设备工时的边际贡献额多于乙产品，而乙产品每单位人工工时边际贡献额多于甲产品。

进行第一次测试。试优化安排甲产品生产，剩余因素再安排乙产品的生产，根据约束条件，甲产品销售量预测为 3 000 件，则安排最大生产量为 3 000 件。其安排结果如表 5 - 20 所示。

表 5－20

项目	产量（件）	所有设备工时（小时）		所用人工工时（小时）		边际贡献额（元）	
		总产量	单位产量	总产量	单位产量	总产量	单位产量
甲产品		9 000		15 000		126 000	
乙产品	3 000	7 500	3	9 000	5	90 000	42
合计	1 500	16 500	5	24 000	6	216 000	60
限制因素		18 000		24 000			
剩余因素		1 500		0			

以上测试结果表明，按照这种组合方式所确定的两种产品的生产量来进行生产，可获得边际贡献总额为216 000元，机器设备工时剩余1 500小时，考虑到生产单位乙产品所用设备工时多于生产单位甲产品所用设备工时，为充分利用各项因素，可再测试将乙产品的生产安排先于甲产品。由于乙产品的市场销售量为2 000件，所以，所安排的最大生产量也应为2 000件。其安排结果如表5－21所示。

表 5－21

项目	产量（件）	所用设备工时（小时）		所用人工工时（小时）		边际贡献额（元）	
		总产量	单位产量	总产量	单位产量	总产量	单位产量
乙产品		10 000		12 000		120 000	
甲产品	2 000	7 200	5	12 000	6	100 800	60
合计	2 400	17 200	3	24 000	5	220 800	42
限制因素		18 000		24 000			
剩余因素		800		0			

将两次测试的结果进行分析比较，从其结果可以看出，采用第二次测试的产品组合方式比采用第一次测试的产品组合方式多获得边际贡献4 800元（220 800－216 000），同时又提高了设备利用率，即减少了剩余设备工时，使之由原来的剩余设备工时1 500小时减少到剩余设备工时800小时。所以，第二次测试的产品组合，即生产A产品2 400件、B产品2 000件，是最优产品组合。

（二）图解法

采用图解法来进行产品组合优化决策，比较直观，容易理解。

【例5－22】仍用前例数据资料，设x为甲产品产量，y为乙产品产量，设S为可获得的边际贡献。则生产两种产品所用人工小时为$5x+6y$；生产两种产品所用设备工时为$3x+5y$；生产两种产品可获边际贡献为$42x+60y$。根据约束条件可建立线性规划模型如下：

$$
约束条件：\begin{cases} 5x+6y\leqslant 24\ 000 & (L_1) \\ 3x+5y\leqslant 18\ 000 & (L_2) \\ x\leqslant 3\ 000 & (L_3) \\ y\leqslant 2\ 000 & (L_4) \\ x,\ y\geqslant 0 \end{cases}
$$

目标函数：$S=42x+60y$

（1）用图解法求解以上线性规划模型，即在满足以上约束条件的前提下，求 S（边际贡献额）的最大值。

在平面直角坐标系中根据约束方程画出几何图形，如图 5－3 所示。

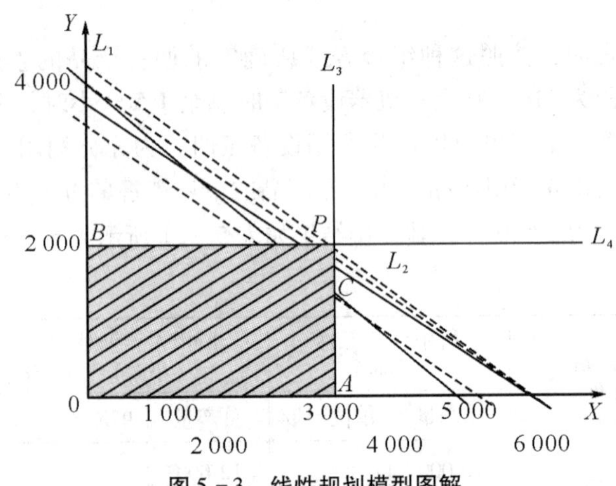

图 5－3　线性规划模型图解

图 5－3 中代表 L_1、L_2、L_3、L_4 四组方程的直线围成一个可行解区域，满足约束条件的方程解必定位于阴影区域，即可行解区域内。

（2）根据目标函数 $S=42x+60y$ 绘出等利润线。

从目标函数 $S=42x+60y$ 可以看出，$x=60$ 时的边际贡献额等于 $y=42$ 时的边际贡献额，因此联结 x 轴上 60 件的点与 y 轴上 42 件的点所得到的直线就称为等利润线。等利润线有无限条，即凡在可行解范围内与这条等利润线平行的无限条直线，都称为等利润线。

以虚线表示的这簇等利润线 $y=-\frac{7}{10}x$ 的斜率为 $-7/10$，截距为 $S/60$，等利润线的纵截距越大，所能提供的边际贡献也就越多，从图 5－3 中可以直观地看出，通过 L_1 和 L_4 的交点处 P 的那条等利润线距原点的距离最大，所获得的利润也最大。

将可行区域中的外突点 A、B、C、P 所代表的产品组合代入目标函数 $S=42x+60y$ 进行试算，求出目标函数最大值。其组合即为最优产品组合，如表 5－22 所示。

表 5－22　　各品种组合的目标函数试算

单位：元

外突点	品种组合		目标函数	边际贡献额
	X	Y	$S=42X+60Y$	S
A	3 000	0	42×3 000＋60×0	126 000
B	0	2 000	42×0＋60×2 000	120 000
C	3 000	1 500	42×3 000＋60×1 500	216 000
P	2 400	2 000	42×2 400＋60×2 000	220 800

比较试算结果，当 $x=2\,400$，$y=2\,000$ 时，获得的目标函数 S 值最大，是产品组合决策的最优解，这个结果与逐次测算法所得到的结果是相同的。

四、生产组织决策

（一）最优生产批量的决策

就产品生产而言，并不是生产批量越大越好。在全年产量已定的情况下，生产批量与生产批次成反比，生产批量越大，则生产批次越少；生产批量越小，则生产批次越多。生产批量、生产批次与生产准备成本、储存成本相关，最优的生产批量应该是生产准备成本与储存成本总和最低时的生产批量。

生产准备成本是指每批产品投产前因进行准备工作（如调整机器、准备工卡模具、布置生产线、清理现场、领取原材料等）而发生的成本。在正常情况下，每次变更产品生产所发生的生产准备成本基本上是相等的，因此，年准备成本总额与生产批次成正比，与生产批量成反比。生产批次越多，年准备成本就越高；反之，就越低，具有固定成本性质。

储存成本是指为储存零部件及产品而发生的仓库及其设备的折旧费、保险费、保管人员工资、维修费、利息支出、损坏、腐烂和盗窃损失等费用的总和。储存成本与生产批量成正比，而与生产批次成反比，具有变动成本性质。

从上述生产准备成本、储存成本的特点可以看出：若要降低年准备成本，就应减少生产批次，但减少批次必然要增加批量，从而提高与批量成正比的年储存成本；若要降低年储存成本，就应减少生产批量，但减少生产批量必然要增加批次，从而提高与批次成正比的年准备成本。因此，如何确定生产批量和生产批次，才能使年准备成本与年储存成本之和最低，就成为最优生产批量决策需要解决的问题。

1. 一种零配件分批生产的经济批量决策

最优生产批量通常采用公式法计算确定。为了举例需要，设定以下几个符号：

A——全年产量；

Q——生产批量；

A/Q——生产批次；

S——每批准备成本；

X——每日产量；

Y——每日耗用量（或销售量）；

C——每单位零配件或产品的年储存成本；

T——年储存成本和年准备成本之和（简称年成本合计）。

根据以上符号，年成本合计可计算如下：

每批生产终了时的最高存储量 = 生产批量 − 每批生产日数 × 每日耗用量或销售量

$$= Q - \frac{Q}{X} \cdot Y$$

$$= Q\left(1 - \frac{Y}{X}\right)$$

平均储存量 $= \frac{1}{2}Q\left(1 - \frac{Y}{X}\right)$

年储存成本 $= \frac{1}{2}Q\left(1 - \frac{Y}{X}\right)C$

年准备成本 $= \frac{A}{Q} \cdot S$

年成本合计 $T = \frac{1}{2}Q\left(1 - \frac{Y}{X}\right)C + \frac{AS}{Q}$

【例 5－23】某公司生产 A 产品每年需用甲零件 7 200 只，专门生产甲零件的设备每日能生产 80 只，每日因组装 A 产品耗用甲零件 20 只，每批生产准备成本为 600 元，每件甲零件年储存成本为 8 元。经济批量的计算见表 5－23 所示。

表 5－23

生产批次	8	7	6	5	4	3
批量（件）	900	1 028	1 200	1 440	1 800	4 200
平均存储量（件）	337.5	385.5	450	540	675	1 575
年准备成本（元）	4 800	4 200	3 600	3 000	2 400	1 800
年存储成本（元）	2 700	3 084	3 600	4 320	5 400	12 600
年成本合计（元）	7 500	7 284	7 200	7 320	7 800	14 400

可见，经济批量为 1 200 只，最优批次为 6 次，此时年成本合计最低（7 200 元）。根据以上计算结果可绘图如同 5－4 所示。

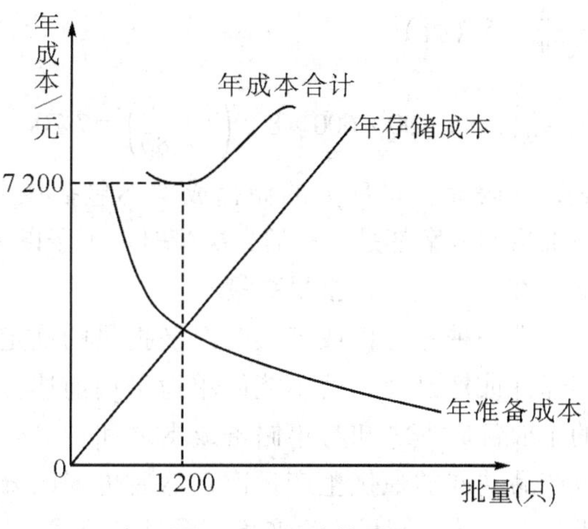

图 5－4　经济批量图

从图 5－4 可以看出：

（1）年成本合计表现为一条凹形曲线，当其变动率（一阶导数）为零时达到最低值。从该点向下引申一条虚线相交于横轴，交点即为最优生产批量（经济批量）；向左引申一条虚线相交于纵轴，其交点即为最低年成本合计数。

（2）年准备成本线与年储存成本线相交的点（此时年准备成本等于年储存成本）在向下引申的虚线上，并由此确定了经济批量和最低年成本合计。

经济批量的确定，也可以利用数学模型直接计算求得，即利用年成本合计 T 与批量 Q 的函数关系，用微分法求 T 为极小值时的 Q 值，有

$$Q^{*}=\sqrt{\frac{2AS}{C\left(1-\frac{Y}{X}\right)}}$$

最优生产批次可以根据年产量 A 及经济批量 Q^{*} 计算，有

$$\text{最优批次}=\frac{A}{Q^{*}}=\sqrt{\frac{AC\left(1-\frac{Y}{X}\right)}{2S}}$$

将（2）式代入（1）式，可以得到最低年成本合计 T^{*} 的计算公式，为

$$\text{最低年成本合计 } T^{*}=\frac{1}{2}\sqrt{\frac{2AS}{C\left(1-\frac{Y}{X}\right)}}\times\left(1-\frac{Y}{X}\right)C+\frac{AS}{\sqrt{\frac{2AS}{C\left(1-\frac{Y}{X}\right)}}}$$

$$=\sqrt{2ASC\left(1-\frac{Y}{X}\right)} \qquad (4)$$

利用式（2）、式（3）、式（4），可以更简捷地确定经济批量、最优批次、最低年成本合计：

$$\text{经济批量}=\frac{2\times 7\,200\times 600}{8\times\left(1-\frac{20}{80}\right)}=1\,200\text{（只）}$$

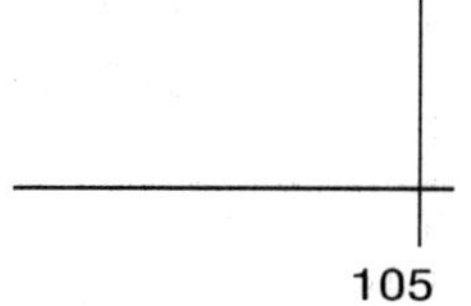

最优批次 $=\frac{A}{Q'}=\frac{7\ 200}{1\ 200}=6$（批）

最低年成本合计 $T'=\sqrt{2\times 7\ 200\times 600\times 8\times\left(1-\frac{20}{80}\right)}=7\ 200$（元）

最后需要强调的是，保险储存量部分的储存成本不包括在上述公式计算范围内，因为保险储存量对任何批量的方案都是一样的，决策时可不予以考虑。

2. 几种零部件轮换分批生产的经济批量决策

上面介绍的是分批生产一种零部件或产品时经济批量的确定方法。但如果用同一台设备轮换生产几种零部件或产品时，就不能简单地采用前述方法计算，而应首先根据各种零部件或产品的年准备成本之和与年储备成本之和相等时年成本合计最低的原理，确定各种零部件或产品共同的最优生产批次；然后再据以分别计算各种零部件或产品各自的经济生产批量；计算共同最优生产批次的计算公式。

推导如下：

设：N 为共同生产批次。

$$N=\frac{A}{Q} \tag{5}$$

$$Q=\frac{A}{N} \tag{6}$$

将式（6）代入年储存成本公式$\frac{1}{2}Q\left(1-\frac{Y}{X}\right)C$：

$$一种零部件年储存成本=\frac{1}{2}\cdot\frac{A}{N}\cdot C\left(1-\frac{Y}{X}\right)$$

$$=\frac{1}{2N}\cdot AC\left(1-\frac{Y}{X}\right) \tag{7}$$

将（5）代入年准备成本公式：$\frac{A}{Q}\cdot S$

$$一种零部件年调整成本=NS \tag{8}$$

在这里，调整成本是指一台设备由生产一种零部件或产品转为生产另一种零部件或产品而发生的费用，如撤换工卡模具、调整设备状态、领退原材料、重新布置发生产线等的费用。在经济批量分析中，调整成本相当于准备成本，每次的调整成本也用 S 来表示。

由式（7）、式（8）可得：

$$各种零部件的年储存成本=\frac{1}{2N}\sum_{i=1}^{n}A_iC_i\left(1-\frac{Y_i}{X_i}\right)$$

$$各种零部件的年调整成本=N\sum_{i=1}^{n}S$$

$$各种零部件年成本合计=\frac{1}{2N}\sum_{i=1}^{n}A_iC_i\left(1-\frac{Y_i}{X_i}\right)+N\sum_{i=1}^{n}S_i$$

上述公式中的 n，表示在一台设备上分批轮换生产的各种零部件的种数。

由于各种零部件的年储存成本等于年调整成本时的年成本合计最低，因此：

$$N\sum_{i=1}^{n}S_i=\frac{1}{2N}\sum_{i=1}^{n}A_iC_i\left(1-\frac{Y_i}{X_i}\right)$$

上式移项变换后可得：

$$N^2=\frac{\sum_{i=1}^{n}A_iC_i\left(1-\frac{Y_i}{X_i}\right)}{2\sum_{i=1}^{n}S_i}$$

于是：

$$\text{最优共同生产批次 } N^*=\sqrt{\frac{\sum_{i=1}^{n}A_iC_i\left(1-\frac{Y_i}{X_i}\right)}{2\sum_{i=1}^{n}S_i}}$$

而某种零部件的最优生产批量（经济批量）则可以按下列公式计算：

$$\text{某种零部件的经济批量}=\frac{\text{该零件全年产量}}{\text{最优共同生产批次}}=\frac{A_i}{N^*}$$

【例5－24】某公司用一台设备轮番分批生产A、B两种零件，有关资料如表5－24所示。

表5－24

项目 \ 零件	A	B
全年产量（件）	5 400	16 200
每次调整成本（元）	400	600
每件零件年存储成本（元）	6	9
每日产量（件）	20	45
每日耗用量（件）	50	180

（1）计算A、B两种零部件的共同最优生产批次。

$$\text{共同最优生产批次}=\sqrt{\frac{5\,400\times6\times\left(1-\frac{20}{50}\right)+16\,200\times9\times\left(1-\frac{45}{180}\right)}{2\times(400+600)}}=8\text{（批）}$$

（2）根据共同最优生产批次分别计算甲、乙两种零件的经济批量。

A零件的经济批量＝5 400/8＝675（件）

B零件的经济批量＝16 200/8＝2 025（件）

此外，如果在一条生产线上分批轮番生产几种产品，而且销售合同规定各种产品应每日均衡发货，这时也可以运用上述方法计算各种产品的共同的最优生产批次并进而确定各种产品的经济生产批量。

（二）生产工艺决策

生产工艺是指加工制造产品或零件所使用的机器、设备及加工方法的总称。同一种产品或零件，往往可以按不同的生产工艺进行加工。当采用某一生产工艺时，可能固定成本较高，但单位变动成本却较低；而采用另一生产工艺时，则可能固定成本较低，但单位变动成本却较高。于是，采用何种工艺能使该产品或零件的总成本最低，就成为实际工作中必须解决的问题。

一般而言，生产工艺越先进，其固定成本就越高，单位变动成本越低；而生产工艺落后时，其固定成本较低，但单位变动成本却较高。在固定成本和单位变动成中的消长变动组合中（体现为单位成本），产量成为最佳的判断标准。这时，只要确定不同生产工艺的成本分界点（不同生产工艺总成本相等时的产量点），就可以根据产量确定选择何种生产工艺最为有利。

【例 5－25】某公司计划生产乙产品，共有 A、B、C 三个不同的工艺方案，其成本资料如表 5－25 所示。

表 5－25

单位：元

项目 工艺方案	专属固定成本	单位变动成本
A	700	5
B	600	6
C	800	2

根据上述的资料，可以绘成图，如图 5－5 所示。

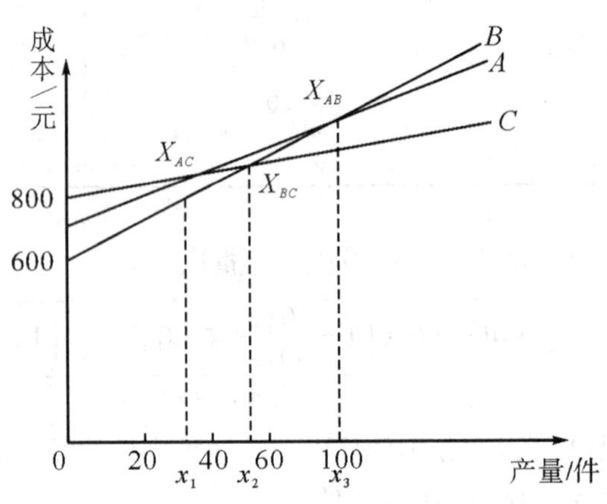

图 5－5　不同生产工艺的成本图

由图 5－5 可知，X_{AC}点为 A、C 两方案的成本分界点，X_{BC}点为 B、C 两方案的成本分界点，X_{AB}点为 A、B 两方案的成本分界点。设 X_{AC}、X_{BC}、X_{AB}三个成本分界点的产量分别为 X_1、X_2、X_3，则三个成本分界点的产量可计算如下：

$$\begin{cases}700+5x_1=800+2x_1\\600+6x_2=800+2x_2\\700+5x_3=600+6x_3\end{cases}$$

解得：$\begin{cases}x_1=\dfrac{100}{3}=33.3\text{（件）}\\x_2=\dfrac{200}{4}=50\text{（件）}\\x_3=100\text{（件）}\end{cases}$

于是，整个产量区域被划分为0～33件、33～50件、50～100件、100件以上4个区域。从图5－5可以看出，在0～50件的区域内（含0～33件、33～50件两个区域），*B*方案成本最低，为最优方案；在50件以上的区域内（含50～100件、100件以上两个区域），*C*方案成本最低，为最优方案。

（三）根据成本分配生产任务的决策

当一种零部件或产品可以由多种设备加工，或由多个车间生产时，就存在由哪种设备或哪个车间加工最有利的问题。在面临多种选择的情况下，根据相对成本或单位变动成本分配生产任务，往往可以降低生产费用。

1. 根据相对成本分配生产任务

实际工作中，有些零部件可以在不同类型、不同精密度的设备上生产。于是，在更换品种、生产计划变更的情况下，常常会用比较先进、比较大型或比较精密的设备去加工技术要求较低或较小的零部件，从而使相同的零部件在不同车间或设备上有着不同的单位成本。为了保证企业在完成任务的同时降低成本，可以运用相对成本分析方法将各种零部件的生产任务分配给各个车间或各种设备，从而降低各种零部件的总成本。

所谓相对成本，是指在一种设备上可以加工几种零部件时，以某一种零部件的单位成本为基数（一般为1），将其他各种零部件的单位成本逐一与之相比而得到的系数（倍数）。这样，同一种零部件对于不同的设备就会有不同的相对成本，一般而言，零部件应该交由相对成本较低的设备去加工。

【例5－26】设某公司有甲、乙、丙三种零件，本来全部由A小组生产，成本较低。现由于市场需求扩张而使这三种零件的需求量大增，因而必须将一部分生产任务交给B小组生产。A小组的生产能力为2 400工时，B小组为1 500工时。其他资料如表5－26所示。

表 5－26

零件种类	单位成本（元）		计划产量（件）	所需工时	
	A 小组	B 小组		单位零件工时	总计
甲	56	60	240	3	720
乙	86	88	480	4	1 920
丙	45	52	560	2	1 120
合计					3 760

分析时，首先应根据上述资料计算相对成本，如表 5－27 所示。

表 5－27

生产部 / 相对成本 / 零件种类	以甲零件的单位成本为基数		以乙零件的单位成本为基数		以丙零件的单位成本为基数		适宜的生产部门
	A 小组 ①	B 小组 ②	A 小组 ③	B 小组 ④	A 小组 ⑤	B 小组 ⑥	
甲	1	1	0.675	0.682	1.244	1.154	A、B 小组
乙	1.536	1.467	1	1	1.844	1.692	B 小组
丙	0.804	0.867	0.542	0.591	1	1	A 小组

相对成本的计算方法，可以用表 5－32 中第①、④栏为例说明如下：

①栏中相对成本的计算：

56/56＝1　86/56＝1.536　45/56＝0.804

④栏中相对成本的计算：

60/88＝0.682　88/88＝1　52/88＝0.591

就第①栏的相对成本而言，表示在 A 组：1 件乙零件的成本相当于 1.482 件甲零件的成本；而 1 件丙零件的成本相当于 0.804 件甲零件的成本。

下面在相对成本表上逐行观察比较，以确定各种零件的生产任务分配给哪个小组最好。

（1）在第一行甲零件的相对成本中，A 小组 0.675＜B 小组的 0.682，A 小组的 1.244＞B 小组的 1.154，可见，甲零件交给 A、B 小组均可以。但 A 小组的绝对成本低于 B 小组，所以应首先交给 A 小组生产。

（2）在第二行乙零件的相对成本中，A 小组的 1.482＞B 小组的 1.467，A 小组的 1.844＞B 小组的 1.692，可见，乙零件应交给 B 小组生产。但是由于 A 小组的绝对成本低于 B 小组，因此如果 A 小组有剩余工时，应尽量用完。

（3）在第三行丙零件的相对成本中，A 小组的 0.804＜B 小组的 0.867，A 小组的 0.542＜B 小组的 0.591，可见，丙零件应交给 A 小组生产。

根据上述分析，可将生产任务具体分配，如表 5－28 所示。在生产任务分配表基础上编制的成本计算表如表 5 - 29 所示。

表 5 - 28　　　　**生产任务分配表**

零件种类	A 小组			B 小组			合计		
	产量（件）	单位工时	需用工时	产量（件）	单位工时	需用工时	产量（件）	单位工时	需用工时
甲	240	3	720				240	3	720
乙	140	4	560	340	4	1 360	480	4	1 920
丙	560	2	1 120				560	2	1 120
合计			2 400	合计		1 360	合计		3 760
生产能力			2 400	生产能力		1 500	生产能力		3 900
剩余生产能力				剩余生产能力		140	剩余生产能力		140

表 5 - 29　　　　**成本计算表**

单位：元

零件种类	A 小组			B 小组			合计
	产量（件）	单位成本	总成本	产量（件）	单位成本	总成本	
甲	240	56	13 440				13 440
乙	140	83	11 620	340	88	29 920	41 540
丙	560	45	25 200				25 200
合计	—	—	50 260			29 920	80 180

成本计算表中的 80 180 元是生产甲、乙、丙三种零件在分配生产任务的各种方案中可能达到的最低总成本。

本例只有两个生产部门和三种零件，是一种比较简单的情况，不通过相对成本的比较，一般也能作出最优的生产任务分配决策。但在生产部门较多，尤其是零件种类较多时，采用相对成本分析能够更简捷地制定出最优生产任务分配方案。

2. 根据单位变动成本分配增产任务

在实际工作中，生产同一种产品的各个车间（或分厂）的成本水平是有差异的，当生产任务增加而各车间的生产能力又有剩余时，就存在着如何将增产任务在各车间分配的问题。为了达到使总成本最低的目的，应以单位变动成本作为判断标准，将增产任务分配给单位变动成本最低的车间。

需要强调的是，不应以单位成本作为判断标准，将增产任务分配给单位成本最低的车间。因为按全部成本法计算的单位成本中包括各车间的固定成本，作为与决策无关的成本不应予以考虑，否则可能导致错误的决策。

【例 5 - 27】设某公司的 A、B 两个车间生产同一种产品，去年各生产了 1 800 件。今年计划增产 600 件，A、B 两个车间均有能力承担增产任务。A、B 两个车间的其他资料如表 5－30 所示。

表 5－30

单位：元

项目	A 车间	B 车间	全公司
产量（件）	1 800	1 800	3 600
单位变动成本	4	5	—
变动成本	7 200	9 000	16 200
固定成本	8 200	6 000	14 200
总成本	15 400	15 000	30 400
单位成本	8. 56	8. 33	8. 44

从表 5－30 可以看出，如果按单位成本低为标准分配增产任务，则 B 车间应该承担增产任务的生产（B 车间单位成本 8. 33 元 < A 车间单位成本 8. 56 元）。增产 600 件产品前后的成本资料如表 5－31 所示。

表 5－31　　B 车间

单位：元

项目	增产前	增产后	差额
产量（件）	1 800	2 400	600
单位变动成本	5	5	—
变动成本	9 000	12 000	3 000
固定成本	6 000	6 000	—
总成本	15 000	18 000	3 000

而如果按单位变动成本作为标准分配增产任务，则 A 车间应承担增产任务的生产（A 车间的单位变动成本 4 元 < B 车间的单位变动成本 5 元）。增产 600 件产品前后的成本资料如表 5－32 所示。

表 5－32　　A 车间

单位：元

项目	增产前	增产后	差额
产量（件）	1 800	2 400	600
单位变动成本	4	4	—
变动成本	7 200	9 600	2 400
固定成本	8 200	8 200	—
总成本	15 400	17 800	2 400

从 A、B 两个车间增产 600 件产品前后成本资料的对比可以看出：B 车间增产 600 件产品需要增加总成本 3 000 元，而 A 车间只需增加总成本 2 400 元，A 车间与 B 车间相比减少总成本 600 元。所以，应以单位变动成本的高低作为分配增产任务的标准，而不应以单位成本的高低作为标准，因为单位成本中的固定成本分摊额从总额来讲是固定不变的，属无关成本。

第六章　长期投资决策

案例与问题分析

日前，辉利橡胶化工公司正在召开会议，为下一年的资本预算做计划。近年来，市场对该公司的大部分产品的需求特别多，整个行业正经历着生产能力不足的情况。在过去的两年里，生产稳步上升，由于需求量较大，价格已有所回升。

会议的参加者有公司董事长林欣、财务总监李立以及四个部门的负责人等。大家从财务的角度和市场的角度来对资本支出的需要进行考虑。

会议上各部门负责人根据自己的情况提出了自己的见解。化学部认为本部门的产品供不应求，但是本部门的生产能力不够，因此提出生产设施扩建项目A；轮胎部门认为，轮胎的销售量将在明年会有较大的提高，提出应该增加一条生产线，因此提出项目B；公司的管理部门认为，随着公司的不断发展，目前的信息系统已经不能满足需要，因此提出项目C，即对公司的计算机系统进行更新。以下是这四个项目的一些预计情况：

A项目投资500万元，投资期限为10年，每年实现税前净利润130万元；

B项目投资400万元，投资期限为10年，每年实现税前净利润100万元；

C项目投资100万元，投资期限为5年，每年实现税前净利润分别为30万元、40万元、70万元、50万元、30万元。

各部门的负责人均认为各自提出的项目对公司最有利，因此在会议上一直为争取公司的优先投资发生了激烈的争执。

董事长让财务总监李立主要从财务的角度对这三个项目进行分析。

李立感到每一个项目对公司的发展而言都是有益的。化学部由于生产设施不足正面临着失去销售额的状况。轮胎产品越来越受欢迎，公司正试图保持公司的市场份额。计算机系统的更新能够提高效率，降低人力成本。但是，要比较项目的优劣，还是应该用长期投资决策的方法，从项目现金流量的视角来比较分析。这就是本章所要分析的问题。

第一节　长期投资决策概述

一、长期投资的涵义

（一）投资

“投资”一词泛指企业投入财力，以期在未来一定期间内获得报酬或更多收益的活动。按其投资对象不同，可以分为对外投资和对内投资。

对外投资是指企业向企业外部有关单位使用的财产项目投入资金或实物，并以利息、使用费、股利或租金收入等形式获取收益，使得资金增值的行为。如购买其他企业的股票、债券等有价证券投资，购买用于对外租赁的设备等实物投资。

对内投资是指为提高企业自身的生产经营能力而对企业内部进行的投资。如投资兴办新企业或扩大原有企业，包括厂房设备的扩建、改建、更新或购置。

管理会计中涉及的是对内投资。

（二）长期投资

长期投资是指企业为了特定的生产经营目的而进行的资金支出，其获取报酬或收益的持续时间超过一年以上，能在较长时间内影响企业经营获利能力的投资行为。

二、长期投资决策的特征

（一）长期投资决策

（1）当存在几个投资项目可供选择时，对不同项目进行比较，从中选出经济效益较佳的项目；

（2）对所选项目的各种实施方案进行比较，从中选出经济效益最佳的投资方案。

（二）长期投资决策的特征

（1）从内容上看，长期投资决策主要是对企业固定资产方面进行的投资决策。

（2）长期投资决策的效用是长期的。一项成功的长期投资，对企业若干年的生产经营的收支产生影响，可以使企业在未来若干年内获得效用。

（3）长期投资决策的投入资金数额大，需要设立专门的部门进行筹资投资和投资活动。

（4）长期投资决策具有不可逆转性。

（5）长期投资由于涉及时间长、金额大等原因，在使用各种评价方法时，一般要考虑资金时间价值的影响、风险的大小和现金流量的高低。

三、长期投资决策需要考虑的重要因素

长期投资决策对企业今后的财务状况和经济效益影响深远。为了能够正确地分析

评价各个被选方案，首先要树立两个价值观念，即货币时间价值和投资的风险价值。在此基础上必须考虑项目或方案的现金流量、资金成本和效用期间等因素。

(一) 资金时间价值

1. 资金时间价值的概念

从经济学角度看，即使不考虑通货膨胀和风险因素，同一货币量在不同时点上的价值也是不等的。货币时间价值就是由于时间因素所引起的同一货币量在不同时间里的价值量的差额。它所揭示的是作为资本的货币在使用过程中会随着时间的推移而产生的增值。

资金具有时间价值是有条件的：

(1) 货币的所有权与使用权两权分离。

(2) 资金转化为资本。

资金时间价值的大小由多种因素决定：

(1) 资金让渡的时间长度。

(2) 资金时间价值率水平。

长期投资决策涉及不同时点上的货币收支，只有在考虑货币时间价值的基础上，将不同时点上的货币量换算成某一共同时点上的货币量，这些货币量才具有可比性。

2. 资金时间价值的计算

资金时间价值的计算方法有单利和复利两种。单利是指只按最初的本金计息，所产生的利息不能加入本金再计利息。复利是指每经过一个计息期，要将所产生的利息加入到本金去再计算利息，即“利滚利”。

终值是指现在一定数量的货币资金在未来某一时点的价值。在商业数学中，终值就是指本利和。

现值是指未来一定数量的货币资金在现在某一时点的价值。在商业数学中，现值就是指本金。

(1) 复利终值的计算

已知本金（现值）P，年利率（资金时间价值率）为 i，每年复利一次，年数为 n，求复利计息下第 n 年末的本利和，即复利终值 F。

$$F = P \times (1+i)^n = P \times FVIF_{i,n}$$

式中，$FVIF_{i,n} = (1+i)^n$ 称为复利终值系数，可通过查表取得其值。

【例 6-1】某人现有 100 万元资金，准备投资于一项目，该项目上的投资及报酬只能在五年后项目终结时一次性收回，假设该投资者的期望报酬率为 10%，则五年后至少应收回多少资金该投资者才愿意投资？

解：$F = P \times (1+i)^n$

$= 100 \times (1+10\%)^5$

$= 100 \times 1.6105$

$= 161.05$（万元）

即：五年后必须回收资金 161.05 万元以上，该投资者才愿意投资。

已知本金（现值）P，年利率（资金时间价值率）为 i，每年复利 m 次，年数为 n，求复利计息下第 n 年末的本利和，即复利终值 F。

$$F = P \times \left(1 + \frac{i}{m}\right)^{mn}$$

（2）复利现值的计算

已知终值（本利和）F，年数为 n，年利率（资金时间价值率）为 i，每年复利一次，求现值（本金）P。

$$P = F \times (1+i)^{-n} = F \times PVIF_{i,n}$$

式中，$PVIF_{i,n} = (1+i)^{-n}$ 称为复利现值系数，它是复利终值系数的倒数，可通过查表（附表2）取得其值。

【例6-2】有一投资项目，五年后将一次产生资金回报100万元，某个投资者期望投资报酬率为15%，则他最多愿意在该项目上投入的资金是多少？

解：$P = F \times (1+i)^{-n}$

$= 100 \times (1+15\%)^{-5}$

$= 100 \times 0.4972$

$= 49.72$（万元）

即：该投资者最多愿意在该项目上投资49.72万元。

已知终值（本利和）F，年数为 n，年利率（资金时间价值率）为 i，每年复利 m 次，求现值（本金）P。

$$P = F \times \left(1 + \frac{i}{m}\right)^{mn}$$

（3）年金的计算

年金是指等额、等时间间隔的系列收支。年金主要有后付年金、先付年金、递延年金和永续年金。后付年金又称为普通年金，是指每期期末收付的年金。先付年金又称为预付年金或即付年金，是指每期期初收付的年金。递延年金是指第一次支付发生在第二期或第二期以后的年金。永续年金是指无限期的定额收付的年金，是后付年金的一种特例，即 $n \to \infty$。

①后付年金终值计算

已知年金 A，期数 n，利率 i，求第 n 期末的终值之和 V_n。

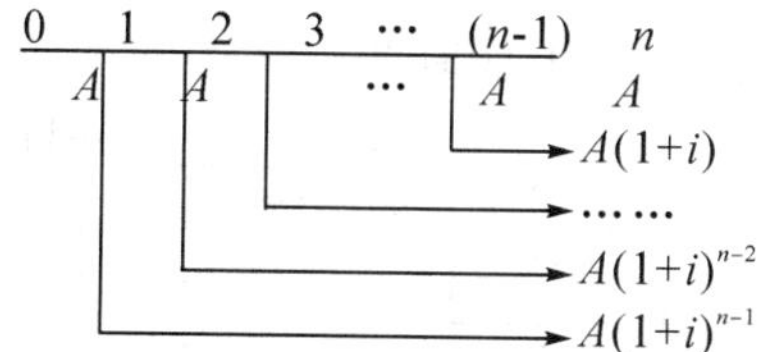

n 期年金的终值可以分解为 n 个复利终值之和，即：

$$V_n = A(1+i)^{n-1} + A(1+i)^{n-2} + \cdots + A(1+i) + A \qquad \text{式（6-1）}$$

式（6-1）两边同时乘以（1+ i），得：

$V_n\ (1+i)\ = A\ (1+i)^n + A\ (1+i)^{n-1} + \cdots + A\ (1+i)$　　式（2）

式（6－2）减去式（6－1），得：

$V_n\ (1+i)\ - V_n = A\ (1+i)^n - A$

$V_n = A \cdot \dfrac{(1+i)^n - 1}{i} = A \cdot FVIFA_{i,n}$

式中，$FVIFA_{i,n} = \dfrac{(1+i)^n - 1}{i}$ 称为后付年金终值系数，可通过查表取得。

【例6－3】有甲、乙两种付款方式，一种是现在起5年内每年末支付100万元，另一种是第3年末支付200万元，第5年末再支付360万元，假设存款利率为10%，应选择哪种付款方式?

解：甲付款方式：

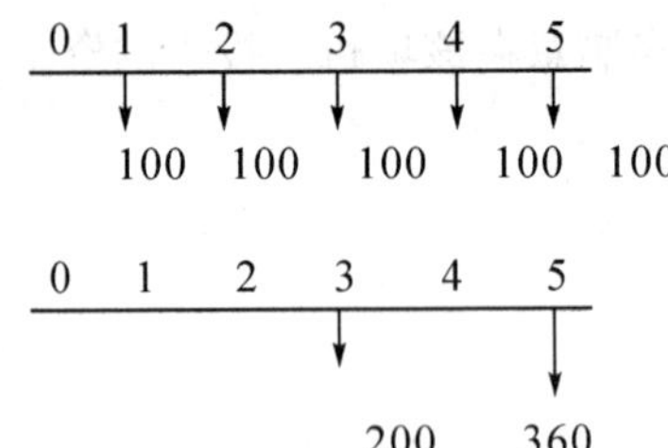

乙付款方式：

0　1　2　3　4　5

200　360

如果选择在第5年末进行比较，分别计算两种支付方式第5年末的终值：

$$
\begin{aligned}
V_{甲} &= A \cdot \frac{(1+i)^n - 1}{i} \\
&= A \cdot FVIFA_{i,n} \\
&= 100 \times FVIFA_{10\%,5} \\
&= 100 \times 6.105\,1 \\
&= 610.51\text{（万元）}
\end{aligned}
$$

$$
\begin{aligned}
V_{乙} &= P \times (1+i)^n + 360 \\
&= 200 \times (1+10\%)^2 + 360 \\
&= 602\text{（万元）}
\end{aligned}
$$

显然，乙付款方式的总支付额较低。因而，应选择乙付款方式。

②后付年金现值计算

已知年金A，利率i，期数n，求现值V_0。

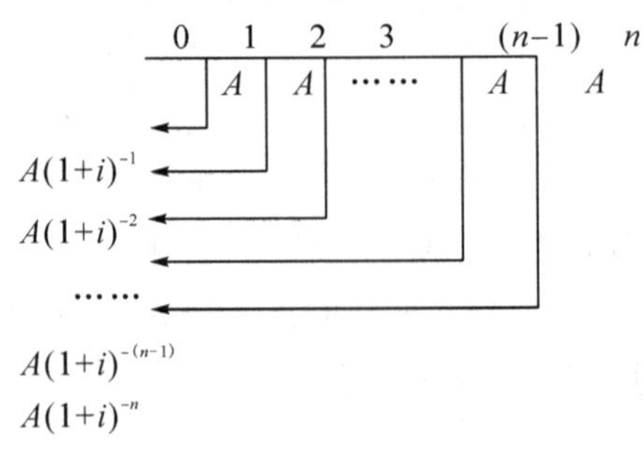

n 期年金的现值可以分解为 n 个复利现值之和，即：

$$V_0 = A(1+i)^{-1} + A(1+i)^{-2} + \cdots + A(1+i)^{-n} \quad \text{式 (6-3)}$$

式（6－3）两边同时乘以（$1+i$），得：

$$V_0(1+i) = A(1+i)^0 + A(1+i)^{-1} + \cdots + A(1+i)^{-n+1} \quad \text{式 (6-4)}$$

式（6－4）减去式（6－3），得：

$$V_0(1+i) - V_0 = A - A(1+i)^{-n}$$

$$V_0 = A \cdot \frac{1-(1+i)^{-n}}{i} = A \cdot PVIFA_{i,n}$$

式中，$PVIFA_{i,n} = \frac{1-(1+i)^{-n}}{i}$称为后付年金现值系数，可通过查表取得。

③先付年金终值计算

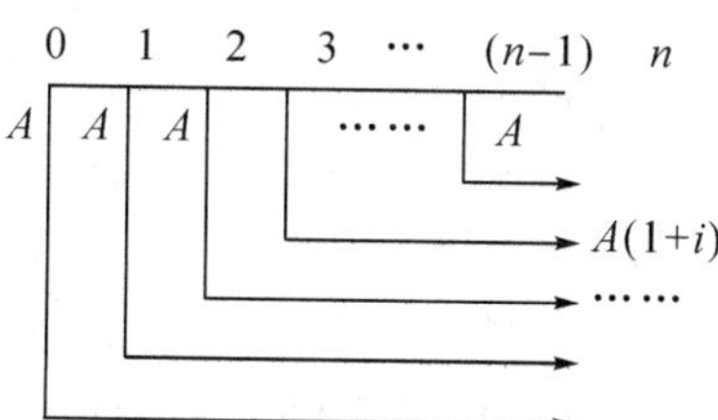

上图表示的是一个 n 期的先付年金，第一次支付在第一年初（第0年末），第 n 次支付在第 n 年初（第 $n-1$ 年末）。

先付年金终值的计算有三种方法：

方法一：

将其分解为 n 个复利终值的计算，即：

$$V_n = A(1+i)^n + A(1+i)^{n-1} + \cdots + A(1+i) \quad \text{式 (6-5)}$$

式（6－5）两边同时乘以（$1+i$），得：

$$V_n(1+i) = A(1+i)^{n+1} + A(1+i)^n + \cdots + A(1+i)^2 \quad \text{式 (6-6)}$$

式（6－6）减去式（6－5），得：

$$V_n(1+i) - V_n = A(1+i)^{n+1} - A(1+i)$$

$$V_n = A \cdot \left[\frac{(1+i)^{n+1}-1}{i} - 1\right] = A \cdot (FVIFA_{i,n+1} - 1)$$

式中，（$FVIFA_{i,n+1}-1$）为先付年金终值系数，它是（$n+1$）期的后付年金终值系数再减去1，即“期数加1，系数值减1”。

方法二：

第一步：将该 n 期年金作为后付年金，计算其终点第（$n-1$）期末的终值。根据后付年金终值的计算公式，则有第（$n-1$）期末的终值为：

$$V = A \cdot \frac{(1+i)^n - 1}{i}$$

第二步：根据复利终值的计算方法将（$n-1$）期末的终值换算为第 n 期末的终值，则先付年金在第 n 期末的终值为：

$$V_n = A \cdot \frac{(1+i)^n - 1}{i} \cdot (1+i) = A \cdot FVIFA_{i,n} \cdot (1+i)$$

方法三：

第一步：假设第 n 期末也支付了 A 元，则先付年金就变成了（$n+1$）期的后付年金，根据后付年金终值的计算公式可以求出（$n+1$）期后付年金的终值。

$$V = A \cdot \frac{(1+i)^{n+1} - 1}{i}$$

$$= A \cdot FVIFA_{i,n+1}$$

第二步：由于第 n 期末并没有实际支付 A 元，因此要从（$n+1$）期的后付年金终值中再减去 A 元，则先付年金在第 n 期末的终值为：

$$V_n = A \cdot \frac{(1+i)^{n+1} - 1}{i} - A$$

$$= A \cdot \left[\frac{(1+i)^{n+1} - 1}{i} - 1\right]$$

$$= A \cdot (FVIFA_{i,n+1} - 1)$$

④先付年金现值计算

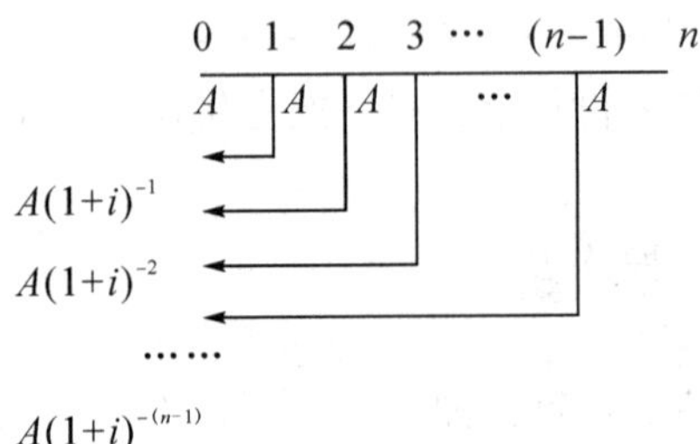

先付年金现值的计算可以有以下三种方法：

方法一：

将其分解为 n 个复利现值的计算，即：

$$V_0 = A + A(1+i)^{-1} + \cdots + A(1+i)^{-(n-1)} \qquad \text{式（6-7）}$$

式（6-7）两边同时乘以（$1+i$），得：

$$V_0(1+i) = A(1+i) + A + \cdots + A(1+i)^{-(n-2)} \qquad \text{式（6-8）}$$

式（6-8）减去式（6-7），得：

$$V_0(1+i) - V_0 = A(1+i) - A(1+i)^{-(n-1)}$$

$$V_0 = A \cdot \left[\frac{1-(1+i)^{-(n-1)}}{i} + 1\right]$$

$$= A \cdot [PVIFA_{i,n-1} + 1]$$

式中，($PVIFA_{i,n-1}+1$) 称为先付年金现值系数，它是（$n-1$）期的后付年金现值系数再加上 1，即“期数减 1，系数值加 1”。

方法二：

第一步：将该 n 期年金作为后付年金，计算（-1）期末的现值。

$$V = A \cdot \frac{1-(1+i)^{-n}}{i}$$

$$= A \cdot PVIFA_{i,n}$$

第二步：根据复利终值的计算方法将（-1）期末的现值换算为第0期末的值，则先付年金在第0期末的现值为：

$$V_0 = A \cdot \frac{1-(1+i)^{-n}}{i} \cdot (1+i)$$

$$= A \cdot PVIFA_{i,n} \cdot (1+i)$$

方法三：

第一步：假设第一期的期初没有支付 A 元，则先付年金就变成了（$n-1$）期的后付年金，根据后付年金现值的计算公式可以求出（$n-1$）期后付年金的现值。

$$V = A \cdot \frac{1-(1+i)^{-(n-1)}}{i}$$

$$= A \cdot PVIFA_{i,n-1}$$

第二步：由于第一期的期初实际支付了 A 元，因此要在（$n-1$）期的后付年金现值中再加上 A 元，则先付年金在第0期初的现值为：

$$V_0 = A \cdot \frac{1-(1+i)^{-(n-1)}}{i} + A$$

$$= A \cdot \left[\frac{1-(1+i)^{-(n-1)}}{i} + 1\right]$$

$$= A \cdot \left[PVIFA_{i,n-1} + 1\right]$$

⑤递延年金终值计算

递延年金终值的计算比较简单，只需按实际发生的收付次数作为后付年金的期数，按后付年金终值的计算公式计算即可。

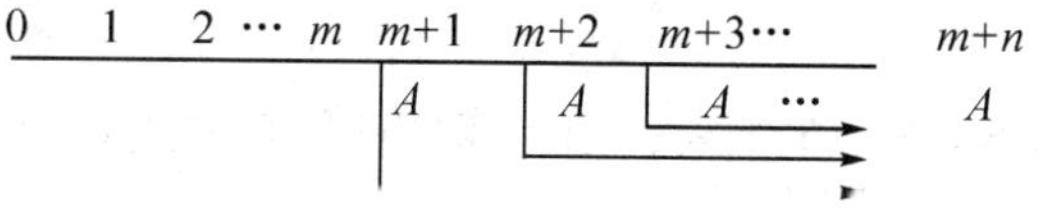

0　1　2 ⋯ m　m+1　m+2　m+3⋯　m+n
A　A　A ⋯　A

上图中，年金递延了 m 期后才发生，第一次收付发生在第（$m+1$）期末，第 n 次发生在第（$m+n$）期末，此时只需看成一个 n 期的后付年金求终值即可。因此，该递延年金的终值是：

$$V_n = A \cdot \frac{(1+i)^n - 1}{i}$$

$$= A \cdot FVIFA_{i,n}$$

⑥递延年金现值计算

递延年金现值的计算有以下两种方法：

方法一：

第一步：将递延年金看成为零点是 m 期末，终点是（$m+n$）期末的 n 期后付年金，利用后付年金现值的公式计算这 n 期收付额在第 m 期末的现值 V_m。

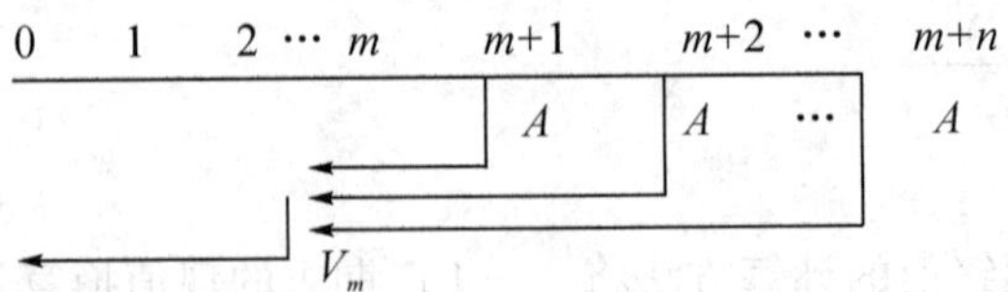

第二步：利用复利现值的计算公式，将第 m 期末的值换算到第 0 期末的价值。

$$V_0 = A \cdot \frac{1-(1+i)^{-n}}{i} \cdot (1+i)^{-m}$$

$$= A \cdot PVIFA_{i,n} \cdot PVIF_{i,m}$$

方法二：

第一步：分别计算 m 期与（m+n）期的后付年金的现值。

$$V_0 = A \cdot \frac{1-(1+i)^{-m}}{i}$$

$$= A \cdot PVIFA_{i,m} V_0$$

$$= A \cdot \frac{1-(1+i)^{-(m+n)}}{i}$$

$$= A \cdot PVIFA_{i,m+n}$$

第二步：将两个后付年金的现值相减，即为递延年金的现值。

$$V_0 = A \cdot PVIFA_{i,m+n} - A \cdot PVIFA_{i,m}$$

【例 6-4】有三种付款方式，第一种付款方式是现在起 15 年内每年末支付 10 万元，第二种付款方式是现在起 15 年内每年初支付 9.5 万元，第三种付款方式是前 5 年不支付，第 6 年起到第 15 年每年末支付 18 万元，假设存款利率为 10%，哪一种付款方式最有利？

解：从题意分析可知：第一种付款方式属于后付年金，第二种付款方式属于先付年金，第三种付款方式属于递延年金。

方法一：

如果选择比较的基准是第 15 年末，则计算各种付款方式第 15 年末的终值如下：

第一种付款方式：

$$V_{15} = A \cdot FVIFA_{i,n}$$

$$= 10 \times FVIFA_{10\%,15}$$

$$= 10 \times 31.772$$

$$= 317.72 \text{（万元）}$$

第二种付款方式：

$$V_{15} = A \cdot FVIFA_{i,n} \cdot (1+i)$$

$$= 9.5 \times FVIFA_{10\%,15} \times (1+10\%)$$

$$= 9.5 \times 31.772 \times (1+10\%)$$

$$= 332.02 \text{（万元）}$$

第三种付款方式：

$V_{15} = A \cdot FVIFA_{i,n}$

$= 18 \times FVIFA_{10\%,10}$

$= 18 \times 15.937$

$= 286.866$（万元）

即第三种方式支付额的终值最低，故应选择第三种方式。

方法二：

如果选择比较的基准是现在，即第 1 年初，则计算各种付款方式的现值如下：

第一种付款方式：

$V_0 = A \cdot PVIFA_{i,n}$

$= 10 \times PVIFA_{10\%,15}$

$= 10 \times 7.606$

$= 76.06$（万元）

第二种付款方式：

$V_0 = A \cdot PVIFA_{i,n} \cdot (1+i)$

$= 9.5 \times PVIFA_{10\%,15} \times (1+10\%)$

$= 9.5 \times 7.606 \times (1+10\%)$

$= 79.48$（万元）

第三种付款方式：

$V_0 = A \cdot PVIFA_{i,n} \cdot PVIF_{i,m}$

$= 18 \times PVIFA_{10\%,10} \times PVIF_{10\%,5}$

$= 18 \times 6.145 \times 0.621$

$= 68.69$（万元）

即第三种方式支付额的现值最低，故应选择第三种方式。

【例 6－5】某物业管理公司需租用某一设备，甲公司的条件为每年初支付租金 7 500元，共支付5 次；乙公司的条件是每年末支付租金 8 000 元，共支付 5 次。问：物业管理公司应选择向哪一家公司租用设备？（年利率为 10%，$PVIF_{10\%,5} = 0.6209$，$PVIFA_{10\%,4} = 3.1699$，$PVIFA_{10\%,5} = 3.7908$，$PVIFA_{10\%,6} = 4.3553$，$FVIFA_{10\%,4} = 4.6410$，$FVIFA_{10\%,5} = 6.1051$，$FVIFA_{10\%,6} = 7.7156$）

解：若向甲公司租用设备，需支付租金的现值为：

$V_0 = A \times (1+i) \times PVIFA_{10\%,5}$

$= 7\,500 \times (1+10\%) \times 3.7908$

$= 31\,274.1$（元）

若向乙公司租用设备，需支付租金的现值为：

$V_0 = A \times PVIFA_{10\%,5}$

$= 8\,000 \times 3.7908$

$= 30\,326.4$（元）

$\triangle V_0 = 31\ 274.1 - 30\ 326.4 = 947.7$（元）

即若向甲公司租用设备，需多支付租金 947.7 元。因此，该物业管理公司应向乙公司租用设备。

⑦永续年金现值计算

由于永续年金没有终止的时间，永续年金没有终值计算的问题。永续年金的现值计算如下：

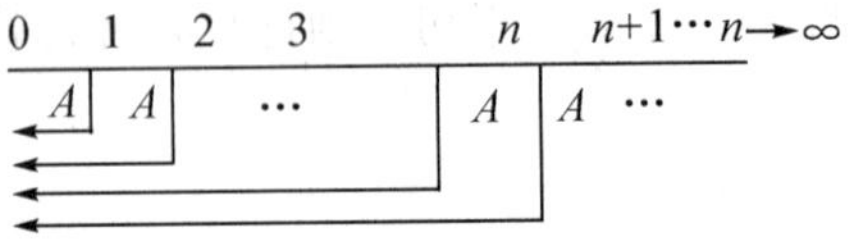

0　1　2　3　　　n　$n+1\cdots n\to\infty$

A　A　…　A　A　…

根据后付年金的现值计算公式：

$$V_0 = A \cdot \frac{1-(1+i)^{-n}}{i}$$

当 $n\to\infty$ 时，$(1+i)^{-n}\to 0$，则 $V_0 = A \div i$。

即永续年金的现值等于年金额 A 与利率 i 之商。

从以上几种年金的计算可以看出，后付年金的计算是最基本的，其他几种年金都可以转化为后付年金来计算。

【例6-6】某企业持有 A 公司的优先股6 000 股，每年可获得优先股股利1 200 元，若利息率为8%，则该优先股历年股利的现值是多少？

解：$V_0 = A\times(1\div i)$

$= 1\ 200\times(1\div 8\%)$

$= 15\ 000$（元）

即该优先股历年股利的现值是 15 000 元。

（二）现金流量

1. 现金流量的意义

现金流量是指一项长期投资方案所引起的企业在一定期间内的现金流入和现金流出的数量。它以收付实现制为基础，以反映广义的现金运动为内容。

管理会计长期投资决策所涉及的现金流量与财务会计现金流量表所涉及的现金流量相比，无论在计算口径还是计量方法上，都有很大区别。

现金流量是评价长期投资方案优劣的重要因素。因为：

（1）现金流量所揭示的未来期间投资项目现实货币资金收支运动，可以序时动态地反映投资的流向与回收的投入产出关系，使决策者处于投资主体的立场上，便于完整、全面地评价投资的效益。

（2）科学的投资决策分析必须考虑资金的时间价值。由于不同时点的现金具有不同的价值，现金流量信息与项目计算期的各个时点密切结合，这就要求确定每一笔预期收入款项和付出款项的具体时间。因此，在投资决策中应该根据项目寿命周期内不同时点实际收入和实际付出的现金数量，应用资金时间价值形式，对投资方案进行动态经济效益的综合评价，才能判断方案的优劣。

（3）利用现金流量指标代替利润指标进行投资效益的评价，可以避免权责发生制以及财务会计面临的问题。如利润的多少容易受存货计价方法、费用分摊、折旧计提方法的影响。因此，利润的预计比现金流量的预计有较大的主观随意性，以利润作为评价依据会影响评价结果的准确性。

2. 现金流量按照流入和流出的分类

（1）现金流出量

①建设投资。建设投资是指在建设期内按一定生产经营规模和建设内容进行的固定资产、无形资产和开办费等项投资的总和，含基建投资和更新改造资金。

②垫支流动资金。垫支流动资金是指项目投产前后分次或一次投放于流动资产项目的投资增加额。

③经营成本。经营成本又称为付现的营运成本。它是生产经营过程中最主要的现金流出项目。营运成本等于当年的总成本费用扣除该年折旧费、无形资产摊销费等项目后的差额。

④各项税款。各项税款是指项目投产后依法缴纳的、单独列示的各项税款。它包括营业税、消费税、所得税等。

如果已将增值税的销项税额列入其他现金流入，可将增值税的进项税额和应交增值税额合并列入本项。

⑤其他现金流出。如营业外净支出。

（2）现金流入量

①营业收入。营业收入是指项目投产后每年实现的全部销售收入或业务收入。

在按总价法核算现金折扣和销售折让的情况下，营业收入是指不包含折扣和折让的净额。

一般纳税人企业在确定营业收入时，应当按照不含增值税的净价计算。

假定正常经营年度内每期发生的赊销额与回收的应收账款大体相等。

②回收的固定资产余值。回收的固定资产余值是指投资项目的固定资产在终结点报废清理或中途变价转让处理时所回收的价值。

在更新改造项目中，旧设备的余值是在建设起点回收的，新设备的余值是在终结点回收的。

③回收流动资金。回收流动资金是指项目计算期完全终止时，收回的原垫支的流动资金。

④其他现金流入。如增值税的销项税额。

3. 现金流量按发生的阶段不同的分类

（1）初始现金流量

初始现金流量是指开始投资时所发生的现金流量。它包括：固定资产投资（－）、流动资产投资（－）、投产前费用（－）、固定资产更新时原有固定资产的变价收入（＋）。

（2）营业现金流量

营业现金流量是指项目投产后，在其寿命周期内正常的生产经营活动所引起的现金流量。它包括营业现金收入和营业现金流出。

营业现金流量 = 税后净利 + 折旧

= 营业现金收入 − 营业现金流出

= 营业收入 − 付现成本 − 所得税

（3）终结现金流量

终结现金流量指项目终结时发生的现金流量。它包括：固定资产变价收入（+）、固定资产残值收入（+）、垫支流动资金回收（+）。

4. 现金流量的计算

方法一：全额计算法

全额计算法是指完整地计算投资项目寿命周期内所有的现金流出量和现金流入量的方法。

【例 6－7】乙公司准备投资一新项目，经测算，有关数据如下：

（1）该项目需要固定资产投资总额 157 万元，第一年初和第二年初各投资 80 万元，两年建成投产。投产后 1 年达到正常生产经营能力。

（2）投产前需要垫支流动资金 20 万元。

（3）固定资产可使用 6 年，按直线法计提折旧，期末残值 7 万元，年折旧为 25 万元。

（4）根据市场调查和预测，投产后第 1 年的产品销售收入为 30 万元，以后 5 年每年为 175 万元，（假设于当年收回现金）。第 1 年的付现成本为 20 万元，以后各年为 60 万元。

（5）假设该公司适用的所得税税率为 30%。

表 6－1

项　目	年　份					
	0	1	2	3	4～7	8
初始投资：						
固定资产投资	－80	－80				
垫支流动资金			－20			
营业现金流量：						
营业现金收入				30	175	175
付现成本				20	60	60
折旧				25	25	25
税前净利				－15	90	90
所得税				0	27	27
税后净利				－15	63	63

表6－1(续)

项　目	年　份					
	0	1	2	3	4～7	8
营业现金净流量				10	88	88
终结现金流量：						
垫支流动资金收回						20
残值收入						7
现金净流量	－80	－80	－20	10	88	115

方法二：差额计算法

【例6－8】甲公司准备购买一台新设备替换目前正在使用的旧设备。有关资料如下：

（1）旧设备原值为8.2万元，已提折旧2万元，可以再使用3年，年折旧额2万元。3年后的残值为2 000元，如果现在出售该设备可得价款5万元。

（2）新设备买价7.6万元，运费和安装费1.6万元，该设备可使用3年，3年后的残值为1 000元，年折旧额为2.5万元。

（3）使用新设备可使年付现成本由原来的6万元降到4万元。两种设备的年产量和设备维修费相同。

（4）假设该企业适用的所得税税率为30%。

解：

（1）计算新、旧方案初始投资的差额：

新设备初始投资＝－（76 000＋16 000）＝－92 000（元）

旧设备账面价值＝82 000－20 000＝62 000（元）

旧设备初始投资＝－50 000－（62 000－50 000）×30%＝－53 600（元）

△初始投资＝－92 000－（－53 600）＝－38 400（元）

（2）计算新、旧方案营业现金流量的差额：

表6－2　　被访企业拥有各类仓储设施的比例

单位：元

序　号	项　目	余　额
(1)	△付现成本	－20 000
(2)	△折旧额	＋5 000
(3)＝0－(1)－(2)	△税前净利	0－（－20 000＋5 000）＝＋15 000
(4)＝(3)×30%	△所得税	15 000×30%＝＋4 500
(5)＝(3)－(4)	△税后净利	＋10 500
(6)＝(4)＋(2)	△营业现金流量	10 500＋5 000＝15 500

表6－2(续)

序　号	项　目	余　额
(7)	△税后付现成本	－20 000×（1－30%）
(8)	△税后折旧额	5 000×30%
(9)＝(7)＋(8)	△营业现金流量	15 500

(3) 计算终结现金流量的差额：

新设备终结现金流量＝1 000元

旧设备终结现金流量＝2 000元

△终结现金流量＝1 000－2 000＝－1 000（元）

(4) 编出现金流量表，见表6－3。

表6－3

项　目	年份			
	0	1	2	3
△初始投资	－38 400			
△营业现金流量		＋15 500	＋15 500	＋15 500
△终结收回				－1 000
△现金净流量	－38 400	＋15 500	＋15 500	＋14 500

第二节　长期投资决策分析评价的基本方法

一、静态分析方法

静态分析法也称为非贴现的现金流量法，是指直接按投资项目形成的现金流量来计算，借以分析、评价投资方案经济效益的各种方法的总称。它主要包括投资回收期法和投资报酬率法。

(一) 投资回收期法

1. 投资回收期的概念

投资回收期是指以投资项目经营现金净流量抵偿原始投资额所需要的全部时间，一般以年为单位，或者说是收回全部投资额所需要的时间。投资回收期越短，其投资价值越大，投资效益越好。一般来说，当投资方案的投资回收期为效用期的一半时，方案可行。

2. 投资回收期的优缺点

(1) 投资回收期的优点是：①能够直观地反映反映原始投资的返本期限，简便易行；②由于投资回收期的长短，能反映方案在未来时期所冒风险程度的大小，因而应用比较广泛；③投资回收期的计算考虑了净现金流量，事实上已在较低程度上考虑了资金时间价值。

（2）投资回收期的缺点是：①没有考虑资金时间价值；②它考虑的净现金流量只是小于或者等于原始投资额的部分，没有考虑其大于原始投资额部分的现金流量的变化。

（二）投资报酬率法（Rate of Return on Investment）（ROI法）

1. 投资报酬率的概念

投资报酬率是指投资方案的年平均净收益与年平均投资额的比值。其计算公式为：

$$投资报酬率=\frac{年平均净收益}{年平均投资额}\times 100\%$$

当投资报酬率大于期望的投资报酬率时，投资方案可行；投资报酬率越大，投资方案越好。

2. 投资报酬率的优缺点

（1）投资报酬率的优点是：①可以直接利用现金净流量信息，简单明了；②通过计算投资报酬率，将有关方案的总收益同其资源的使用（投资）紧密地联系起来，可以较好地衡量各有关方案的投资经济效果。

（2）投资报酬率缺点是：①没有考虑资金时间价值；②只考虑净收益的作用，没有考虑净现金流量的影响，不能全面、正确地评价投资方案的经济效果。

二、动态分析方法

动态分析法也称为贴现的现金流量法，是指考虑到投资回收期的时间对有关方案现金流量的影响，对其经济效果进行分析评价的各种方法的总称。动态分析法的特点是综合考虑了现金流量和货币时间价值两个因素的影响。常用的动态分析法有动态投资回收期法、净现值法、现值指数法、内部报酬率法、外部报酬率法等。

（一）动态回收期法

动态回收期是以折现的现金流量为基础而计算的投资回收期。回收期越短，方案越好。

动态回收期法考虑了货币时间价值，因此该指标能反映前后各期净现金流量高低不同的影响，有助于促使企业压缩建设期，提前收回投资。该指标明显优于静态回收期法。

动态回收期的计算不能应用简化公式，比较复杂；它仍然保留着无法揭示回收期以后继续发生的现金流量变动情况的缺点，有一定的片面性。

（二）净现值法（Net Present Value）（NPV法）

1. 净现值法的概念

净现值是指一个投资项目营运期现金净流量的现值与建设期现金净流量的现值之

间的差额。净现值的计算公式为：

$$NPV = \sum_{t=0}^{n} \frac{NCF_t}{(1+k)^t}$$

净现值原则是指投资者要接受净现值大于零的项目，也就是：

（1）各投资项目为独立型项目时，若 $NPV \geqslant 0$，说明在考虑资金时间价值后，投资项目的现金流入量超过其现金流出量，因而，投资项目具有经济上的可行性；反之，$NPV < 0$，则说明投资项目不具备经济上的可行性。

（2）各投资项目为互斥型项目时，选择 $NPV \geqslant 0$ 且 NPV 较大的投资项目。净现值最大化是判断公司财务管理决策正确与否的基本依据。

2. 净现值法的优缺点

（1）净现值法的优点

净现值法充分考虑了资金时间价值对未来不同时期现金净流量的影响，使方案的现金流入与现金流出具有可比性。

（2）净现值法的缺点

①净现值法只考虑了方案在未来不同时期净现金流量在价值上的差别，没有考虑不同方案原始投资在量上的差别。它只侧重净现值这个绝对数的大小来评价方案的优劣，当各个方案的原始投资额不同时，不同方案的净现值是不可比的。

②净现值法不能反映投资方案本身的投资报酬率。

【例 6－9】明镜物业管理公司某投资项目 1998 年初投资 1 000 万元，1999 年初追加投资 1 000 万元，两年建成。该项目建成后，预计第一年至第四年每年初的现金净流量分别是 800 万元、1 000 万元、850 万元、900 万元。贴现率为 10%。要求：用净现值法对该投资项目进行决策。

解：该项目的现金流动图为：

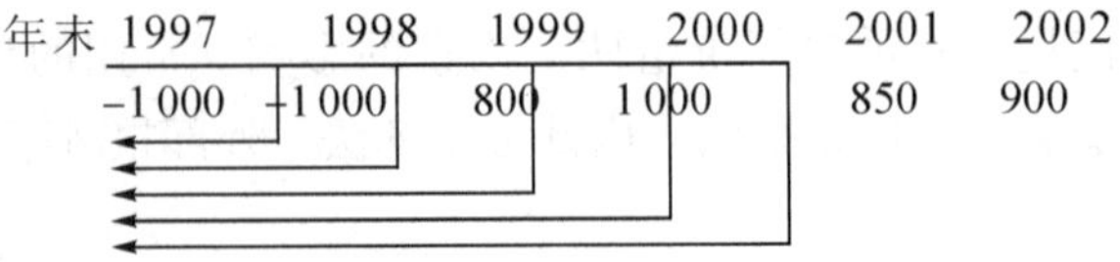

年末	1997	1998	1999	2000	2001	2002
	−1 000	−1 000	800	1 000	850	900

$$NPV = \sum_{t=0}^{n} \frac{NCF_t}{(1+k)^t}$$

$$= (-1\,000) + \left[\frac{-1\,000}{(1+10\%)^1}\right] + \frac{800}{(1+10\%)^2}$$

$$+ \frac{1\,000}{(1+10\%)^3} + \frac{850}{(1+10\%)^4} + \frac{900}{(1+10\%)^5}$$

$= 642.77$（万元）

因为，$NPV > 0$

所以，这个方案可以接受。

（三）现值指数法（Present Value Index）（PVI 法）

1. 现值指数的概念

现值指数又称为获利指数，是指项目投产以后各期现金净流量的现值之和与原始投资额的现值之和的比值。它反映单位投资额在未来可获得的现时的净收益。

当现值指数大于 1 时，方案可行；现值指数越大，说明方案越好。

2. 现值指数法的优缺点

（1）现值指数法的优点

①现值指数法体现资金时间价值的作用；②现值指数法是以相对数为决策依据，能反映各投资方案单位投资额所获未来净现金流量的大小，便于不同投资方案的比较。

（2）现值指数法的缺点

现值指数法不能反映投资方案本身的投资报酬率。

（四）内部报酬率法（Internal Rate of Return）（IRR 法）

1. 内部报酬率的概念

内部报酬率是指投资方案未来各期现金流入量的现值等于现金流出量的现值，即净现值等于零的投资报酬率。它反映投资方案本身所能达到的投资报酬率。

令：$NPV = \sum_{t=0}^{n} \frac{NCF_t}{(1+k)^t} = 0$

则：k 即为内部报酬率。

当内部报酬率大于期望的报酬率时，方案可行；内部报酬率越大，方案越好。

2. 内部报酬率的优缺点

（1）内部报酬率的优点

内部报酬率可以确定投资方案本身的投资报酬率，使长期投资决策分析方法更加精确。

（2）内部报酬率的缺点

①内部报酬率的计算复杂；②假设各个项目在其全部过程中，都是按照各自的内部报酬率进行再投资而形成增值的，这一假设缺乏客观性依据；③对于非常规方案，可以计算多个内部报酬率，为该指标的应用带来困难。

常规方案是指在建设和生产经营年限内各年的净现金流量在开始年份出现负值、以后各年出现正值，正、负符号只改变一次的投资方案。非常规方案是指在建设和生产经营年限内各年的净现金流量在开始年份出现负值，以后各年有时出现正值，有时出现负值，正、负符号改变超过一次以上的投资方案。

例：某投资方案的现金流量的资料如表 6－4 所示。

表 6－4

$t=0$	$t=1$	$t=2$
－1 600	10 000	－10 000

对于这个投资方案，由于现金流量的符号改动了两次，属于非常规方案。这个投资方案可以计算出两个内部报酬率，一是25%，二是400%，这使人无法判别方案的优劣。

第三节 长期投资决策的扩展

一、投资决策的敏感性分析

在长期投资决策中，敏感性分析是用来研究当投资方案的净现金流量或固定资产的使用年限发生变化时，对该投资方案的净现值和内部收益率所产生的影响程度。如果上述变量的较小变化将对目标值产生较大的影响，即表明该因素的敏感性很强；反之，则表明该因素的敏感性弱。

在实际分析中，一般将长期投资的敏感性分析分为以现金流量为基础的敏感性分析和以内涵报酬率为基础的敏感性分析。现金流入量的现值的计算公式为：

$$现金流入量的现值=\frac{\sum 第\ t\ 年现金净流量}{(1+折现率)^{t}}$$

在采用净现值指标评价投资方案的可行性时，其基本要求是净现值应该不能小于零。这样，就规定了每年现金净流量、投资项目使用年限这两个基本因素的变动范围。也就是说，如果这两个因素偏离原预测目标而发生变动，其变动范围的极限至少不能让净现值小于零。

当然，年现金净流量和项目期间都可以影响方案的现值，但它们的影响程度却无法通过上述方法计算得到。能够反映影响程度的指标是敏感系数，可以通过敏感系数分析方法来进行内涵报酬率敏感分析。

通过对因素的敏感性分析，可以为决策者提供有关因素允许的变动幅度的资料，从而有助于帮助决策者在实施方案之前，对方案有一个比较全面的了解，进而做出最优的决策。

现通过举例来说明敏感性分析。

【例6-10】某公司准备投资一个项目，该项目需要一次性投入200 000元，预计5年的项目期，每年可以产生70 000元的现金净流量。公司预计的投资报酬率为20%。要求：对该项目进行敏感性分析。

（一）用净现值指标进行敏感性分析

（1）该项目的净现值 $=70\ 000\times(P/A,\ 20\%,\ 5)-200\ 000=9\ 370$ 元。

净现值大于0，则方案可行。

（2）确定每年现金流入量的变动幅度，即每年的现金流入量至少应为多少，才能使方案的净现值为零，从而使方案可行。即：

$$年净现金流入量=\frac{200\ 000}{P/A,\ 20\%,\ 5}=66\ 867\ (元)$$

该结果表明，在投资额、项目年限和最低报酬率一定的情况下，每年的现金净流量的下限是66 867元。如果小于66 867元，则方案不可行。

（3）确定使用年限的变动幅度，即投资项目年限至少应为多少，才能使方案可行。

即：$0=70\ 000\times(P/A,\ 20\%,\ t)-200\ 000$

$$(P/A,\ 20\%,\ t)=\frac{200\ 000}{70\ 000}=2.857$$

利用插值法，可以求出$t=4.67$年

该结果表明，在投资额、每年现金净流量和最低报酬率一定的情况下，投资方案至少应该为4.67年时，方案才可行。

（二）用内涵报酬率指标进行敏感性分析

（1）计算方案的内涵报酬率。

$0=70\ 000\times(P/A,\ i,\ 5)-200\ 000$

利用插值法，可以求出$i=22.18\%$

（2）计算敏感系数。

根据敏感系数的计算公式：

$$敏感系数=\frac{目标值的变动百分比}{变量值的变动百分比}$$

计算出的敏感系数为：

$$年净现金流量对内涵报酬率的敏感系数=\frac{22.18\%-20\%}{22.18\%}\div\frac{70\ 000-66\ 867}{70\ 000}=2.20$$

$$项目期间对内涵报酬率的敏感系数=\frac{22.18\%-20\%}{22.18\%}\div\frac{5-4.67}{5}=1.49$$

上述两个敏感系数的涵义是当内涵报酬率降低2.18%（22.18%－20%）时，会使年现金净流量减少3 133元（70 000－66 867），而项目有效期间会减少0.33年。相对来说，年现金净流量的敏感系数要大些，说明年现金净流量对内涵报酬率的影响要更大些，即内涵报酬率的变化率是以2.21倍的速率随现金净流量变化，而以1.49倍的速率随项目的期间变化。

二、通货膨胀对长期投资决策的影响

通货膨胀是一种世界性的现象。在现实经济生活中，按通用货币表现的一切货币收支自然而然地包含了通货膨胀的影响。不独立计量它的影响，就会使计算出来的各项经济指标的数值，不能真实反映各个投资方案可能取得的真实的投资效益，并可能由此而产生判断和决策上的失误。只有在剔除了通货膨胀这一因素对投资方案的各主要经济指标的影响，才能正确、客观地评价各投资方案。

投资决策一般所涉及的年限都较长，所以受通货膨胀的影响也就较大，因而正确地独立计量通货膨胀这一因素的影响，是客观评价投资方案的一个必要条件。

(一) 通货膨胀与货币时间价值

通货膨胀与货币时间价值都随着时间的推移而显示出各自的影响，其中货币时间价值随着时间的推移使货币增值，而通货膨胀则随着时间的推移使货币贬值，一般用物价指数的增长百分比来计量。假设用物价指数的增长百分比来表现通货膨胀率，假设物价指数每年增长10%，则5年内物价水平变动及其相对应的币值变动如表6－5所示。

表6－5　　物价水平与币值对应变动表

年份	0	1	2	3	4	5
物价水平	1	$(1+0.1)$	$(1+0.1)^2$	$(1+0.1)^3$	$(1+0.1)^4$	$(1+0.1)^5$
币值	1	$\frac{1}{1+0.1}$	$\frac{1}{(1+0.1)^2}$	$\frac{1}{(1+0.1)^3}$	$\frac{1}{(1+0.1)^4}$	$\frac{1}{(1+0.1)^5}$

在表6－5中，物价水平每年增长10%，与其相对应的货币则会不断贬值，可用货币时间价值小的现值形式来表现，这种形式的币值是消除了通货膨胀因素影响后货币的真正的实际价值（相当于0时的价值或实际购买力）。由于物价指数每年增长10%，第一年末的1元仅相当于第一年初（即0时）的$\frac{1}{1+0.1}=0.909$元的购买力或实际价值。同理，第五年末的1元仅相当于第一年初的$\frac{1}{(1+0.1)^5}=0.621$元的购买力或实际价值。因此，我们完全可以依据通货膨胀率，借用货币时间价值的现值计算方法，来确定不同期间货币的实际价值，以剔除通货膨胀的影响。

(二) 内部收益率（贴现率）与通货膨胀率的关系

在通货膨胀情况下，没有剔除通货膨胀因素计算出来的投资方案的内部收益率是名义内部收益率。名义内部收益率包含通货膨胀率和实际的内部收益率两个部分，它们之间的关系是：

$$1+i=(1+f)\times(1+r)$$

式中：i为名义内部收益率；f为通货膨胀率；r为实际内部收益率。

显然，我们也可以将i理解为包含通货膨胀率的贴现率，f仍为通货膨胀率，r为剔除通货膨胀率的贴现率或反映货币时间价值的贴现率。

在没有通货膨胀的情况下，我们只要将各年现金净流量乘上反映货币时间价值的现值系数$\frac{1}{(1+r)^n}$，在可比的基础上计算投资方案的各种主要经济指标。在有通货膨胀的情况下，我们首先要剔除通货膨胀因素，将各年现金净流量乘上$\frac{1}{(1+f)^n}$，在此基础上再乘上反映货币时间价值的现值系数$\frac{1}{(1+r)^n}$，然后再计算投资方案的各种主要经济指标。

所以，在通货膨胀情况下我们就有了下面等式：

$$\frac{1}{(1+i)^n}=\frac{1}{(1+f)^n}\times\frac{1}{(1+r)^n}$$

当$f=0$时，则$i=r$，这说明当通货膨胀率为零时内部收益率就等于实际内部收益率，或者只有反映货币时间价值的贴现率。

【例6－11】某投资方案投资额为20 000元，有效使用年限为3年，各年的现金净流量分别为10 400元、11 120元、13 200元，该3年中通货膨胀率均为10%，企业最低投资收益率为10%。要求：计算名义内部收益率。

解：根据已知条件，我们计算现值。

当不考虑通货膨胀因素，在折现率为10%时，其净现值为，

$$NPV=10\ 400\times(1+10\%)^{-1}+11\ 120\times(1+10\%)^{-2}+13\ 200\times(1+10\%)^{-3}-20\ 000$$
$$=8\ 561.98（元）$$

如果考虑通货膨胀的影响因素，按照$1+i=(1+f)\times(1+r)$，可得：

$1+i=(1+0.1)\times(1+10\%)$

则，$i=0.21\%$

$$NPV=\frac{10\ 400}{1+0.21}+\frac{11\ 120}{(1+0.21)\times 2}+\frac{13\ 200}{(1+0.21)\times 3}-20\ 000$$
$$=3\ 641.21（元）$$

可见，由于通货膨胀的影响，使这个方案净现值虚增了4 920.77元。虚增数超过了原计算数的50%，在决策中须给予充分重视和必要的考虑。

可以换一个角度看待本题，我们可以计算得到该投资方案的名义内部收益率为32%。按照$1+i=(1+f)\times(1+r)$，可得：

$1+32\%=(1+0.1)\times(1+r)$

则，$i=20\%$

即在没有剔除通货膨胀因素的时候，该项目的内涵报酬率为32%；在剔除通货膨胀因素的时候，该项目的实际报酬率只有20%。如果预期报酬为25%，则在通货膨胀为10%的情况下，该方案不可行。

以上我们对通货膨胀所做的论述和举例都是假定每年的通货膨胀率为一个定值。在实际生活中，通货膨胀很可能是一个持续的经济现象，但一般说来各年的通货膨胀率又不会相等，时高时低。在这种情况下，我们计算实际内部收益率时就不能简单使用$(1+i)=(1+f)\times(1+r)$的公式，而需要分别计算各年通货膨胀系数，然后根据各年的通货膨胀系数，剔除该年现金净流量中的通货膨胀因素，再按照通货膨胀情况计算投资方案的各种主要经济指标。

【例6－12】仍以上例资料为例，将3年的通货膨胀率均为10%，改为第一年、第

二年、第三年的通货膨胀率分别为10%、12%、14%，其他条件、资料均不变，重新计算该投资方案的实际内部收益率和净现值。

解：计算各年的通货膨胀系数：

第一年的通货膨胀系数为：$\frac{1}{1+0.1}=0.909\ 1$

第二年的通货膨胀系数为：$\frac{1}{(1+0.1)(1+0.12)}=0.811\ 7$

第三年的通货膨胀系数为：$\frac{1}{(1+0.1)(1+0.12)(1+0.14)}=0.712\ 0$

根据我们知道该投资方案在各年的通货膨胀率分别为10%、12%、14%的情况下，各年剔除通货膨胀因素的现金流量分别是：

第一年：10 400×0.909 1=9 454.64

第二年：11 120×0.811 7=9 026.1

第三年：13 200×0.712=9 398.4

计算其净现值：

$$NPV=\frac{9\ 454.64}{1+0.1}+\frac{9\ 026.10}{(1+0.1)^2}+\frac{9\ 398.4}{(1+0.1)^3}-20\ 000$$

$$=3\ 115.87\ (元)$$

此时的净现金流量比上例（3 641.21元和8 561.98元）还要少。

同理，通过下式：

$$\frac{9\ 454.64}{(1+i)}+\frac{9\ 026.10}{(1+i)^2}+\frac{9\ 398.4}{(1+i)^3}-20\ 000=0$$

计算出剔除通货膨胀的内涵报酬率约为18%。

通过以上计算分析，我们可以看到由于通货膨胀率逐年递增，通货膨胀这一因素对经济评价指标的影响程度也随之加剧，在消除了这一因素的影响以后，实际内部收益率仅为18%，净现值为3 115.87元，无论净现值还是内部收益率，都比每年通货膨胀率均为10%时的实际内部收益率为20%、净现值3 641.21元分别降低了两个百分点和525.34元。

由此可见，通货膨胀率越高，这一因素对投资评价的影响越大。

第七章 全面预算管理

案例与问题分析

杭州钢铁集团是一家以钢铁为主业，涉足贸易、机械制造、建筑安装、房地产、电子信息、旅游餐饮等产业的大型企业。该企业自1996年起，向“邯钢经验”学习，提出了“以全面预算为龙头，经济责任制为手段，班组经济核算为基础”的预算管理指导方针，改变以往以经济责任制为主体的单一管理模式，从市场需求出发，围绕提高企业综合经济效益为核心，把战略、质量、技术、成本、资金、环境等一并纳入预算管理，对企业生产经营活动实行全方位控制，使企业的资源得到更好的配置，集团内各子公司的协作更加顺利，提高了企业的核心竞争力，取得了显著的进步。到2001年，虽然规模在全国冶金行业中处于第二十八位，但该企业取得了利润连续四年名列前10位，每吨钢利润名列第二位的成绩。

在企业中实施全面预算，有助于经营管理观念的创新，提升企业的整体管理水平，促使资金管理向纵深层次发展，有利于贯彻经济责任制，加强成本的规划和控制。

第一节 全面预算概述

在发达国家中，企业实施全面预算管理已相当普遍。预算的编制和管理是降低成本的一个最重要的成本管理技术。全面预算无论是对大公司还是对小企业的成本管理都会产生积极的影响。

一、预算的概念

管理者的职能就是运用其权限范围内的资源组织其他人来完成要做的工作，从而达到预期的目的。计划是管理者合理利用稀缺资源，协调和组织各方面力量以实现目标的重要手段。计划工作要在所有其他管理职能之前进行。

预算是对计划的数量说明，是把有关企业经济活动的计划用数字和表格形式反映出来，并以此作为控制未来行动和评价其结果的依据。

为正确理解预算的内涵，我们需要理清几个相关概念。

（一）预算不等于财务计划

预算从其本质上看属于计划的范畴，但不等于财务计划，不管从内容上、形式上或其他方面来看，预算与财务计划都有着显著的区别。

（1）从内容上看，预算是企业全方位的计划，而财务计划只是其中的一部分。西方全面预算的概念存在于企业生产经营活动始终，包括生产预算、销售预算、财务预算等各种职能预算，没有销售预算就没有生产预算（包括采购预算、成本费用预算等），进而也就不可能产生财务预算（包括预计资产负债表、预计利润表和预计现金流量表等）。可见，财务计划只是企业预算的一部分，

（2）从形式上看，预算可以价值形式表示，也可以实物等多种数量形式表示；而财务计划则是以价值形式所表现的计划，只有货币形式。

（3）从组织者及执行过程控制的范围看，预算是由企业各不同部门、组织的当事人或参与者共同组织执行的，它是一个综合性的管理系统，具有极强的内部协调功能，而且执行过程、反馈与考评过程都是基于不同组织和不同部门进行的，预算管理的范围远远超出了企业财务管理的范围和财务部门与人员的权限，是整个企业管理的重要组成部分；而财务计划则主要是由企业财务部门组织编制并执行和控制的，财务部门在其中起着决定性作用。

（二）预算不同于预测

预测是指用科学的方法预计、推断事物发展的必然性或可能性的行为，即根据过去和现在推断未来的过程。预测是预算的前提，预算应当是以预测为基础、根据预测结果提出对策性方案与规划，以求实现较好的结果，力避风险。

企业所面临的风险主要来自于市场风险，及由此引起的经营风险和财务风险等，通过预测并进行有效地预算是防范风险的一项非常重要的措施，也正是基于此，市场经济越发达，市场风险越高，也就越离不开预算以及预算管理。

由于预测具有风险性，且其风险大小取决于据以预测的基础（如环境或变量因素）和方法是否科学、可靠。因此，预测方式的科学性与结果的准确性对于预算的编制至关重要，它直接影响到预算编制基础和编制导向的正确性，甚至决定了预算水平及预算质量的高低。

二、预算的分类

预算按其适用时间的长短，可以分为长期预算和短期预算。

长期预算是指一年以上的预算，如购置大型设备或扩建、改建、新建厂房等的长期投资预算，按年度划分的长期资金收支预算，长期科研经费预算等。长期预算是一种规划性质的预算，虽然数字计算可以粗一点，但它编制的好坏，将会影响到一个企业能否如期实现其长期战略目标，影响到企业今后几年的经济效益，影响到短期预算编制的好坏。

短期预算是指一年以内或一个营业周期的预算。本章所介绍的全面预算也是关于企业在一定时期内（一般不超过一年或一个营业周期）经营、财务等方面的总体预算。

它实质上是一套预计的财务报表和有关附表，反映企业在未来一定期间预计的财务状况和经营成果。并且，全面预算也是一种执行预算，数据要求尽可能具体化，以便于控制和执行。

企业通过长期决策和短期决策，分别提出了自己的长期发展目标和短期经营目标。为了实现既定的目标，保证决策所确定的最优方案在实际工作中得到贯彻执行，就需要编制预算，将决策的目标具体地、系统地反映出来。概括地说，预算就是决策目标的具体化。

三、全面预算的作用

全面预算的作用主要表现在以下四个方面：

（1）明确目标。全面预算是企业对未来特定时期内的各项业务活动所做的全面安排，是决策目标的具体化和数量化，它不仅能帮助人们更好地明确企业的整体目标，而且能够使人们更清楚地了解自己部门的任务，明确在业务量（生产量、销售量）、利润和成本各个方面自己的工作应达到的水平和努力的方向，促使每个职工都能想方设法从各自的角度去努力完成企业的战略目标。

（2）内部协调，综合平衡。在现代化企业中，任何一个职能部门都必须从企业整体最优的角度来考虑问题，安排工作，不能片面追求局部的突出。通过编制全面预算，可以促使各部门负责人及全体职工都能清楚地了解本都门在整个企业中所处的地位和作用，以及与其他部门之间的相互关系，为各部门之间的协调配合提供了可能。编制全面预算还有助于发现企业未来时期生产经营过程中可能出现的薄弱环节，从而为加强薄弱环节，克服消极因素的影响，充分挖掘企业内部的潜力，为最终实现企业的经营目标创造出更好的条件。

全面预算使企业各部门的工作形成了一个有机整体，加强了内部各部门、各单位之间的紧密联系、协调配合，以避免管理工作、经营资金的顾此失彼和生产过程中相互脱节。

（3）日常控制。在预算的执行过程中，各部门通过计量、对比，及时揭露实际脱离预算的差异并分析其原因，以便采取必要的措施，保证预算目标的实现。

（4）业绩评价，完善制度。在生产经营完成一阶段后，把实际与预算加以比较，揭示出来的差异，一方面可以考核各部门或有关人员的工作成绩，另一方面也用来检查预算编制的质量。有些实际脱离预算的差异，并不表示实际工作的好坏，而是全面预算的本身问题，预算脱离了实际。掌握这些情况，有利于改进下期全面预算的编制工作。

（5）激励。在全面预算的编制过程中，企业各部门人员的参与，可以发挥每个人的积极性，从而确保预算的执行。

四、全面预算编制的原则

企业在编制全面预算时一般需遵循以下原则：

（1）以明确的经营目标为前提。全面预算是为了实现企业目标而将企业的总目标分解为各职能部门的分目标。因此，预算编制的起点必须是企业的整体经营目标，然后再确定成本目标，以此控制企业各方面的费用开支。

（2）以销售预算为中心。企业首先确定各种产品的销售量，编制销售预算，由此确定生产量、采购量等，这样可以使企业的供、产、销有机结合起来，达到协调平衡。

（3）编制预算时要做到全面、完整，有关预算指标之间要相互衔接，勾稽关系要明确，确保整个预算的综合平衡。

（4）全面预算要留有余地。留有余地是指为了应付未来可能变化的环境，预算必须具有一定的灵活性，以免在意外发生时，造成被动。为此，企业应采用弹性预算等科学的编制方法。

五、全面预算的编制程序

企业预算的编制，涉及到经营管理的各个部门，只有执行人参与预算的编制，才能使预算成为他们自愿努力完成的目标，而不是外界强加于他们的枷锁。企业预算的编制程序如下：

（1）成立预算委员会。为了做好预算编制工作，大中型企业应当独立设置一个预算委员会，具体负责预算的编制和执行。预算委员会通常由企业总经理，分管销售、生产、财务等部门的副总经理和总会计师等高级管理人员组成。他们依据预算年度工作要求，结合企业发展战略及其要求，提出公司预算年度的预算总目标，并报最高决策机构批准。

预算管理委员会依据已批准的预算总目标和既定的目标分解方案，计算、确定各部门的分目标，并下达规划指标。

（2）各基层成本控制人员自行草编预算，寻求实现目标的具体途径使预算能较为可靠、较为符合实际。

（3）各部门汇总部门预算，依据分目标的要求及对预算年度相关业务进行预测，并初步协调本部门预算，编出销售、生产、财务等业务预算，形成预算草案并报预算管理委员会。

（4）预算委员会审查、平衡业务预算，汇总出公司的总预算，或者驳回修改预算。

（5）主要预算指标报告给董事会，讨论通过或者驳回修改。

（6）批准后的预算下达给各级部门执行。

预算的编制程序，通常有自上而下、自下而上、上下结合三种。预算编制程序的选择要适当，大量的实践证明，由于本位主义的不可避免，单纯的自下而上的预算编制程序会使预算变成仅以自我为中心来考虑的、留有很大余地的局部性规划，从而严重妨碍企业整体利益最大化的实现。对于高度集权的小规模企业，采用单纯的自上而下的预算编制程序较多，虽然能提高预算编制效率，然而随着企业管理环境的变化和人们精神需求层次的提高，这种做法也会遭到越来越多的抵触。在实践中，上下结合式的预算编制程序显然是一种理性的选择。

第二节　全面预算体系的构成和编制方法

一、全面预算体系的构成

全面预算是由一系列按其经济内容及相互关系有序排列的预算组成的有机体，预算的编制方法随企业的性质和规模的不同而不尽相同，但一个完整的全面预算应包括业务预算、财务预算及专门决策预算三类。

业务预算是围绕企业供应、生产和销售活动展开的，是企业全面预算的核心；财务预算是反映企业有关财务成本和财务状况的，是反映企业经营事项的短期预算；专门决策预算不经常发生，而一旦发生，一般需要动用大量资金，并需较长时期（一年以上），对企业有持续影响，属长期预算。其具体内容分列如下：

（1）业务预算。业务预算包括销售预算、直接材料预算、直接人工预算、制造费用预算、产品成本预算、销售及管理费用预算。

（2）财务预算。财务预算包括现金预算、预计损益表、预计资产负债表。

（3）专门决策预算。专门决策预算包括资本支出预算和一次性专门业务预算。

编制全面预算必须根据企业目标从销售预算开始，然后根据销售预算和企业存货政策编制生产预算，再根据生产预算编制直接材料采购预算、直接人工预算、制造费用预算、生产成本预算及销售及管理费用预算、资本支出预算、一次性专门决策预算，最后编制财务预算。现金预算实际上是其他预算有关现金收支部分的汇总，它的编制要以其他各项预算为基础，或者说其他预算在编制时要为现金预算做好准备。

所有这些预算项目之间的关系如图 7－1 所示。

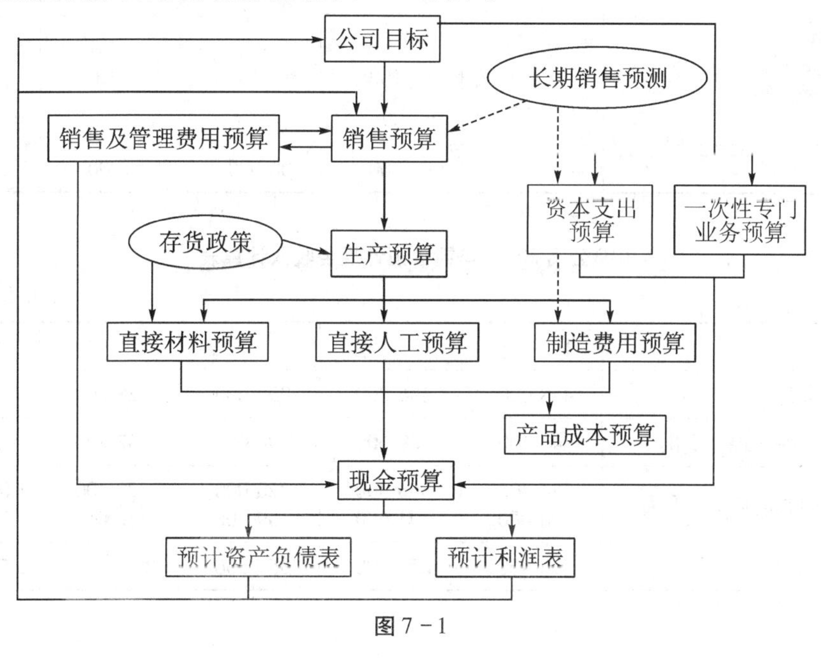

图 7－1

二、全面预算的编制

下面以BW公司200×年度预算编制案例来说明编制年度全面预算的具体方法。

(一) 业务预算的编制

1. 销售预算的编制

销售（营业）预算是预算期内预算执行单位销售各种产品或者提供各种劳务可能实现的销售量或者业务量及其收入的预算，主要依据年度目标利润、预测的市场销量或劳务需求及提供的产品结构和市场价格编制。

在销售预算中，还应包括预计现金收入预算，其目的是为编制现金预算提供必要的资料。现金收入包括前期应收账款的收回和本期销售款的收入。企业的销售活动是企业现金收入的主要来源。此外，还包括对外提供劳务的收入、对外投资的利息或股利收入、出租企业的固定资产而获得的租金收入等。这部分现金流入量一般较少，但对现金预算也有一定影响，所以在实践中不容忽视。本例假设这部分现金流入量为零。

【例7－1】BM公司经营多种产品，预计201×年各季度各种产品销售量及有关售价的部分资料如表7－1所示。每季度的商品销售在当季度收到80%，其余的在下季度收讫，第一季度回收应收销货款系按上年末应收账款余额确定。表7－2的下半部分反映与销售业务有关的现金收支。

表7－1　　BW公司201×年销售预算

项　目	第一季度	第二季度	第三季度	第四季度	本年合计
销售量（预计） A产品（件） B产品（个） …	 1 920 —	 2 400 —	 2 880 —	 2 400 —	 9 600 —
销售单价 A产品（元/件） B产品（元/个） …	 100 —	 100 —	 100 —	 100 —	 100 —
销售收入合计	468 000	696 000	900 000	528 000	2 592 000

表7－2　　BW公司201×年销售预计现金收入计算表

单位：元

项　目	第一季度	第二季度	第三季度	第四季度	本年合计
销售收入合计	468 000	696 000	900 000	528 000	2 592 000
销售税金及附加现金支出	46 800	69 600	90 000	52 800	259 200
现销收入回收前期应收货款	374 400 96 000	556 800 93 600	720 000 139 200	422 400 180 000	2 073 600 508 800
现金收入小计	470 400	650 400	859 200	602 400	2 582 400

2. 生产预算的编制

生产预算是从事工业生产的预算执行单位在预算期内所要达到的生产规模及其产品结构的预算。主要是在销售预算的基础上，依据各种产品的生产能力、各项材料和人工的消耗定额及其物价水平和期末存货状况编制。为了实现有效管理，还应当在生产预算的基础上进一步编制直接人工预算和直接材料预算。

期末存货水平通常按下期销售数量的一定百分比确定。年初存货是编制预算时预计的，年末存货根据长期销售趋势来确定。在编制生产预算时，还应该考虑企业的生产能力和仓库容量等因素的限制。

生产预算应该按产品品种编制，预计生产量的计算公式如下：

预计生产量 = 预计销售量 + 预计期末存货量 − 预计期初存货量

【例7－2】BW公司按照10%安排期末存货，表7－3反映了其编制的生产预算。

表7－3　　**BW公司201×年生产预算**

产品名称：A产品　　单位：件

项　目	第一季度	第二季度	第三季度	第四季度	本年合计
本期销售量	1 920	2 400	2 880	2 400	9 600
加：期末存货量	240	288	240	288	288
减：期初存货量	192	240	288	240	240 192
本期生产量	1 968	2 448	2 832	2 448	9 696

3. 直接材料采购预算的编制

采购预算是预算执行单位在预算期内为保证生产或者经营的需要而从外部购买各类商品、各项材料、低值易耗品等存货的预算。它主要根据销售或营业预算、生产预算、期初存货情况和期末存货经济存量编制。

直接材料预算是指为规划直接材料采购活动和消耗情况而编制的，用于反映预算期材料消耗量、采购数量、材料消耗成本、采购成本等信息的一种业务预算。

编制直接材料预算的主要依据是生产预算、材料单耗等资料。

由于企业预算期的生产耗用量和采购量往往存在不一致的现象，所以，要求企业必须保持一定数量的材料库存，于是在预计材料采购量时则要考虑期初、期末材料库存水平。预计材料采购量可按下列公式计算：

预计材料采购量 = 预计材料耗用量 + 预计期末存料量 − 预计期初存料量

其中：预计材料耗用量 = 预计生产量 × 单位产品消耗定额

同编制生产预算一样，编制材料采购预算也要注意材料的采购量、耗用量和库存量保持一定的比例关系，以避免材料的供应不足或超储积压。

在直接材料采购过程中必然要发生现金支出，为了便于财务预算的编制，通常在编制直接材料预算的同时编制与直接材料采购有关的现金支出计算表，表中每个季度的现金支出应考虑由前期应付账款和本期采购的付款条件决定的实际支付情况 。

某种材料的预计采购量乘以该材料的预计单价就得到该材料的预计采购成本，所有材料的预计采购成本加总就得到预算期内材料采购总成本。

【例7－3】BW公司201×年直接材料耗用及采购预算，如表7－4所示。假定该公司每季度材料采购总额的60%用现金支付，其余的40%在下季度付讫，第一季度偿付前期材料款为上年末应付账款余额。

表7－4　BW公司201×年直接材料耗用及采购预算

材料种类：甲材料　　单位：元

项目		第一季度	第二季度	第三季度	第四季度	全年合计
A产品耗用	预计生产量（件）	1 968	2 448	2 832	2 448	9 696
	消耗量定额	2	2	2	2	—
	预计消耗数量（件）	3 936	4 896	5 664	4 896	19 392
B产品耗用	…	…	…	…	…	…
甲材料耗用总量（件）		18 240	19 296	19 776	20 160	77 472
加：期末材料存量（件）		3 655	3 943	3 678	3 510	—
减：期初材料存量（件）		3 391	3 823	3 582	3 630	—
本期采购量（件）		18 504	19 416	19 872	20 040	77 832
甲材料单价		5	5	5	5	—
甲材料采购成本		92 520	97 080	99 360	100 200	389 160

表7－5　BW公司201×年直接材料采购预计现金支出计算表

单位：元

项目	第一季度	第二季度	第三季度	第四季度	全年合计
各种材料采购成本总额	338 640	350 400	356 160	364 560	1 409 760
当期现购材料款	203 184	210 240	213 696	218 736	845 856
偿付前期所欠材料款	124 800	135 456	140 160	142 464	542 880
当期现金支出小计	327 984	345 696	353 856	361 200	1 388 736

4. 直接人工预算的编制

直接人工预算，是反映预算期内人工工时的消耗水平和人工成本水平的一种业务预算。以生产预算为基础进行编制。

编制直接人工预算的主要依据是生产预算中的预计生产量、标准单位直接人工工时和标准工资率等资料。其基本计算公式为：

预计直接人工成本＝小时工资率×预计直接人工总工时

其中：预计直接人工总工时＝单位产品直接人工的工时定额×预计生产量

在编制预算时，应考虑到直接生产工人的级别不同，其标准工资率也不一样，所以，必须按不同级别分别计算生产工人总工时和工资率，然后汇总求得预计直接人工成本。

由于直接人工成本大多采用现金支付方式，不必单独编制与支付直接人工成本有关的现金支出计算表，直接人工预算可以直接参加现金预算的汇总。

【例7-4】根据BW公司生产预算，编制其直接人工预算如表7-6所示。

表7-6　　BW公司201×年直接人工预算

单位：元

产品种类	项　目	第一季度	第二季度	第三季度	第四季度	本年合计
A产品	预计生产量（件）	1 968	2 448	2 832	2 448	9 696
	工时定额（小时/件）	6	6	6	6	6
	直接人工总工时（小时）	11 808	14 688	16 992	14 688	58 176
B产品	…	…	…	…	…	…
各种产品直接人工总工时（小时）		18 240	19 296	19 776	20 160	77 472
单位工时直接人工成本（元/小时）		3	3	3	3	3
直接人工成本总额		54 720	57 888	59 328	60 480	232 416

5. 制造费用预算的编制

制造费用预算是从事工业生产的预算执行单位在预算期内为完成生产预算所需各种间接费用的预算。制造费用预算通常分为变动性制造费用和固定性制造费用两个组成部分。

固定性制造费用与产量无关，所以可在上年的基础上根据预算期情况加以适当调整，并作为期间成本直接列入利润表；变动性制造费用预算是以生产预算为基础编制的，根据单位产品预定分配率乘以预计的生产量进行预计。变动性制造费用预算分配率的计算公式为：

$$变动性制造费用预算分配率=\frac{变动性制造费用预算总额}{分配标准预算数}$$

为了便于以后编制现金预算，需要在制造费用预算表下单独列示预计的现金支出表。在制造费用中，除了固定资产折旧、无形资产摊销、预提修理费等转移价值无须动用现金外，其他都需要用现金支付，所以制造费用总数扣除它们后即可得出“现金支出的总额”。

【例7-5】根据BW公司生产预算，编制其制造费用预算如表7-7所示。

表7-7　　BW公司201×年制造费用预算

单位：元

变动性制造费用		固定性制造费用	
间接材料	20 400	管理人员工资及福利费	20 880
间接人工	45 120	折旧费	28 800

表 7－7（续）

变动性制造费用		固定性制造费用	
维修费	15 888	办公费	6 432
水电费	34 800	保险费	6 720
		修理费	4 368
合计	116 208	合计	67 200
直接人工工时总数（小时）	77 472	其中：付现费用	38 400
分配率 = 116 208 ÷ 77 472 = 1.5		各季度支出数 = 38 400 ÷ 4 = 9 600	

表 7－8　　BW 公司 201×年与制造费用有关的预计现金支出表

单位：元

季度	1	2	3	4	全年
（1）直接人工工时	18 240	19 296	19 776	20 160	77 472
（2）变动性制造费用	27 360	28 944	29 664	30 240	116 208
（3）固定性制造费用	9 600	9 600	9 600	9 600	38 400
现金支出合计［（2）＋（3）］	36 960	38 544	39 264	39 840	154 608

6. 产品成本预算的编制

产品成本预算是指用于规划预算期的单位产品成本、生产成本、销售成本以及期初、期末产成品存货成本等项内容的一种业务预算。产品成本预算是在生产预算、直接材料预算、直接人工预算、制造费用预算的基础上汇总编制的，它是编制预计利润表、预计资产负债表的主要根据之一，也是编制产品销售成本预算的重要资料来源。

【例 7－6】根据 BW 公司直接材料预算、直接人工预算及制造费用预算，编制其产品成本预算如表 7－9 所示。

表 7－9　　BW 公司 201×年产品成本预算

单位：元

成本项目	A 产品（年产量 9 696 件）				B 产品	…	合　计
	单耗	单价	单位成本	总成本			
直接材料							
甲材料	2	5	10	96 960			387 360
乙材料	…	…	…	…			…
小计			22	213 312			1 400 200
直接人工	6	3	18	174 528			232 416
变动性制造费用	6	1.5	9	87 264			116 208
变动生产成本合计			49	475 104			1 749 024
产成品存货	数量		单位成本	总成本			合计
年初存货	192		50	9 600			68 400
年末存货	288		49	14 112			195 984

7. 营业成本预算

营业成本预算是指非生产型预算执行单位对预算期内为了实现营业预算而在人力、物力、财力方面必要的直接成本预算。它主要依据企业有关定额、费用标准、物价水平、上年实际执行情况等资料编制。

8. 销售费用和管理费用预算的编制

销售费用和管理费用预算是指为规划预算期与组织产品销售活动和一般行政管理活动有关费用而编制的一种业务预算。应当区分变动费用与固定费用、可控费用与不可控费用的性质，根据上年实际费用水平和预算期内的变化因素，结合费用开支标准和企业降低成本、费用的要求，分项目、分责任单位进行编制。其中，重要项目要重点列示，如科技开发费、业务招待费、办公费、广告费等。

销售费用和管理费用预算通常应由负责销售及管理的成本控制人员分别编制。如果销售费用和管理费用的项目不多，则可以合并编制在一张预算表中，但变动费用和固定费用要分别列示。

【例7－7】BW公司201×年销售费用和管理费用预算的编制如表7－10所示。

表7－10　　BW公司201×年销售费用和管理费用预算

单位：元

<table>
<tr><th colspan="2">费用项目</th><th>全年预算</th><th colspan="2">费用项目</th><th>全年预算</th></tr>
<tr><td colspan="2">1. 销售人员工资</td><td>10 800</td><td colspan="2">10. 排污费</td><td>720</td></tr>
<tr><td colspan="2">2. 专设销售机构业务费</td><td>4 800</td><td colspan="2">11. 业务招待费</td><td>2 400</td></tr>
<tr><td colspan="2">3. 保险费</td><td>2 880</td><td colspan="2">12. 聘请中介机构费</td><td>4 800</td></tr>
<tr><td colspan="2">4. 运杂费</td><td>1 560</td><td colspan="2">13. 房产税等税金</td><td>1 680</td></tr>
<tr><td colspan="2">5. 展览费和广告费</td><td>9 600</td><td colspan="2">14. 其他管理费用</td><td>2 400</td></tr>
<tr><td colspan="2">6. 其他销售费用</td><td>2 280</td><td colspan="2"></td><td></td></tr>
<tr><td colspan="2">7. 公司经费</td><td>18 000</td><td colspan="2">费用合计</td><td>71 040</td></tr>
<tr><td colspan="2">8. 董事会费</td><td>7 200</td><td colspan="3" rowspan="2">每季平均＝71 040÷4＝17 760</td></tr>
<tr><td colspan="2">9. 折旧费</td><td>1 920</td></tr>
<tr><td>项　目</td><td>第一季度</td><td>第二季度</td><td>第三季度</td><td>第四季度</td><td>全年合计</td></tr>
<tr><td>现金支出</td><td>15 480</td><td>17 760</td><td>19 800</td><td>16 080</td><td>69 120</td></tr>
</table>

（二）专门决策预算的编制

专门决策预算是指企业为某个决策项目而编制的预算，包括资本支出预算和一次性专门业务预算两类。

1. 资本支出预算的编制

资本预算是企业在预算期内进行资本性投资活动的预算。它主要包括固定资产投资预算、权益性资本投资预算和债券投资预算。

编制资本支出预算的依据是经审核批准的长期投资决策项目。资本支出预算需要详细列出该项目在寿命周期内各个年度的现金流出量和现金流入量的详细资料。由于长期投资决策的时间跨度大，现金流包含的内容比较丰富，资本支出预算仅仅反映各项长期投资决策在预算年度内的现金支出。长期投资决策在其他年份发生的现金支出应在相应年度的预算中加以反映，而因长期投资决策实施连带引起的相应年度其他现金支出，如直接材料、直接人工等项支出则分别在直接材料预算、直接人工预算中加以反映。

（1）固定资产投资预算。固定资产投资预算是企业在预算期内购建、改建、扩建、更新固定资产进行资本投资的预算。应当根据本单位有关投资决策资料和年度固定资产投资计划编制。企业处置固定资产所引起的现金流入，也应列入资本预算。企业如有国家基本建设投资、国家财政生产性拨款，应当根据国家有关部门批准的文件、产业结构调整政策、企业技术改造方案等资料单独编制预算。

（2）权益资本投资预算。权益资本投资预算是企业在预算期内为了获得其他企业单位的股权及收益分配权而进行资本投资的预算。应当根据企业有关投资决策资料和年度权益资本投资计划编制。企业转让权益资本投资或者收取被投资单位分配的利润（股利）所引起的现金流入，也应列入资本预算。

（3）债券投资预算。债券投资预算是企业在预算期内为购买国债、企业债券、金融债券等所做的预算。应当根据企业有关投资决策资料和证券市场行情编制。企业转让债券收回本息所引起的现金流入，也应列入资本预算。

2. 一次性专门业务预算（筹资预算）的编制

企业为保证经营业务、资本性支出对资金的需求，应经常保持一定的现金数量，以支付各项费用和偿还到期债务。但如果企业现金持有数过多，大大超过正常支付需要的金额，就会造成资金的闲置，降低资金的营运效率。因此，财务部门在资金筹措、归还贷款、发放股利和交纳税金等问题上要进行专门决策。

企业经批准发行股票、配股和增发股票，应当根据股票发行计划、配股计划和增发股票计划等资料单独编制预算。股票发行费用，也应当在筹资预算中分项做出安排。

【例 7－8】BW 公司 201×年将投资建设一条新的生产线，公司财务部门根据计划期间现金收支情况，预计将在第一季度期初向银行短期借入 48 000 元，第二季度初发行公司债券 120 000 元进行筹资。短期借款利率为 10%，公司债券利息率为 12%。第三季度末偿还第二季度的借款 20 000 元，同时支付利息 4 000 元。另外，预计预算期间每季度末预付所得税 50 000 元，全年共 200 000 元；董事会决定计划期间每季度末支付股利 70 000 元，全年共 280 000 元。根据以上资料，BW 公司一次性专门业务（融资）预算表如表 7－11所示，纳税、发放股利以及支付长期借款利息预算如表 7－12 所示。

表 7 - 11 **BW 公司一次性专门业务（融资）预算表**

单位：元

项　目	第一季度	第二季度	第三季度	第四季度	全年合计
固定资产投资					
1. 设计费	1 200				1 200
2. 基建工程	12 000	12 000			24 000
3. 设备购置		156 000	36 000		192 000
4. 安装工程			3 600	12 000	19 200
5. 其他				3 600	3 600
合计	13 200	168 000	43 200	15 600	240 000
流动资金投资				13 920	13 920
合计				13 920	13 920
投资支出总计	13 200	168 000	43 200	29 520	253 920
投资资金筹措					
1. 短期借款	48 000				48 000
2. 发行公司债券		120 000			120 000
合计	48 000	120 000			168 000

表 7 - 12 **BW 公司一次性专门业务预算表**

（纳税、发放股利以及支付长期借款利息预算）

单位：元

项　目	支付日期				合计
	第一季度	第二季度	第三季度	第四季度	
预付股利	70 000	70 000	70 000	70 000	280 000
预付所得税	50 000	50 000	50 000	50 000	200 000
支付长期借款利息				14 400	14 400
偿还短期借款及利息			24 000	4 000	28 000

专门决策预算编制完成以后，所有部分预算就完成了，接下来就可以编制整体预算了，也就是编制财务预算。

（三）财务预算的编制

财务预算是预算期内反映预计现金流入、现金支出、经营成果和财务状况的预算。它应当围绕企业的战略要求和发展规划，以业务预算、资本预算为基础，以经营利润为目标，以现金流为核心，以货币为计量单位对预算期内企业的全部经济活动进行全面综合反映。财务预算包括现金预算、预计利润表、预计资产负债表。财务预算通常由企业财务部门负责汇总编制。

1. 现金预算的编制

现金预算是指用于规划预算期现金收入、现金支出和资本融通的一种财务预算。这里的现金是指企业的库存现金和银行存款等货币资金。它能够反映某一时期发生现金流入或现金流出的时间与金额。管理者要根据现金预算确定企业未来的现金需要量，正确地调度资金，保证企业资金的正常流转，制定筹资计划。

编制现金预算的主要依据包括：涉及现金收入和支出的销售预算、直接材料预算、直接人工预算、制造费用预算、销售费用和管理费用预算及有关的专门决策预算等资料。

现金预算通常应该由以下四个部分组成：

（1）现金收入。现金收入包括期初的现金结存数和预算期内发生的现金收入。资料可从期初资产负债表和销售预计现金收入计算表中获得。

（2）现金支出。现金支出包括预算期内发生的各项现金支出，如材料采购款、工资、制造费用、销售费用和管理费用、交纳税金、支付股利、资本性支出等，资料可从直接材料采购预算、直接人工预算、制造费用现金支出预算、销售及管理费用预算、交纳税金、发放股利预算、资本支出预算中获得。

（3）现金收支差额。现金收支差额是指现金收入合计与现金支出合计的差额。

（4）资金的筹集及运用。资金的筹集及运用是指预算期内根据现金收支的差额和企业有关资金管理的各项政策，确定筹集或运用资金的数额。它包括向银行借款、发放短期商业票据、还本付息以及偿还借款和购买有价证券等事项。

【例7－9】根据上述BW公司业务预算以及专门决策预算的有关资料，编制该公司201×年现金预算，如表7－13所示。

表7－13　　**BW公司**201×**年现金预算**

单位：元

项　目	第一季度	第二季度	第三季度	第四季度	本年合计
期初现金余额	50 400	54 456	55 848	57 932	50 400
经营现金收入	470 400	650 400	859 200	602 400	2 582 400
经营性现金支出	549 144	596 688	629 448	597 600	2 372 800
直接材料采购	327 984	345 696	353 856	361 200	1 388 736
直接工资及其他支出	54 720	57 888	59 328	60 480	232 416
制造费用	36 960	38 544	39 264	39 840	154 608
销售及管理费用	15 480	17 760	19 800	16 080	69 120
产品销售税金	46 800	69 600	90 000	52 800	259 200
预交所得税	48 000	48 000	48 000	48 000	192 000
预分股利	19 200	19 200	19 200	19 200	76 800
资本性现金支出	13 200	168 000	43 200	15 600	240 000
现金余缺	(41 544)	(59 832)	242 400	47 132	19 920
资金筹措及运用	96 000	115 680	(184 468)	12 768	39 980
流动资金借款	48 000				48 000
归还流动资金借款		(2 400)	(24 000)	(21 600)	(48 000)
发行优先股	48 000				48 000
发行公司债券		120 000			120 000
支付利息①		(1 920)	(4 512)	(4 032)	(10 464)
购买有价证券			(155 956)	38 400	(117 556)
期末现金余额	54 456	55 848	57 932	59 900	59 900

注：①假定该公司流动资金借款在期初发生，还款则在期末，利息率为8%。

第二季度利息支出 = 48 000×8%×2÷4 = 1 920（元）；

第三季度利息支出 =（48 000－2 400）×8%÷4＋120 000×12%÷4＝4 512（元）；

第四季度利息支出 =（48 000－2 400－24 000）×8%÷4＋120 000×12%÷4＝4 032（元）。

2. 预计利润表的编制

预计利润表是根据如前所述的预算编制的。在编制预计利润表时，所得税是在利润规划时估计的，并已列入现金预算。

通过编制预计利润表可以了解企业未来的利润水平。如果预计的利润与最初编制方针中的目标利润有较大的不一致，就需要调整部门预算，设法达到目标利润；如果确实心有余而力不足，经企业领导批准后可以修改目标利润。

【例7－10】表7－14是BW公司的预计利润表。

表7－14　　BW公司201×年预计利润表

单位：元

摘　要	金　额
销售收入	2 592 000
减：销售税金及附加	259 200
减：本期销货成本①	1 621 440
产品贡献边际总额	711 360
减：期间成本②	148 704
利润总额	562 656
减：应交所得税（25%）	140 664
净利润	421 992

①本期销货成本＝期初产品存货成本＋本期生产成本－期末产品存货成本

＝68 400＋1 749 024－195 984　　（见表7－9）

②期间成本＝67 200＋71 040＋10 464　　（见表7－7、表7－10、表7－13）

3. 预计资产负债表的编制

编制预计资产负债表是为了判断企业未来的财务状况是否稳定，是否有足够的资金应付日常的经营和偿还到期债务。

【例7－11】BW公司预计资产负债表（见表7－15）是根据计划期期初的资产负债表、销售预算、生产预算和现金预算加以调整编制而成的。

表 7－15　　BW 公司 201×年预计资产负债表

单位：元

资　产	年末数	年初数	负债与权益	年末数	年初数
现金	59 900	50 400			
应收账款	105 600①	96 000			124 800
材料存货	76 560②	67 200	应付账款	145 824⑤	—
产成品存货	195 984	68 400	应付债券	120 000	
短期投资	117 556	—	应交税金	6 323.52⑥	—
土地	288 000	288 000			
厂房设备	660 000③	420 000	股东权益	1 148 099.52⑦	799 920
减：累计折旧	96 000④	65 280			
资产总计	1 407 600	924 720	负债与权益总计	1 407 600	924 720

①105 600＝528 000－422 400　（见表 7－2）

②76 560＝67 200＋1 409 760－1 400 400　（见表 7－4、表 7－9）

③660 000＝420 000＋240 000　（见表 7－11、表 7－12）

④96 000＝65 280＋28 800＋1 920　（见表 7－7、表 7－10）

⑤145 824＝364 560－218 736　（见表 7－4、表 7－5）

⑥6 323.52＝185 676.48－192 000　（见表 7－13、表 7－14）

⑦1 148 099.52＝799 920＋48 000＋376 979.52－76 800　（见表 7－13、表 7－14）

至此，企业的全面预算编制全部完成。因此可以看出，它是从销售预算开始一直到预计资产负债表完成的一整套的流程。必须指出，由于本例是按照变动成本法计算的成本，预计利润表和预计资产负债表都只能供内部使用。如果对外公布，还要按制造成本法计算，对期初、期末产品存货中的成本进行调整。

三、编制预算的基本方法

在前面我们所讨论的销售预算、生产预算以及销售费用和管理费用预算都是以预算期内一定的业务量为基础编制的，这种传统的预算编制方法叫做固定预算或静态预算。这种传统的预算编制方法有很多缺陷，为了弥补这些缺陷，下面介绍几种较为先进的预算编制方法。

（一）弹性预算

1. 弹性预算的定义

所谓弹性预算，是指在编制预算时，预先估计到计划期间业务量可能发生的变化，编制出一套能适应多种业务量的预算。按弹性预算方法编制的预算不再是只适应一个业务量水平的一个预算，而是能够随业务量水平的变动做机动调整的一组预算。

2. 弹性预算的特点

与固定预算相比，弹性预算具有如下两个显著特点：

（1）能适应一系列的生产经营业务量。预算就是对未来的经济业务进行预测，但这些经济业务是经常变动的。弹性预算能提供一系列的生产经营业务量的预算数据，为主管人员提供了各种业务活动量情况下的经济信息。通常在编制弹性预算时要与业务部门联系，按历史实践和发展趋势选择两个极端：最大的和最小的；然后再在其中划分为若干级，从而扩大了预算的适用范围，便于预算指标的调整。

（2）对预算执行情况的评价与考核更加客观，能更好地发挥预算的控制作用，加强成本管理。弹性预算是按照各项成本的变动性项目和固定性项目分类列示，有利于清晰地反映业务量的变动带来的成本变动原因，便于在计划期终了时考核实际业务量应达到的成本水平和实际成本之间出现差异的原因。与固定预算相比较，利用弹性预算进行业绩评价要确切和有效得多，因为它更符合成本的特性。因此，弹性预算成为对管理非常有用的决策工具。

3. 弹性预算的适用范围

从其理论上说，弹性预算适用于编制全面预算中所有与业务量有关的各种预算，这是因为业务量的变动会影响到成本、费用、利润等各个方面的变动。编制弹性预算所依据的业务量可以是产量、销售量、直接人工工时、机器台时、材料消耗量和直接人工工资等。

弹性预算中所有的费用都必须分为变动费用和固定费用，以配合不同业务量。在很大程度上，弹性预算质量的高低取决于成本性态分析的水平。

4. 编制弹性预算的基本方法

在可预见的业务量范围内，按照一定业务量间隔，根据收入、成本、费用、利润与业务量之间的内在关系，分析确定其预算额。收入和变动成本随业务量成正比例增减变动，其单位额乘以预算业务量即可得到预算额，不同业务量下的预算额是不一样的，业务量的间隔不能过大，也不能过小，通常以5%～10%为宜。固定成本则在相关范围内保持不变，可以从总额的角度进行预算，在不同的业务量下的预算额是保持不变的。

下表是某公司分别根据销量10 000件、11 000件、12 000件编制的利润预算。

表7－16　　某公司弹性利润预算

单位：元

项　目	单位产品预算	弹　性　预　算		
销售数量（件）		10 000	11 000	12 000
销售收入		250 000	275 000	300 000
变动成本		150 000	165 000	180 000
变动性制造费用	25	100 000	110 000	120 000
变动销售费用	15	20 000	44 000	48 000
变动管理费用	10	10 000	11 000	12 000
贡献毛益	4	100 000	110 000	120 000
固定成本	1	50 000	50 000	50 000
固定性制造费用	10	30 000	30 000	30 000
固定销售及管理费用		20 000	20 000	20 000
营业利润		50 000	60 000	70 000

（二）零基预算

1. 零基预算的定义

零基预算是为克服增量预算的缺点而设计的。增量预算是以基期的成本费用实际水平为基础，结合预算期业务量水平以及有关降低成本的措施，调整部分原有的成本费用项目而编制的预算。它以过去的经验为基础，实际上是承认过去所发生的一切都是合理的，不需要在预算内容上做较大改进，而因循沿袭以前的预算项目。按这种方法编制预算，往往不加分析地保留或接受原有的成本项目，可能使原来不合理的费用开支继续存在下去，这不利于调动各部门降低费用的积极性。

零基预算则是以零为基础编制预算的方法，一切从零开始，逐项审议预算期内各项费用的内容及开支标准是否合理，在综合平衡的基础上进行预算的编制。这种方法最初由美国德州仪器公司在20世纪60年代末提出来，被认为是编制间接费用的一种有效方法。

2. 编制零基预算的程序

（1）确定费用项目。动员企业内部各有关部门根据预算期内的战略目标对其所从事的业务进行分析评价，主要包括：①该业务活动的目的；②不从事此活动将产生的后果；③完成该业务有无其他可供选择的途径等。在充分讨论的基础上确定企业必要的项目以及相应发生的费用项目，并确定其预算数额，而不考虑这些费用项目以往是否发生以及发生额的多少。

（2）排列费用项目开支的先后顺序。将全部费用划分为约束性成本和酌量性成本；不可延缓项目和可延缓项目。对前者必须保证资金供应；对后者需要逐项进行成本—效益分析，按照各项目开支必要性的大小确定各项费用预算的优先顺序。

进行成本—效益分析，首先应考虑完成业务的各种可供选择方案，而不应墨守成规，只局限于自己业务范围之内，必须把眼光看远些，多考虑革新办法，通过综合比较，以选取最优方案。方案提出以后，应对所提方案进行分析比较，哪些方案是可行的，哪些方案是根本无法实现的，哪些方案在经济上是不合理的，哪些方案是效率最大的等，进行逐项排队，最后保留几个可行方案供企业根据总体目标进行抉择。成本—效益分析方法既可以将成本费用与业务量进行比较，也可以与收益比较。总之，根据不同的业务内容采取不同的比较方法。例如：销售部门可以将销售费用与销售总额比较，以计算销售费率的水平；将销售成本和销售总额比较，以计算盈利水平；生产车间可以分别就直接人工成本和直接材料消耗水平与产品比较等。

（3）分配资源，落实预算。按照上一步确定的费用项目开支顺序，对预算期内可动用的资源进行分配，落实资金。首先保证满足约束性成本、不可延缓项目的开支；然后再根据需要和可能，按照项目的轻重缓急选择可延缓项目的开支标准。

下面我们以销售费用为例说明零基预算的编制方法。

【例7－12】某公司2015年度销售费用的可用资金只有200 000元，该公司决定采用零基预算法编制预算。有关步骤如下：

第一步，假定该公司销售部门的全体职工根据企业2015年度的总体经营目标和本部门的具体任务，经过详细论证之后，拟定出费用说明书，最终确认该部门预算年度需要发生的费用如表7-17所示。

表7-17 某公司2015年度预计销售费用项目

单位：元

项目	金额
广告费	100 000
销售佣金	60 000
销售人员工资	35 000
办公费	5 000
保险费	5 000
差旅费	15 000
合计	220 000

第二步，经研究认为，销售人员工资、办公费、保险费、差旅费是约束性成本，在计划期间必须全额保证。对于酌量性成本的广告费和销售佣金，公司根据历史资料进行成本—效益分析，发现平均每1元广告费可以为企业增加15元的利润，而每1元销售佣金则可以为企业增加20元的利润。

第三步，根据以上分析，按照各个费用项目的具体性质和重要程度将销售部门计划期间的费用开支分为三层：第一层，约束性成本，即销售人员工资、办公费、保险费和差旅费，共60 000元；第二层，酌量性成本中的销售佣金，按照成本—效益分析，它优先于广告费；第三层，酌量性成本中的广告费，可以根据计划期间企业的财力酌情增减。

由于该公司2012年度对于销售费用的可动用资金只有200 000元，根据以上排列的层次安排资金如下：第一层次的销售人员工资35 000元、办公费5 000元、保险费5 000元、差旅费15 000元全额保证，还剩下140 000元在广告费和销售佣金两者之间根据其成本收益率的比例关系进行分配。

分配如下：

$$销售佣金应分配的资金数 = 140\ 000 \times \frac{20}{20+15} = 80\ 000（元）$$

$$广告费应分配的资金数 = 140\ 000 \times \frac{15}{20+15} = 60\ 000（元）$$

3. 零基预算的优缺点

零基预算由于冲破了传统预算方法框架的限制，以零为起点，观察分析一切费用开支项目，拟定预算金额，因而具有以下优点：

（1）合理、有效地进行资源分析，将有限的资金用在刀刃上。

（2）激励各基层单位参与预算编制的积极性和主动性，目标明确，区别方案的轻重缓急。有助于提高管理人员的投入产出意识，合理使用资金，提高资金的利用效果。

（3）特别适用于产出较难辨认的服务性部门预算的编制与控制。

然而，零基预算也有其不足之处，主要表现为：

（1）业绩差的经理人员可能会对零基预算产生一种抗拒的心理。

（2）由于零基预算是以零为起点来确定预算数，所以必然造成大量的基础工作需要完成，如历史资料分析、市场状况分析、现有资金使用分析、投入产出分析等，工作量比较大，编制时间也较长。

（3）评级和资源分析可能具有不同程度的主观性，易于引起部门间的矛盾。

（4）容易造成人们注重短期利益而忽视企业的长期利益。

为简化预算编制的工作量，可以每隔几年才按此方法编制一次预算。

（三）滚动预算

预算的编制一般以一年为期，与会计年度相适应，便于将实际数与预算数进行对比，也有利于分析和评价预算的执行情况。但是，固定以一年为期的预算也存在着一些缺陷：①由于预算期较长，因而编制预算时，难于预测未来预算期的某些活动，特别是对预算期的后半阶段，往往只能提出一个大概的轮廓，从而给预算的执行带来种种困难；②事先预见到的预算期内的某些活动，在预算执行过程中往往会有所变动，而原有预算却未能及时调整，就会造成预算滞后过时，成为假预算；③由于受预算期间的限制，管理者们的决策视野局限于剩余的预算期间的活动，不考虑下期，缺乏较长远的打算，不利于企业长期稳定有序地发展。

滚动预算为克服定期预算的缺点而设计，在编制预算时将预算期与会计年度脱离开来，随预算的执行而不断地滚动补充预算，使预算期始终保持为 12 个月。滚动预算示意图如图 7－2 所示。

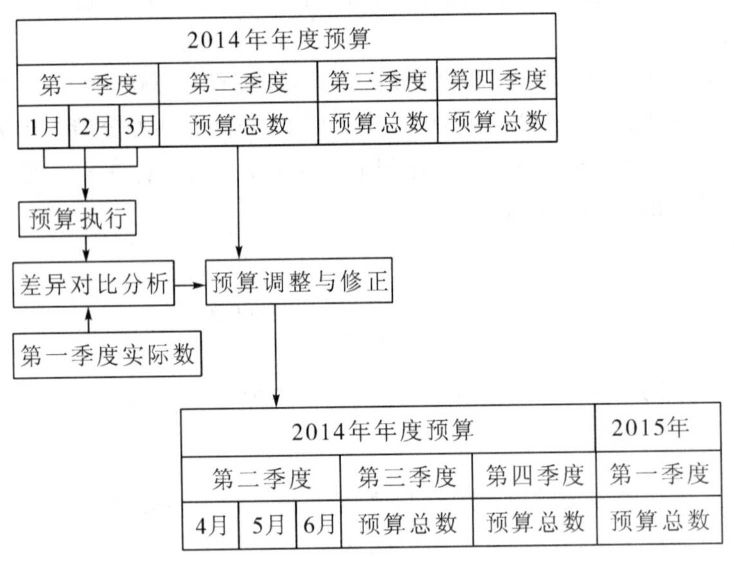

图 7－2

第八章　标准成本控制

案例与问题分析

宝钢1995年着手推进标准成本制度，1996年正式采用标准成本制度，包括标准成本的核算体系及管理体系。根据宝钢实践，标准成本应依据各生产流程的操作规范，利用健全的生产、工程、技术测定（包括时间及动作研究、统计分析、工程实验等方法），对各成本中心及产品拟定合适的数量化标准，再将该数量化标准金额化，作为成本绩效衡量与标准产品成本计算的基础。具体做法为：

在成本中心的制定方面，对于某种产品在其生产过程中所经过的并且有投入、产出的单元都为成本中心，一级成本中心一般为一个厂，二级成本中心为分厂，三级成本中心为作业区。成本中心按其功能又区分为生产性成本中心、服务性成本中心、辅助性成本中心和生产管理性成本中心。这样，既可衡量一级成本中心的绩效，也可根据需要来衡量二级成本中心、三级成本中心的绩效。

在成本标准的制定与修订方面，他们认为，成本标准是针对明细产品（产品大类＋材质＋规格）在各成本中心而制定的。它分为消耗标准和价格标准。而消耗标准又分原料消耗标准、辅料消耗标准、直接燃料动力标准、直接人工标准和制造费用标准；价格标准分为物料价格标准、半成品价格标准、能源价格标准和人工价格标准。消耗标准制定的依据为工艺技术规程、生产操作规程、计划值指标、历史消耗资料，而价格标准制定的依据为成本补偿。具体方法为：

（1）原料消耗标准是指明细产品在各成本中心的单耗，即投入产出，它应由成本中心的工程师、工程技术人员一道参与技术规程制定；

（2）辅料消耗标准的制定应考虑历史消耗资料及生产操作规程、计划值；

（3）对于直接燃料动力、直接人工、制造费用标准的制定，则可按产品的生产难易程度（即机时能力）制定，某产品的机时能力是指一小时可生产多少吨；

（4）价格标准可按成本补偿的原则制定。

宝钢人认为，成本标准不能光由财务部门、生产厂及财务人员制定，而一定要有一个权威机构制定和修订标准，制定标准的人员应由工程技术方、生产方、财务方的人员一道参与。

在成本差异的揭示及分析方面，对于三级成本中心（作业区）的差异，由于定好了价格标准，因而在此不揭示价格差异，只揭示消耗差异。二级成本中心、一级成本中心的差异揭示格式与三级成本中心类似。价格差异由一级成本中心上交至总公司进行统一处理，按一定规则分摊。

宝钢正是运用标准成本制度，并且把财务人员定位于组织者，把作业长定位于降低现场成本的主要责任者，所以在降低成本方面取得了显著的成绩，效益显著提高。

思考：1. 什么样的成本才是企业应该依据的标准成本？

2. 管理会计中的标准成本制度在宝钢是如何灵活运用的？

第一节　成本控制理论的形成与发展

一、成本控制概述

控制就是系统主体采取某种力所能及的强制性措施，促使系统构成要素的性质数量及其相互间的功能联系按照一定的方式运行，以达到系统目标的管理过程。所谓成本控制，是指在生产经营成本形成的过程中，对各项经营活动进行指导、限制和监督，使之符合有关成本的各项法令、方针、政策、目标、计划和定额的规定，并及时发现偏差予以纠正，使各项具体的和全部的生产耗费，被控制在事先规定的范围之内。同时，在采取改进措施和不断推广先进经验的基础上，修订和建立新的成本目标，进一步降低成本，使其达到最优的水平。成本控制的内容遍及于现代企业的每一项经济活动，成本控制是现代企业管理的重要组成部分。

成本控制从控制的范围上来说，有广义和狭义之分。狭义的成本控制是指日常生产过程中的产品成本控制，是根据事先制定的成本预算，对企业日常发生的各项生产经营活动按照一定的原则，采用专门方法进行严格的计算、监督、指导和调节，把各项成本控制在一个允许的范围之内；狭义的成本控制又称为日常成本控制或事中成本控制。广义的成本控制则强调对企业生产经营的各个方面、各个环节以及各个阶段的所有成本的控制，既包括日常成本控制，又包括事前成本控制和事后成本控制。广义的成本控制贯穿企业生产经营全过程，它与成本预测、成本决策、成本规划、成本考核共同构成了现代成本管理系统。

传统的成本控制是适应大工业革命的出现而产生和发展的，其中的标准成本法、变动成本法等方法得到了广泛的应用。随着新经济的发展，人们对产品的要求不仅在使用功能方面提出了更高的要求，还要求在产品中能体现使用者的个性化。在这种背景下，现代的成本控制系统应运而生，无论是在观念还是在所运用的手段方面，都与传统的成本控制系统有着显著的差异。从现代成本控制的基本理念看，主要表现在：

（1）成本动因的多样化。即成本动因是引起成本发生变化的原因。要对成本进行控制，就必须了解成本为何发生，它与哪些因素有关，有何关系。

（2）时间作为一个重要的竞争要素。认为在价值链的各个阶段中，时间都是一个非常重要的因素，很多行业和各项技术的发展变革速度已经加快，产品的生命周期变得很短。在竞争激烈的市场上，要获得更多的市场份额，企业管理人员必须能够对市场的变化做出快速反应，投入更多的成本用于缩短设计、开发和生产时间，以缩短产品上市的时间。另一方面，时间的竞争力还表现在顾客对产品服务的满意程度上。

（3）成本控制全员化。

从成本效能看，以成本支出的使用效果来指导决策，成本控制从单纯地降低成本向以尽可能少的成本支出来获得更大的产品价值转变，这是成本管理的高级形态。同时，成本管理以市场为导向，将成本管理的重点放在面向市场的设计阶段和销售服务阶段。企业在市场调查的基础上，针对市场需求和本企业的资源状况，对产品品种、功能和服务的质量以及新产品、新项目开发等提出要求，并对销量、价格、收入等进行预测，对成本进行估算，研究成本增减或收益增减的关系，确定有利于提高成本效果的最佳方案。实行成本领先战略，强调从一切来源中获得规模经济的成本优势或绝对成本优势。重视价值链分析，确定企业的价值链后，通过价值链分析，找出各价值活动所占总成本的比例和增长趋势，以及创造利润的新增长，识别成本的主要成分和那些占有较小比例而增长速度较快，最终可能改变成本结构的价值活动，列出各价值活动的成本驱动因素及相互关系。同时，通过价值链的分析，确定各价值活动间的相互关系，在价值链系统中寻找降低价值活动成本的信息、机会和方法。通过价值链分析，可以获得价值链的整个情况及环与环之间的链的情况，再利用价值流分析各环节的情况，这种基于价值活动的成本分析是控制成本的一种有效方式，能为改善成本提供信息。

二、成本控制理论沿革

成本控制既是企业管理中的一个古老话题，更是一个不断发展、日渐更新的永恒课题。自人类早期为从事生产和交换活动产生对成本的计量与控制需求以来，伴随科学技术、市场竞争和社会经济环境的变迁，企业经营理念和组织形态的不断演化，促进成本控制战略历经了一个逐步迈向科学、精确、系统和公平的发展与变革过程。

在西方现代管理理论产生之前，成本控制基本上属于成本簿记范畴，很少具有规划、控制、评价、考核等功能，随着西方现代管理理论的产生和发展，现代成本控制理论和实践内容也极大地丰富起来，成为企业管理的一个重要组成部分。总的来看，成本控制理论的发展大致经历了以下几个阶段：

（一）成本控制的萌芽阶段

在18世纪以前，商品的生产过程比较简单，主要是以家庭手工业为主。业主提供原料，交由工匠在自己家中生产，由其收回再向外销售。业主分别记录个人成本，然后与销售收入比较，确定收益。但由于那时生产力水平低下，物质资源相对来说较为丰富，人们的成本意识不强。另外，产品在外部采用手工加工，不用机械设备，没有生产厂房，所以间接费用很低往往被忽视，只把直接材料和人工看成是产品成本，而把间接费用当做一项损失，成本记录和财务会计的记录也没有较好地结合。

到了18世纪末期，在欧洲大陆兴起的产业革命的巨大冲击下，手工作坊纷纷倒闭，机器大工业生产逐渐形成，人们逐渐认识到，待到商品销售以后再倒算销货成本，既不严密又为时太晚。根据生产过程中耗费的情况，计算生产成本已成为会计核算所必须解决的首要问题，在这种背景下才有了简单的成本会计的产生。

19 世纪初伴随工厂制度的发展，已有人开始介绍分批法和分步法，并提出了永续盘存制度，满足了不同企业正确汇集与分配生产费用，合理计算产品成本的要求。虽然这些论述并不深透，但在当时已难能可贵。总的来说，在这以前成本控制基本上还是处于萌芽阶段。

（二）以科学管理为背景的成本控制阶段

19 世纪中后期随着产业革命的完成，商品生产和工厂制度得到了充分的发展，一方面，工厂大量使用重型机械设备，折旧费用增加，从而使得间接费用越来越大，产品品种也日益增多，间接费用的分配变得越来越复杂；另一方面，工厂规模扩大，生产经营复杂化，产品面向全国，竞争日益剧烈，在决定产品价格时成本逐渐占据了主要地位，因此，对成本的研究越来越受到重视。1885 年梅特卡夫（H. Metcafe）出版了《制造成本》一书，提出了四种间接费用的分配方法：任务分配法、总费用分配法、人工费用百分比法和生产时间分配法。1887 年加克（E. Garcke）出版了《工厂会计》一书，主张用复式记账法记录所有成本账户，并将成本账与财务会计记录结合起来。这段时间的研究初步奠定了成本会计的理论和方法基础。

20 世纪初，资本主义社会从自由竞争阶段向垄断阶段过渡，重工业和化学工业大大发展，企业生产规模更大，也更集中，分工更细，市场竞争愈加激烈，生产过程开始走向机械化和自动化，企业管理全凭经验已显得无能为力。在这种情况下，以泰勒制为代表的科学管理得以产生和发展，泰勒制的主要内容是研究操作合理化，总结先进的操作方法，把个人的合理操作归结为一种标准操作法，再要求一般工人普遍实施。

泰勒的科学管理方法给企业的成本控制带来了很大的启示，20 世纪 30 年代标准成本计算与复式记账法融合到一起，建立起了完整的标准成本会计制度。标准成本会计制度的特点是事前计划、事中控制、事后分析。在成本发生前，通过对历史资料的分析研究和反复的预算分析，制定出未来某个时间内各种生产条件处于正常情况下的标准成本。在成本发生的过程中，将实际发生的成本与标准成本进行对比，记录产生的差异，并做适当的控制和调整。在成本发生后，对实际成本与标准成本的差异进行全面的综合分析与研究，发现问题、解决问题，并制定新的标准成本。标准成本会计制度的建立，说明工厂成本控制已进入了一个新的阶段，成本控制已由事后成本计算开始转向制定标准成本进行控制的做法，对于指导当时工厂成本控制起到了极其重要的作用。综观这一时期的成本控制，主要特点表现为：

（1）在市场环境上，企业产品大多处于卖方市场，供不应求，市场呈现出同质性和稳定性，因此，企业很少关注不同顾客需求的特征及其变化趋势。

（2）市场特征决定了企业的主要工作重点是在生产阶段，很少进行新产品的开发和针对不同顾客的营销。相应的，在成本结构中，新产品研发成本和营销成本的比重很小，成本控制也必然以生产成本为主。此时，成本控制的主要目的就是在销售收入一定的前提下，通过降低成本来提高生产者自身的利润。

（3）在控制主体上，由于将生产工人看成是单纯的“经济人”，普通工人成为控制的客体，而以部门领导和监工为代表的管理层则是控制的主体，并形成对立的两极，人际关系不协调。在组织结构上这一阶段企业主要采取职能式组织结构。在各部门结构上，采取橄榄型组织形式，即中间的制造部门较大，而处于两端的研发部门和营销部门比较小。

（4）由于市场的同质性与稳定性，企业之间、产品之间的竞争不激烈，使得产品生产得以采用大批量生产方式，从而使得产品本身及其生产过程呈现出高度的稳定性，这就决定了标准成本法成为这一时期的主要成本控制方法。

（5）在成本动因分析方面，以科学管理理论为基础的标准成本法其实质就是要通过科学的方法找出产品生产与其消耗的材料以及人工之间的相关关系，泰勒等工程师采用的是工程统计的方法，这种以材料定额和工时定额为主要形式的成本与产品之间的关系是一种技术上的统计相关关系，而不具有逻辑或因果相关的特性。

（6）在控制机制上，是以部门内部层级授权和监督为主体，以差异分析和要素控制为主要形式，以差别计件工资制为主要激励手段的封闭系统。

（三）现代成本控制阶段

第二次世界大战以后，科学技术迅速发展，企业规模进一步扩大，大型企业转向多元化、多样化生产，并出现了跨国企业。生产自动化、连续化程度大大提高，市场竞争空前激烈。企业为获得更大的利润，单纯依靠降低成本已不可行，必须全面地提高经济效益，从而使得成本控制的目的也转向了通过事前、事中和事后的全面成本控制来提高企业的经济效益。与此同时，运筹学、系统工程和电子计算机等各种科学理论和技术成果广泛地应用于成本管理，促使成本管理向着预测、决策和控制等方面深化。这一阶段的成本管理涉及计划、预测、决策、控制、核算、分析、考核等全部环节，是对生产经营各个过程的成本控制。同时，量本利分析、预算控制、弹性预算、价值分析、责任会计、质量成本管理、目标管理等现代管理方法，也广泛地运用于成本控制，从而建立起了现代成本控制的内容体系和理论体系。现代成本管理大致上经历了责任成本管理和战略成本管理两个阶段。

1. 责任成本管理

责任成本管理产生于20世纪早期，经过不断地发展和完善，到了20世纪40年代，已经形成了一套比较完整的体系，并得到了广泛的应用。

责任成本的管理程序包括：划分成本中心、确定各成本中心应负责的成本内容、编制责任成本预算、分解责任成本、制定内部结算价格、实施责任成本日常控制、责任成本核算、编制责任成本报告、责任成本考核与激励。

责任成本是以成本责任中心为主体所汇集的，属于该主体经营权限范围，并负有相应的经济责任的可控成本。责任成本具有以下特点：以责任成本中心为责任费用汇集对象，责任成本要落实到各成本中心，按责任成本中心进行核算、控制和考核，从而将成本核算与成本控制结合起来。责任成本以“谁负责、谁承担”为原则，注重落实成本责任，将成本耗费与责任主体相连，有效地加强了成本控制与监督。责任成本核算只需按照企业内部管理的要求和特点自行设计成本制度，可以采用不同的核算模式和方法，他所计算的是管理成本，而不是对外的财务成本。责任成本是各中心的可控成本，不论其与生产过程是否直接相关，因此，责任成本在内容上不仅包括生产成本，还包括期间费用。责任成本按照计划成本或内部结算价格计量所消耗的非本中心投入的物资价值，以划清责任界限。

责任成本管理将行为科学方面的理论和管理控制方面的理论结合起来，进一步加强了企业的成本控制。但从总体上来看，它还只限于企业内部的成本控制，而且它更多的是一种被动的成本管理方式。

2. 战略成本管理

战略成本管理是一种基于价值链分析的成本管理思想，它通过对企业内部价值链与外部价值链的分析，找到企业成本管理的瓶颈，消除不增值的作业环节，达到成本的持续改善，确保企业的成本优势。

随着战略管理理论的发展和完善，管理学家西蒙于1981年首次提出“战略管理会计”一词。他认为战略管理会计应该侧重于企业与竞争对手的对比，收集竞争对手关于市场份额、定价、成本、产量等方面的信息。1985年迈克尔·波特在研究企业的竞争优势时提出了低成本战略和高差异化战略，从而使得服务于低成本战略的战略成本管理得到了广泛的研究和应用。

战略成本管理的对象在时间和空间两个纬度上进行了扩展：它不仅管理历史成本，而且管理尚未发生的成本；它不仅管理企业内部生产过程的成本，而且通过分析行业价值链和竞争对手价值链，重新构建企业价值链，将管理对象突破企业个体范围。

战略成本控制的提出，开辟了成本控制的新视野，先后出现了企业产品寿命周期成本控制战略、顾客产品寿命周期成本控制战略以及社会产品寿命周期成本控制战略等。

1929年的经济大危机过后，市场特征发生了根本性的变化。为顺应市场竞争环境的变迁，许多企业从生产技术和组织结构方面纷纷谋求变革。一方面，生产过程的自动化程度和生产流程的弹性大幅提高；另一方面，部门结构也从中间大两头小的橄榄型演化为两头大中间小的哑铃型结构。此时的成本控制战略显然不再局限于控制制造成本，必须将视野拓宽至覆盖研发和营销的企业产品寿命周期成本。这个时期，其成本控制战略特征表现为：①产品成本构成中制造成本的比重下降，而研发和营销成本则大大提高；②在成本计算方法上，作业成本法（ABC）通过引入作业理念，将企业发生的资源费用通过作业进行归集进而分配至产品（成本标的），不但提高产品成本计算的准确性，而且还揭示了成本发生的前因与后果，从而将企业成本控制从产品深入到作业层次；③企业成本计算法主要还是用于战术层次；④在控制主体上开始关注人的精神需要，成本控制系统属于半开放系统；⑤在控制内容上，企业需要在成本与收入之间权衡，以谋求企业自身收益的最大化。在控制范围上，局限于单个企业，成本控制是以生产经营者的利益为出发点展开的。在控制形式上开始注重前馈方式，控制时点前伸到产品研发阶段。

20世纪80年代后，市场买方的特征和国际化进一步加深，企业不再把顾客仅仅看成是谋利的对象，而且将他们视为企业的重要资源和合作伙伴，从顾客角度出发，考虑顾客从购买到废弃前的整个产品寿命周期中的成本与价值，成为这一时期企业成本控制战略的核心理念，其特征体现在：①市场的买方特征和国际化程度进一步加深；②成本控制内容增多，范围扩大；③在控制主体方面，组织成员被看成是“决策人”；④在组织结构上各企业相互依赖形成链状组织，使得成本控制从战术层次提升到战略层次；⑤顾客成本控制战略不再仅仅局限于技术和经济层面的直接成本动因，更重要的是从影响成本产生的基础性结构和非结构因素着手，努力构建有利于企业成本改善和效益提升的氛围和环境；⑥在控制形式上，通过创建某种文化和氛围，全方位、多角度和长期持续的影响企业和员工的行为。

1992 年的里约热内卢环境与发展全球峰会之后，可持续发展逐步从理念走向行动，从宏观的政策引导走向微观的企业自觉行动。企业作为一个利益共同体，承担着多元受托责任，除了为股东创造财富，为消费者提供优质的产品和服务外，还肩负着其他社会责任。因此，产生了全社会产品寿命周期成本。随之，社会产品寿命周期成本控制战略也出现，其特征表现为：

（1）企业组织结构以网络结构为主要特征，强调与各利益相关者的沟通与协调，形成完全开放的、具有自我组织和自我学习功能的系统。

（2）成本控制范围进一步扩大，内容进一步增多，企业在产品设计和研发阶段，就系统考虑产品废弃时的环境成本，从而有助于在研发和制造阶段采取减少或消除环境成本的材料和工艺。同时，提高企业及其员工的社会责任和环境意识，成本控制具有时间上连续、空间上完整和方式上多样的立体特征。

（3）非结构性成本动因在这一时期已经占主要地位。

（4）成本控制战略演变为一个组织与环境融为一体的开放性系统。

第二节　标准成本基础

标准成本制也称为标准成本会计，是指事先制定标准成本，将标准成本与实际成本相比以揭示成本差异，对成本差异进行因素分析，并据以加强成本控制的一种会计信息系统和成本控制系统。

需要强调的是，标准成本制并不单纯是一种成本计算方法，而是一个包括制定标准成本、计算和分析成本差异以及处理成本差异三个环节的完整系统。它不仅是会计信息系统的一个分支，而且也是成本控制系统的一个分支。它不仅被用来计算产品成本，更重要的是被用来加强成本控制。

标准成本制是在泰勒的生产过程标准化思想影响下，于 20 世纪 20 年代产生于美国。刚开始时，它只是一种比较简单的统计分析方法，以后才逐步发展和完善起来，并纳入了复式簿记。今天已普遍为西方企业所采用。

标准成本制既可以同制造成本法结合使用，也可以同变动成本法结合使用。西方企业一般将它同制造成本法结合使用。

一、标准成本概论

（一）标准成本的概念

标准成本也称为应该成本，是指经过仔细调查、分析和技术测定而制定的，在正常生产经营条件下应该实现的，因而可以作为控制成本开支、评价实际成本、衡量工作效率的依据和尺度的一种目标成本。由此可见，标准成本是根据对实际情况的调查，用科学方法制定的，所以具有客观性和科学性。标准成本是按正常条件制定的，并未考虑不能预测的异常变动，因而具有正常性。标准成本一经制定，只要制定的依据不变，不必重新修订，所以具有相对稳定性。标准成本是成本控制的目标和衡量实际成本的尺度，所以具有目标性和尺度性。这些就是标准成本的特点。

采用标准成本时，成本预算应按标准成本编制，因此标准成本同预算成本没有质的差别，两种名称常常混用。就单位产品而言，往往称为标准成本或成本标准；就某一预算期的产品或某一批产品而言，既可称为标准成本，也可称为预算成本。

（二）标准成本的作用

标准成本的作用有以下几项：

（1）在领料、用料、安排工时和人力时，均以标准成本为事前控制和事中控制的依据。

（2）标准成本的客观性和科学性使它具有相当的权威性，同时它又是建立职工工资制度和奖励制度必须考虑的因素，所以采用标准成本可以加强职工的成本观念，提高他们挖掘潜力、降低成本的积极性和加强责任感。

（3）采用标准成本，有利于责任会计的推行。标准成本不仅是编制责任成本预算的根据，也是考核责任中心成本、控制业绩的依据。

（4）标准成本是价格决策和投标议价的一项重要依据，也是其他长短期决策必须考虑的因素。

（5）采用标准成本有利于实行例外管理。以标准成本为基准与实际成本相比而产生的差异，是例外管理赖以进行的必要信息。

（6）在产品、产成品和销货成本均以标准成本计价，可使成本计算、日常账务处理和会计报表的编制大为简化。

上述各项标准成本的作用，体现了标准成本制的优点。

（三）标准成本的种类

西方会计学界对于应制定怎样的标准成本，众说纷纭。它们提出了许多不同的但大同小异的各种标准成本，这里只介绍其中的理想标准成本、正常标准成本和现实标准成本三种。

1. 理想标准成本

理想标准成本是指以现有生产经营条件处于最佳状态为基础确定的最低水平的成本；也就是在排除一切失误、浪费和耽搁的基础上，根据理论上的生产要素耗用量、最理想的生产要素价格和最高的生产经营能力利用程度制定的标准成本。这种标准成本要求过高，会使职工因感到难以达到而丧失信心。

2. 正常标准成本

正常标准成本是指根据正常的耗用水平、正常的价格和正常的生产经营能力利用程度制定的标准成本；也就是根据以往一段时期实际成本的平均值，剔除其中生产经营活动中的异常因素，并考虑今后的变动趋势而制定的标准成本。这是一种经过努力可以达到的标准成本，而且生产技术和经营管理条件如无较大变动，可以不必修订而继续使用。因此，在国内外经济形势稳定的条件下，正常标准成本得到广泛的应用。

3. 现实标准成本

现实标准成本也称为可达到标准成本，是指在现有生产技术条件下进行有效的经营管理的基础上，根据下一期最可能发生的生产要素耗用量、价格和生产经营能力利用程度制定的标准成本。这种标准成本可以包含企业管理当局认为一时还不能避免的某些不应有的低效、失误和超量消耗，最切实可行，最接近实际成本，因此既可用于成本控制，也可用于存货计价。在经济形势变化无常的情况下，这种标准成本最为适用。

二、标准成本的制定

标准成本的制定通常只针对产品的制造成本，不针对期间成本。对管理成本和销售成本采用编制预算的方法进行控制，不制定标准成本。由于产品的制造成本是由直接材料、直接人工和制造费用三部分组成，与此相适应，产品的标准成本也就由上述三部分组成。实际制定时，首先按用量标准乘以价格标准分别计算三个成本项目的标准成本，然后将其相加确定产品的标准成本。

（一）制定标准成本的原则

这里要讲的，实际上是制定单位产品标准成本（即成本标准）及其各项依据的原则。这些原则有以下几项：

1. 平均先进，水涨船高

标准成本应该制定在平均先进的水平上，以便只要努力就能达到，甚至超过。这样可以鼓励职工满怀信心地挖掘降低成本的潜力。过高或过低的要求，均不能激发职工的积极性。等到大多数人都能轻易地达到时，就应适当提高要求。如果长期不加调整，先进的标准也会变成落后的。

2. 根据过去，考虑未来

制定标准成本必须依据历史成本资料。但是，所谓标准，毕竟不是反映“曾经如何”，而是要表达“应该如何”。因此，还应预测经济形势的动向，供需市场的变动，职工熟练程度的提高，改革技术和改进某些规章制度的预计效果等因素，在历史水平的基础上做适当的调整。

3. 专业人员草拟，执行人员参与，企业管理当局拍板

标准成本基本上是生产要素的耗用量与单价相乘之积，因此在制定标准成本时，

除了需要管理会计人员收集和整理历史资料，并参与整个制定过程以外，材料和工时耗用量的确定离不开工程技术人员的研究和测定，材料价格和工资率的确定离不开采购人员和劳动工资管理人员的调查和预测。制定标准成本时，应该让标准成本的执行者，即直接控制成本的人员参与，并充分发挥其应有的激励作用。但他们往往有要求从宽的偏向，所以通过同他们的反复商议，最后由上级企业管理当局拍板定案，也是十分必要的。

（二）直接材料标准成本的制定

直接材料标准成本是由直接材料用量标准和直接材料价格标准决定的。

直接材料用量标准是指生产单位产品所耗用的原料及主要材料的数量，即材料消耗定额。它包括构成产品实体和有助于产品形成的材料，以及必要的损耗和不可避免地形成废品所耗用的材料。制定直接材料用量标准时，应按各种材料分别计算，各种材料的规格由产品设计部门制定，直接材料用量标准由生产部门制定。

直接材料价格标准是指采购某种材料的计划单价。它以订货合同价格为基础，并考虑各种变动因素的影响（如供求情况、价格动向、购买政策以及现金折扣等），包括买价、采购费用和正常损耗等成本。制定直接材料价格标准时，也应按各种材料分别计算，各种材料价格标准通常由财会部门根据供应采购部门提供的计划单价分析制定。

根据上述确定的各种材料用量标准和价格标准，按下列公式计算出单位产品的直接材料标准成本。其计算公式为：

$$\begin{matrix}\text{单位产品直接}\\\text{材料标准成本}\end{matrix}=\sum\left(\begin{matrix}\text{该产品耗用某种}\\\text{材料的价格标准}\end{matrix}\times\begin{matrix}\text{该产品耗用某种}\\\text{材料的用量标准}\end{matrix}\right)$$

【例8－1】某企业生产甲产品耗用材料A和材料B的资料如表8－1所示。要求：确定甲产品直接材料的标准成本。

表8－1　　某企业生产甲产品耗用材料A和材料B的资料

项　目	材料A	材料B
预计正常用量（千克/件）	2.5	3
预计损耗量（千克/件）	0.5	1
用量标准（千克/件）(1)	3	4
预计购买单价（元/千克）	5	6
预计采购费用（元/千克）	1.5	2.5
预计正常损耗（元/千克）	0.5	1.5
价格标准（元/千克）(2)	7	10
各种材料标准成本（元/件）[(1)×(2)]	21	40
甲产品单位直接材料标准成本（元）	61	

（三）直接人工标准成本的制定

直接人工标准成本是由直接人工用量标准和直接人工价格标准决定的。

直接人工用量标准即工时用量标准，是指在现有工艺方法和生产技术水平条件下，生产单位产品所耗用的生产工人工时数，也称为工时消耗定额。它包括直接加工工时、必要的休息和停工工时，以及难以避免地形成废品所耗用的工时。制定工时用量标准时，应按产品的加工工序和生产部门分别计算，各工序工时用量标准由生产技术部门制定。

人工价格标准即小时工资率标准，是指每一标准工时应分配的标准工资。它可以按下列公式计算：

$$小时工资率标准=\frac{预计支付生产工人工资总额}{标准工时总数}$$

其中，标准工时总数是指企业在现有的生产技术条件下能够完成的最大的生产能力，也称为产能标准。标准工时总数通常用直接人工工时数和机器小时数来表示。人工价格标准由劳资部门制定。

根据上述确定的各工序工时用量标准和小时工资率标准，按下列公式计算出单位产品的直接人工标准成本。

$$\begin{matrix}单位产品直接\\人工标准成本\end{matrix}=\Sigma\left(\begin{matrix}该产品各工序的\\小时工资率标准\end{matrix}\times\begin{matrix}该产品各工序的\\工时用量标准\end{matrix}\right)$$

【例 8－2】某企业生产甲产品需由第一车间、第二车间连续加工，其有关资料如表 8－2 所示。要求：确定甲产品直接人工的标准成本。

表 8－2　　某企业生产甲产品的有关资料

项　目	第一车间	第二车间
直接加工工时（小时/件）	2	3
休息工时（小时/件）	0.5	0.3
停工工时（小时/件）	0.4	0.6
废品耗用工时（小时/件）	0.1	0.1
	材料 A	材料 B
工时用量标准（小时/件）	3	4
直接生产工人人数（人）	50	60
每人每月标准工时（小时）	180	180
每月标准工时（小时）	9 000	10 800
每月生产工人工资总额（元）	27 000	43 200
小时工资率标准（元/小时）	3	4
各车间直接人工标准成本（元/件）	9	16
甲产品单位直接人工标准成本（元）	25	

（四）制造费用标准成本的制定

制造费用标准成本是由制造费用用量标准和制造费用价格标准决定的。

制造费用用量标准即工时用量标准，它与上述直接人工用量标准的制定相同。

制造费用价格标准即制造费用分配率标准，是指每一标准工时应分配的制造费用预算总额。它可以按下列公式计算：

$$制造费用分配率标准=\frac{制造费用预算总额}{标准工时总数}$$

其中，制造费用预算总额是指在力求节约、合理支配的条件下，制造费用各明细项目的最低发生数额之和。由于制造费用预算是按照变动性制造费用和固定性制造费用分别编制的，因此，制造费用标准成本也应区别变动性制造费用和固定性制造费用进行计算。

$$变动性制造费用分配率标准=\frac{变动性制造费用预算总额}{标准工时总数}$$

$$固定性制造费用分配率标准=\frac{固定性制造费用预算总额}{标准工时总数}$$

根据上述确定的各工序工时用量标准和制造费用分配率标准，按下列公式计算出单位产品的制造费用标准成本。

$$\begin{aligned}\begin{matrix}单位产品制造\\费用标准成本\end{matrix}&=\sum\left(\begin{matrix}各工序的工\\时用量标准\end{matrix}\times\begin{matrix}各工序的制造\\费用分配率标准\end{matrix}\right)\\&=\sum\left(\begin{matrix}各工序的工\\时用量标准\end{matrix}\times\begin{matrix}该工序变动性制造\\费用分配率标准\end{matrix}+\begin{matrix}各工序的工\\时用量标准\end{matrix}\times\begin{matrix}该工序固定性制造\\费用分配率标准\end{matrix}\right)\\&=\sum\left(\begin{matrix}各工序变动性制\\造费用标准成本\end{matrix}+\begin{matrix}各工序固定性制\\造费用标准成本\end{matrix}\right)\end{aligned}$$

【例8-3】某企业生产甲产品需由第一车间、第二车间连续加工，其有关资料如表8-3所示。要求：确定甲产品制造费用的标准成本。

表8-3　　第一车间和第二车间生产甲产品的生产情况

项　目	第一车间	第二车间	合计
工时用量标准（小时/件）	3	4	
标准工时总数（小时）	9 000	10 800	
变动性制造费用预算总额（元）	5 400	7 560	
变动性制造费用分配率标准（元/小时）	0.6	0.7	
变动性制造费用标准成本（元/件）	1.8	2.8	4.6
固定性制造费用预算总额（元）	2 700	4 320	
固定性制造费用分配率标准（元/小时）	0.3	0.4	
固定性制造费用标准成本（元/件）	0.9	1.6	2.5
甲产品单位制造费用标准成本（元）	7.1		

（五）单位产品标准成本的制定

在某种产品的直接材料标准成本、直接人工标准成本和制造费用标准成本确定后，就可以直接汇总计算单位产品标准成本。汇总时，企业通常要按各种产品设置“产品标准成本卡”，列明各成本项目的用量标准、价格标准和标准成本。

另外，采用变动成本法计算时，单位产品标准成本由直接材料、直接人工和变动性制造费用三个成本项目组成；而采用完全成本法计算时，单位产品标准成本除上述三个成本项目外，还应包括固定性制造费用。标准成本通常采用完全成本法制定，每半年或一年重新修订。

【例8－4】接【例8－3】，甲产品标准成本卡如表8－4所示。

表8－4　　　　产品标准成本卡

产品名称：甲产品　　　　编制日期：　年　月　日

项目	用量标准	价格标准	标准成本
直接材料 A材料 B材料 小计	 3千克/件 4千克/件 —	 7元/千克 10元/千克 —	 21 40 61
直接人工 第一车间 第二车间 小计	 3小时/件 4小时/件 —	 3元/小时 4元/小时 —	 9 16 25
变动性制造费用 第一车间 第二车间 小计	 3小时/件 4小时/件 —	 0.6元/小时 0.7元/小时 —	 1.8 2.8 4.6
固定性制造费用 第一车间 第二车间 小计	 3小时/件 4小时/件 —	 0.3元/小时 0.4元/小时 —	 0.9 1.6 2.5
单位产品标准成本			93.1

第三节　成本差异分析

产品的标准成本是一种预定的成本目标，产品的实际成本由于种种原因可能与预定的目标不符，其间的差额称为成本差异。如实际成本超过标准成本，所形成的差异反映在有关差异账户的借方，这种差异称为不利的差异；反之，如实际成本低于标准成本，所形成的差异反映在有关差异账户的贷方，这种差异称为有利的差异。成本差异分析的目的就在于找出差异形成的原因和责任，采取相应的措施，以消除不利的差异，发展有利的差异，实现对成本的有效控制，促进成本的不断降低。

成本差异的名目繁多，归纳起来如图8－1所示。

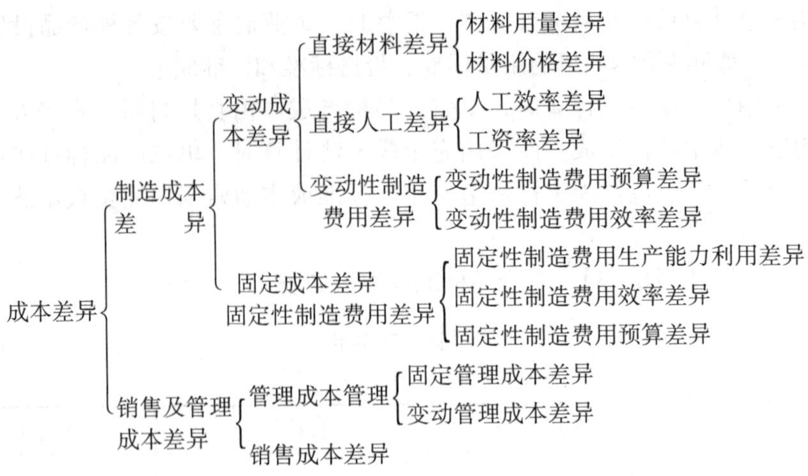

图 8-1　成本差异

由于成本差异是指标准价格、数量与实际价格、数量的差额。所谓价格差异和数量差异，可就材料、人工及变动费用三个成本项目分别计算，虽然有时它们的名字不同，但价格差异和数量差异的计算方式总是一致的。其成本差异可用下列通用模式来表示：

（1）实际数量×实际价格 } 价格差异（1）-（2）
（2）标准价格×实际数量
（3）标准数量×标准价格 } 数量差异（2）-（3）
} 变动成本总差异

一、直接材料差异分析

直接材料差异包括用量差异和价格差异。其计算公式如下：

材料用量差异 =（实际用量 - 标准用量）× 标准价格

材料价格差异 =（实际价格 - 标准价格）× 实际用量

直接材料成本总差异 = 实际用量 × 实际价格 - 标准用品 × 标准价格

首先，应该注意的是：在上面用量差异和价格差异的计算当中，当计算用量差异时，是以标准价格相乘；而计算价格差异时，是以实际用量相乘；不能同时用标准或实际的数值，否则会形成重复计算或漏算。

图 8-2a 是表示总差异的图示：内矩形代表标准材料成本，外矩形代表实际材料成本，阴影部分即两者之差，就是总的差异。如果根据上面公式的计算，则可表示如图 8-2b，此两项差异相加等于总差异。如果计算用量差异以实际价格计算，而计算价格差异也以实际用量计算，则结果如图 8-2c，右上角小矩形表示两项差异的重复部分。两项相加不等于总差异。如果计算两种差异都以标准数值相乘，则结果如图 8-2d，右上角小矩形表示两项差异计算漏算部分，两项相加也不等于总差异。

【例 8-5】A 种材料实际单价为 1.5 元，标准单价为 1.4 元，实际用量为 1 000 千克，标准用量为 980 千克，则材料标准成本总差异为：

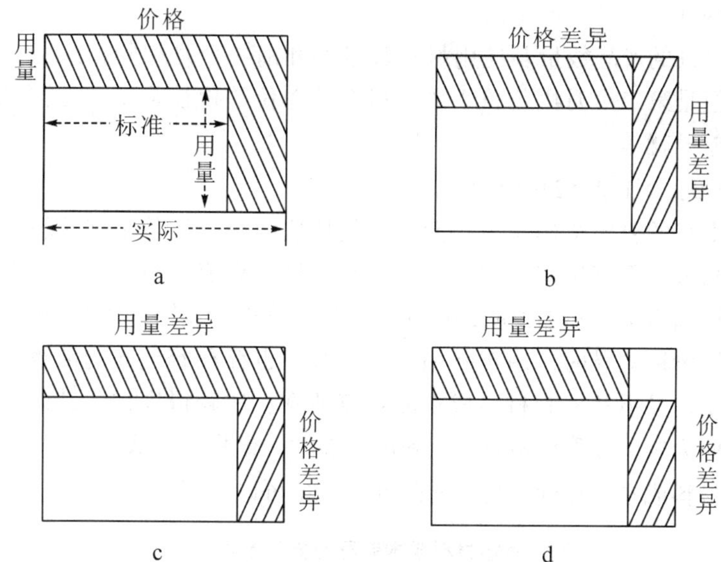

图 8-2 总差异图

1 000 × 1.5 - 980 × 1.4 = 1 500 - 1 372 = 128 （图 8-2a）

其中：

材料用量差异 = （1 000 - 980） × 1.4 = 28

材料价格差异 = （1.5 - 1.4） × 1 000 = 100

28 + 100 = 128 （图 8-2b）

如都以实际价格用量计算，则：

材料用量差异 = （1 000 - 980） × 1.5 = 30

材料价格差异 = （1.5 - 1.4） × 1 000 = 100

30 + 100 = 130 > 128 （图 8-2c）

如都以标准数值计算，则：

材料用量差异 = （1 000 - 980） × 1.4 = 28

材料价格差异 = （1.5 - 1.4） × 980 = 98

28 + 98 = 126 < 128 （图 8-2d）

其次，计算用量差异时使用标准价格而不用实际价格，计算价格差异时，使用实际用量而不用标准用量；这是由于从成本控制立场来说，材料用量多少，企业可借工程上种种方法或训练员工，提高技能减少消耗而加以控制。但材料价格受物价和市场供需情况所决定，企业难于控制，所以材料成本控制重点是放在用量上，而不是在价格上。企业为期望用量差异的计算，不受材料价格涨落的影响，使用量差异数字能纯粹表示材料耗用的效率，在用量差异的计算上，就需要使用较为稳定的标准价格；否则，所计算得到的用量差异，便缺少参考价值。这一点可从以下说明：

在【例 8-5】中，用量差异用实际价格计算，该月份的差异金额为：

(1 000 - 980) ×1.5 = 30 (元)

假设第二个月的产品数量及耗用材料数量均和前一个月相同，则两个月的用料数应完全一致，但是第二个月因物价下跌，材料每单位购价仅为 1.2 元，这时用实际价格计算的用量差异就是：

(1 000 - 980) ×1.2 = 24 (元)

显然，比上月的差异金额减少 6 元，如仅从这两个月的数字来比较，很容易误会第二个月份用料效率很有进步，实际上并不是这样，在成本报表和差异资料内，往往只列金额，对详细情况并不加说明，这就会导致对分析和业绩考核的错误结论。

当然，计算价格差异时，用实际用量做乘数，也存在着相同的缺点。但是，价格差异既不可控制，又不是控制材料成本的重点所在，比较得失，还是以避免用量差异的资料遭受歪曲为好，计算价格差异资料的可靠性，也只好服从了。

关于直接材料成本差异的上列公式的计算，也可以用列表法表示，见表 8 - 5。

表 8 - 5　　直接材料成本差异的金额计算

材料名称或编号 (1)	实际单价 (2)	标准单价 (3)	实际用量 (4)	标准用量 (5)	总差异 (6) = (2) × (4) - (3) × (5)	用量差异 (7) = [(4) - (5)] × (3)	价格差异 (8) = [(2) - (3)] × (4)
A	1.5 元	1.4 元	1 000 千克	980 千克	128 元	28 元	100 元

二、直接人工成本差异分析

直接人工成本差异的计算公式为：

$$\text{人工工作时间差异(效率差异)} = \left(\text{实际工作时数} - \text{标准工作时数}\right) \times \text{标准工资率}$$

工资率差异 = (实际工资率 - 标准工资率) ×实际工时

人工成本总差异 = 实际工作时数 × 实际工资率 - 标准工作时数 × 标准工资率

关于直接人工成本差异，同样也可用列表法表示。

【例 8 - 6】如某车间某月份标准工时数为 1 800 小时，实际工时为 2 000 小时，标准工资率为 0.45 元/工时，实际工资率为 0.52 元/工时，则计算人工成本差异的金额如表 8 - 6 所示。

表 8 - 6　　人工成本差异计算表

单位：元

部门	实际工资率 (1)	标准工资率 (2)	实际工作时数 (3)	标准工作时数 (4)	总差异 (5) = (1) × (3) - (2) × (4)	工作时间差异 (6) = [(3) - (4)] × (2)	工资率差异 (7) = [(1) - (2)] × (3)
××	0.52	0.45	2 000	1 800	230	90	140

三、制造费用差异分析

引起制造费用差异的因素包括费用预算的执行、产量的变化和效率的改变等。为了分析制造费用差异，固定性制造费用差异和变动性制造费用差异均应单独计算。

1. 变动性制造费用差异

变动性制造费用差异有两种，即预算差异和效率差异。这两种分别类似材料、人工方面的价格差异和用量差异。预算差异即开支差异，它的发生是由于实际变动性制造费用不同于标准变动性制造费用；而效率差异的发生，是因为实际加工时数不同于标准时数，其计算公式为：

$$\text{变动性制造费用预算差异}=\text{实际变动费用总额}-\text{实际工作时数}\times\text{标准变动费用分配率}$$

$$\text{变动性制造费用效率差异}=(\text{实际工作时数}-\text{标准工作时数})\times\text{标准变动费用分配率}$$

$$\text{变动性制造费用总差异}=\text{实际变动费用总额}-\text{实际产量应耗标准工时数}\times\text{标准变动费用分配率}$$

$$\text{实际变动费用总额}=\text{实际工作时数}\times\text{实际变动费用分配率}$$

【例 8－7】某月份实际费用总额为 600 元，标准费用限额为 640 元，标准产量应耗标准工时为 1 600 工时，标准分摊率为 0.40 元，实际产量为 700 件，标准产量为 800 件，实际产量所耗实际工时为 1 540 工时，则用列表法可表示如表 8－7 所示。

表 8－7 变动性制造费差异分析

生产部门（1）	实际费用总额（2）	标准费用限额（3）＝（4）×（5）	标准产量应耗标准工时（4）	标准分摊率（5）	实际产量所耗实际工时（6）	实际产量应耗标准工时（7）	总差异（8）＝（2）－（7）×（5）	预算差异（9）＝（2）－（6）×（5）	效率差异（10）＝［（6）－（7）］×（5）
××	600	640	800×2＝1 600	0.40	700×2.2＝1 540	700×2＝1 400	600－560＝40	600－616	140×0.4＝56

2. 固定性制造费用差异

固定性制造费用差异的计算，比较复杂，它涉及标准成本、预算成本和实际成本三类数据。在使用全部成本计算的标准成本制度中，一般先要确定一种基本活动单位，如以直接人工小时、生产单位标准小时等为基础，然后对会计期内完成的基本活动单位数和预计的固定费用率计算应分配的固定间接制造费用。因此，有关固定性制造费用的标准成本和实际成本之间的差异，一般有预算差异和能量差异两类，或者预算差异、效率差异和生产能力利用差异三类，按两类划分的称为差异两分法，按三类划分的称为差异三分法。

（1）差异两分法的计算公式为：

$$\text{固定费用预算差异}=\text{实际固定费用总额}-\text{标准固定费用预算限额}$$

$$\text{固定费用能量差异}=\text{标准固定费用预算限额}-\text{实际产量应耗标准工时}\times\text{标准固定费用分摊率}$$

$$\text{固定费用总差异}=\text{实际固定费用总额}-\text{实际产量应耗标准工时数}\times\text{固定标准费用分摊率}$$

【例8－8】某月标准限额固定费用为520元，实际固定费用总额为480元，标准分摊率为0.60元，实际产量应耗标准工时为720工时，则用列表法可表示如表8－8所示。

表8－8 固定制造费差异分析

生产部门（1）	实际固定费用总额（2）	标准费用限额（3）	标准分摊率（4）	实际产量应耗标准工时（5）	总差异（6）＝（2）－（5）×（4）	预算差异（7）＝（2）－（3）	能量差异（8）＝（3）－（5）×（4）
××	480	520	0.60	360×2	480－432＝48	480－520＝40	520－432＝88

（2）差异三分法的计算公式为：

$$\text{固定费用预算差异}=\text{实际固定费用总额}-\text{标准固定费用预算限额}$$

$$\text{固定费用生产能力利用差异}=\left(\text{标准产量应耗标准工时}-\text{实际产量所耗实际工时}\right)\times\text{标准固定费用分摊率}$$

$$\text{固定费用效率差异}=\left(\text{实际产量所耗实际工时}-\text{实际产量应耗标准工时}\right)\times\text{标准固定费用分摊率}$$

$$\text{固定费用总差异}=\text{实际固定费用总额}-\text{实际产量应耗标准工时}\times\text{标准固定费用分摊率}$$

【例8－9】实际固定费用总额为800元，标准费用限额为780元，标准产量为600件，应耗标准工时为1 176工时，实际产量应耗标准工时为1 120，则用列表法可表示如表8－9所示。

表8－9 固定制造费差异分析

生产部门（1）	实际费用总额（2）	标准费用限额（3）	标准产量应耗标准工时（4）	标准分摊率（5）	实际产量所耗实际工时（6）	实际产量应耗标准工时（7）	总差异（8）＝（2）－（7）×（5）	预算差异（7）＝（2）－（3）	生产能力利用差异（10）＝［（4）－（6）］×（5）	效率差异（11）＝［（6）－（7）］×（5）
××	800	780	600×2＝1 200	0.65	560×2.1＝1 176	560×2＝1 120	72	20	15.6	36.4

第四节　成本差异的账务处理

一、成本差异核算使用的账户

日常计算出来的各类成本差异除了可据以编报有关差异分析报告单之外，还应分别归集登记有关成本差异明细分类账或登记表，使差异能在账户系统中得以记录，以便期末汇总每类差异的合计数并统一进行处理。

成本差异核算所使用的账户既可以按大的成本项目设置，又可以按具体成本差异的内容设置。在完全成本法下，按大的成本项目设置的核算成本差异的会计科目包括："直接材料成本差异"科目、"直接人工成本差异"科目、"变动性制造费用成本差异"科目和"固定性制造费用成本差异"科目，每个科目下再按差异形成的原因分设明细科目。在变动成本法下，可以不设置"固定性制造费用成本差异"科目。

按具体差异设置的科目应包括："直接材料用量差异""直接材料价格差异""直接人工用量（效率）差异""直接人工工资率差异""变动性制造费用耗费差异""变动性制造费用效率差异""固定性制造费用预算差异"和"固定性制造费用能量差异"（或"固定性制造费用开支差异""固定性制造费用能力差异"和"固定性制造费用效率差异"）等。

二、归集成本差异的会计分录

对本期发生的成本差异应及时在有关会计账户上登记。

对超支差应相应借记有关差异账户，节约差则贷记相应账户，相应的生产费用账户则按标准成本予以登记。记录差异的会计分录通常在实际成本发生并且计算出差异的同时予以编制。

【例8－10】依据【例8－2】、【例8－4】、【例8－6】和【例8－8】计算的各类差异，编制有关会计分录。

（1）借：生产成本——甲产品	110 000	
直接材料用量差异	15 000	
贷：直接材料价格差异		5 000
原材料		120 000
（2）借：生产成本——甲产品	20 000	
直接人工用量差异	500	
贷：直接人工工资率差异		820
应付职工薪酬		19 680
（3）借：制造费用	31 500	
贷：变动性制造费用耗费差异		1 160
变动性制造费用效率差异		2 500

有关科目 27 840

（4）借：制造费用 50 400

贷：固定性制造费用预算差异 12 000

固定性制造费用能量差异 2 400

有关科目 36 000

三、期末成本差异的账务处理

会计期末对本期发生的各类成本差异可按以下方法进行会计处理。

（一）直接处理法

所谓差异的直接处理法，即将本期发生的各种差异全部计入损益表，由本期收入补偿，视同于销货成本的一种差异处理方法。此方法的根据在于：本期差异应体现本期成本控制的业绩，要在本期利润上予以反映。这种方法比较简单，使当期经营成果与成本控制的业绩直接挂钩。但当成本标准过于陈旧或实际成本水平波动幅度过大时，就会因差异额过高而导致当期净收益失实，同时会使存货成本水平失实。西方应用标准成本制度的企业多数采用直接处理法。

【例 8－11】假定某年 1 月份只发生了如【例 8－10】所示的几项成本差异。

在完全成本法下，期末按直接处理法应编制如下分录：

借：销售费用 －8 380

贷：直接材料用量差异 15 000

直接材料价格差异 －5 000

直接人工用量差异 500

直接人工工资率差异 －820

变动性制造费用耗费差异 －1 160

变动性制造费用效率差异 －2 500

固定性制造费用预算差异 －12 000

固定性制造费用能量差异 －2 400

在变动成本法下，分录为：

借：销售费用 6 020

其他期间费用 －14 400

贷：直接材料用量差异 15 000

直接材料价格差异 －5 000

直接人工用量差异 500

直接人工工资率差异 －820

变动性制造费用耗费额 －1 160

变动性制造费用效率差异 －2 500

固定性制造费用预算差异 －12 000

固定性制造费用能量差异　　　　　　　　　　　　　　　　　　-2 400

(二) 递延法

递延法又称为分配法，即把本期的各类差异按标准成本的比例在期末存货和本期销货之间进行分配，从而将存货成本和销货成本调整为实际成本的一种成本差异处理方法。递延法强调成本差异的产生与存货、销货都有联系，不能只由本期销货负担，应该有一部分差异随期末存货递延到下期去。这种方法可以确定产品的实际成本，但分配差异工作过于繁琐。

【例8-12】假定某年1月初存货量为零，产品完工率为80%，完工产成品均已售出。

在完全成本法下，期末按递延法应编制以下分录：

借：销售费用　　　　　　　　　　　　-6 704（-8 380×80%）

　　生产成本　　　　　　　　　　　　-1 676（-8 380×20%）

　贷：有关差异账户　　　　　　　　　　　　-8 380（同上例）

在变动成本法下，分录为：

借：销售费用　　　　　　　　　　　　4 816（6 020×80%）

　　生产成本　　　　　　　　　　　　1 204（6 020×20%）

　　期间费用　　　　　　　　　　　　　　　-14 400

贷：有关差异账户　　　　　　　　　　　　　-8 380（同上例）

(三) 稳健法

在实务中还有一些变通方法，如折衷法，即将各类差异按主观和客观原因分别处理：对客观差异（一般指价格差异）按递延法处理，对主观差异（一般指用量差异）按直接处理法处理。这种方法既能在一定程度上通过利润来反映成本控制的业绩，又可以将非主观努力可以控制的差异合理地分配给有关对象。其缺点是不符合一致性原则。另外，还有一种处理差异的方法，差异的年末一次处理法，即各月末只汇总各类差异，到年末才一次性处理。这样，不仅可简化各月处理差异的手续，而且在正常情况下，各月差异正负相抵后，年末一次处理额并不大，可避免各月利润因直接负担差异而波动。但是如果年内某种差异只有一种变动趋势，那么在年末一次处理时，累计差异过大会歪曲财务状况与经营成本，所以，在后一种情况下就不宜采用该方法。

第五节　几种成本计算方法的比较

一、成本计算方法背景概述

从成本计算的历史去考察，在成本计算发展的初期“之所以这样缓慢，部分原因是成本数据的用途非常有限。通常，使用成本数据的动机只是计算完成财务会计记录和报告所必要的期末存货”。[①] “在1885年以前，已经从理论上理解间接费。但由于尚未将成本记录和复式记录账簿结合起来，所以，在将间接费用分配于产品时，就非常棘手。当时，只能计算过去成本，而且这个成本计算过程通常是一个简单的数据积累过程，并不反映生产过程中发生的价值转移。当时，并不存在会计技术的统一性或最佳会计实务的意识，没有明确地区分工厂成本和管理成本，甚至没有区分费用和损失。一般地说，产量变动对成本的影响，也没有为人们所理解，几乎不存在分离固定成本因素和变动成本因素的思想。”[②]

成本计算的发展，首先表现为成本计算内容、范围的不断扩大，其次表现为成本计算形式的不断增多、发展。在初期，成本计算方法仅表现为计算成本内容上的变化，比如，我国较早的成本计算只计算不变成本部分，而不计算可变成本部分。以后，随着机器的发现和应用，工场手工业转化为工厂形式，在计算成本时就把可变成本也包含进去。19世纪中叶以后，随着资本主义股份公司的形成和发展，成本计算方法突破了单一成本的框框，在广度上有了长足的发展，扩展到事前测算、事中反映，车间、工段、班组乃至个人的成本计算，内容方面由一贯的财务成本，发展为技术、质量、责任、产品等多种成本等。“在相当长的时期里，成本计算纵向（即成本内容的深度、精度）发展的基本内容已稳定时，就向横向领域发展，从而变成一个多种成本计算方法结合运用的方法体系。”[③]

产生这样发展变化的动因，完全来源于管理深度、广度、精度的发展对成本提出的要求，不同的管理需要就会产生不同的成本形式。成本计算作为一个对生产耗费活动的反映系统，与管理需要存在着天然的联系，管理的各种要求正是成本计算所要达到的目标，管理要求的升级构成了成本计算整合的基本方向，不能适应管理要求的成本计算，就不能有效地服务于管理，同时，超过了管理需要的成本计算，就会造成成本信息多余，使成本计算工作陷于盲目境地。因而，现代科学技术和管理科学的发展，使人们的眼界扩大了，对得失的比较有了更广更深的理解。管理的要求提高了，使管理的目的呈现多元化的趋势。与此相适应出现了许多新的费用分类标准，成本性态日益增多。在原有产品完全成本基础上初步形成了内部控制、经营决策、技术经济三个系列的成本性态。在商品生产不甚发达、供不应需的时期，生产型企业重视的是以泰罗制为代表的科学管理，以内部控制为目的的标准成本、定额成本应运而生，以后，随着行为科学的介入，演变出责任成本。20世纪后期，随着企业生产经营逐步形成了“电脑一体化制造系统”，西方发达国家又提出并实施了作业成本计算法。目前在我国，以上几种成本计算方法，除完全成本计算法（制造成本法亦属其中的一种）由财务制度规定在各企业普遍采用外，变动成本计算法、责任成本计算法仅在内部管理比较健全的企业中有运用，而运用新的作业成本计算法的企业则为数甚少。

① 迈克尔·查特菲尔德．会计思想史［M］．文硕，等，译．北京：中国商业出版社，1989：240.
② 迈克尔·查特菲尔德．会计思想史［M］．文硕，等，译．北京：中国商业出版社，1989：241.
③ 杨雄胜．试论成本计算的纵向与横向发展［J］．财政研究，1986（11）.

二、几种成本计算方法的比较

成本计算方法较多，每一种都有其优缺点，如果仅仅使用某一种就会有很大的局限性，几种成本计算方法的比较如表 8－10 所示。

表 8－10　成本计算方法比较表

制造成本法	一、优点：①方法简单，适用于生产力水平不高，管理手段特别是成本信息系统不很健全，成本管理要求不高的企业；②成本计算费用较少，信息成本低 二、缺点：①间接费用采用直接人工或直接材料或产品（量）数为依据进行分配，使得产品成本的计算信息不准或被扭曲；②只注重产品生产制造阶段成本，而忽略了一些与产品相关的成本，如产品开发与设计成本、产品销售成本、售后服务成本；③只注重有形产品成本，而忽略了无形产品成本；④只注重成本数据的归集分配和简单的事后分析，不注重成本的事前预测，事中控制，使计算所得成本信息不能起到很好的控制作用。 三、所得信息名称：制造成本信息 四、功能：①企业外部关系人决策；②国家宏观管理决策；③确定价值补偿标准；④确定利润，为纳税提供依据
变动成本法	一、优点：①有利于进行短期决策；②计算简单，无须分摊固定性制造费用；③有利于进行本量利分析；④有利于弹性预算的编制 二、缺点：①不能进行长期决策；②把总成本分为固定和变动是相对的，混合成本的分解是近似的 三、所得成本信息：变动成本信息 四、功能：①管理者预测、决策；②编制预算；③本量利分析。
标准成本法	一、优点：①有利于加强职工的成本意识；②有利于进行成本控制；③有利于价格决策；④有利于简化会计核算工作 二、缺点：①标准成本包括企业所有制造成本，但是没有将企业的作业区分为增值作业和不增值作业。不能去除不能给企业带来增值的成本，即不能消除无效作业，降低成本，而只强调成本控制。②传统的标准成本制度所使用的“现实标准成本”容许一些无效率存在，从而可能使已经达标的部门或员工不需上进，达不到降低成本的实际效果 三、所得成本信息：标准成本信息 四、功能：成本控制
定额成本法	一、优点：①有利于加强日常控制；②有利于进行产品成本的定期分析；③通过对定额成本的修改，提高定额管理和计划水平；④采用定额差异和定额变动差异在完工产品和在产品之间分配。 二、缺点：①工作量大，推行困难；②不便于对各个责任部门的工作情况进行考核和分析；③定额资料不准确会影响成本计算的准确性。 三、所得成本信息：定额成本信息 四、功能：成本控制
作业成本法	一、优点：①成本计算结果更准确，成本信息更可靠；②引入战略成本管理观念，使成本管理发生质的飞跃；③延伸了成本概念；④树立了效益成本观；⑤改进预算控制和标准成本控制；⑥改进业绩评价 二、缺点：①实施成本高昂，工作量大；②作业动因的选择具有主观性；③只能提供历史成本实际信息，不能提供成本差异信息；④不能提供部门成本信息 三、所得成本信息：作业成本信息 四、功能：成本控制、责任考评

从表 8－10 中可以看出，每种成本计算方法特点较为明显，单纯使用某种方法的局限性表现在：一是不能克服计算与管理脱节、计算不实等弊端；二是提供不了多种

成本性态的计算资料，不能满足现代化企业管理对成本计算的要求。为此，就现行的成本计算模式进行改革问题，国内对此有两种不同观点：一种观点认为，不同成本性态的计算目的、内容、方法、范围、期间、要求和资料来源等都不相同，因而对不同成本性态的计算要分别进行；另一种观点认为，不同成本性态的共同点是显而易见的，都属于成本范畴，数据都来自于企业生产经营过程，具有一定的共享性，因而可以结合起来计算。不同成本性态结合起来进行计算，有利于减少计算工作的重复，有利于企业形成制度坚持下去。前一种观点强调成本性态间的差异性，后一种观点则强调成本性态间的共同性。前者根据成本性态间的差异性，要求企业针对不同的成本性态分别建立不同的计算制度，后者根据成本性态间的共同性，要求企业建立统一的计算制度来容纳不同的成本性态。两种观点目的一致，都要求企业组织计算不同形态的成本但途径不同。

从制造成本法与变动成本法的关系来看，两者只是在对固定成本的补偿方式不同，这种不同也仅仅是时间和方法上的不同而已，并没有给成本数量上带来差异。两种方法都是计算产品成本，在这一点上是相同的，有合二为一的基础。

从制造成本法与标准成本法的关系来看，它们跟变动成本法一样，计算的对象均是产品，只不过制造成本法核算的内容是产品生产过程中一切费用的实际发生额，包括变动费用和固定费用的实际发生额。而标准成本法核算的内容是产品生产过程中一切费用的标准发生额，当然也包括变动费用和固定费用的标准发生额，尽管如此，但这些内容的具体数额均可以通过一定的计算调整工作使之趋于一致。此外，在计价方法上两种方法也存在类似情况。

另外，制造成本法与定额成本法的关系也是很密切的，除了它们的计算对象均是产品外，都要制定成本目标，计算差异把成本计算与成本控制、成本分析结合起来。具体的相同点和不同点，由于在许多教科书上均有介绍，本书不在重述。

对于制造成本法与作业成本法，这两种方法虽然区别较大，但目的还是为了计算产品成本，对于在产品中直接计入的费用部分是相同的。主要不同点在于：制造成本法把每单位产品耗用的某一项成本标准当成了对所有费用进行分配的比率，显得草率武断，造成有些产品成本虚增，有些虚减，不符合“谁受益，谁负担；多受益，多负担”的公平配比原则和信息相关性原则，导致成本信息失真。而作业成本法的特点在于缩小了间接费用分配范围，由全车间统一分配改为由若干个成本库进行分配；增加了分配标准，由传统的按单一标准分配改为按多种标准分配，对每种作业选取属于自己合理的分配率。这样，成本核算的核心就集中在了生产对资源一步步消耗的各个具体环节中，抓住了许多动态变量，就真正消除了传统成本法中用人工工时等作为唯一标准去分配全部间接费用的不合理性，解决了传统成本法带来的成本信息失真问题，使成本核算更准确，更具有相关性和配比性。

事实上，随着经济的快速发展，要求企业的成本计算模式必须同时具有对外报告功能和对内管理功能，因而，一个好的成本方法提供的成本信息不仅能满足财务报告的需要，而且还能满足成本管理的需要。尽管各种多元成本计算模式所体现的功能各异，但应该把制造成本法作为基础和出发点，以此根据企业的特点构建具有企业自身特色的多元成本计算模式。使这个多元成本计算模式除了基本功能以外，还要具备一些满足企业内部管理需要的辅助功能，如成本控制功能、预测和决策功能以及成本考评功能等。

第九章　责任会计

案例与问题分析

一年前，嘉华公司因业务发展的需要，将原有的公司拆成三个子公司，并将财权下放到各子公司，林平也由原来的总公司归到了现在的嘉华电子公司，任财务部总经理。

嘉华电子公司是原嘉华公司的一个事业部，当时并没有独立的财务部，只有一个经营管理部负责报表分析和预算工作。应该说，这是一个很好的发展机会。“终于可以独当一面了！”林平有些暗自庆幸。嘉华电子公司显然对他也很重视，公司老总亲自找他谈话，欢迎他加入电子公司，并谦逊地表示：电子公司没有财务上的经验，也没有财务方面的专业人才，希望林平能带着所有分到电子公司的原总公司财务部人员搭建一个运作良好的财务平台，为电子公司的二次创业提供决策信息保障。

财务部的职责是及时、准确地提供经营决策信息，具体地说，就是在保证核算准确的基础上，于每月8日出具报表，并做分析。这些在林平看来，可以使他在相应的责权范围内，充分发挥其特长，并调动其部门人员的积极性，为总公司服务。

现代企业的规模相当庞大，管理层次繁多，组织机构复杂，企业领导为了有效地管理这种庞大的经济组织，有必要将自己的一部分权限下放，以调动各级管理人员的积极性和主动性，于是纷纷实行分权管理。在分权管理体制下，就必须及时了解、评价和考核各级、各部门的工作情况。责任会计正是为了解决这个问题而产生的，并成为实行分权管理的必要条件。

第一节　责任会计概述

一、责任会计的意义

责任会计概念的明确提出源于20世纪50年代初，1950年，H. B. 艾尔曼在《与责任会计相关联的基本企业计划》一文中明确指出：责任会计是把“管理会计的控制系统同管理组织或部门管理人员的责任结合在一起”；学者J. A. 希金斯除基本上赞成这种观点外，还在其著作《责任会计》一书中表述了新的见解，他认为责任会计是根据成本管理目标而设置的会计系统。同时，这两位学者都主张集中计算成本，把被考核单位以往以生产为中心或以成本为中心的方面转移到以责任为中心的方面来，并强调相应设立企业内部报告制度。以后，随着行为科学的进一步发展，对责任会计的认识也不断得到提高和深入，形成了“责任会计系统着重研究与责任中心工作相关的成本、收益和资产”的结论。这标志着传统管理会计向现代管理会计的演进。由此，责任会计成为现代管理会计的重要组成部分。

特别是20世纪30年代以来，随着科学技术的迅速发展，为经济发展创造了更多的机遇，也带来了巨大的风险。发达国家相继出现了一批大规模的集团型企业。企业规模的迅速扩大，一方面有效地提高了企业的竞争能力，但另一方面也使企业内部的经营管理日趋复杂。在这种情况下，传统的集中管理模式由于其决策集中、应变能力差、管理效率降低，无法满足迅速变化的市场需求而逐渐被分权管理模式所取代。

分权管理是将企业决策权根据企业整体经营目标的分解在不同层次和不同地区的管理人员之间进行分配，使这些内部单位拥有与其职责相适应的权利，能够根据竞争环境的变化及时做出有效的决策，以迅速适应市场变化的需求，并据此调动各级管理人员的积极性、主动性和创造性。分权管理的主要表现形式是事业部制，即在企业中建立一种具有半自主权的组织结构，通过由企业管理中心向下或向外的层层授权，使各个部门拥有一定的权利和职责。

在分权管理的形式下，根据授予责任单位的权利和责任及对其业绩的计算、评价方式，将企业划分为不同形式的责任中心，并建立起以各责任中心为主体，责、权、利相统一的机制为基础，通过信息的积累、加工和反馈而形成的内部严密的控制系统就是责任会计。其目的是为了适应企业内部管理的需要，将企业经济责任与会计的职能方法有机地结合起来，从而充分调动各责任主体的能动性和创造性，为控制企业的资金占用和成本费用耗费，改善企业内部经营管理，提高经济效益服务。

责任会计是为企业的内部经营管理服务的，它对企业组织的结构或体制以及企业所面临的市场环境具有依附性。这样，企业本身及所面临的外部环境的变化，必将推动责任会计的发展。特别是随着现代企业制度的建立和完善，企业所有权和经营权相分离，委托必须采取一定的措施以保证受托人采取适当的行为以最大限度地增加委托人的效益。其中，就必须借助于现代会计，尤其是需要通过其中的责任会计进行分析、评价及考核。因此，在企业广泛建立责任会计制度将有助于建立有效的激励与约束机制，有助于现代企业制度中“代理问题”的解决。

二、责任会计的内容

责任会计的具体内容归纳起来有以下四个方面：

（一）设置责任中心

根据企业管理的需要，把所属各部门、各单位划分为若干责任中心，明确各个责任中心的权、责范围，授予他们独立自主地履行其职责的权利。科学地分解企业生产经营的整体目标，使各个责任中心在完成企业总目标中明确各自的目标和任务，实现整体与局部的统一。

(二) 编制责任预算

把全面预算所确定的目标和任务进行层层分解，为每个责任中心编制责任预算，作为今后控制和评价他们的经济活动的主要依据。

(三) 建立跟踪系统

为各个责任中心建立一套责任预算执行情况的跟踪系统，包括日常记录、计算和积累有关数据，并在规定时间编制“业绩报告”，将实际数与预算数进行对比，借以评价和考核各该责任中心的工作成绩，并分别揭示他们取得的成绩和存在的问题。

(四) 进行反馈控制

根据各责任中心的业绩报告，经常分析实际数与预算数发生差异的原因，及时通过信息反馈，控制和调节他们的经济活动，并督促责任单位及时采取有效措施，纠正缺点，巩固成绩，不断降低成本，压缩资金占用，借以扩大利润，提高经济效益。

设立责任会计，明确责任内容是为了把经济管理的会计数据与责任者联系起来，将他们的责、权、利结合起来，迫使他们负起责任，鼓励他们积极工作，以便将庞大的经济组织分而治之，充分发挥群众的积极作用。

三、责任会计的原则

责任会计的原则是指从事责任会计工作应遵循的标准或规范。由于责任会计是企业根据各自特点自行设计的一种会计制度，千变万化，不可能强求一律。但为了规范责任会计工作，使之在理论上有一定水平，在方法上有可操作性，因此，把一些带有共性的东西集中起来，形成一些原则，也是有必要的。

责任会计的原则包括责任会计的一般原则和责任会计的信息质量原则两个方面。

(一) 责任会计的一般原则

1. 责、权、利相结合原则

责、权、利相结合原则，就是要明确各个责任中心应承担的责任，同时赋予他们相应的管理权利，还要根据其责任的履行情况给予适当的奖惩，责、权、利相当，核心是责。

当企业内部根据管理需要划分责任层次后，首先要明确其责任和权限，做到使责任者有责有权。在为每个责任单位制定考评标准时，一定要重视对人的行为激励，充分调动各责任单位的工作积极性。将经济效益同他们的经营成果直接挂钩，以经济手段促使职工积极完成责任目标。在责任会计中，责任、权利、利益、效果是统一的，缺一不可。必须做到以责定权，权责促效，以效分利。

2. 总体优化原则

总体优化原则，就是要求各责任中心目标的实现要有助于企业总体目标的实现，使两者的目标保持一致。

保持目标一致主要是通过选择恰当的考核和评价指标来实现。首先，为每个责任中心编制责任预算时，就必须要求他们与企业的整体目标相一致；然后，通过一系列的控制步骤，促使各责任单位自觉自愿地实现目标。

3. 公平性原则

公平性原则，就是各责任中心之间相互经济关系的处理应该公平合理，各责任中心的业绩评价也应保持公平、公正、合理，从而调动各责任中心的积极性。

（二）责任会计的信息质量原则

1. 可控性原则

可控性原则，是指各责任中心只能对其可控制和管理的经济活动负责。在建立责任会计制度时，应首先明确划分各责任中心的职责范围，使它们在真正能行使控制权的区域内承担相应的管理责任。每个责任单位只能对其可控的成本、收入、利润和投资负责。在责任预算和业绩报告中，也只应包括他们能控制的因素，对于他们不能控制的因素则应排除在外，或只作为参考资料列示。

2. 反馈性原则

反馈性原则，就是要求各责任中心对其生产经营活动提供及时、准确的信息，提供信息的主要形式是编制业绩报告。在责任会计中，要求对责任预算执行情况有一套健全的跟踪系统和反馈系统，使各个责任单位能保持良好、完善的记录和报告制度，及时掌握预算的执行情况，而且通过实际数与预算数的对比、分析，迅速运用各自的权利，控制和调节他们的经济活动。

3. 重要性原则

重要性原则也称为例外管理原则，就是要求各责任中心对其生产经营过程中发生的重点差异进行分析、控制。

在管理工作中，时常遇到许多的繁杂业务，在实际执行上和预计情况上出现的差异问题。对于这些差异不可能一一进行分析和评价，只能选择其中差异较大、性质较重要的项目实行重点管理。

四、责任会计的作用

（一）有利于建立、巩固和完善企业经济责任制

责任会计是企业经济责任制的基础，又是其重要的组成部分。企业经济责任制本身所要求的按经济责任核算、控制和考核；明确划分经济责任，做到责权分明；收益分配与所得的经济效益挂钩等，都离不开责任会计，企业唯有做好责任会计管理工作，才能巩固和充实经济责任制。

（二）有利于保证经营目标的一致性

实行责任会计以后，各个单位的经营目标就是整个企业经营总目标的具体体现，因而在日常经济活动过程中，必须注意各单位的经营目标是否符合企业的总目标，如有矛盾，应及时协商调整。

（三）有利于调动企业全体职工的积极性

实行责任会计以后，能够正确反映责任中心的劳动成果及差异，将责、权、利紧密地结合在一起，可以有效地克服分配上的平均主义，促使企业贯彻按劳分配的原则，根据对员工的考核，评定成绩的好坏，实行奖励或追究责任，做到责任清楚，奖罚分明，从而激发各责任中心的积极性，朝着企业的目标努力。

（四）有利于企业进一步完善各项会计的基础工作

要实行责任会计，要求有与之相适应的一系列配套的会计基础工作，如原始记录和计量工作、定额工作、计划价格、计划成本以及各种规章制度的制定工作等，否则责任会计工作无法进行，所以实行责任会计会促进企业有关会计基础工作的健全和完善。

第二节　责任中心

一、责任中心概述

在集权制下，企业的目标不需要分解，而由最高管理层统一掌握，企业内部各个部门自然成为对其成本（费用）负责的单一责任中心。而在分权管理体制下，企业日常的经营决策权不断向下属部门或各个地区经营管理机构下放，使决策达到最大限度的有效性；但与此同时，企业生产经营管理的责任也随着生产经营决策权的下放一起层层落实到各级管理部门，使各级管理部门在充分享有生产经营决策权的同时，也对其生产经营管理的有效性承担经济责任。随着分权管理的实施，为了有效地对企业内部单位进行控制，有必要根据企业内部各单位所处的管理层次，赋予相应的管理权限，明确其应负的责任。这种将整个企业逐级划分为若干个责任层次即为责任中心。所谓责任中心，是指具有一定的管理权限，并承担相应的经济责任的企业内部单位或能够控制的活动区域。

划分责任中心的目的，就是为了充分调动一切积极因素，使该责任中心在其职权范围内，各尽其职，各负其责，然后按成绩好坏进行奖罚，以免功过难分。尽管各责任中心是紧密衔接、相互配合的，但为了贯彻责任制，对于各责任中心可以控制的因素，仍应尽可能地予以明确规定。

由于不同企业的经济性质、规模和组织机构的差异，可视具体情况建立不同的责任中心，但无论建立几级责任中心，均应遵守以下基本原则：①各级责任中心必须反映、控制总体资金运动的原则；②责任中心的建立要符合责、权、利相统一的原则；③责任中心的建立要符合稳定有序的原则。

根据责任中心的涵义及划分原则，通常它具有以下特征：

（1）责任中心在拥有与企业总体经营目标相一致、与其管理职能相适应的经营决策权的条件下，充分发挥自身的优势对企业遇到的问题做出最恰当的决策。

（2）责任中心是一个责、权、利相结合的实体。每个责任中心都要承担一定的责任，同时，也拥有与责任对等的权利，并建立与责任相配套的利益机制，以使管理人员的个人利益与其管理业绩相联系，从而调动全体管理人员和职工的工作热情和积极性。

（3）责任中心所承担的责任和行使的权利都是可控的。每个责任中心只对自己责权范围内可控的成本、收入、利润和投资负责，在其责任预算和业绩考核中也只包括那些对他们来说是可控的项目。

（4）责任中心具有相对独立的经营业务和财务收支活动，便于进行责任会计核算或单独核算。责任中心不仅要分清责任，而且要能够单独核算，只有符合这两个条件的企业内部单位，才能成为一个责任中心。

根据企业内部责任单位权责范围以及业务活动的特点不同，可将企业生产经营上的责任中心分为成本中心、利润中心和投资中心三类。每一类中心都具有其各自的特点，应根据各类责任中心的特点，确定相应的业绩评价、考核的重点，据此组织实施责任会计。

二、成本中心

（一）成本中心的定义

成本中心是对成本和费用负责的责任中心，成本中心的生产经营活动只对成本费用产生影响，无须对收入、利润和投资负责。任何只发生成本而无收入来源的责任领域都可以确定为成本中心。成本中心的大小差异较大，一个大的成本中心通常可以进一步划分为更小的成本中心，形成多层次的成本中心，因而从工厂、车间、工段到班组，甚至个人都可以划分为成本中心。由于成本中心的规模大小不一，因此各成本中心的控制、考核的内容也不相同。

在企业内部单位中，一些单位是直接从事生产产品和提供劳务的，如生产车间、维修车间等，这些单位称为生产单位。如按经济责任制的要求需要生产单位对其发生的成本负责，则生产单位可以建立成本中心。另一些单位并不直接从事生产经营活动而只提供一些专门性的服务，如财会部门、人事部门、经理办公室等，这些单位是非生产单位，非生产单位开展工作也要发生一定的费用支出，如要求这些非生产单位对其发生的费用负责，则非生产单位可以建立为费用中心。

成本中心只衡量成本费用，不衡量收益。一般而言，成本中心没有经营权和销售权，其工作成果不会形成可以用货币计量的收入。例如，一个生产车间，由于其所生产的产品仅为企业生产过程的一个组成部分，不能单独出售，因而不可能计算货币收入；有的成本中心可能有少量的收入，但不是主要的考核内容，因而没有必要计算货币收入。由于这些原因，企业中大多数单个生产部门和大多数职能部门仅仅是成本（费用）中心，它们仅提供成本（费用）信息，而不提供收入信息。总之，只以货币形式衡量投入，而不以货币形式衡量产出是成本中心的基本特点。

（二）责任成本与产品成本

由于责任会计是围绕责任中心来组织，以各个责任中心为对象进行有关资料的收集、整理、分析和对比，所以成本中心所考核的成本，不是一般意义上的产品成本，而是各该成本中心的责任成本。责任成本是以责任中心为对象归集的生产或经营管理的耗费，归集的原则是谁负责、谁承担。产品成本是以产品为对象归集产品的生产耗费，归集的原则是谁受益、谁承担。并且责任成本核算的目的是反映责任预算执行情况，为企业内部经济责任制服务；而产品成本核算的目的是为了确定不同产品的生产耗费水平，为考核产品的盈利性以及控制和降低各产品的消耗提供依据。责任成本与产品成本虽有区别，但两者也有一定的联系，两者在性质上是相同的，同为企业在生产经营过程中的资金耗费，并就某一时期来说，全厂的产品总成本与全厂的责任成本总和是相等的。现举例说明这两者之间的区别和联系。

【例9－1】某公司生产A、B两种产品，设有甲、乙两个生产部门，丙、丁两个服务部门。该公司本期共发生成本80 000元，产品成本和责任成本的计算如表9－1和表9－2所示。

表9－1 产品成本

201×年×月×日 单位：元

成本项目	成本发生额	产品成本			
		产品A（1 000件）		产品B（2 000件）	
		总成本	单位成本	总成本	单位成本
直接材料	30 000	12 000	12	18 000	9
直接人工	24 000	10 000	10	14 000	7
制造费用	26 000	11 000	11	15 000	7.5
合　计	80 000	33 000	33	47 000	23.5

表9－2 责任成本

201×年×月×日 单位：元

成本项目	成本发生额	责任成本（责任中心）			
		甲	乙	丙	丁
直接材料	30 000	25 000	5 000	—	—
直接人工	24 000	10 000	14 000	—	—
间接材料	8 000	2 000	3 000	1 500	1 500
间接人工	13 000	3 000	2 500	4 500	3 000
折旧费	3 000	600	700	800	900
其　他	2 000	500	400	600	500
合　计	80 000	41 100	25 600	7 400	5 900

表9－1说明了一定时期内制造A、B两种产品的总成本，没有反映出各个部门的责任成本。表9－2并没有反映出A、B两种产品的成本，而是按部门反映的责任成本。但这两张表反映的该公司的产品总成本与该公司的全部责任成本之和是相等的。

（三）可控成本与不可控成本

为了划分并核算责任中心的责任成本，必须将成本按其控制性分为可控成本和不可控成本两大类。可控成本是相对于不可控成本而言的。凡是责任中心能够控制的各种耗费，皆称为可控成本；凡是责任中心不能控制的耗费，则称为不可控成本。具体而言，可控成本应同时符合以下三个条件：①责任中心能通过一定的方式事先知道将要发生的成本；②责任中心能够对发生的成本进行确切地计量；③责任中心能够对所发生的成本进行调节与控制。凡不符合以上条件的，即为不可控成本。

一项成本是否为可控成本，不是由成本本身确定的。可控成本与不可控成本是以特定的责任中心、特定的期间和特定的范围为前提的，成本的可控性是相对的。具体表现在：

（1）某项成本从某一个责任中心看是不可控制的，而从另一个责任中心看则是可控制的。例如，在材料供应正常的情况下，由于材料质量不好而造成的超过消耗定额的材料成本，就生产部门来说是不可控制成本，而对供应部门来说则是可控成本。

（2）一项成本是否具有可控性并非一成不变，从短期来看是不可控成本，从长期来看却是可控成本。如直线法下的固定资产折旧、长期租赁费等，从较短期间看属于不可控成本，而从较长的期间看，各责任中心在涉及固定资产购置、融资租赁决策、折旧方法选择等又成为可控成本。

（3）成本的可控性与责任中心所处管理层次的高低和控制范围的大小直接相关。对企业整体而言，所有成本都可视为可控成本，而各个责任中心，则有其不可控制的成本；上层次的可控成本不一定是下层次的可控成本，下层次的可控成本则一定是上层次的可控成本。例如，设备租金往往不为生产车间下属班组所控制，但一定为该生产车间所控制。

因此，区分可控成本与不可控成本是极为重要的。在评价成本中心业绩时，应以其可控成本为主要依据，而不可控成本只能作为参考。通常，某成本中心的责任成本，就是该中心各项可控成本之和，所以对于一个成本中心考核的内容并非所有成本，而是该成本中心的责任成本。

（四）成本中心的评价与考核

成本的评价与考核在贯彻可控性原则的前提下，成本中心应以其可控成本作为评价和考核成本的主要依据，不可控成本仅做参考。

成本中心的评价与考核结果的形式是成本中心的业绩报告，即按成本中心的可控成本的各明细项目列示其预算数、实际数和成本差异数，以成本中心发生的不可控成本作为参考资料列示，让成本中心负责人全面了解与其有关的成本。

成本中心负责人通过对成本中心业绩报告中差异形成的原因和责任进行详细的分析，充分发挥信息的反馈作用，以帮助各成本中心积极有效地采取措施、巩固成绩、纠正缺点，使其可控成本不断降低。其业绩报告格式如表9－3所示。

表9－3 **成本中心业绩报告**

201×年×月×日 单位：元

项目		实际数	预算数	差异
可控成本	直接材料	15 000	14 500	+500
	直接人工	9 000	9 500	－500
	制造费用	8 000	7 800	+200
	合计	32 000	31 800	+200
不可控成本	设备折旧	4 500	4 500	－－
	其他费用	3 500	3 800	－300
	合计	8 000	8 300	－300
总计		40 000	40 100	－100

在表9－3中，在数量一定的情况下，成本越低，工作业绩越好，所以如果预算数大于实际数则为有利差异，即顺差，表示节约；如果预算数小于实际数则为不利差异，即逆差，表示超支。可见，业绩报告中的成本差异是评价和考核成本中心业绩好坏的重要标志。

三、利润中心

利润中心是指对利润负责的责任中心。由于利润是收入扣除成本费用之差，所以利润中心不但要对成本、收入负责，而且还要对收入与成本的差额即利润负责。利润中心是比成本中心更高一级的责任中心，有权决定原材料的来源，决定产品的生产和销售。每一个利润中心同时也是成本中心，不同点在于利润中心除了要发生成本费用支出外，还会形成独立的收入，要对其实现利润额向上一级责任中心负责。例如，一个集团公司中的分公司、分厂或有独立经营权的各部门等。各利润中心在保证与企业整体目标一致的前提下，自成一体，自主经营，在充分调动其积极性的前提下，进行有效的决策，从而实现企业的整体目标。

（一）利润中心的种类

责任会计中的可控收入包括对外销售产品取得的收入和对内提供产品取得的收入，因而对利润负责的利润中心也就包括以下两种类型：

1. 自然利润中心

自然利润中心主要是指责任中心拥有产品销售权，对外销售产品而取得实际收入，根据获取的实际收入计算实现的利润，对这类利润负责的责任中心。但是，只有兼有产品定价权、材料采购权和生产决策权的自然利润中心才是完全的自然利润中心，否则就是不完全的自然利润中心。一般来说，只有独立核算的企业才能具备作为完全自然利润中心的条件，企业内部的自然利润中心应属于不完全的自然利润中心。

2. 人为利润中心

如果责任中心不能直接对外销售产品，而只是提供给企业内部的其他单位，以获取内部销售收入或产品成本差异取得的收入而形成的利润，由于这种内部利润并非现实的利润，因而创造内部利润的这种利润中心就称为人为利润中心。当然，以获取产品成本差异而形成的利润，按照责任中心的严格划分以及为了使责任中心能够更明确地体现其特点，我们通常将其称为成本中心。比如，工业企业内部的各个生产车间是否成为人为利润中心，应根据车间是否拥有独立进行经营管理的权利而确定。也就是说，人为利润中心的负责人应拥有诸如决定本利润中心的产品品种、产品产量、作业方法、人员调配、资金使用、与其他责任中心签订“供销合同”以及向上级部门提出建议或正当要求等权利。

（二）责任利润

利润中心是指对利润负责的中心，其利润主要是指责任利润，而责任利润就是企业的可控利润。可控利润是可控收入减去可控成本的差额，因而利润中心的收入和成本对利润中心而言必须是可控的。一般来说，企业内部的各个单位都有自己的可控成本，所以成为利润中心的关键在于是否存在可控收入。责任会计中的可控收入通常包括：一是责任中心拥有产品销售权而对外销售产品取得的实际收入；二是责任中心提供给企业内部其他单位而取得的收入。这种收入主要包括按照包含利润的内部结算价格转出本中心的完工产品而取得的内部销售收入和按照成本型内部结算价格转出本中心的完工产品而取得的收入两种类型。责任利润是利润中心评价与考核的主要指标，通常企业可通过一定期间实现的利润与责任预算所确定的预计利润进行比较，考核利润中心责任利润预算的完成情况，并将完成情况与对利润中心的奖惩结合起来，从而进一步调动利润中心的积极性，以实现利润的增长。

（三）利润中心的评价与考核

考核与评价利润中心的业绩，主要是通过对一定期间实现的利润与责任预算所确定的预计利润数进行比较，并进一步分析存在差异的原因及其相应的责任，以此对其经营上的得失和有关人员的业绩进行全面而准确的评价，从而实现对利润中心的评价与考核。通常以边际贡献作为利润中心评价与考核的主要指标。

根据责任会计的可控性原则，为了对利润中心经理人员的经营业绩进行评价与考核，必须进一步区分部门经理的可控成本和不可控成本，因而根据边际贡献在利润中心业绩评价中的延伸，边际贡献可引申出可控边际贡献和部门边际贡献两个指标。

1. 可控边际贡献

可控边际贡献也称为部门经理边际贡献或经理人员业绩毛益（Performance Margin）。其计算公式为：

可控边际贡献 = 边际贡献 - 可控固定成本总额

　　　　　　 = 销售收入总额 - 变动成本总额 - 可控固定成本总额

该公式主要用于评价利润中心经理人员的经营业绩，通过对部门经理可控收入、变动成本以及可控固定成本进行评价与考核，从而反映部门经理在其权限和控制范围内有效使用资源的能力。

2. 部门边际贡献

部门边际贡献又称为分部毛益（Segment margin）。其计算公式为：

部门边际贡献 = 可控边际贡献 - 不可控固定成本总额

该公式适合于评价该部门对企业利润和管理费用的贡献，即主要用于对利润中心的业绩进行评价与考核，以反映部门补偿共同性固定成本及提供企业利润所做的贡献。公式中的不可控固定成本总额是指部门经理不可控而高层管理部门可控的可追溯固定成本。

利润中心的业绩一般通过编制利润中心业绩报告来反映，其具体格式如表 9 - 4 所示。

表 9 - 4　　利润中心业绩报告

201×年×月×日　　单位：元

项　目	实际完成数	预算数	差　异
销售收入	500 000	480 000	20 000
变动成本	300 000	290 000	10 000
边际贡献	200 000	190 000	10 000
可控固定成本	110 000	102 000	8 000
可控边际贡献	90 000	88 000	2 000
不可控的未分配固定成本	45 000	44 000	1 000
税前收益	45 000	44 000	1 000

四、投资中心

投资中心是指既对成本、收入和利润负责，又对投资效果负责的责任中心。由于投资的目的是为了获取利润，所以投资中心同时也是利润中心，但两者存在明显的区别：

（1）权利不同。利润中心没有投资决策权，它只是在企业投资形成后进行具体的经营；而投资中心则不仅在产品生产和销售上享有较大的自主权，而且能够相对独立地运用所掌握的资产，有权购建或处理固定资产，扩大或缩减现有的生产能力。

（2）考核办法不同。对利润中心业绩进行考核时，主要是通过对一定期间实现的利润与责任预算所确定的预计利润数进行比较，不进行投入、产出的比较；而对投资中心业绩进行考核时，必须将所获得的利润与所占用的资产进行比较。

（3）组织形式不同。利润中心可以是独立法人也可以不是独立法人，而投资中心一般都是独立法人。

较高程度的分权管理模式就是投资中心，因而投资中心是最高层次的责任中心，它既具有最大的经营决策权，也具有最大的投资决策权。一般而言，规模和经营权利较大的部门都是投资中心，如大型集团公司所属的分公司、子公司、事业部等往往都是投资中心。由于投资中心主要是对投资效果负责的责任中心，应使其拥有充分的经营决策权和投资决策权，因而公司最高管理层应减少对投资中心过多的干预，让其在拥有较高独立性的前提下，充分发挥其自主性，从而实现本部门最大的经济效益。

为了准确地计算各投资中心的经济效益，企业管理当局应明确划分投资中心与其他责任中心的资产和权益，避免出现相互扯皮的现象，准确对其进行评价与考核。其主要包括：①应对各投资中心共同使用的资产划定界限；②应对共同发生的成本按适当的标准进行分配；③应对各投资中心之间相互调剂使用的现金、存货、固定资产等进行计算清偿，实行有偿使用。

投资中心拥有经营决策权和投资决策权，对其进行业绩评价与考核，既要考虑该部门的盈利性，也要考虑该部门对投入资源的使用状况。因此，考核指标应能将责任中心的责任与它所使用的实物资产和财务资产有机地联系起来。常用的评价投资中心的财务性业绩的指标是投资报酬率和剩余收益，其业绩评价结果的表达形式同样是投资中心的业绩报告。

（一）投资利润率

投资利润率又称为投资收益率，是指投资中心所获得的利润与投资额之间的比率，可用于评价和考核由投资中心掌握、使用的全部净资产的获利能力。其计算公式为：

$$投资利润率=\frac{利润}{投资额}\times 100\%$$

在这一公式中，投资额有两种涵义：第一种是投资总额，包括投资者投入的资本加上借入的资本，它反映投资中心的生产规模，往往用投资中心资产总额来反映。第二种是所有者权益，即投入资本加上经营过程中形成的留存收益，它反映投资中心的投资者在该投资中心中拥有的权益（股本和保留盈余）。根据对利润、投资额的不同理解，投资利润率有以下两种表现形式：

1. 资产利润率

资产利润率是指投资中心所获得的息税前利润与资产总额的比率。资产利润率能反映投资中心资产的利用率。其计算公式为：

$$资产利润率=\frac{息税前利润}{资产总额}\times 100\%$$

公式中，以资产总额作为投资额来计算投资利润率，主要是评价和考核由投资中心掌握、使用的全部资产总体的盈利能力，所以在利润计算中，不能扣除贷款的利息以及所得税，即以息税前利润（税后利润加上利息费用和所得税）作为利润计算。但由于利润是在整个预算执行期内取得的，而资产总额是期初或期末这一时点的数字，因此应使用预算期内的平均资产总额来计算资产利润率，通常采用年初、年末的平均数来计算。

【例9-2】某企业的一个投资中心，在生产经营中掌握、使用的全部资产，年初为150 000元，年末为160 000元；相应的负债为60 000元，与其相联系的利息费用为4 500元，年税后利润为10 000元，所得税税率为33%。据此，可计算确定的资产利润率如下：

$$资产利润率 = \frac{\frac{10\ 000}{1-33\%}+4\ 500}{\frac{150\ 000+160\ 000}{2}} \times 100\% = 12.5\%$$

2. 所有者权益利润率

所有者权益利润率是指投资中心所获得的净利润与所有者权益的比率。其计算公式为：

$$所有者权益利润率 = \frac{净利润}{所有者权益} \times 100\%$$

上式中是以投资中心的总资产扣除负债后的余额，即以投资中心的净资产作为投资额来计算投资利润率，所以，该指标也称为净资产利润率。它主要说明投资中心运用“公司产权”供应的每一元资产对整体利润贡献的大小，或投资中心对所有者权益的贡献程度。

【例9-3】接【例9-2】的资料，假定所有者权益的年初、年末余额没有变动，计算的所有者权益利润率如下：

$$所有者权益利润率 = \frac{10\ 000}{160\ 000-60\ 000} \times 100\% = 10\%$$

为了进一步说明影响投资利润率这个指标的基本因素，该公式还可以进一步扩展为：

$$投资利润率 = \frac{销售收入}{投资额} \times \frac{利润}{销售收入} = \frac{销售收入}{资产总额} \times \frac{息税前利润}{销售收入}$$

$$= 总资产周转率 \times 销售利润率$$

从上述公式可以看出，提高投资报酬率的途径有：

（1）努力降低成本，增加销售，提高销售利润率。比如，一方面通过适当削减广告费、职工培训费、改进工艺技术等降低成本；另一方面根据本量利分析法原理，当盈亏临界点不变时，扩大产品销售量可以提高边际利润总额，使利润增长速度高于成本增长速度。

（2）要经济地、有效地使用经营资产，努力提高资产利用率，从而提高投资利润率。

投资利润率作为投资中心业绩评价与考核的主要指标，能够促使各投资中心盘活闲置资产，减少不合理资产占用，及时处理过时、变质、毁损资产等，从而使管理者像控制费用一样控制资产占用或投资额的多少，综合反映一个投资中心的全部经营成果。但是该指标也有其局限性：①世界性的通货膨胀，使企业资产账面价值失真，以致相应的折旧少计，利润多计，使计算的投资利润率无法揭示投资中心的实际经营能力；②使用投资利润率往往会使投资中心只顾本身利益而放弃整个企业有利的投资机会，造成投资中心的近期目标与整个企业的长远目标相背离；③投资利润率的计算与资本支出预算所用的现金流量分析方法不一致，不便于投资项目建成投产后与原定目标的比较；④从控制角度看，由于一些共同费用无法为投资中心所控制，投资利润率的计量不全是投资中心所能控制的。因此，为了克服投资利润率的缺陷，应采用剩余收益作为评价指标。

（二）剩余收益

剩余收益是一个绝对数指标，是指投资中心获得的利润扣减其最低投资收益后的余额。最低投资收益是投资中心的投资额（或资产占用额）按规定或预期的最低报酬率计算的收益。其计算公式为：

剩余收益 = 利润 - 投资额 × 预期的最低投资报酬率

如果预期指标是总资产息税前利润时，则剩余收益计算公式应做相应调整。其计算公式为：

剩余收益 = 息税前利润 - 总资产占用额 × 预期总资产息税前利润率

这里所说的预期最低报酬率或预期总资产息税前利润率通常是指企业为保证其生产经营正常、持续进行所必须达到的最低报酬水平。

剩余收益作为投资中心业绩评价指标时，能够全面对投资中心的业绩进行评价与考核，能够防止各投资中心受本位主义的影响，在保持企业长远目标的前提下，实现投资中心最大的收益。因为一项投资，只要其投资利润率高于预期投资报酬率，那么该项投资便是可行的，并且该项投资就能够给投资者带来剩余收益，从而使投资中心的目标与整个企业的目标相一致。

剩余收益指标虽然可以使业绩评价与企业的目标协调一致，引导部门经理采纳高于企业资本成本的决策，但是，剩余收益是绝对数指标，不便于不同部门之间的比较，规模大的部门容易获得较大的剩余收益，而他们的投资报酬率并不一定很高。因此，当企业各投资中心的规模不相同，利用剩余收益对投资中心的业绩进行评价和考核时，很难做到准确、公平。

为了及时反映投资中心的业绩，应编制投资中心业绩报告，以便于高层管理部门进行决策。

【例 9 - 4】假定某公司 A 分公司为投资中心，若预期的最低报酬率为 15%，根据该公司有关资料编制的业绩报告如表 9 - 5 所示。

表 9 - 5 A 分公司投资中心业绩报告

201×年×月×日 单位：元

项目		实际数	预算数	差异
销售收入		150 000	130 000	+20 000
销售成本		138 000	122 000	+16 000
经营利润		12 000	8 000	+4 000
投资额（资产总额）		30 000	25 000	5 000
投资报酬率	销售利润率（%）	8	6	2
	资产周转率（次）	5	5.2	-0.2
	投资利润率（%）	0.4	0.32	0.08
剩余收益	经营利润	12 000	8 000	4 000
	经营资产×最低报酬率	4 500	3 750	750
	剩余收益	7 500	4 250	3 250

随着市场竞争日趋激烈，市场销售工作也日趋重要。为了强化销售功能，加强收入管理，及时收回账款、控制坏账，不少企业还会设置以营销产品为主要职能的责任中心——收入中心。这种责任中心只对产品或劳务的销售收入负责。如公司所属的销售分公司或销售部。尽管这些从事销售的机构也发生销售费用，但由于其主要职能是进行销售，因此，以收入来确定其经济责任更为恰当。对销售费用，可以采用简化的核算，只需根据弹性预算方法确定即可。

综上所述，责任中心根据其控制区域和权责范围的大小，分为成本中心、利润中心和投资中心三种类型。它们各自不是孤立存在的，每个责任中心承担各自的经营管理责任。最基层的成本中心应就其经营的可控成本向其上层成本中心负责，上层成本中心应就其本身的可控成本和下层转来的责任成本一并向利润中心负责；利润中心应就其本身经营的收入、成本（含上层转来成本）和利润（或边际贡献）向投资中心负责；投资中心最终就其经营管理的投资利润率和剩余收益向总经理和董事会负责。所以，企业各种类型和层次的责任中心形成一个“连锁责任”网络，这就促使每个责任中心为保证企业总体的经营目标一致而协调运转。

第三节　内部结算价格

在分权管理体制下，为了有效地对企业内部单位进行控制，并充分调动其积极性，将整个企业逐级划分为若干个责任中心，并赋予其相关的管理权限。为了公平、公正的评价和考核各责任中心的经营业绩以及对整个企业的贡献程度，就必须严格地划分各责任中心的收入、成本和利润。企业发生的各项收入、成本和费用，虽然大部分都可以根据各责任中心的关系进行规划，但由于企业内部各责任中心之间存在大量内部产品和劳务的交易，即存在频繁的内部往来，使得有一部分费用、成本和收入的归属不太清楚。既然各责任中心都是相互独立的责任主体，则它们之间的内部往来必须按照企业确定的内部转移价格进行内部结算。建立内部结算中心，是实施责任会计，考核责任中心业绩的重要环节。

内部结算价格又称为内部价格，是企业对中间产品内部转让计价结算的一种标准，其使用目的是正确地评价和考核内部责任中心的经营成果。在企业内部建立责任中心，合理确定内部结算价格，是实行责任会计的重要前提，也是利润中心得以存在和发挥功效的基础。

一、内部结算价格的作用

合理制定内部结算价格的重要作用，主要表现在以下几个方面：

（一）有利于明确划分各责任中心的经济责任

明确划分各责任中心的经济责任是实行责任会计的前提，而制定合理的内部结算价格又是划分经济责任的重要手段。如果内部结算价格制定得不合理，则可能出现问题：一方面可能会导致卖方责任中心的过失或不良业绩直接转嫁给买方责任中心，从而使得原本应由卖方责任中心承担的责任，却让买方承担；另一方面可能会导致买卖双方经常产生纠纷，如果企业高层过分干预，则会使各责任中心失去了独立自主的决策权利，违背责任会计的初衷并且损害各责任中心的经济利益。

（二）有利于正确评价各责任中心的业绩

准确地评价与考核各责任中心的业绩，必须要有合理的内部结算价格。内部结算价格是评价和考核责任中心工作业绩的前提和重要依据，只有制定合理的内部结算价格，才能准确地计量和考核各责任中心责任预算的实际执行情况，客观、公正地评价各责任中心的工作业绩，充分调动了各责任中心的生产积极性，使企业的生产经营进入良性循环状态。

（三）有助于制定正确的经营决策

公平、合理的内部结算价格有助于企业制定相关的经营决策，企业可以根据建立在内部结算价格基础上的业绩报告，从全局出发，决定哪些部门的业务应当发展，哪些部门的业务应当缩小，哪些部门的产品或劳务应当自制或是外购，以便使企业整体利益最大化。

（四）有利于引导责任中心与企业保持目标一致

在分权管理体制下，企业内部的各责任中心都是相互独立的责任主体，如果内部结算价格制定得不合理，可能会导致各责任中心受本位主义的影响，做出与整个企业长远目标不相一致的经营决策，从而损害企业的整体利益。因而制定合理的内部结算价格，有利于引导责任中心与企业保持目标一致，使得各责任中心利益的最大化与整个企业利益最大化保持一致。

二、内部结算价格制定的原则

（一）全局性原则

全局性原则强调企业整体利益高于各责任中心利益，当各责任中心利益发生冲突时，企业和各责任中心应本着企业利润最大化或企业价值最大化的要求，制定合理的内部结算价格。

（二）公平性原则

公平性原则要求内部结算价格的制定应公平、合理，应充分体现各责任中心的经营业绩，防止某些责任中心因价格优势而获得额外的利益，某些责任中心因价格劣势而遭受额外损失。

（三）自主性原则

自主性原则是指在确保企业整体利益的前提下，应尽可能通过各责任中心的自主竞争或讨价还价来确定内部结算价格，真正在企业内部实现模拟市场，使内部结算价格能为各责任中心所接受。

（四）重要性原则

重要性原则要求内部结算价格的制定应充分体现“大宗细，零星简”的原则，即对原材料、半成品、产成品等重要物资的内部结算价格制定从细，而对劳保用品、修理用备件等数量繁多、价值低廉的物资的内部结算价格制定从简。

三、内部结算价格的类型

（一）市场价格

市场价格是指根据产品或劳务的市场价格作为基价的价格。在责任会计制度下，有些责任中心具有产品销售权，能够直接对外销售产品，并且兼有产品定价权、材料采购权和生产决策权，可以自由决定从内部或者外界进行购销，因而对这类责任中心，可以市场价格作为内部结算价格。

以正常的市场价格作为内部结算价格主要适宜于利润中心和投资中心组织，其优点主要表现在：①供需双方部门都能按市场价格买卖他们的供需产品，使内部交易跟外部交易一样；②一个企业的两个责任单位相互交易，不管市场上是否存在同样货品，内部交易都能控制交易的货物质量、数量、交货时间等，也可以节省谈判成本，提高资金的使用效率；③能正确评价各个责任中心的经营成果，并能更好地发挥生产经营活动的主动性和积极性。但是，在企业内部直接以市场价格作为内部结算价格也存在很多缺陷，如责任单位之间提供的中间产品经常难以确定其市场价格，且市场价格往往变化较大或者市场价格无代表性。从业绩评价来说，用市场价格作为内部结算价格，往往对产品销售方极为有利，因为其产品供应于企业内部，可节省许多销售广告、商业信用等费用，这些节约的费用便直接成为其工作成果，而产品购入方却得不到任何好处，容易引起他们的不满。

（二）成本转移价格

成本转移价格就是以产品或劳务的成本为基础而制定的内部转移价格。由于成本的概念不同，成本转移价格也就有多种不同形式。其主要包括标准成本、标准成本加成和标准变动成本三种形式。

（1）标准成本，即以产品（半成品）或劳务的标准成本，作为内部转移价格，对各成本中心是比较合理的，尤其是中间产品没有市价时，更是必要的。它既不会把卖方的“低效”转嫁给买方，也不会把卖方成本控制的良好业绩误计入买方的成果。它适用于成本中心产品或半成品的结算。

（2）标准成本加成，即按产品（半成品）或劳务的标准成本加计一定的合理利润作为计价基础。其优点是能分清卖方单位与买方单位的经济责任，但该方法的关键是加成利润率确定的合理性。在确定加成利润率时，应根据企业内部各单位的工作难度、深度及一般通用的盈利率来综合考虑计算，反复协商、权衡利得和损失来制定，以达到公允合理的原则。

（3）标准变动成本，即以产品（半成品）或劳务的标准变动成本作为内部结算价格。该方法能够明确指示成本与产量的依存关系，便于考核各责任中心的工作业绩，有利于企业和各责任中心进行生产经营决策。

（三）协议价格

协议价格是企业内部各责任中心以正常的市场价格为基础，通过定期共同协商所确定的为双方所接受的价格。企业内各责任单位可通过相互协调，确定一个双方都愿意接受的协议价格，以解决直接以市场价格作为内部结算价格的缺陷。通常，存在市场价格的情况下，协商价格要比市场价格略低，但高于中间产品单位变动成本。主要原因在于，卖方向企业内部销售可以节省广告费、包装费和运输费等多项费用。另外，当卖方责任中心有剩余生产能力时，单位中间产品的内部结算价格只要在单位变动成本之上即可接受。这时中间产品的内部转移，适宜采用协商价格。

各责任单位采用协议价格对其买卖双方以及企业整体来说都是有利的，但协商确定价格需要花费双方较多时间，特别是需要协议的产品较多时，就更需要花更多的人力、物力，有时还会出现双方差异较大，无法取得结果，甚至因为无休止的争吵而伤害责任单位间的合作感情。有时责任单位领导之间难于确定结算价格时，需要由企业一级领导做出裁决，使各责任中心的“独立性”丧失意义，并且可能会影响到各责任中心业绩的正确评价与考核，从而大大挫伤各责任中心的积极性。因而这种方法主要用于在中间产品有非竞争市场、生产单位有闲置的生产能力及变动成本低于市场价格、责任单位有自主决策的情况下。

（四）双重价格

双重价格是指对产品（半成品）或劳务的供需双方分别采用不同的结算价格。如对产品（半成品）的供应方，可按协商的市场价格计价，对使用方则按供应方的产品（半成品）的单位变动成本计价，其差额最终进行会计调整。这既能维护整体利益，同时也能使买卖双方的积极性得到充分发挥。双重价格有两种形式：①双重市场价格，就是当某种产品或劳务在市场上出现几种不同价格时，供应方采用最高市价，使用方采用最低市价；②双重转移价格，就是供应方按市场价格或协议价格作为基础，而使用方按供应方的单位变动成本作为计价的基础。双重价格的采用主要是为了对企业内部各责任中心的业绩进行评价、考核，故各相关责任中心所采用的价格不需要完全一致，可分别选用对责任中心最有利的价格为计价依据。

四、内部结算

内部结算是指企业各责任中心清偿因相互提供产品或劳务所发生的、按内部结算价格计算的债权、债务。

（一）内部结算的方式

按照结算的手段不同，内部结算方式主要包括内部支票结算、转账通知单和内部货币结算方式。

1. 内部支票结算

内部支票结算是指由付款一方签发内部支票通知内部银行从其账户中支付款项的结算方式。内部支票结算方式主要适用于收款、付款双方直接见面进行经济往来的业务结算，以使双方明确责任。

2. 转账通知单

转账通知单是由收款方根据有关原始凭证或业务活动证明签发转账通知单，通知内部银行将转账通知单转给付款方，让其付款的一种结算方式。转账通知单一式三联，第一联为收款方的收款凭证，第二联为付款方和付款凭证，第三联为内部银行的记账凭证。

3. 内部货币结算

内部货币结算是使内部银行发行的限于企业内部流通的货币（包括内部货币、资金本票、流通券、资金券等）进行内部往来结算的一种方式。

上述各种结算方式都与内部银行有关，所谓内部银行，是指将商业银行的基本职能与管理方法引入企业内部管理而建立的一种内部资金管理机构。它主要处理企业日常的往来结算和资金调拨、运筹，旨在强化企业的资金管理，更加明确各责任中心的经济责任，完善内部责任核算，节约资金使用，降低筹资成本。

（二）责任成本的内部结转

责任成本的内部结转又称为责任转账，是指在生产经营过程中，对于因不同原因造成的各种经济损失，由承担损失的责任中心对实际发生或发现损失的责任中心进行损失赔偿的账务处理过程。

企业内部各责任中心在生产经营过程中，常常有这样的情况：发生责任成本的中心与应承担责任成本的中心不是同一责任中心，为划清责任，就需要将这种责任成本相互结转。最典型的实例是企业内的生产车间与供应部门都是成本中心，如果生产车间所耗用的原材料是由于供应部门购入不合格的材料所致，则多耗材料的成本或相应发生的损失，应由生产车间成本中心转给供应部门负担。

责任转账的目的是为了划清各责任中心的成本责任，使不应承担损失的责任中心在经济上得到合理补偿。进行责任转账的依据是各种准确的原始记录和合理的费用定额。在合理计算出损失金额后，应编制责任成本转账表，作为责任转账的依据。

第十章　作业成本会计

案例与问题分析

厦门三德兴公司为生产硅橡胶按键的企业，主要给遥控器、普通电话、移动电话、计算器和电脑等电器设备提供按键。企业的生产特点为品种多、数量大、成本不易精确核算。厦门三德兴公司在成本核算和成本管理方面大致经过以下三个阶段：第一阶段（1980—1994 年），无控制阶段；第二阶段（1994—2000 年底），传统成本核算阶段；第三阶段（2000 年以后），作业成本核算阶段。厦门三德兴公司实施的作业成本法包括以下三个步骤：①确认主要作业，明确作业中心。根据厦门三德兴公司产品的生产特点，从公司作业中划分出备料、油压、印刷、加硫和检查五项主要作业。其中，备料作业的制造成本主要是包装物，油压作业的制造成本主要是电力的消耗和机器的占用，印刷作业的成本大多为与印刷相关的成本与费用，加硫作业的制造成本则主要为电力消耗，而检查作业的成本主要是人工费用。各项制造成本先后被归集到上述五项作业中。②选择成本动因，设立成本库。成本库按作业中心设置，每个成本库代表它所在作业中心里由作业引发的成本。成本库按照某一成本动因解释其成本变动。在厦门三德兴公司备料、油压、印刷、加硫和检查五项主要作业里对成本动因各自选择备料作业、油压作业、印刷作业、加硫作业、检查作业。此外，厦门三德兴公司还包括工程部、品管部以及电脑中心等基础作业，根据公司产品的特点，产品直接原材料的消耗往往与上述基础作业所发生的管理费用没有直接相关性，所以，在基础作业的分配中没有选择直接原材料，而是以直接人工为基础予以分配。③最终产品的成本分配。根据所选择的成本动因，对各作业的动因量进行统计，再根据该作业的制造成本求出各作业的动因分配率，将制造成本分配到相应的各产品中去。然后，根据各产品消耗的动因量算出各产品的总作业消耗及单位作业消耗。最后，将所算出的单位作业消耗与直接原材料和直接人工相加得出各个产品的实际成本状况。

思考：1. 与传统制造成本法相比较，厦门三德兴公司为什么要按照作业成本法计算产品成本？

2. 同一企业同一时期同一产品同时分别按照传统成本法与作业成本法核算，是否会得出同样的结论，为什么？

第一节　作业成本会计基本原理

一、作业成本法概述

（一）作业成本法产生的社会背景

作业成本法（Activity - based Costing，简称 ABC 法）是指以作业为基础，通过对作业成本的确认、计量而计算产品成本的一种方法。它是西方国家于20 世纪80 年代开始研究，并从20 世纪90 年代以来在先进制造企业首先应用起来的一种全新的企业管理理论和方法。

随着市场竞争的日趋激烈和科学技术的不断进步，企业用于产品开发、技术研究和生产准备等方面的间接费用大幅度上升，产品成本中的直接人工成本的比重日益降低。在这种情况下，按照传统的成本计算方法，则会造成产品成本信息的失真。例如，传统的成本计算方法是以直接人工工时或机器工时为标准来分配制造费用的，而制造费用其实与这种分配标准之间的联系并不密切，如制造费用中的产品检验费用，它的多少主要取决于检验工作人员的工资和有关检验设备的消耗，而与直接人工工时或机器工时并无直接关系。按照直接人工工时或机器工时来分配检验费用，显然不尽合理，在检验费用数额不大，在全部成本中所占比例较小时，这样的分配结果尚可以接受。但在检验费用数额较大或在全部成本中所占比例较高时，这样的分配结果就严重失真了。这就要求寻求一种新的成本计算方法来克服传统方法的缺陷，作业成本法就是在此背景下而产生的。

最早使用“作业成本”概念的是著名会计学家埃里克·科勒（Eric Kohler）。科勒的研究是基于作业的成本计算、管理思想和方法的初步应用，是 ABC 法的萌芽。乔治·斯托布斯在他的《作业成本计算和投入产出会计》和《服务与决策的作业成本计算——决策有用性框架中的成本会计》中对作业会计的基本概念和理论进行了全面的讨论和阐述，形成了“作业成本”理论的基本框架，为作业管理思想的形成和发展奠定了基础。在近几十年，西方成本会计受到了科技发展、企业变革的重大挑战。美国卡普兰教授和西方管理会计泰斗霍恩格伦教授，对于把作业会计由斯托布斯的纯学术性研究推向用于一个组织具有可操作性的作业会计做出了巨大贡献。而库珀的四论作业基础成本计算的兴起以及他与卡普兰合作发表的论文对作业会计的现实需要、运行程序、成本动因的选择和成本库的建立做了全面深入的分析，是作业会计研究的重要文献。詹姆斯·A. 达林逊在 1991 年编著的《作业会计：以作业为基础的成本计算法》，对作业成本计算和如何追溯相关成本动因，以便合理利用进行了规范化研究。彼得·特尼在如何将作业成本信息应用于作业管理，如何实地推行作业成本计算和作业管理方面做了大量工作。

自 20 世纪 70 年代以来，高科技在生产领域的广泛应用，加快了社会生产的发展。日本、美国等一些发达国家纷纷取得了自动化生产、电脑辅助设计、电脑辅助制造、弹性制造系统（FMS）的丰硕成果。这为生产经营的革命性变革提出了要求，同时也为它提供了技术上的可能。这就使得直接人工费用在成本中的比例越来越小，间接费用的比例大幅度上升。如20世纪80年代间接费用在产品生产成本中所占的比重，美国为35%，日本为26%；从美、日的电子和机器制造业来看，这一比重在日本高达百分之五六十，在美国高达75%。产品的多样化，也会使各种产品在技术层次上（精密程度）相差较大。在这种成本构成内容发生变化的情况下，为了正确计算产品成本，提供更为广泛和相关的成本信息，以满足企业经营管理的需要，客观上要求把成本控制的重点由直接材料、直接人工逐步向制造费用转移。

在电子技术革命的基础上，既产生了高度电脑化、自动化的先进制造企业，同时也带来了管理观念和管理技术的重大变革，形成了以高科技为基础的新的企业观。所谓新的企业观，就是把企业看做最终满足顾客需要而设计的"一系列作业"的集合体，形成一个由此及彼、由内到外的作业链。若要完成一项工作就要消耗一定的资源，而作业的产出又形成一定的价值，转移到下一个作业，依此类推，直到最终把产品提供给企业外部的顾客，以满足他们的需要。这里所说的作业是指基于一定目的、以人为主体、消耗一定资源的特定范围内的某种活动或事项。作业的转移同时伴随价值的转移，最终产品是全部作业的集合，同时也表现为全部作业的价值集合。因此，作业链的形成过程，也就是价值链的形成过程。作业形成价值，并不是所有的作业都增加转移给顾客的价值，可以增加转移给顾客价值的作业叫做增加价值的作业；不能增加转移给顾客的价值的作业叫做不增加价值的作业或浪费作业。企业管理就是要以作业管理为核心，尽最大努力消除不增加价值的作业，尽可能提高增加价值的作业的运作效率，减少其资源消耗。使作业成本法得到迅速发展和应用的主要原因在于适时制生产和全面质量管理（TQC）。适时制生产即适时生产系统（JIT），是根据需求来安排生产和采购，以消除企业制造周期中的浪费和损失的一种新的生产管理系统。其基本思想是要消除从产品设计到产品销售的各个环节的一切浪费。在生产经营中，凡不能为最终产品增加价值的作业皆为浪费作业，它要求站在顾客需求的立场上，力争使企业生产经营的各个环节无库存储备，即零存货。而为达到这一要求，企业就应适时地将外购原材料或零部件直接运达生产现场，投入生产，而无须建立原材料、外购件的库存储备。生产的各个环节要紧密地协调配合，其前阶段按后阶段进一步加工的要求；生产出在产品、直接投入生产，亦无须建立在产品、产成品的库存储备；在销售阶段，生产出来的产成品能够充分地满足顾客的需要，并按顾客的要求，适时地送到顾客手中亦无须建立产成品的库存储备。

为使适时制生产方式能够顺利进行，必须做好以下五个方面的工作：

（1）与供应商保持良好的合作关系。适时制生产方式要求企业旨在生产需要时采购所需数量的原材料、外购零部件等要求供货商及时送货至现场，即按需定购，以消除供应环节上的浪费。

（2）生产经营过程的每个环节都要做到零缺陷不良的连锁反应，给企业造成较严重的浪费和损失。所以，适时制生产方式必须和全面质量管理同步进行，才能充分发挥适时制生产方式的重要作用。

（3）培养具有综合技能的技术工人。适时制生产方式的实行，要求工人具有多种技能，对制造单元内的工人进行全面培训，从事单元内的所有工作；当制造单元内的工人有闲置时间的情况出现时，工人可以统一调配去从事有关生产准备、设备的预防性维护等方面的工作。这样，既可提高企业的劳动生产效率，又使企业的劳动力资源得以充分有效地利用。

（4）实行预防性维护。适时制生产方式要求对机器设备进行事前的预防性维护，以保证适时制生产方式的顺利运行。

（5）能够迅速有效地进行生产组织的调整。企业花在生产组织调整上的时间，是不能为最终产品增加价值的。所以，必须设法采用先进的制造技术，如弹性制造系统（FMS），以缩短调整的时间，使其减少到最低限度。不良的连锁反应，给企业造成较严重的浪费和损失。所以，适时制生产方式必须和全面质量管理同步进行，才能充分发挥适时制生产方式的重要作用。

成本核算的根本性要求就是满足企业经营管理的需求。新技术革命和日趋激烈的市场竞争使企业的经营管理方式的变化，对传统的成本计算方法产生了前所未有的冲击。它要求成本核算工作由以产品为中心转移到以作业为中心，建立起一个以作业为基本对象的科学的成本信息系统，使之贯穿于作业管理的全过程，以便通过它对所有作业活动进行追踪，进行动态反映，提供更为详细的信息，且在此基础上建立起更为科学、有效的决策、计划、控制、分析和考评机制，以促进企业作业管理水平的提高。于是，产生了以作业量为成本分配基础，以作业为成本计算的基本对象，旨在为企业作业管理提供更为相关、相对准确的成本信息的成本计算方法——作业成本计算法。

（二）作业成本法的特点

与传统的成本计算方法相比较，作业成本法计算产品成本有如下特点：

（1）以作业为成本计算的中心。在作业成本法下，首先要确认从事了哪些作业，根据作业对资源的耗费归集各种作业所发生的成本，然后根据产品对作业的需求量，计算出耗费作业的产品成本。作业成本法扩大了成本计算面，把成本计算的重心转移到耗费资源的作业成本上，有利于提高成本分析的清晰度，发现和消除对企业经济效益无贡献的耗费。

（2）设置成本库归集成本。成本库是指可用同一成本动因来解释其成本变动的同质成本集合体。如一个生产车间所发生的动力费用、准备调整费用、检验费用等受不同的成本驱动因素影响，应分别设置成本库进行归集。又如检验费用，也可再按材料检验、在产品检验和产成品检验分设若干个成本库归案。不同质的制造费用，通过不同的成本库归集，有利于发现和分析成本升降的原因，有的放矢地进行成本控制。

（3）按多标准分配成本。将不同质的费用设立不同的成本库进行归集，也有利于按引起费用发生的成本动因进行分配。例如，动力费用与产品产量有关，可选择与产品产量有关的成本动因，如机器小时作为分配基础；产品检验费用与检验数量有关，可按检验数量进行分配；准备调整费用与产品准备次数有关，可按准备次数进行分配。按多标准分配不同质的制造费用，能够为成本控制提供更准确的信息。

在作业成本法下，分配间接费用的基础，除了财务方面的指标外，大量的是非财务方面的指标，如材料订购次数等。

二、作业成本制中的基本概念

作业成本制是通过对作业成本的确认、计量而计算产品成本的方法。它既是一种先进的成本计算方法，也是成本计算与成本控制相结合的全面成本管理制度。它是适应现代高科技生产及管理新观念和管理新方法的需要而产生与发展的，是一场新的成本会计革命。

作业成本制下一般涉及以下一些概念：

（一）作业与作业成本

作业是企业提供产品或劳务过程中的各个工作程序或工作环节。产品生产过程由作业构成，产品生产过程中的消耗表现为作业消耗。企业的作业种类繁多，表现出不同的特性：有些作业使每一单位产品都受益，与产品量成比例变动，如机器的折旧及动力等；有些作业与产品批别有关，使一批产品受益，如为生产某批产品的材料处理、机器准备等，这类作业与产品的批数成比例变动；有些作业与某种产品相关而与产品产量及批数无关，如对每一种产品编制的生产程序、控制规划、开列材料清单等。

维持作业所发生的消耗称为作业成本。作业消耗资源与成本，产品消耗作业，因而作业成本同时又是产品成本形成的基础，产品生产过程中的费用消耗表现为作业的费用消耗。

（二）作业链与价值链

在作业管理观念下，企业的生产经营被看成是为最终满足顾客需要而设计的“一系列作业”的集合体，形成企业的作业链。企业的作业链由直接人工作业、材料消耗作业及其他制造作业三条平行而又相互交织的作业链构成。产品的生产过程表现为作业的推移过程。作业消耗成本，作业的推移过程也就是成本的累积过程。作业同时又创造价值，作业的推移表现为价值在企业内部的积累与转移，最终形成移交给企业顾客的总价值。作业链因而也表现为价值链。作业形成价值，但并非所有的作业都增加转移给顾客的价值。有些作业可以增加转移给顾客的价值，称为增加价值的作业；有些作业则不能增加转移给顾客的价值，称为不增加价值的作业。企业管理就是要以作业管理为核心，尽可能消除不增加价值的作业，对于增加价值的作业，尽可能提高其运作效率，减少其资源消耗。

（三）成本动因

成本动因是指引起成本发生的作业或因素，成本动因驱动成本，发生的成本按成本动因进行分配。在作业成本计算中，成本动因为作业，发生的成本按作业的消耗量进行分配。如检验成本引发的动因是检验这一作业，其成本就应按产品所消耗的检验作业量进行分配，由于检验作业量可用检验小时表示，检验成本分配的依据是检验小时，当每次检验的时间较稳定时，分配依据可进一步简化为检验次数。

（四）作业成本制与数量基础成本计算

在作业成本制下，成本费用的发生被视作与作业相关。产品生产过程中的费用消耗表现为作业的费用消耗，产品成本由作业成本构成。作业成本计算的基本思路是，产品消耗作业，作业消耗成本，生产费用应根据其产生的原因汇集到作业，计算出作业成本，再按产品生产所消耗的作业，将作业成本计入产品成本。按照这一思路，作业成本计算既可计算出产品成本以满足损益计算的需要，又可计算出作业成本满足作业管理的需要。

作业成本制实质上是将制造费用按作业划分为不同的部分，每一部分按与之相关的作业进行分配，选用的成本动因较多。而在传统的成本计算方式下，制造费用分配选用的成本动因较少，往往只有一项，其分配建立在这样一种假设基础之上：制造费用的发生与产品所消耗的人工工时或机器工时相关，各产品应该按所消耗的人工工时或机器工时的比例分摊制造费用。由于作业成本制下的成本分配标准更多更具体，因此，其计算的产品成本比按传统方式计算的产品成本更为准确，对决策更为有用。

三、作业成本法的运用前景

作业成本法的基本思想源自 D. Longman 和 M. Schiff 合著的《实际销售成本分析》（*Practical Distribution Cost Analysis*）。该作者提出了功能成本法（ Functional Costing）。进行销售成本核算时，使用控制因子（Control Factor Units）来联系变量（Variaole Quantum）与成本金额、销售与佣金。作业成本法最早用于非制造业，如铁路运输业，后来才更多地用于制造业。

尽管作业成本法即使在美、英、加拿大等国也尚属初级应用阶段，但近年来保持了较好的应用上升势头。很多企业受宏观经济衰退的困扰，转向采纳这一务实的工具，以便取得更多的战略、财务和经营方面的信息，从而提高其竞争能力和获利能力。即使在成本效益原则的限制下，作业成本法也至少可以在以下四个方面取得进展和突破：

（1）多个间接成本分配基础的广泛采用。企业分配间接制造费用，将不再简单地只按直接工时或机器工时来进行。

（2）强调产品成本的战略管理。企业不仅关注其制造环节，还重视研究与开发、设计、采购、推销、销售、售后服务等环节。

（3）业绩的非财务计量和财务计量并存。作业成本法可产生非财务信息，结合各类信息，进行业绩的评价和考核，将是一种趋势。

（4）增值性分析、因果联系分析的深入开展。企业面临的将是买方市场，唯有生产高质量、低成本且适销对路的产品才能生存、发展。因此，增值性及成本与产品、服务、顾客的因果联系将备受关注。

目前我国的自动化程度很低，现行会计制度又要求采用制造成本法，因此，在实践中还很少应用作业成本法。但随着社会主义市场经济的逐步建立和完善，现代企业制度改革的深入进行，我国企业面临的竞争将趋于激烈，自动化程度将很快提高，新信息技术将不断引入、应用到企业中来。我们有必要尽早改变成本管理效率不高、成本核算粗略的状况，深入了解作业成本法，认识作业成本法的现实意义，选择适当时机设计好作业成本制，正确对待作业成本法应用中存在的问题，及时借鉴、消化和吸收国内外先进经验。

第二节 作业成本法的计算

一、作业成本法的计算程序

作业成本法的计算程序如下：

（1）作业分析。作业分析，是指分析生产产品和提供劳务服务所发生的各项活动，将同质的活动确认为作业项目（或作业中心）的过程。作业分析的目的就是将企业的生产经营活动分解或集合为一个个计算成本和评价效果的基本单位——作业，描述有关资源是如何被消耗的，说明各项作业的投入和产出。作业项目不一定正好与企业的传统职能部门相一致。有时候，一项作业是跨部门进行的；但有时候，一个部门可以完成若干项作业。作业分析可以通过编制作业流程图来完成。

（2）确定资源动因，建立作业成本库。根据作业对资源的耗费，按作业项目记录和归集费用，建立作业成本库。

（3）确定作业动因，分配作业成本。确定作业动因，根据产品或劳务消耗特定作业的数量，将作业成本分配到各成本目标（产品或劳务）中。

（4）计算汇总各成本目标的成本。某厂作业成本核算流程见图 10 - 1。

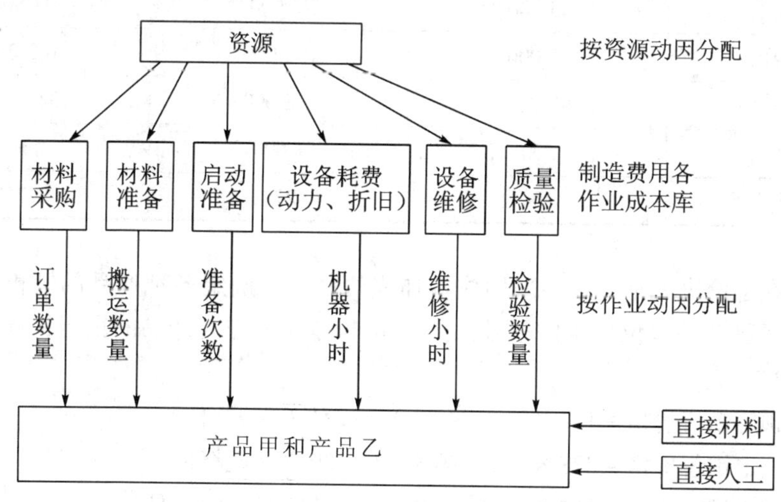

图 10 - 1 某厂作业成本核算流程

二、作业成本法的计算例示

【例 10 - 1】甲公司在 2015 年度生产和销售 A、B、C 三种产品，其中，A 产品工艺程序非常复杂、B 产品工艺程序一般、C 产品工艺程序最为简单，有关记录如表10-1。

表10-1　　甲企业2015年产品生产成本记录

项　目	A产品	B产品	C产品	合　计
年产量（件）	500	1 000	1 500	
年直接材料	20 000	80 000	88 000	188 000
年直接人工	45 000	70 000	92 800	207 800
年制造费用				320 000
年工时消耗（小时）	1 000	4 000	5 000	10 000

根据以上资料，按照制造成本的计算法，各产品成本的计算如下：

制造费用分配率=320 000÷10 000=32（元/小时）

则：A产品应负担的制造费用=1 000×32=32 000（元）

B产品应负担的制造费用=4 000×32=128 000（元）

C产品应负担的制造费用=5 000×32=160 000（元）

各产品制造成本的计算如表10-2所示。

表10-2　　甲企业2015年制造成本计算法下各产品成本的计算

项　目	A产品	B产品	C产品
直接材料	20 000	80 000	88 000
直接人工	45 000	70 000	92 800
制造费用	32 000	128 000	160 000
总成本	97 000	278 000	340 000
产量	500	1 000	1 500
单位成本	194	278	227.2

甲公司在定价决策时，主要采用成本加成的办法来确定各种产品的销售价格，即在计算出的各种产品单位成本的基础上加上成本的40%作为产品的预定销售价格，在这种思路下：

A产品预定销售价格=194×（1+40%）=271.6（元/件）

B产品预定销售价格=278×（1+40%）=389.2（元/件）

C产品预定销售价格=227.2×（1+40%）=318.08（元/件）

然而，现实的情况是：A产品按预定的销售价格销售时，产品非常畅销，通过市场调查分析，主要原因是其销售价格远低于市场平均价格，后来提高售价到350元后产品的销售势头仍然很好；与此正好相反，产品C却难以按预定的318.08元的价格销售出去，几经周折，降价10%以后，销售仍然不太理想，且价格仍然高于市场平均价格。

甲公司在广泛调查的基础上，认定其定价模式基本符合目前企业普遍存在营销费用较大的特点，符合公认的定价策略。在这种情况下，公司经理层对其成本的真实性产生了怀疑，决定采用作业成本法重新进行成本计算。

甲公司首先将其生产经营过程划分为若干个作业中心，建立作业成本库；然后将非直接性成本费用归集到各作业成本库中；最后再将各作业成本库的成本费用分配给A、B、C三种产品。具体资料如表10-3所示。

表10-3 甲企业2015年生产过程各作业中心资源耗费及作业量

单位：元

作业中心	资源耗费（元）	作业动因	作业量			
			A产品	B产品	C产品	合　计
车间日常管理	65 000	生产工时	1 000	4 000	5 000	10 000
生产现场管理	45 000	产量	500	1 000	1 500	3 000
设备维护	90 000	机器工时	6 000	6 000	8 000	20 000
实物管理	38 000	移动次数	50	30	20	100
验收与质检	46 000	检验小时	800	800	400	2 000
生产调试准备	36 000	调试准备次数	1 000	400	100	1 500
合　计	321 000					

根据以上资料，计算各作业中心的单位作业成本如下：

车间日常管理作业中心的单位作业成本＝65 000÷10 000＝6.5（元/小时）

生产现场管理作业中心的单位作业成本＝45 000÷3 000＝15（元/件）

设备维护作业中心的单位作业成本＝90 000÷20 000＝4.5（元/小时）

实物管理作业中心的单位作业成本＝38 000÷100＝380（元/次）

验收与质检作业中心的单位作业成本＝46 000÷2 000＝23（元/小时）

生产调试作业中心的单位作业成本＝36 000÷1 500＝24（元/次）

根据以上资料，计算出各产品的制造费用如表10-4所示。

表10-4 甲企业2015年各产品应分配制造费用

单位：元

作业中心	单位作业成本	A产品作业量	A产品制造费用	B产品作业量	B产品制造费用	C产品作业量	C产品制造费用
车间日常管理	6.5	1 000	6 500	4 000	26 000	5 000	32 500
生产现场管理	15	500	7 500	1 000	15 000	1 500	22 500
设备维护	4.5	6 000	27 000	6 000	27 000	8 000	36 000
实物管理	380	50	19 000	30	11 400	20	7 600
验收与质检	23	800	18 400	800	18 400	400	9 200
生产调试准备	24	1 000	24 000	400	9 600	100	2 400
合　计			102 400		107 400		110 200

根据以上资料及计算，计算各产品的成本如表10－5所示。

表10－5　　甲企业2015年作业成本计算法下各产品成本

单位：元

项　目	A产品	B产品	C产品
直接材料	20 000	80 000	88 000
直接人工	45 000	70 000	92 800
制造费用	102 400	107 400	110 200
成本合计	167 400	257 400	291 000
产量（件）	500	1 000	1 500
单位成本	334. 8	257. 4	194

从以上的计算中可以发现，采用作业成本计算与传统的成本计算方法相比，A产品和C产品的单位成本发生了惊人的变化，从而按既定的定价模式确定的预计售价也将发生较大的变化，具体对比情况详见表10－6。

表10－6　　甲企业2015年各产品单位成本和预算售价对比表

单位：元

对比项目	作业成本法	制造成本法
A产品单位成本	334. 8	194
B产品单位成本	257. 4	278
C产品单位成本	194	227. 2
A产品预算售价	468. 72	271. 6
B产品预算售价	360. 36	389. 2
C产品预算售价	271. 6	318. 08

三、作业成本法的评价

（一）作业成本法的优点

作业成本法与传统的成本计算方法相比较，具有以下六个方面的优点：

（1）拓宽了成本核算的范围。作业成本法把作业、作业中心、顾客和市场纳入成本核算的范围，形成了以作业为核心的成本核算对象体系，不仅核算产品成本，而且核算作业成本和动因成本。这种以作业为核心而建立起来的、由多维成本对象组成的成本核算体系，可以抓住资源向成本对象流动的关键，便于合理计算成本，有利于全面分析企业在特定产品、劳务、顾客和市场及其组合，以及各相应作业上盈利性的差别。

（2）提供相对准确的成本信息。在作业成本计算法下，能够改变传统成本计算中标准成本背离实际成本的事实。它从成本对象与资源耗费的因果关系着手，根据资源动因将间接费用分配到作业，再按作业动因将作业计入成本对象，从而揭示了资源与成本对象真正的“一对一”的本质联系，克服了传统成本计算假定的缺陷。作业成本计算分配基础的广泛化，使间接费用的分配更具精确性和合理性，克服了传统成本计算法按照单一的分配标准分配间接费用所造成的对成本信息的严重扭曲，提供相对准确的成本信息。

（3）作业成本信息可以有效地改进企业战略决策。在作业成本法下，由于间接成本不是均衡地在产品间进行分配，而是通过成本动因追踪到产品的，因而有助于改进产品定价决策，且为是否停产老产品、引进新产品和指导销售提供准确的信息。除了定价、资源分配及优化产品组合决策之外，作业成本信息有助于对竞争对手的“价格—产量决策”做出适当反应。所以，有人说作业成本计算法不仅仅是一种先进的成本计算方法，也是管理咨询服务的工具，而且还是管理会计师提高企业发展能力、获利能力、工作效率的技术。

（4）提供便于不断改进的业绩评价体系。作业成本法关注那些使成本增加和复杂化的因素，揭示在产品之间分配间接成本时“苦乐不均”所产生的后果。在评价作业时，作业成本法的宗旨就是利用具体的作业信息，提高增值作业效率，力图规避无效作业。作业成本法的业绩评价清晰地反映了作业。资源在增加顾客价值中所起的作用，揭示了增值作业、非增值作业以及可供资源、实际使用资源和实际需用资源之间的差别，可为改进作业管理、优化资源配置提供有用信息。

（5）便于调动各部门挖掘盈利潜力的积极性。作业成本法的成本计算过程实际上是贯穿于资源流动始终的因果分析过程，便于明确与落实各部门的岗位责任，揭露存在的问题，从而推动它们不断挖掘盈利潜力，优化经营管理决策，使整个企业处于不断改进的环境中。

（6）有利于企业杜绝浪费，提高经济效益。作业成本计算通过对成本动因的分析，揭示资源耗费、成本发生的前因后果，指明深入到作业水平，对企业供、产、销各个环节的基本活动进行改进与提高的途径，有利于消除一切可能形成的浪费，全面提高企业生产经营整体的经济效益。

（二）作业成本法的局限性

1. 在成本动因的选择上有一定的主观性

由于作业成本计算的目的是为更全面、精细地将各项作业耗费分配到消耗这些作业的产品成本中去，因而在成本计算过程中，需要确认资源和作业，需要设立作业成本库，且为每个作业成本库选择最佳的成本动因。在这个过程中，难免带有主观性和一定程度的武断性，尤其是所选择的成本动因，并不总是客观的和可以有效验证的，有些甚至很难进行恰当选择。例如，厂房租赁费用和车间的一些维持性成本，就很难选择合适的成本动因。这些不仅为作业成本的有效实施增加了难度，同时也为企业管理当局人为地操纵成本提供了可能，导致对这种操纵结果进行审计更加困难。

2. 实施作业成本计算的费用较高

作业成本计算的优越性是可以为企业提供更为相关、更为精细的成本信息。但是，全面实施作业成本计算对于企业来说无疑是一项相当庞大的系统工程。尤其在企业业务量大、生产经营过程复杂的情况下，不仅成本计算过程相当复杂，而且需要做许多基础性的工作，并且随着企业生产经营环节的变化、技术的创新及产品结构的调整，又需要重新进行作业的划分或调整工作，其费用之高是可以想象的。

3. 作业成本计算的实施将会降低（或失去）成本信息的纵向和横向可比性

作业成本计算法与传统的成本计算法相比较，无论在产品成本所包括的内容上，还是费用的分配原理上都存在很大的差别。就产品成本所包括的内容来说，传统的产品成本计算只包括直接材料、直接人工和制造费用；而作业成本计算法下的产品成本，其内涵要广泛得多，可以包括一切为生产该产品而发生的费用，即产品成本是全部成本的概念。至于在费用分配原理上的差别，则不必多说。因此，在这两种成本核算系统下，不仅同一个企业（或车间）所取得的成本信息会有重大差别，而且同一种产品的成本信息也会大不相同。不言而喻，这种成本信息上的差别，必然会使企业有关资产价值的计量以及企业损益的计算发生变化。而成本信息的变化以及由此而带来的有关资产价值和企业损益的变化使企业前后期的会计信息，以及与其他企业有关的会计信息失去可比性。

（三）我国企业在借鉴作业成本法时应注意的问题

基于以上分析，作业成本法是一种较为科学的成本计算方法。鉴于我国企业在成本计算和成本管理上所存在的诸多问题，我们应该借鉴和吸收这种成本计算方法的原理和精髓，以提高成本信息的决策相关性，提高成本管理的有效性。在借鉴时，必须充分考虑企业的具体情况和作业成本法本身的局限性。有鉴于此，可以先在原材料供应较为充裕、市场竞争激烈、生产线成熟、自动化程度高、产品技术含量大，基本具备实施作业成本计算条件的企业试用，且在应用的方式方法上可以是多种多样的。在借鉴和应用作业成本计算时，企业应特别注意以下三个方面的问题：

（1）充分认识企业的具体情况，注意把作业成本法的实施与企业成本管理水平的改进和提高结合起来；从现实需要出发，设计作业成本计算系统。就目前我国企业的实际情况来说，应用作业成本计算，主要还是应用其成本计算的原理，为成本管理服务，而不是以作业成本法完全取代传统的成本计算方法。在条件较为成熟的企业可以较为全面地施行作业成本计算；而就多数企业来说，则应该在生产经营的某些环节或者对某些局部费用的分配方法上引入作业成本法的原理，以提高成本信息的质量，使之更好地为企业生产经营和决策服务。

（2）充分认识作业成本法在费用分配上的本质要求，切忌主观武断。作业成本计算之所以可以提供相对准确的成本信息，是以下面两个基本条件为前提的，若严重违反了这两个基本条件，不仅达不到预定的目的，还会适得其反。

第一个条件是：同一作业成本库中的成本均由同质作业引起，也就是在同一成本库中，成本受单一作业或主要作业驱使而致。若成本因两个或两个以上主要作业而发生却仅以一个作业为基础来将成本分摊至产品，则违反了这个条件。所以，许多成本以武断的方式进行分摊仍会造成成本扭曲。

第二个条件是：同一成本库中，成本变动与作业的变动水准是等比例增减的，也就是成本动因与被分摊成本间有密切的因果关系。作业成本计算的限制在于某些成本的发生与产品无直接因果关系，因而无法找出合适的成本动因。在这种情况下，如贸然分摊必将造成错误，闲置生产能力的成本就是如此。

因此，企业在实施作业成本法时，首先应全面地对生产经营过程进行作业分析，在此基础上建立作业成本库和选择成本动因。

（3）要充分考虑成本效益原则，力求有效地解决企业生产经营过程和成本管理中存在的问题。如前所述，实施作业成本计算是一项较为庞大的系统工程，即使局部地采用也是一件较为复杂的工作。因此，实施作业成本法的预计成效如何，需要耗费的成本怎样，是企业应研究的重要问题。为此，企业在实施作业成本法时，首先必须认真分析企业生产经营过程和成本核算中存在哪些问题，采用作业成本法和作业成本管理是否有助于这些问题的解决，以及其成本效益如何，以便有效地、有针对性地解决这些问题，且使耗费的成本较小。如果企业需要耗费较大的人力、物力和财力，需要进行复杂的成本核算，但并不能解决所存在的主要问题，则不应盲目实施作业成本计算。

第三节　作业成本管理

一、作业管理与作业成本管理

社会环境的变化，生产技术的发展，使管理方法的新发展出现以顾客满意为核心的五个关键点，即全面价值链分析、内外部并重、关键成功因素（成本、质量、时间、创新）、持续的改进与客户满意。新企业观的形成，可谓这一背景下的产物。新企业观，就是把企业看成是为满足顾客需要而设计的一系列作业的集合体。企业产品凝聚了各个作业上形成而最终转移给顾客的价值。因此，作业链同时也表现为价值链，作业的推移，同时也表现为价值在企业内部顾客的逐渐积累与转移，最终形成转移给企业外部顾客的总价值。从顾客那里收回转移给他们的价值，形成企业的收入，收入补偿完成各有关作业所消耗的资源的价值之和后的余额，成为从回收转移给顾客的价值中取得的利润。

与此相应，企业管理的着眼点和重点应从传统的产品上转移到作业上来，实行“以作业管理为基础的管理”（ABM，即作业管理），企业管理深入到作业水平，有利于溯本求源。设法消除非增值作业，尽可能改进增值作业，减少其资源消耗，在持续改进中，最大限度地提高企业从顾客收回的价值。

实行作业管理，对作业的增值情况（区分增值与非增值作业）进行分析，必须借助作业成本法所提供的比较准确的作业成本信息。作业成本法把成本计算的重点放在成本发生的前因后果上。从前因看，成本是由作业引起的，而作业的形成要追踪到产品的设计环节，正是在产品的设计环节决定生产的作业组成和每一作业预期的资源水平以及预期产品最终可对顾客提供的价值大小。从后果看，对作业执行以至完成实际耗费了多少资源及这些耗费可对产品最终提供给顾客的价值做出多大贡献这两个问题进行的动态分析、可以提供有效信息，促进企业改进产品设计，提高作业完成的效率和质量水平，在所有环节上减少浪费并尽可能降低资源消耗，寻求最有利的产品和顾客以及相应投资方向，并将企业置于不断改进的环境中，以促进企业生产经营整个价值链水平的不断提高。可见，作业成本法是作业管理的基础和中介，它作为一个相对准确的成本信息系统，贯穿于作业管理的始终，通过对所有作业的追踪并进行动态反映，发挥了决策计划和控制作用，促进了作业管理水平的不断提高。

为消除不能为最终产品增值的作业，必须加强设计阶段的作业和功能分析。借助于先进的设计手段，企业对所设计的新产品功能及其今后所需的作业进行反复分析研究，彻底消除不必要的功能和作业，设计出既能满足顾客要求而消耗资源又少的新产品。

以作业为基础的管理思想认为，与存货相关的作业（如存储、搬运、保管等）都不能为最终产品增加价值，因此必须消灭存货，实现零库存。而要做到零库存，要求实行适时生产系统（JIT），以适时生产为出发点，首先暴露出生产过量的浪费，进而暴露出其他方面的浪费（如设备布局不当、人员过多），然后对设备人员等资源进行调整，如此不断循环，成本不断降低，计划和控制水平也随之不断简化和提高。要使生产适时进行，不能出现任何残次品，否则将打乱适时生产体系，因此必须实施全面质量管理（TQM），以质量为中心，以全员参与为基础，使所有产品达到零缺陷，达到顾客满意的目的。

实行作业管理，必然要求成本核算方法变革，实行作业成本法为之提供关于作业的信息。作业成本法在作业管理中处于核心的位置，并且是一个二维的概念，即成本分配观和过程分配观。成本分配观，是一个双向的过程。一方面，产品引起对作业的需求，作业又引起对资源的需求，这是成本分配观的资源流动；另一方面，将资源的成本（即耗用）依资源动因分配到作业，然后将作业的成本依成本动因追溯到产品，这是成本分配观的成本流动。而成本过程分配观，是向企业提供作业是由什么引起的（成本动因）以及作业完成得怎么样（业绩计量）的信息。企业利用这些信息，可以对整个作业链进行改进，增加顾客获得的产品最终价值。作业成本法从纵横两方面为企业改进作业链、减少作业耗费、提高作业的产出提供有用信息。

与传统成本管理相比，作业管理在成本管理方面的拓展主要表现在以下几个方面：

（1）成本计算方法的变革。成本计算是成本管理的基础，成本计算结果的准确性直接影响到管理者的决策，而成本计算的关键在于制造费用的分配。传统的成本计算是将制造费用按直接材料或直接人工分配到产品。这种做法隐含着一个假设，即产品对制造费用的消耗与直接材料或直接人工成比例。但事实并非如此，故传统的成本计算的结果是不准确的，它扭曲了产品成本信息，并有可能导致产品决策的失误。而与高级制造环境相适应的作业管理，需要比较准确的有关作业的信息，这就引发了一种全新的成本计算方法——作业成本法的产生。作业成本法根据产品消耗作业、作业消耗资源的思想，先将资源的成本依资源动因分配到作业，再将作业的成本依作业动因分配到产品。这种依据成本发生的动因来分配成本的方法，可以为作业管理提供比较客观、真实、准确的成本信息，便于管理者有效地实施计划和控制，做出正确的决策，从而提高作业管理的水平。

（2）成本控制方法的变化。成本控制是成本管理的关键。传统的成本控制方法主要是以产品为中心的标准成本制，在标准成本制下，由会计部门编制报告，反映实际成本与标准成本的差异，并进行差异分析。如果实际成本高于标准成本，则为不利差异，说明企业内部效率低下，有待于进一步改进；反之，则为有利差异。这种差异成为对管理人员奖惩的重要依据。

在采用适时制的高级制造环境下，以产品为中心的标准成本制度的控制功能虽未完全消失，但是受到了严峻的挑战。首先，作业管理要求把成本的控制深入到每一个作业，以作业为核心，进行作业分析，以成本动因为基础进行成本控制，从而有效、持续地降低成本。其次，传统标准成本制所采用的可达到标准为理想标准所代替，可达到标准容许一些无效率存在，这可能使已经达标的部门或员工满足现状、不思进取，这与作业管理持续改进的目标相背。理想标准追求的是绝对完美，不容许任何无效率存在，要求消除一切不能为最终产品增加价值的作业。在传统的标准成本制下，认为理想标准难以达到，以此为标准衡量绩效必使员工产生挫败感。事实上，这里所说的理想标准是一个动态的概念，它要求员工不断进步，逐步接近直至达到理想标准。只要员工有改进之处，企业即给予奖励。因此，企业总处于不断改进的环境中。

（3）重视产品寿命周期成本的计量和报告，全方位进行成本控制。传统的成本管理只重视产品在生产阶段的成本计算和累积，成本控制一般也仅局限于此。而现代社会对产品需求从传统的追求时尚转为个性化、多样化，这就使得产品寿命周期日益缩短，从而使得产品在各阶段的成本发生变化。在整个寿命周期中，制造过程发生的成本占整个寿命周期的成本的比例下降，而制造过程以外的产品寿命周期成本却日益增加，且其主要部分发生于产品寿命周期之初。与此相应，成本控制必须重视产品设计阶段，重视产品寿命周期成本的计量和报告。

二、战略成本管理与作业成本管理

战略成本管理是指管理会计人员提供企业本身及竞争对手的分析资料，帮助管理者形成和评价企业战略，从而创造竞争优势，以使企业有效地适应外部持续变化的环境。作业成本管理是一种管理新概念，认为企业中作业的设立是以满足顾客要求为目的的，由此而设立的前后连续作业集合体，又称为作业链。在作业链的连续经营和操作中，因为产品消耗了作业，而作业消耗资源，即每完成一项作业就消耗一定量的资源，同时又有一定价值量的产品被生产出来，作业的转移实际伴随着价值的转移，最终产品既是全部作业的集合，又是价值量的集合。

（一）战略成本管理与作业成本管理的区别

（1）着重点不一。作业成本法着眼于成本发生的原因，即成本动因，依据资源耗费的因果关系进行成本分析，进而进行成本控制。战略成本管理的立足点是寿命周期成本，其重点是在设计开发阶段进行科学成本规划，在成长期迅速将创新成果转换为生产力，并利用知识产品降低成本的优势快速占领市场，赚取利润，收回投资，再用于新一轮的战略开发。

（2）视角不同。战略成本管理站在宏观、全局的角度来进行成本的管理，视野更广且涉及的领域更大；作业成本管理站在微观、局部的角度更重视解决经营中的具体问题，注意作业层面。

（二）战略成本管理与作业成本管理的联系

（1）两者都是采用价值链分析法。战略成本管理采用价值链分析方法对企业的上下游环节进行分解和分析，从而发现企业可以改进的环节，同时对企业实施战略成本管理，以提高整个企业的持续竞争优势。价值链与作业链相关性很大，作业成本管理实际上是价值链分析在企业内部成本管理中的运用。

（2）两者都实施动因分析，但分析的角度不同。作业成本管理是实施作业成本动因分析，即执行成本动因的分析。战略成本管理是实施结构成本动因分析。战略成本动因分析与作业成本动因分析的源流管理思想是一致的。成本控制内容的重点是在成本发生的源流上。从业务流程看，由于既定的条件限制了成本降低的最低限度。因此，成本进一步降低只能靠改变成本发生的基础条件。从空间即外部环境看，成本控制焦点应转向企业战略目标的实现，转向企业内部资源与外部机会的最大限度利用。从时间上看，成本控制重点是事前成本控制，特别是利用先进技术降低成本。使成本不断降低的源泉来自于对成本所依托的基础条件进行不断的改进；技术装备水平、工艺过程的改进，产品结构与性能的变化，新技术、新材料的开发和应用是成本降低的前提。

三、成本企划与作业成本管理

成本企划源于日语的“原价企画”。1996 年，日本会计学会在对成本企划进行系统的分析、调查、总结和评价的基础上，出版了相关的研究报告《成本企划研究的课题》，明确提出成本企划作为一种综合性的利润管理活动，对提高日本企业的竞争能力具有重要作用。

作业成本管理虽然在成本核算方法上有了实质性突破，但在成本控制方面仍属于传统体系。成本企划本质上是一种成本控制方法，但在成本核算方面仍然运用传统方法。如何整合这两种先进的成本管理方法，是目前管理会计理论和实务研究的重点之一。

（一）作业成本管理与成本企划的共同点

（1）成本管理目标定位于“顾客满意”的效果性。传统成本管理的目标是通过最大限度地避免成本这种价值牺牲的产生而获取企业利润的最大化。作业成本管理和成本企划适应现代竞争环境的变化，把成本管理的目标均定位于“顾客满意”，包括质量、交货期、售价和售后服务等方面。

（2）将成本管理范围由产品生产成本扩展为全生命周期成本。传统成本管理范围局限于生产过程中发生的成本，即产品生产成本。作业成本管理和成本企划秉承了新的企业观，即把企业看成是为满足顾客需要而设计的一系列有密切联系的集合体，设计、生产、销售等作业形成一个起始于企业供应商，经过企业内部，最后为顾客提供产品或服务的由此及彼、由内到外的作业链。在这种企业观下，作业成本管理与成本企划包括了开发设计、制造、物流、销售以及销售阶段的合作和维护的“全生命周期”。

（3）“资金运动”与业务过程并重。传统成本管理把抽象的“资金运动”或“现金运动”作为控制对象，局限于价值信息；而作业成本管理和成本企划呈现出将抽象的“资金流动”与其实体依托——业务过程相结合的、价值控制与实体控制并重的一体化控制趋势，将传统的静态产品成本管理发展成为动态的对业务过程的管理。

（4）成本控制的重点深入到作业或工序。在传统成本管理中，产品生产成本中的变动成本是管理的重点。作业成本管理以“作业”为核心和起点，把重点放在每一项作业的完成及其所消耗的资源上。相似地，成本企划强调“成本注入”认为在将原材料、部件等汇集并装配成产品的同时，也将成本一并“装配”了进去，故将整个装配过程的各个工序作为管理的重点。

（5）强调了“源流管理”，重视产品设计成本。传统成本管理总是基于现实来考虑，却忽略了产品的企划、设计阶段。而在这一阶段，60%左右的成本已经被决定，即无法在后续阶段更改了。作业成本管理和成本企划都溯本求源，根据技术与经济相统一的原则，把管理的重点从传统的生产现场转移到了产品的企划、构想与设计阶段。

（二）作业成本管理与成本企划的不同点

（1）成本管理的立足点不同。作业成本管理是基于财务成本信息的管理，即借助财务会计的成本资料，运用管理会计的信息处理方法，对生产经营过程中发生或可能发生的成本的数额与形态进行控制、分析和评价。成本企划却认为成本绝非单纯是账簿的产物，它既然在制造过程中发生，就应该从工程学、技术的层面去把握成本信息，用工程学的方法对成本进行预测和控制。

（2）成本核算方法不同。作业成本管理在成本分配过程中，对所有成本因素确认因果关系，并以资源流动为线索，以作业为核心，根据资源消耗的因果关系进行成本计算。成本企划在成本的归集与分配上，与传统的成本核算方法是一致的，所不同的是归集与分配的成本值在成本企划的成本核算中还存在能否被贯彻的问题。

（3）成本控制对象不同。作业成本管理与成本企划虽然都将成本控制的视野由“资金运动”扩展到了业务过程，但是在成本控制对象上，两者各有侧重。作业成本管理侧重对有“空间”特性的动态业务过程进行控制，它向外突破单一企业的框架，向内则深入到成本动因与作业间的因果关系。成本企划侧重对有“时间”特性的动态业务过程进行控制，它立足于商品企划、开发设计阶段这样的源流重心。

（4）成本控制方法不同。作业成本管理的成本控制，在实质上并没有突破传统成本控制制度，只是将控制水平深入到了作业，并进一步设定了鼓励不断进步的理想标准。成本企划本质上是一种创新的成本控制方法，将降低成本的重心由生产阶段转移到了设计阶段。它根据市场信息制定出目标成本，并以其为指导，在产品设计阶段就在图纸上“制造”产品进行成本“预演”，并进一步按照功能类和构造类进行层层分解，确保目标利润的实现。

第十一章 战略管理会计

案例与问题分析

香港某机械工程有限公司广州销售部在1998年成立，该公司总部设在香港，从事建筑机械的代理销售，最主要的代理产品是法国波坦塔式起重机，业务范围集中在广东地区，尤其是广州市场。该销售部的营销组织架构是一个销售经理和四个销售推广员，四个销售推广员各自负责两个地区，直接向销售经理汇报工作。1998—1999年这两年间，该公司只在广州地区销售三台塔式起重机，公司的基本生存受到了严重威胁。面对不利形势，该公司必须采取相对的应变措施去提升自己的竞争优势。战略管理会计重视外部环境和市场，注重整体性以及方法的灵活性等特征，这正符合该公司应变策略的要求，而且，在反映整个公司的经营数据中，会计数据占了百分之六七十。因此，该公司决定从会计方面着手，通过运用战略管理会计，帮助分析市场环境和自身优势，制定出符合企业实际情况的营销发展战略，并采取一系列有效措施来落实战略目标。具体做法主要有：分析市场机会；分析客户盈利能力、选择目标市场；分析竞争对手；确立营销组合；对市场营销活动进行计划，编制预算、实施监督与控制等。

该公司的营销策略与战略管理会计的结合，效果较为明显，产品在广州地区市场的占有率达18%，顺利完成了任务，并由此获得总公司“销售进步奖”。

思考：1. 香港某机械工程有限公司广州销售部应用战略管理会计进行营销分析对我们有什么启示?

2. 建立健全市场经济体制，营造一个适合战略管理会计应用的良好外部环境对企业有什么作用?

第一节 战略管理与战略管理会计

一、战略管理理论渊源

(一) 企业战略管理与战略层次

战略，原为军事用语，顾名思义就是作战的谋略。“战略”一词来源于希腊语“Strategc”，原意是“将军指挥军队的艺术”。我国自古也有这个概念，大意是指“将帅的智谋、筹划以及军事力量的运用”。通俗地讲，战略是要实现的目标以及实现目标的方法的统一体，其基本性质包括全局性、长远性和抗争性等。《辞海》中对“战略”一词的定义是：“指导战争全局的方略，泛指工作中带全局性的指导方针。”战略应用于企业管理领域的时间并不长，1938 年，美国经济学家巴纳德（C. Bernard）首次使用战略概念来阐释企业发展的各种要素及企业组织决策机制，但此后直到20 世纪60 年代之后，“战略”一词才开始在企业管理领域流行起来，这得益于美国经济学家安索夫（H. I. Ansoff）的贡献，他因此被奉为企业战略管理的鼻祖。

对企业战略管理的涵义，国内外都有不同的解释，限于教材重点的考虑，简单罗列如下：

（1）拜亚斯（Lioyd. L. Byars）在《战略管理》一书中说：战略管理涉及对有关组织未来方向做出决策和决策的实施，它包括两个方面：战略规划和战略实施。

（2）W. F. GLueck 认为：战略管理是一整套决策和行动，旨在制定和实施有效的战略以有助于完成公司的目标。

（3）T. L. Wheelen 和 J. D. Hunger 认为：战略管理是一系列的决定公司长期绩效的管理决策和行动，包括战略的形成、实施、评价和控制。

（4）由罗勃持·莫克勒著、周致等翻译的《战略管理》一书认为：企业战略管理是指在企业总体战略的形成过程中以及在企业运行时贯彻落实这些战略的过程中，制定的政策和采取的行动。

（5）由解培才主编的《工业企业经营战略》一书认为：战略管理是指对企业战略的制定和实施进行的管理。广义的战略管理是指运用战略对整个企业进行的管理。

（6）由戴维（David，F. R.）著、李克宁译、经济科学出版社 2001 年 10 月出版的《战略管理》一书第 8 版认为：战略管理是制定、实施和评价，使组织能够达到其目标的跨功能决策的艺术与科学等。

就战略管理在国外，管理学界形成了 10 个流派。它们分别是：①设计学派，即将战略形成看成一个概念作用的过程；②计划学派，即将战略形成看成是一个正式的过程；③定位学派，即将战略形成看做是一个分析的过程；④企业家学派，即将战略形成看成是一个预测的过程；⑤认识学派，即将战略形成看成是一个心理的过程；⑥学习学派，即将战略形成看成是一个应急的过程；⑦权力学派，即将战略形成看成是一个协商的过程；⑧文化学派，即将战略形成看成是一个集体思维的过程；⑨环境学派，即将战略形成看成是一个反应的过程；⑩机构学派，即将战略形成看成是一个变革的过程。以上 10 个流派虽然探讨的是同一事物和过程，但由于学派根基、预期要点、战略内容和战略过程、战略应用环境等方面的差异，导致看问题的角度不同，因而得出的结论也不同。

纵观中外关于战略管理的不同观点，我们应该从广义和狭义两个方面去做界定：广义的企业战略管理是指应用战略管理思想对整个企业进行管理；而狭义的企业战略管理是指对企业战略的分析、选择和实施进行管理。人们通常研究的都是狭义的企业战略管理。

企业内部往往设置若干管理层次，如最高管理层、中间管理层和基层管理层。尽管战略管理的最终责任由最高管理层的人员承担，但其他管理层的管理者也要参与，甚至要制定和实施各自范围内的某种战略，这样便会在企业内形成战略管理层次。企业战略管理层次的典型模式为：

第一层次：最高层。这是企业的总体战略，是对企业全局的谋划，由最高管理层负责。

第二层次：在特大型企业中往往设有事业部，各事业部应分别制定事业部战略。这一层次的战略要接受企业总体战略的指导，为实现总体战略服务。

第三层次：无论企业是否设立事业部，各职能系统（如市场营销、生产、财务、人事等）还必须根据上一层次战略分别制定职能性战略。它们接受上一层次战略的指导，为实现上一层次战略服务。

第四层次：为次战略。这是各部门的中间级主管连同其下属的管理人员负责的，为实现上一层次战略服务的战略。

第五层次：这是中间级主管或基层管理层负责的短期的、执行性的方案或步骤，称为战术，它是为实现次战略服务的。

战略管理的层次复杂，模式也较多，由于企业的大小和性质不同，各企业可灵活运用，但在企业的战略管理层次中最基本、最重要的还是企业总体战略、事业部战略和职能性战略。

（二）战略管理理论发展的新趋势

战略管理理论发展的新趋势表现在以下几个方面：

（1）战略管理理论更加注重强调组织层次的宏大远景目标、核心价值、使命等对企业变革与长期发展的激励作用，更加注重战略的未来导向和长期效果。一般认为，这将是20世纪末21世纪初企业战略管理理论发展的一个基本趋势。这一点体现在如下的理论发展中：哈梅尔和普拉哈拉德于1989年提出了“战略意图”（Strategic Intent）概念，彼得·圣吉于1990年提出的共同愿景（Shared Vision），柯林斯和泊斯于1994年提出的“愿景型企业”（Visionary Company）等。

（2）战略管理理论的重点已经由追求短期、外在的竞争优势转向追求持久的、内在的竞争优势，已经由目前的产业与产品竞争转向为创造未来而竞争，战略管理的均衡与可预测范式开始被不均衡与不确定性所取代。这一趋势中具有代表性的是伦敦商学院的哈梅尔与密西根大学的普拉哈拉德于1990年在《哈佛商业评论》上发表的文章《公司的核心竞争力》。他们在这篇文章里提出，核心竞争力是企业可持续竞争优势与新事业发展的源泉，它们应成为公司战略的焦点，企业只有把自己看成是核心能力、核心产品和市场导向的事业这样的层次结构时，才能在全球竞争中取得持久的领先地位。

（3）在动态环境下，战略形成与发展理论进一步深化，战略管理理论也朝着动态化的方向进一步发展，也是战略管理理论发展的一个重要趋势。在这种发展趋势中具有代表性的是布格尔曼和葛洛夫于1996年提出的“战略转折点”管理理论，“战略转折点”管理理论上的最大贡献，就是针对动态环境中的新战略意图的制定与形成过程，提出了以战略矛盾、战略转折点、战略认知为基础的基本分析框架，明确了高中层管理者在其中的作用方式和适应性学习组织在转型式战略变革中的重要性。

（4）创新和创造未来日益成为企业战略管理的新重点，战略管理理论的逐渐丰富和完善，是战略管理理论发展的又一趋势。其中，有较大影响和代表性的有德—博诺于 1996 年提出的超越竞争理论（Sur/Petition）、莫尔干于 1996 年提出的企业生态系统使用演化（Business Ecosystem Coevolution）理论、达韦尼于 1994 年提出的超级竞争（Hyprecompetetion）模型等。这些理论从不同的角度提出了自己的观点。

总之，企业战略管理的范式正在发生变化，这种“为未来而竞争”新的战略观正在形成。传统的战略管理理论要求企业通过适应和内部调整的方式去面对竞争性挑战，而这种新的战略观要求企业具备更前瞻的眼光和更强的战略主动性；传统的战略管理理论要求企业通过定位和战略规划去发现未来，而新的战略观要求企业勇于预见、善于预见并积极构造战略架构，传统的战略管理理论要求企业通过能力配合和资源分配方式动员起来面向未来，而新的战略观要求企业更加关注能力发展和资源积累；传统的战略管理理论要求企业通过适应现有规则、在产品上领先或作为单个实体参与竞争等的方式领先到达未来，而新的战略观要求企业塑造新的产业规则、在核心竞争力方面领先、合作与竞争并重等。

二、战略管理会计的基本特征

（一）战略管理会计及其基本特征

进入 21 世纪以来，管理技术、生产技术和信息技术突飞猛进，知识经济已见端倪，战略管理的观念和技术日益受到瞩目。但是，强调会计信息使用者内向性的管理会计，却仍使用传统的成本会计制度作为分析的基础，并没有特别注意如何使用会计信息支持战略管理。波特曾批评传统会计系统对价值链分析没有帮助。直到 20 世纪 80 年代后期，在英、美、日等国学者的大力倡导下，管理会计才开始与战略相结合，形成了以战略为重点的管理会计——战略管理会计。管理会计发展史上的这一飞跃，必将成为其未来发展的新趋势。

关于战略管理会计，最早是由英国学者 Stmmonds 于 1981 年在“战略管理会计”一文中提出来的。在该文中，他将战略管理会计定义为：“战略管理会计是用于构建与监督企业战略的有关企业及其竞争对手的管理会计数据的提供与分析。”从此以后，人们沿用了这一名称，但对其定义却未达成统一的共识。Wilson 等人在《战略管理会计》一书中，更加明确地将其定义为：“战略管理会计是明确强调战略问题和所关注重点的一种管理会计方法。它通过运用财务信息来发展卓越的战略，以取得持久的竞争优势，从而更加拓展了管理会计的范围。”换句话说，战略管理会计以企业价值最大化为最终目标，运用“竞争者会计”“相对成本动态分析”“顾客盈利性动态分析”以及“产品盈利性动态分析”等具有鲜明特色的技术方法和手段，提供有关企业产品劳务市场、竞争者成本资源与成本结构等财务信息，并进行深入分析，以便监视各个期间企业及竞争者的战略。它能够从战略高度正确评价企业经营业绩的是非、得失与功过等，从而力求高屋建瓴地确立企业在国际市场竞争中的战略优势地位。

战略管理会计的发展事实上并没有改变管理会计的性质和职能，其基本特征具体表现为：

（1）战略管理会计重视企业与市场的关系，具有开放系统的特征。传统的管理会计主要针对企业内部环境，如提供的决策分析信息主要依据企业内部的生产经营条件，业绩评价主要考虑本身的业绩水平等，因此构成一个封闭的内部系统。而战略管理会计要考虑到市场的顾客需求及竞争者实力，这种市场观念一方面表现为管理会计信息收集与加工涉及面的扩大及控制视角的扩展，如战略决策分析要考虑到顾客需求和竞争者信息，成本控制要扩展到产品的整个生命周期，而且在标准制定、业绩评价中也要考虑到同行业的平均或先进水平等。从这方面说，市场观念使管理会计的视角由企业内部拓展到企业外部。另一方面战略管理所倡导的市场观念的核心是以变应变，在确定的战略目标要求下，企业的经营和管理都要适应动态市场的需要及时进行调整。这种“权变”管理的思想对于管理会计的方法体系同样产生了深远的影响，它要求管理会计必须改变传统分析中诸多的静态假设，在变动的外部环境条件下进行各项决策分析。例如，上述战略成本分析中的价值链分析要讨论企业与供应商及顾客之间的关系，考虑上、下游相关企业的兼并问题，而不是以企业现有的经营格局为前提，产品定价决策要面向市场，首先考虑的不是生产成本，而是市场（顾客）为特定产品的功能所愿意支付的价格等。战略管理会计所具有的开放性，缩小了管理会计模型和实际环境之间的差距，增强了管理会计信息的相关性和准确性。

（2）战略管理会计将视角扩大到企业整体，具有结果控制与过程控制相结合的特征。战略管理强调战略目标的合理确定，并从企业管理的各个环节和各个方面来保证其最终实现。这种整体观念有利于增强企业内部的协调运作，保证内部组织间的目标一致，减少内部职能失调。这就要求管理会计的控制不能仅仅停留于对结果的分析，而且要通过对过程的控制使企业生产经营的各个环节都和企业整体目标相联系，以对过程的控制实现对结果的影响和保证预期结果的实现。这些年发展起来的作业成本法、生命周期成本法将分析的视角由结果追溯到与产品价值相关的各个环节，撬开了在传统的管理会计分析中视为“黑箱”的生产经营过程，充分体现了战略管理会计将结果控制与过程控制相结合的特征。这一发展趋势使管理会计系统更多地融入企业的生产经营活动全过程，具有更多的非财务性质。因此，不仅要求管理会计人员和技术、生产、管理各领域人员密切配合，而且对管理会计人员的知识结构有了更高的要求。

（3）战略管理会计重视企业组织及其发展，具有动态系统特征。企业战略目标的确定是和特定的内外部环境相适应的，在环境发生变化时还要相应地做出调整，所以，战略管理是一种动态管理。处于初创期、发展期、成熟期或衰落期等不同发展阶段的企业，必然要采取不同的企业组织方式和不同的战略方针，并且要根据市场环境及企业本身实力的变化相应地做出调整。例如，比较处于发展期和处于成熟期的企业，前者可能注重营销战略，以迅速占领扩大市场，企业组织相应较为简单，内部控制较为松散；而后者一般规模较大，组织结构复杂，面对的是成熟的市场，因此必须通过加强内部控制来降低成本、增强竞争优势，同时注重新产品的开发。这种和企业组织发展阶段相对应的战略定位又必然随着企业由发展期向成熟期过渡而做出调整。和企业组织发展阶段相对应的战略定位及其动态调整，必然要求管理会计系统不仅能够适应特定阶段的战略管理要求，而且能及时地做出调整。这种动态系统的特征在满足战略管理会计对于管理会计系统的要求的同时，也对管理会计人员的环境认知能力及系统设计能力提出了更高的要求。

（4）战略管理会计重视企业文化，具有个性特征。战略目标的确定、实施和实现过程，实际上是企业文化的发现、创造过程。企业战略目标、实施方案等的确定及其确定方式，不仅要考虑到现有的企业文化，而且要主动地创造企业文化。例如，企业战略目标的确定可以采用“自上而下”或“自下而上”的方式，这两种方式的选择首先受到现有企业文化的制约：较多地讲究民主管理的企业可能选择后者，而长官意志起主要作用的企业可能选择前者。企业也可能在这一过程中并未确立明显和强烈的文化特征，但后来改变了原有的文化氛围，创造了全新的企业文化。战略管理中这种企业文化的确立和创造必然对管理会计控制系统的设计带来重要影响，促使管理会计的系统设计更多地考虑到人的因素，以适应本企业战略管理所需要的文化氛围，有效地实现其过程控制。例如，企业预算编制程序的选择，不仅要考虑企业战略管理中所形成的企业文化，而且在此过程中要进一步得到加强，由此形成的管理会计系统必然带有更强的个性特征。

（5）收集、处理和应用信息必须遵循合法性、科学性和艺术性相结合的原则。与战略有相关性的信息，是以外向型为主体的多样化信息。这种类型的信息，可从企业外部多种渠道获得，如公开的财务报告、竞争对手的广告、行业分析报告、贸易金融报道、政府统计公告、银行金融市场、商品市场、产品技术分析、竞争对手的前雇员、行业协会、竞争对手团体中的其他成员、实地考察、本企业雇员、行业专家顾问、共同的顾客、共同的供应商等，实际上相关的多样化信息来源是不胜枚举的。即使在日常公开出版的报纸、杂志和其他的公开出版物中，也包含了大量相关信息资源的原始材料，必须把它们视为极为重要的信息宝藏。

多样化信息的收集，可以由企业的信息机构和人员去做，也可委托企业外部专职化管理咨询机构去做。同时，也应注重第一手材料的掌握，以增强对有关信息源的洞察与感悟能力，这对提高相关信息的决策有用性是非常重要的。

此外，还可直接运用当代先进的科学技术，为采集多样化的信息服务。例如，请相关的技术专家拆解竞争对手的产品，借以较详细、深入地了解其结构和功能及其整体上的独特之处。又如请冶金专家研究竞争对手的主要运货铁道的生锈程度，借以判断其生产经营的盛衰情况，以便据以采取相应的对策等，都可以为企业提供大量战略相关性的信息。

通过多样化的方法和手段，所取得的多样化的信息资料，还只是属于原始性的材料，并不直接具有战略的相关性与有用性。这是因为：它们表现为既数量庞大、形式多样，又杂乱无章，只有以科学的态度，灵活的技巧，对它们做进一步的筛选、加工、分类和整理，通过去粗取精、去伪存真，形成既反映社会的物质层面、又反映社会的精神层面。这一过程可简称为信息的处理过程。它所取得的成果是信息处理人员科学精神和艺术修养相结合的产物。

(二) 战略管理会计与传统管理会计

战略管理会计是为企业战略管理服务的会计，它从战略的高度，围绕企业、顾客和竞争对手组成的“战略三角”，既提供顾客和竞争对手具有战略相关性的外向型信息，也对企业的内部信息进行战略审视，帮助企业的领导者了解情况，进行战略思考，进而据以进行竞争战略的制定和实施，借以最大限度地促进企业“价值链”的改进与完善，保持并不断创新其长期竞争优势，以促进企业长期、健康地向前发展。由此可见，配合企业战略管理的兴起而形成和发展起来的战略管理会计，是一种具有真正创新意义的新型管理会计，它突破了原有的基础性管理会计的局限，另辟蹊径、别开生面所形成的信息系统，构成企业战略管理的中枢神经系统，它贯穿于企业战略管理的始终。

战略管理会计与传统管理会计不同，在于后者只着重服务于企业内部的管理职能，基本上并不涉及“战略三角”中的顾客和竞争对手的相关信息，因而是一种内向型的管理会计，当企业之间的竞争尚处于较低层次的产品营销性竞争阶段，它提供的信息对于促进企业正确地进行经营决策，改善经营管理职能发挥有重大作用。但随着现代市场经济体系全球化的迅速发展，企业之间的竞争已从低层次的产品营销性的竞争发展到高层次的全球性战略竞争，竞争战略上的成功已成为企业在全球性激烈竞争中求生存、谋发展的关键所在。基于社会经济发展的新形势，企业战略管理及为其提供信息与智力支持的战略管理会计的兴起，就成为历史的必然。据此人们可以看到，基础性内向型管理会计与战略管理会计的不同，是源于它们据以形成的社会经济发展的阶段性不同；但是，无论从全球的各个国家看，或同一个国家的各个地区看，社会经济发展的不平衡性（非同步性）是普遍存在的。因此，不能认为，战略管理会计的兴起是对原有基础性管理会计的否定或取代，而应把前者视为适应社会经济环境条件的变化对后者的丰富和发展。后者在与其相适应的经济大环境中以及现代农业在竞争战略已定条件下的基础性内部管理方面仍具有广泛的适用性。因此，不应把它们之间的关系看成是非此及彼、相互排斥的关系，而应把它们看成是不同层次（战略、战术层次）的互补关系。

近几年国外对战略管理会计的研究，主要有：

(1) 价值链分析。美国学者波特（Porter）将企业行为分成相关的九种活动，包括：一般管理、人力资源管理、技术发展、采购、内勤、经营、外勤、营销和服务。通过分析企业价值链上所有活动的累计总成本与竞争对手的相应指标比较，判断企业是否具有竞争优势。波特还将企业所处的整个行业进行价值链分析，判断企业是否有必要沿价值链向前延伸或向后来提高整体的盈利水平。

(2) 市场战略对利润的影响，简称 PIMS 研究。该研究认为，竞争地位（以市场份额与相对产品质量表示）、生产结构（指投资强度与生产能力）及市场吸引力（即增长率与顾客特性）影响一个企业的盈利能力，投资报酬率随市场份额的增加而稳步增长。具有相当大市场份额的企业，易于有一个超过平均水平的投资报酬率，其营销费用与销售收入之比也较低。

（3）西蒙德斯方法。此方法强调企业竞争水平、竞争地位的重要性，认为竞争地位是未来利润与企业价值的基本决定因素。传统管理会计重视数据，而战略管理会计必须重视“信息导向”，因此工作重心应从成本分析转移到信息的利用价值上来。需要有一系列的战略性业绩指标来帮助决策者了解自身及其竞争对手的地位、状况，包括成本优势、价格优势、市场份额大小等。不仅要进行本企业的量本利分析，还要对竞争对手进行同样的财务资源分析。

（4）西蒙方法。此方法突出强调战略管理与管理控制，它把战略管理分为三种类型：①预期者——市场投入物随时改变，不断寻求新的市场机会以保持领先于竞争对手；②防守者——市场投入物相对稳定，竞争基于成本优势、质量与服务；③分析者——以上两者的混合型。西蒙认为，企业的控制系统应与战略一致。因此，防守者强调成本控制和监控的有效性；而预期者更依赖于扫视环境，寻找机会，采用综合计划及相对主观的经营措施。所以，预期者总是有限地利用会计控制，尽管会计控制在防守者那里很重要。业绩好的预期者（企业）很重视预测数据，严格的预算及其执行，经常性地提供报告；而防守者倾向于采用控制系统，所以有必要深入研究战略与控制之间的联系。

从以上已有的战略管理会计研究成果来看，战略管理会计是由传统管理会计发展而来，前者克服了后者的一些缺陷，是后者的补充与延伸。但是，传统管理会计仍有存在的必要。它们两者：一个是战略，一个是战术，相辅相成，缺一不可。战略离不开战术来实现预定的目标，没有战略的战术只是无远大理想的行动。一些会计方法，如本量利分析、定价策略、成本控制等是两者共同的方法，既应用于传统管理会计，又运用于战略管理会计。传统管理会计与战略管理会计都服务于企业管理决策者。

第二节　战略管理会计基础

一、战略管理会计的目标

正确的目标是系统良性循环的前提条件。战略管理会计的目标对战略管理会计系统的运行也具有同样意义。战略管理会计的目标可以分为最终目标和具体目标两个层次。

战略管理会计的最终目标应与企业的总目标具有一致性。传统管理会计的最终目标是利润最大化。利润最大化虽然能够使企业讲求核算和加强管理，但是，它不仅没有考虑企业的远景规划，而且忽略了市场经济条件下最重要的一个因素风险。为了克服利润最大化的短期性和不顾风险的缺陷，战略管理会计的目标应立足于企业的长远发展，权衡风险与报酬之间的关系。自20世纪中期以来，多数企业把价值最大化作为自己的总目标，因为它克服了利润最大化的缺点，考虑了货币时间价值和风险因素，有利于社会财富的稳定增长。企业价值是企业现实与未来收益、有形资产与无形资产等的综合表现。因此，企业价值最大化也就是战略管理会计的最终目标。

战略管理会计的具体目标主要包括以下四个方面：①协助企业管理当局确定战略目标；②协助企业管理当局编制战略规划；③协助企业管理当局实施战略规划；④协助企业管理当局评价战略管理业绩。

二、战略管理会计的主要内容

战略管理会计究竟包括哪些内容，目前还没有统一的说法。一般认为，目前战略管理会计的主要内容应包括以下五个方面：

（一）战略目标的制定

战略管理会计首先要协助高层管理者制定战略目标。企业的战略目标可以分为三个层次，即公司战略目标、竞争战略目标、职能战略目标。公司战略目标主要是确定经营方向和业务范围方面的目标。竞争战略目标主要研究的是产品和服务在市场上竞争的目标问题，需要回答以下几个基本问题：企业应在哪些市场竞争？要与哪些产品竞争？如何实现可持续的竞争优势？其竞争目标是成本领先还是差异化？是保持较高的竞争地位还是可持续的竞争优势？职能战略目标所要明确的是，在实施竞争战略过程中，公司各个部门或各种职能应该发挥什么作用，达到什么目标。战略管理会计要从企业外部与内部收集各种信息，提出各种可行的战略目标，供高层管理者选择。

（二）战略成本管理

成本管理是管理会计的重要内容之一。它是一个对投资立项、研究开发与设计、生产、销售进行全方位监控的过程。战略成本管理主要是从战略的角度来研究影响成本的各个环节，从而进一步找出降低成本的途径。作业影响动因，动因影响成本。成本动因可以分为两大类：一类是与企业生产作业有关的成本动因，如存货搬运次数；另一类是与企业战略有关的成本动因，如规模、技术、经营多元化、全面质量管理以及人力资本的投入。相对于作业成本动因而言，战略成本动因对成本的影响更大。因此，从战略成本动因来进行成本管理，可以避免企业日后经营中可能出现的大量成本浪费问题。一般来说，企业可以通过采取适度的投资规模、市场调研、合理的研究开发策略等途径来降低战略成本。

（三）经营投资决策

战略管理会计是为企业战略管理提供各种相关、可靠信息的。因此，它在提供与经营投资决策有关的信息的过程中，应克服传统管理会计所存在的短期性和简单化的缺陷。它应以战略的眼光提供全局性和长远性的与决策相关的有用信息。为此，战略管理会计在经营决策方面应摒弃建立在划分变动成本和固定成本基础上的本量利分析模式，采用长期本量利分析模式。长期本量利分析是在企业的产品成本、收入与销售量呈非线性关系，固定成本变动及产销量不平衡等客观条件下，来研究成本、业务量与利润之间的关系。其关键是应用高等数学、逻辑学建立成本、业务量与利润之间的数学模型与关系图，从而确定保本点、安全边际等相关指标，进行利润敏感性分析。

在长期投资决策方面，应突破传统的长期投资决策模型中的两个假定：①资本性投资集中在建设期内，项目经营期间不再追加投资；②流动资金在期初一次垫付，期末一次收回。把资本性投资与流动资金在项目经营期间随着产品销量的变化而变动的部分也考虑在内，此时的现金流量与传统的现金流量有所不同。其计算公式为：

第 t 年的现金流量 = 第 $t-1$ 年销售收入 ×（1 + 第 t 年销售增长率）× 第 t 年销售利润率 ×（1 − 第 t 年所得税税率）+ 第 t 年折旧额 −（第 t 年销售收入 − 第 $t-1$ 年销售收入）×（第 t 年边际固定资产投资率 + 第 t 年流动资金投资率）

将上述现金流量折现就可得出企业长期投资的预期净现值。战略管理会计以现实的现金流量为基础，更能反映企业投资的实际业绩，为企业注重持续发展提供有用的信息。

（四）人力资源管理

人力资源管理是企业战略管理的重要组成部分，也是战略管理会计的重要内容。它包括为提高企业和个人绩效而进行的人事战略规划、日常人事管理以及一年一度的员工绩效评价。前者主要是人员招聘和员工培训方面的规划。战略管理会计的核心是以人为本通过一定的方法和技能来激励员工以获取最大的人力资源价值，并采用一定的方法来确认和计量人力资源的价值与成本，进行人力资源的投资分析。

（五）风险管理

企业的任何一项行为都带有一定的风险。企业可能因冒风险而获取超额利润，也可能会招致巨额损失。一般而言，报酬与风险是共存的，报酬越大，风险也越大。风险增加到一定程度，就会威胁企业的生存。由于战略管理会计着重研究全局的、长远的战略性问题，因此，它必须经常考虑风险因素。其对风险的管理主要是在经营与投资管理中采用一定的方法，如投资组合、资产重组、并购与联营等方式分散风险。

三、战略管理会计的基本方法及其应用

为使战略管理会计理论在企业会计实践中得到成功应用，还须有一定的方法加以保证。战略管理会计的基本方法主要有：

（一）作业成本和战略性成本的计算与定价

20 世纪 80 年代以来，为了适应制造环境的变化，作业成本法应运而生。它是一个以作业为基础的信息加工系统，着眼于成本发生的原因成本动因，依据资源耗费的因果关系进行成本分析。即先按作业对资源的耗费情况将成本分配到作业，再按成本对象所消耗的作业情况将作业分配到成本对象。这就克服了传统成本计算系统下间接费用责任不清的缺陷，使以前的许多不可控间接费用在作业成本系统中变成可控。同时，作业成本法大大拓展了成本核算的范围，改进了成本分摊方法，及时提供了相对准确的成本信息，优化了业绩评价标准。

关于战略性成本的计算与定价方法包括：

1. 产品属性成本计算。

产品属性成本化是将吸引顾客特定产品属性成本化的过程。可以进行成本化的产品属性包括：经营行为的多样性，产品的可靠性，担保的安排、完工和齐备的程度，供应的保障及售后服务等。产品是由大量的属性构成的，正是产品的不同属性造成了产品之间的区别，而产品属性对消费者品位的迎合程度恰恰决定了企业的市场份额。

2. 产品生命周期成本计算

它是指基于产品或劳务生命周期中各阶段的长度进行的成本评估。在此，我们不再以年度为基准评估成本，生命周期成本化的时间框架基于产品生命周期中各个阶段的长度。这些阶段包括设计、推广、发展、成熟、衰落直至废弃。对这种方法的评述一致认为，该方法能够避免短期行为的管理倾向。在产品设计阶段积累下来的年度亏损用传统财务会计方法加以确认，由此产生的压力会促进产品成熟之前的市场推广。如果企业管理当局相信生命周期成本化理论，他们就能够认识到，为了产品整个生命周期内的盈利能力，有必要实施一个全面的研究和设计阶段。

3. 质量成本分析

全面质量管理制度的实施，尤其是近二十年来，电脑化设计和制造系统的建立与使用，带来了管理观念和管理技术的巨大变化，适时制采购与制造系统应运而生。在此系统下，为了使产品达到零缺陷，企业非常重视质量成本分析。质量成本分析是指从产品的研制、开发、设计、制造，一直到售后服务整个寿命周期内的质量成本分析方法。它主要分析质量成本的四个部分，即预防成本、鉴定成本、内部质量损失和外部质量损失。只有全面掌握与质量有关的成本信息，管理者才能进行正确的质量成本预算，借以转变目前重产量轻质量的观念。

4. 战略成本计算

它是根据战略和市场信息，利用成本指标开发并确定能够保持相对优势的最佳战略的过程。为了使成本分析有助于追求竞争优势这一目标，必须仔细考虑战略结局。最初的研究者曾使用案例分析的方法，集中说明一项由使用传统成本化方法（即从相关成本和短期视角出发开展的分析）带来的次佳战略。通过对战略结局的考虑，并利用市场学和竞争战略有关文献提供的概念进行分析，可以看到该战略方案产生的过程。

5. 战略定价

它是指在定价决策中对战略因素的分析。利用竞争导向分析进行战略定价，会带来正确的定价决策。在这些分析中应予评估的因素包括：竞争对手的价格回应、价格弹性、市场的成长、规模的经济性和经验。在此类分析的过程中，市场营销人员发现了会计信息在与价格决策相联系，发挥了巨大的潜在作用。

6. 目标成本计算

这是一种用于产品和程序设计阶段的成本估算方法，具体是通过用估计（或基于市场）的价格减去需要的目标利润，以得到所需要的生产、工程或市场成本。然后，该产品按满足该成本的方式设计。目标成本化主要应用于制造程序中的开发阶段和设计阶段。与目标成本化密切相关的是 Kaizen 成本化。该方法也应用于产品的制造阶段，因而将目标成本化引导到设计阶段和开发阶段之外。Kaizrn 成本化要求为保证进一步的节约而进行持续不断的努力。这些理论将成本化从追求精确的监督转化为具有前瞻性的成本化理论，从而与追求竞争优势密切联系起来。

7. 价值链成本计算

这是一种作业基础的成本化方法，该成本被分配到设计、采购、生产、市场、分配和产品或劳务的服务这些必要的作业当中，这种方法建立在价值链分析基础之上。市场上的竞争优势最终来自于以相等的成本提供较高的顾客价值，或来自于以较低的成本提供相同的顾客价值。在产品的设计与分配之间发生的一系列活动，如同链条上的环节，正是这一思路产生了价值链分析。这一研究证实了在企业价值链的各有关部分中，顾客价值可以在哪个环节提高，或成本可以在哪个环节降低。价值链成本化使传统的成本分析得到了有效的延伸。传统管理会计由于仅仅关注增值，缺乏对包含在企业与供应商和顾客的联系当中潜在的利益和潜在成本节约的探求，因而出现停滞不前的局面。

（二）竞争对手分析

竞争对手分析主要是从市场的角度，通过对竞争对手的分析来考察企业的竞争地位，为企业的战略决策提供信息。竞争对手分析主要涉及：

1. 竞争对手成本评估

竞争对手成本评估是基于对竞争者的设计、技术、经济规模等的评估，定期更新对竞争对手的推测。当然，通过竞争对手成本评估得到的具有重大影响的结果，有时可能是因追加技术进步投资而引起的。于是，与这种投资相关的长期影响及投资显现出的竞争对手对提升竞争地位的追求，更助长了企业了解竞争对手成本的需要。竞争对手成本评估的系统性方法是：评估竞争对手的制造设施、经济规模、政府关系和技术产品设计。除这些方法之外，还有一些关于竞争对手信息的非直接来源，如实地观察、共同的供应商、共同的顾客和雇员（特别是竞争对手的前雇员）。

2. 竞争地位监督

竞争地位监督是在行业内部通过评价和监督竞争对手的销售收入、市场份额、销售量、单位成本和销售收益率，分析竞争对手的状况。这一信息可为评估竞争对手的市场战略提供参考。竞争地位监督是竞争对手评估的一种更为权威的方法，它将分析扩大到评价主要竞争对手的销售收入、市场份额、销售量、单位销售成本和收入。这些会计计量是具有广度的，因为它们提供了比仅仅简单地基于市场份额所进行的评估更多的关于竞争对手的情况。竞争对手单位成本的增加可能原本是一个好的征兆，然而，如果这种增加是由追加对广告费用的投入以增强品牌知名度，或是由投资新产品开发造成的，则变动的成本结构则可能意味着竞争对手正在保持较强势的竞争地位。

3. 基于公开财务报表的竞争对手评价

它是指对竞争对手公开的财务报表进行的数字性分析，作为对竞争对手竞争优势评估的一部分。实际上，这是基于对公开财务报表的解释而进行的竞争对手业绩评价。与前面的方法不同，对公开财务报表的解释包含了受传统会计教育的会计师所熟知的一切技术，运用这种分析模式评估竞争对手竞争优势的关键来源，可获得具有战略意义的结果。分析的内容包括监测销售趋势、利润水平、资产和负债运作。

（三）预警分析

从战略的角度看，在不断变化的竞争环境中，企业能否成功在一定程度上取决于它能否相对准确的预测企业内外部环境的变化，从而采取相应的战略适应未来的挑战。因此，能熟练预测内外部环境变化的企业显然易于把握竞争的先机。战略管理会计中的预警分析法便是一种有助于预测这种变化的分析方法。该方法在分析研究企业竞争状况的影响因素的基础上，建立企业竞争状况监测指标，通过对其影响因素的监测来对其采取前馈控制，利用预警结果采取相应的防范措施，将企业的危机或失败的隐患扼杀在萌芽状态，使企业经营状况沿着良好的方向运行。

在预警分析中，预警指标的选取是进行预警分析的重要步骤。因为预警指标是建立预警分析方法的基础，选择合理的指标可为预警分析提供全面、准确的信息，提高预警分析的准确性、可靠性；反之，如果选择了无效的指标则会提供冗余、滞后的信息，或者信息不完备造成预警分析的延迟、误判，从而增加预警分析的成本和风险。

对预警指标的定义是进行预警指标选择的关键，也是决定预警分析内容的主要因素。预警指标应是决定企业能否成功的关键因素，这些因素既与外部竞争机遇与问题有关，又与企业内部的生产、技术等方面的优势和劣势密不可分。由于每个企业所处行业及自身的特点不同，其成功所涉及的关键因素也不同，因此预警分析没有通用的计量指标，所选指标应对企业内外部环境变化情况能准确、科学、及时地反映，具有较强的敏感性，使其成为反映企业竞争地位的“晴雨表”。此外，预警指标的选择应考虑成本效益原则，比较选取某些指标增加的预警精度和其获取成本的高低，以筛选出对企业合理、有效的指标。同时，还要注意内外兼顾，长短结合。

一般来说，预警指标应包括财务指标和非财务指标，所反映的内容应涉及对本企业、竞争对手、客户及国内外经济环境的分析、评价及预测的信息。财务指标可选择净资产收益率、销售利润率、投资报酬率、成本费用利润率、现金流量净额等具有代表性的指标；非财务指标包括组织效率、市场份额增长率、客户满意度、员工满意度、产品质量、产品性能价格比、售后服务贡献率、供应与协作能力、技术创新投入率、市场与客户消费趋势等内容。

为了提高预警分析的准确性，应根据预警分析结果与实际情况的相互比较以及企业战略和内外部环境的变化，及时对所选取的预警指标的有效性进行检验，对无效的指标进行调整，促进预警指标设置的科学性和合理性。总之，企业在选择预警指标时，应该针对企业的具体特点，具体问题具体分析，通过反复的筛选、检验，从而建立起适合企业自身的预警指标体系。

预警指标的计量多采用比率法，不论是内部和外部的、财务和非财务的指标均可以比率的形式进行计量。比率指标便于进行比较分析和趋势分析。

（四）战略投资评价矩阵

按照战略管理会计的要求，投资评价可以采用一种新方法——战略投资评价矩阵。此方法将项目执行过程中的风险和项目对公司总体战略的影响充分考虑在内，克服了传统管理会计的不足，如图 11－1 所示。

战略符合系数

有条件选择	接　　受
拒　　绝	有条件选择

风险调整系数

图 11－1　战略投资评价矩阵

战略投资评价矩阵的四个区域中显示出一个接受区域和一个拒绝区域，而处于另外两个区域的方案则有可能因为在财务上或者战略上的原因而被采纳，这由企业的决策者根据具体情况选择。

战略投资评价矩阵的横轴表示风险调整系数，这一系数综合了传统的财务评价和项目的风险因素。首先在计算这一系数之前，必须承认对于不同的项目有着不同的风险，因此需要用不同的系数对项目的财务评价进行风险调整，在这里用不同的资金成本做调整显然是不合理的，必须采用一种不同的方法。

对净现值或者内部收益率的风险调整可以采用一种加权的方法，即给项目的不同风险因素赋予不同的权重，这需要将项目的风险做分解。如表 11－1 所示。

表 11－1　建立风险调整系数

风险种类	权重（%）	10	20	30	40	50	60	70	80	90	100	风险系数（%）
技术	50									√		45
市场	25								√			20
成本	15						√					9
资源	10						√					6
合计	100								风险调整系数			80

为了使项目的评价具有可比性，战略管理会计应对同一企业的不同种类的风险赋予不同的风险权重，而这种权重应该反映企业控制各种风险的能力。如果企业有着行之有效的项目成本管理系统，则可以给企业的成本风险赋予较低的权重；如果企业曾经错误的估计竞争对手的反映，则应该给企业的市场风险赋予较高的值。在上面的例子中，技术是问题较多的环节，因此技术的风险的权重最高，为 50，其次是市场、成本和资源风险，分别是 25、15 和 10。这样，企业的各种风险权重的总和是 100%。

在对企业不同的风险类型赋予不同的权重后，则应对企业不同的项目进行再次加权。其方法是：如对项目 A 来说，如果与企业的其他项目来说，技术风险程度较低，则应给该项目的技术风险以较高权重，如本例中，这个权重是 90%；而项目 A 在企业的不同项目中有中等的资源风险，则资源的风险权重为 60%，依此类推，可以得到项目其他风险类型的权重。这样，经过企业和项目两个层次的风险加权后，我们可以得到项目 A 的风险调整系数，即 80%。

风险调整系数的作用是对传统管理会计得到的项目评估结果进行风险调整。例如，项目 A 的内部收益率为 20%，而通过风险调整系数的调整，即得到风险调整后的内部收益率 16%。值得注意的是，风险调整系数不仅可以对内部收益率这一指标进行调整，还可应用于其他指标，如净现值等。

战略投资评估矩阵的纵轴表示项目的战略符合性系数。战略符合性系数表示待评估项目符合公司的使命和目前的经营战略的程度。企业的战略因企业的不同而各异，但一般来说，很多战略为大多数企业所采纳，如投资于能够带来高附加值的新技术、建立并维持企业的客户群体、发挥核心竞争力、建立长期行业进入障碍、与供应者建立良好关系等。与计算风险调整系数的过程一样，在计算战略符合性系数时我们要用到加权法。这一过程如表 11－2 所示，该图使用了对于多数企业都适用的企业战略。

表 11－2　计算战略符合性系数

战略类型	权重（%）	10	20	30	40	50	60	70	80	90	100	战略符合性系数（%）
市场开发	40							√				28
核心竞争力	30				√							12
建立品牌	20									√		18
与供应者的关系	10							√				8
合　计	100							战略符合性系数				66

与企业的使命和整体战略符合程度较高的项目的权重也较高，如项目 A 符合企业建立自身品牌，形成长期行业壁垒的经营战略，因此权重也较大（为 90%），其他的可以此类推。如对项目 A 来说，经过加权所得的战略符合性系数为 66%。

战略投资评价矩阵使用中应注意的是，大量的数据需要管理层根据本企业的具体情况和管理层的经验做出主观判断，在此过程中应该防止操纵这些数据。同时，应该改变“投资评价是会计人员的事”这一错误观念。显然，在这一方法的使用过程中，需要大量其他方面的人员大力配合，如战略管理人员、技术人员、营销人员、采购人员等。因此，在使用这种方法的过程中，应由这些方面的人员组成战略项目投资评价小组，集思广益，做出科学的评价。这也正是战略管理会计特别强调的一种研究方法。

另外，在项目实施以后，还应对项目实施的结果进行回顾，如果项目达到了预期的效果，则应总结经验；如果项目没有达到预期效果，则应检查是在项目执行过程中还是在项目的评估过程中出现了问题，如果是在评估过程中出现了问题，应对评估过程进行反省，以避免发生类似的问题。

（五）平衡记分卡法

平衡记分卡是由美国著名的管理大师罗伯特·卡普兰（Robert S. Kaplan）和复兴方案国际咨询企业总裁戴维·诺顿（David P. Norton）在总结了 12 家大型企业的业绩

评价体系的成功经验的基础上，提出的具有划时代意义的战略管理业绩评价工具。

平衡记分卡的内容主要包括以下四个方面：①财务方面。平衡记分卡仍保留了财务方面的指标作为业绩评价的内容，因为财务指标是对过去业绩的总结和评价，反映了企业的财务状况、经营成果和现金流量，并且财务指标能显示企业的经营战略及其执行是否正在为最终经营成果的改善做出贡献。财务计量的典型指标有利润、现金流量、资本报酬率、销售增长率以及经济增加值等。②顾客方面。平衡记分卡对顾客方面的计量主要针对为企业提供长期盈利能力的顾客群，既包括现有顾客，又包括潜在顾客。评价时主要衡量企业吸引和保持顾客的程度。因为企业只有努力提高顾客价值，才能吸引和保持顾客，获得长期竞争优势；只有顾客满意，才能实现企业的长期成功，并增进企业全体员工及社会的利益。对于顾客的计量指标主要有顾客满意度、顾客保持率、新顾客的获得、顾客盈利性和在目标市场上所占的份额等。③内部经营过程方面。平衡记分卡在内部经营过程方面的计量重视的是对顾客满意程度和实现组织财务目标影响最大的那些内部过程，包括长期革新和短期经营。革新过程着眼于研究现有顾客的潜在需求，或者潜在的顾客和市场，并生产出满足这些需求的产品。革新过程代表了企业价值创造的长波。经营过程是从接受顾客订单开始到交付产品为止的整个过程，是把现有的产品生产出来交给顾客的过程，它代表了企业价值创造的短波。平衡记分卡把革新过程引入到内部经营过程之中，要求企业创造全新的产品和服务，以满足现有和未来的目标客户的需求。这些过程能够创造企业未来的价值，提高企业未来的财务绩效。④学习和成长方面。企业为了实现长期的目标，满足顾客需求，只利用现有的技术和能力是不够的，需要改善。而财务、顾客和内部经营过程的计量，可使企业发现现有能力和要达到的目标之间的差距，这个差距就要依靠不断学习和成长来弥补。学习和成长主要来源于员工的再培训和企业组织程序的改善等方面。对员工的计量包括员工的满意度、员工保持率和员工技能水平等。对企业组织程序的计量主要是检验员工的合作和交流等情况，可以通过内部过程的改善率来衡量。平衡记分卡管理体系使整个公司把焦点集中在战略上，并且以支持战略所需要的团队努力为核心，提供了一种能够引发和指导变化过程的机制。由于平衡记分卡的应用，创造了一种基于战略要求的新型组织形式——以战略为核心的组织。其特点是把战略放在变化和管理过程的核心地位。企业通过清晰地定义战略，始终如一地进行组织沟通，并将其与变化驱动因素联系起来，把每个人和每个部门都与战略的独特特征联系起来。

实践表明，平衡记分卡有许多优越性，它是一种能体现知识经济时代特征、更好地促进企业长远发展的业绩评价方法。其优越性体现在：

（1）有利于加强企业的战略管理能力。在知识经济时代，企业的经营环境更加动荡多变，加强企业战略管理变得越来越重要。确定了正确的发展战略之后，在实际工作中能否顺利达到战略目标，关键在于对战略实施有效管理。平衡记分卡把业绩评价工作纳入战略管理的全过程，通过建立与整体战略密切相关的业绩评价体系，把企业的战略目标转化成可操作的具体执行目标，使企业的长远目标与近期目标紧密结合，并努力使企业的战略目标渗透到整个企业的架构中，成为人们关注的焦点与核心，实现企业行为与战略目标的一致与协调。

（2）能促进经营者追求企业的长期利益和长远发展。知识经济时代，决定企业竞争胜负的关键因素大多是非财务指标。平衡记分卡注重非财务指标的运用，如根据客观需要选择顾客满意度、员工满意度、市场占有率、产品质量、营销网络、团队精神等作为业绩评价指标。同时，还将财务指标与非财务指标有机结合，综合评价企业的长期发展能力。这有利于把企业现实的业绩与长远发展和长期获利能力联系在一起，增强企业的整体竞争能力和发展后劲，有效地避免了为了追求短期业绩而出现的短期行为。

（3）有利于增强企业的应变能力。在知识经济时代，管理方法要适应企业内外部环境的不断变化，提高企业的适应能力。平衡记分卡就是一种动态的业绩评价方法，它不仅评价过去，而且更强调未来，是一种具有前瞻性的动态评价方法，因此，更符合新时代要求。

（4）有利于提高企业的创新能力。在知识经济时代，经济发展的核心特征是不断创新，创新能力是企业核心竞争力的主要内容。平衡记分卡将创新能力纳入业绩评价体系，鼓励经营者在追求短期利益的同时，应充分考虑企业的长远发展。为了促使企业获得长期成功，经营者必须不断提高企业的产品创新、服务创新、市场创新及管理创新能力，以更好地满足现实的与潜在的消费需求。创新的过程是创造企业未来价值，提高未来财务绩效的过程。平衡记分卡对传统业绩评价体系的创新，有助于增强企业的核心竞争力，提高企业的价值。

第十二章　质量成本会计

案例与问题分析

众所周知，我国乳制品业发生的三聚氰胺超标问题，从表面上看是一个弄虚作假的问题，但从经济学的角度看则与质量成本有着广泛深入的联系，导致为了降低预防成本最终付出了高昂的损失成本。

质量成本问题是企业生存和发展中遇到的必须解决的经常性问题。分析这类问题，既要弄清质量与成本的关系，又要掌握科学的方法，为此，本章就有关质量成本控制的基本理论与基本方法做如下的探讨。

第一节　质量成本概述

一、质量成本控制的意义

现代社会所需要的产品结构越来越复杂，对产品质量的要求愈来愈高，由此所产生的质量成本将占到销售额的7% ~10%。企业要在激烈的市场竞争中生存和发展，就必须在质量和成本两个方面都占据优势地位。产品或服务质量的高低是企业在激烈的市场竞争中取胜的关键因素。一般来说，高质量的产品和服务能让顾客的满意程度提高，扩大市场占有率，提高企业的声誉和形象，增加销售量和利润。但产品或服务的质量高低又是与付出成本的多少密切相关的，如果企业为追求不必要的过高质量，使产品价格因成本的大幅提高而上升，可能会引起产品需求量的降低，致使企业遭受不必要的损失，则是得不偿失的。

因此，对产品质量成本的控制问题进行分析研究是十分必要的。

二、质量成本的构成

（一）质量的内涵

要明确质量成本的概念，首先应当先明确什么是质量。本章所述及的质量是指产品或服务使消费者使用要求得到满足的程度，主要包括设计质量和符合质量两项内容。

设计质量是指产品设计的性能、外观等指标符合消费者需求的程度。

符合质量是指实际所生产的产品符合设计要求的程度。

设计质量与符合质量体现了产品或服务的性能和效果。两者是一个有机的统一整体。高质量的产品或服务不仅要在性能上满足顾客的需求，还应该在性能的实际效果上达到顾客的要求。一般来说，质量较高的产品或服务，其成本较高，相应的市场价格也较高。

(二) 质量成本及其构成内容

质量成本是指企业为保持或提高产品质量所发生的各种费用和因产品质量未达到规定水平所产生的各种损失的总称。质量成本一般包括两方面的内容：一是预防和检验成本；二是损失成本。

1. 预防和检验成本

预防和检验成本是指企业在主观上为确保产品质量主动采取行动而发生的各种费用。它包括预防成本和检验成本两部分内容。

预防成本是指企业为保证产品质量达到一定水平而发生的各种费用。它包括质量计划工作费用、产品评审费用、工序能力研究费用、质量审核费用、质量情报费用、人员培训费用和质量奖励费用等内容。预防成本的支出可以防止或杜绝次品、瑕疵、废品等质量问题的发生，减少因产品不符合质量而产生的损失。

检验成本是指为评估和检查产品制造质量而发生的费用。它包括原材料验收检测费、工序检验费、产品的检验费、破坏性试验的产品试验费用、检验设备的维护、保养费用及质量监督的成本等内容。

2. 损失成本

损失成本又称为缺陷成本，是指由于产品出现各种质量问题给企业所造成的各种损失。它包括内部质量损失成本和外部质量损失成本两部分内容。

内部质量损失成本是指生产过程中因质量问题而发生的损失。它包括产品在生产过程中出现的各类缺陷所造成的损失，以及为弥补这些缺陷而发生的各种费用支出，如报废损失、返修损失、复检损失、停工损失、事故分析处理费用、产品降级损失等。

外部质量损失成本是指产品销售后，因产品质量缺陷而引起的一切费用支出，如支付用户的索赔费用、退货损失、保修费用、折价损失及企业信誉的损失等。

3. 预防和检验成本与损失成本的区别

产品质量成本中的预防和检验成本与损失成本是两类性质不同的成本。

预防和检验成本属于不可避免成本，是企业主动采取积极措施的产物。从定性的角度看，它与产品质量为因果关系；从定量的角度看，其发生额的多少与产品质量的高低呈同方向变动的关系；从变动趋势看，随着预防和检验成本的不断增加，产品的质量水平将会逐渐提高。

损失成本属于可避免成本，对企业而言是被动发生的。从定性的角度看，产品质量与损失成本为因果关系；从定量的角度看，产品质量的高低与其发生额的多少成反方向变动的关系；从变动趋势看，随着产品质量的不断提高，损失成本将会逐渐降低。

三、质量标准的选择

提高产品质量，降低成本是质量控制的核心，为此，企业首先应选择合理的质量标准，对质量成本进行科学计量，采取适当措施改进和提高产品质量。

在选择质量标准时，有两种不同的观念，即传统质量观和现代质量观。

（一）传统质量观

传统质量观又称为可接受的质量水平模式。这是美国学者提出的质量标准。他们认为，恰当的质量标准，应是可接受的质量水平（Acceptable Quality Level，以下简称AQL）。AQL允许生产并销售一定数量的缺陷产品。如果在实际工作中对质量的要求超过“可接受的质量水平”就必然要增大成本，企业往往会得不偿失。因此，对产品的瑕疵率应采取这种被动接受态度。如采用AQL标准，只有当产品未能达到设计要求时才会发生损失成本，而且预防和检验成本与损失成本之间存在一个最优的选择问题。

AQL允许生产一定数量的缺陷性产品，如果一个产品的质量超出质量特征的容忍范围，则可以断定该产品是有瑕疵的或有缺陷的。AQL是根据数理统计方法制定出来的，并以此作为控制质量的标准。在20世纪70年代，质量控制中较多地应用AQL模式。如国内某企业设定其产品的AQL为5%，则在任何总量的产品中，只要有95%的产品符合质量要求即可。由于AQL模式不利于企业改进经营缺点，到20世纪70年代后期，AQL受到零缺陷模式的挑战。

（二）现代质量观

现代质量观是日本学者提出的质量标准。这种观念包括零缺陷模式和健全质量模式。

零缺陷模式要求将不符合质量要求的产品降低到零。“企业管理之神”松下幸之助先生曾提出“1% =100%”的著名公式，即从企业角度来看，生产1%的次品不算多，但从消费者角度来看，买到任何一件次品都会感受到沮丧，因为它就是100%的次品。因此，日本企业提倡“零瑕疵、高质量”。虽然企业为减少瑕疵，会引起近期成本的增加，但其竞争能力和生产效率却会因此而提高，从而促进企业长期效益的大幅度提高。

进入20世纪80年代后，人们又在零缺陷模式的基础上，提出了健全质量模式。

健全质量模式认为，即使实际产品与设计要求之间的偏差在设计允许范围内，仍会因产品的生产而产生损失。生产不符合目标价值的产品就会招致损失，偏离理想目标就要付出代价。因此，零缺陷模式低估了质量成本，采用零缺陷模式仍有通过努力改进质量以形成节约的潜力，而健全质量模式更新了人们的质量成本观念，为企业经营带来了更大的竞争优势。在健全质量模式下，企业应进一步减少缺陷性产品的数量，以便降低其质量成本总水平。

第二节　质量成本会计管理

一、在传统质量观指导下的质量成本控制

（一）传统质量成本控制的内容

传统质量成本控制主要包括两方面的内容：①寻找使企业经济效益最大化的最适宜质量水平；② 寻找在最适宜质量水平下的最低质量成本。

1. 确定最适宜的质量水平

产品质量水平的高低通常用产品合格率来表示。根据优质优价的原则，企业生产质量水平较高的产品，可以获得较高收入，但同时也要为此付出较高的成本；在产量相同的条件下，产品销售收入随着质量水平的提高而增加，产品的成本也随之增加。若设 C（Q）为质量成本曲线，R（Q）为质量收入曲线，P（Q）为质量利润曲线，Q 为质量水平（用产品合格率表示），则产品销售收入、成本和质量水平的关系如图 12－1所示。

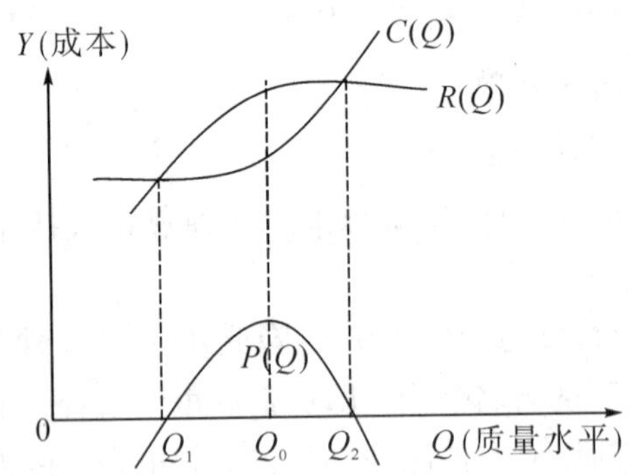

图 12－1　成本与质量水平关系示意图

从图 12－1 中可以看出，当质量过低，小于 Q_1 点时，产品销售收入小于成本，出现亏损；当质量过高，大于 Q_2 时，产品销售收入小于成本，也出现亏损；当质量水平在 Q_1 和 Q_2 之间时，产品销售收入大于成本，为盈利区域。

质量成本管理的目的，是在保证质量的前提下降低成本，提高经济效益，因而应寻找最适宜的质量水平。

$$P(Q) = R(x) - C(Q) \qquad \text{式（12－1）}$$

当$\frac{dP(Q)}{dQ}=0$，即$\frac{dP(Q)}{dQ}=\frac{dR(Q)}{dQ}-\frac{dC(Q)}{dQ}=0$时，可实现利润最大化。

因此，当质量水平为 Q_0 时，为最适宜质量水平。

2. 确定最优质量成本

产品质量成本线是一条由两类不同性质的成本构成的曲线，各项质量成本之间是

相互联系、相互影响的，质量成本管理不可能使各项质量成本同时减少，更不可能把质量成本减少到零。最优质量成本既不是在产品质量最高时，也不是在产品质量最低时，而是在保证最适宜的质量水平的前提下，使质量成本四项内容之和最低时的水平上。设 $C_1(Q)$ 为质量损失成本，$C_2(Q)$ 为预防和检验成本，$C(Q)$ 为质量总成本。

在最适宜的质量水平下，使质量成本最低。

$$C(Q)=C_1(Q)+C_2(Q) \qquad \text{式（12-2）}$$

$$\frac{dC(Q)}{dQ}=\frac{dC_1(Q)}{dQ}+\frac{dC_2(Q)}{dQ}=0 \qquad \text{式（12-3）}$$

产品质量水平与产品质量成本的关系如图 12-2 所示。

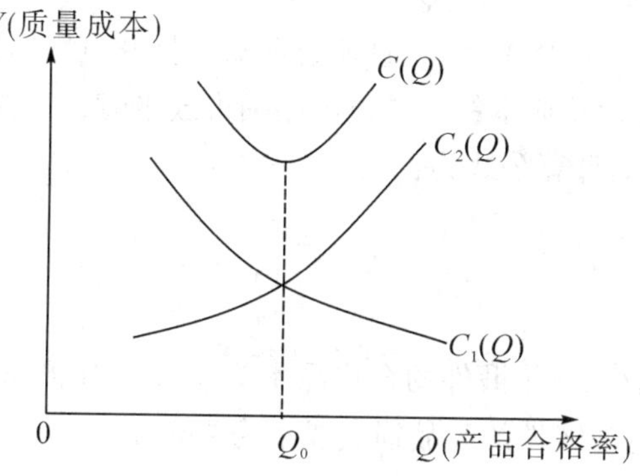

图 12-2　传统质量成本示意图

满足式（12-3）的产品合格率为 Q_0 点，在这点上质量成本为最佳结构，使质量总成本最低。从理论上讲，当单位预防和检验成本等于单位质量损失成本时，可找到产品最优合格率和最优质量成本。当最优质量成本确定以后，就应以此作为质量成本控制的目标。

为保证质量成本控制目标的实现，应建立健全质量成本管理的组织体系，以便在质量成本所涉及的供应、生产、销售、质检、财会等部门中，划分职责，归口控制。要坚持预防为主的方针，在质量成本控制中为保证一定的质量水平，应适当地增大预防和检验成本占质量成本的比重，减少事故成本的发生。同时，要对质量成本差异进行计算和分析，以寻找原因，及时采取措施。

（二）最佳传统质量成本控制模型

确定最优质量成本可采取边际分析法和合理比例法。

1. 边际分析法

边际分析法又称为公式法。此方法是微分边际理论在最优质量成本控制中的应用。如果以产品合格率代表质量水平，则存在能使质量成本最低的产品合格率，即最优质量，此时的质量成本为最优质量成本。

设 F 为单位产品成本的内部质量损失，Q 为产品合格率，$(1-Q)$ 为废品率，则每件合格品负担的质量损失成本 Y_1 的计算公式为：

$$Y_1 = F \cdot \frac{1-Q}{Q} \qquad \text{式（12-4）}$$

设每件合格品负担的预防和检验成本为 Y_2，它与合格品率和废品率之间的比值存在一定的比例关系。设这个比例系数为 K，即随产品合格率的变化需要追加的预防和检验成本的系数，该系数为一常数，则 Y_2 的计算公式为：

$$Y_2 = K \cdot \frac{Q}{1-Q} \qquad \text{式（12-5）}$$

如果以 Y 表示单位合格产品负担的质量成本，则：

$$Y = Y_1 + Y_2 = F \cdot \frac{1-Q}{Q} + K \cdot \frac{Q}{1-Q} \qquad \text{式（12-6）}$$

计算 Y 的一阶导数，并令 $Y'=0$，证明过程略，据此可得出以下结论：

（1）当单位预防和检验成本等于单位废品损失成本时，存在最优质量。

（2）最优质量 Q_0 的计算公式为：

$$Q_b = \frac{1}{1+\sqrt{\frac{K}{F}}} \qquad \text{式（12-7）}$$

【例 12-1】某企业上半年锻件的合格品率为 90%，年产量为 2 000 吨，预防和检验成本为 80 000 元，每吨锻件的废品损失成本为 440 元。

要求：计算最优质量和最优质量成本。

解：依题意 $Q=90\%$，$F=440$ 元。

$$Y_2 = \frac{80\ 000}{2\ 000} = 40\text{（元）}$$

$$K = Y_2 \cdot \frac{1-Q}{Q} = 40 \times \frac{1-90\%}{90\%} = 4.44$$

$$\text{最优质量 } Q_0 = \frac{1}{1+\sqrt{\frac{4.44}{440}}} = 90.91\%$$

$$\text{最优质量成本 } Y_0 = 440 \times \frac{1-90.91\%}{90.91\%} + 4.44 \times \frac{90.91\%}{1-90.91\%} = 88.39\text{（元/件）}$$

可见，当合格品率为 90.91% 时，质量成本最低，单位质量成本为 88.39 元/件，企业应以此作为最优质量成本控制的目标。

2. 合理比例法

合理比例法，是根据质量成本各项目之间的比例关系，确定一个合理的比例，从而找出质量水平的适宜区域，而不是确定最优质量。因为达到某一点的合格率不易保持，而使合格品率保持在某一范围内是比较容易做到的。此方法将质量总成本曲线分为改善区、适宜区和至善区三个区域，如图 12-3 所示。

如果产品质量处于改善区，说明产品质量水平较低，损失成本较高，企业应尽快采取措施，追加预防和检验成本支出，以保证产品质量；如果产品质量处于至善区，

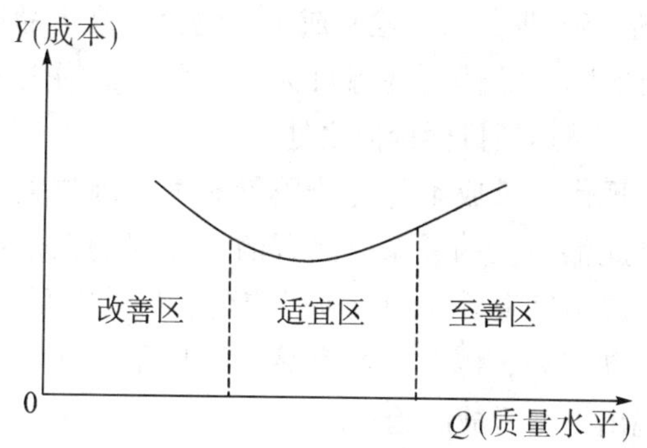

图 12－3 合理比例示意图

说明产品质量水平很高，且超过用户的需要，出现不必要的质量成本损失，这也是不可取的，这时企业应控制预防和检验成本支出。理想的质量水平区域是适宜区，在这一区域内，质量适当，经济效益高。

在质量成本的各项目之间，客观存在着一个合理的比例。当质量成本达到这一比例时，就可以认为质量水平处于适宜区。一些国外专家认为，在一般情况下，质量成本中的预防成本占 10% 左右、检验成本占 30% 左右、损失成本占 60% 左右。我国某企业根据本企业的实际确定的比例是：预防成本占 15%；检验成本占 25%；废品损失成本占 60%。当然，对于质量成本各项目之间的比例不能做绝对的理解，应结合企业自身的具体情况来确定。

二、在现代质量观指导下的质量成本控制

（一）现代质量成本控制的内容

在健全质量模式下，由于紧缩了缺陷性产品的定义，只要产品生产偏离目标价值，就存在损失成本。因此，质量成本的最优水平存在于产品达到目标价值之处，不必像可接受的质量标准下需要在各种质量成本之间进行权衡选择。

各种质量成本关系的变化情况如图 12－4 所示。

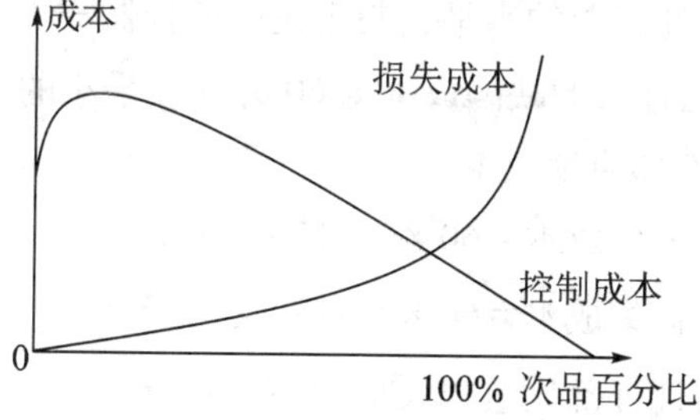

图 12－4 现代质量成本示意图

图 12－4 可以反映出以下规律：①在一定范围内，随着预防和检验成本的增加，产品质量水平在提高，当达到某一质量水平时（如实际产品与设计要求的偏差在设计

允许的范围内），即使适当减少预防和检验成本，仍会提高产品质量水平；②即使在较高的质量水平下，只要实际产品偏离理想目标，仍会存在损失成本；③质量总成本的最优水平存在于所生产产品达到目标价值之处。

从这里可以看出，现代质量成本与传统质量成本的函数关系是一致的，预防和检验成本与损失成本仍是此消彼长的关系。两者的主要区别在于：质量控制计划的实施效果有一个时效问题，成本发生后（如审查供应商、与供应商沟通等），要经过一段时间总成本的降低才会显现出来，因此，当产品接近质量稳固状态时，控制成本不是无限制地增加，而是呈现出先增后减的趋势。

总之，在现代质量观的指导下，加强质量成本控制应不断地调整预防和检验成本，在提高产品质量的同时，降低质量总成本。

（二）质量成本的计量

质量成本按其表现形式可以进一步划分为显性质量成本和隐性质量成本。

显性质量成本是指可以直接从企业会计记录中取得数据的成本，如预防成本、检验成本、内部质量损失成本。

隐性质量成本是指由不良质量而形成的不列示在会计记录中的机会成本，如外部质量损失成本。

现代成本管理系统可以对那些显而易见的质量成本进行计量，而对外部质量故障所引起的顾客不满、市场份额的损失及投诉的协调等成本却很难计量，只能予以估计。虽然这会影响隐性质量成本的准确性，但通过适当的方法做出相应的估计却是非常必要的。常用的方法有乘数法和市场研究法。

1. 乘数法

乘数法（The Multiplier Method）是指假定全部质量损失成本是已计量损失成本的某倍数的一种方法。其计算公式为：

外部质量损失成本总和 = 已计量外部质量损失成本 × K　　　　式（12－8）

式中，K 为乘数，应根据经验确定。

将隐性成本计算到外部缺陷成本的估计数中，使企业管理当局可以准确地确定用于预防和评估质量作业所耗资源的水平，制定正确的控制成本方面的投资决策。

【例 12－2】某公司已计量的缺陷成本为 60 万元，最小的 K 值为 2，最大的 K 值为 3。要求：用乘数法估算外部质量成本。

解：最小的外部质量损失成本 = 60 × 2 = 120（万元）

最大的外部质量损失成本 = 60 × 3 = 180（万元）

由此可见，该企业估计外部质量损失成本在 120 万～180 万元之间。

2. 市场研究法

市场研究法（Market Research Method）是指在市场调查的基础上利用统计推断和相关分析等技术考察不良质量对销售和市场份额影响的一种方法。

市场研究法的分析结果可用于预计未来不良质量所带来的利润流失数。

（三）作业管理条件下的质量成本控制

健全质量模式是对传统质量模式的挑战。为降低质量成本，企业不仅要生产符合顾客需求的产品，以品种多、质量优、功能强的优势去争取顾客，还应采用适时制的生产方式，有效地组织和协调产品的生产工作。这就要求把企业内部不同工序和环节视为对最终产品服务的作业，把企业看成是为最终满足顾客需要而设计的一系列作业的集合。

作业管理将作业区分为增加价值作业与非增加价值作业两大类，并努力保留增加价值作业，尽可能减少非增加价值作业。这一原理与全面质量管理的观念是一致的，即强调顾客满意，并把管理重点放在满足顾客需求，消除不能增加产品价值的一切浪费、缺陷和作业上。

因为在适时生产系统下，企业实行零存货管理，生产经营中任何质量都将造成作业链的紊乱。因此，要求企业在每一个环节都严格把握质量关，使之达到“零缺陷”，从而消除因质量问题而引起的一切不必要作业，优化企业的作业链—价值链。

如前所述，质量成本可以分为预防和检验成本与质量损失成本两大类，与之对应的作业也可以确认。因此，可利用作业成本法将这些作业区分为增加价值作业和非增加价值作业。一般来说，内部质量损失作业和外部质量损失作业及其相关的成本均为非增加价值作业，应尽可能减少或消除；预防作业因其能增加产品价值应作为增加价值作业努力予以保留。检验作业可分为两类：一类是为预防作业而必需的，如质量审计，应作为增加价值作业；另一类则是与增加价值无关的其他检验作业。

在进行各种作业分类之后，即可根据资源动因将成本分配到各种作业中去，寻求降低质量成本的途径。

在作业管理条件下，通常按以下步骤进行质量成本的计算与控制：

（1）确认与质量相关的所有作业并建立作业成本库。

（2）确定每一质量作业成本分配基础（成本动因）的数量。

（3）计算每一分配基础的分配率。

（4）按分配率和分配基础的实际数量分配质量成本。

（5）计算产品各类质量成本总额，并计算质量成本占销售总成本的比重，编制质量成本报告。

（6）进行质量成本评价。

对质量成本的评价，通常将质量成本的结构同预算标准或以前年度进行比较，分析质量成本构成对产品质量的影响，从而确定合理的质量成本结构，以最少的质量成本向客户提供最优质量的产品或劳务。

【例 12 -3】某公司 201 × 年根据有关的质量成本资料为依据编制的质量成本报告见表 12 -1。

表 12－1　　201×年某公司质量成本有关资料

质量成本类别	分配基础（成本动因）		分配成本（元）	占销售成本（%）
	数量	分配率		
预防成本： 设备维护 人员培训 预防成本合计	800 小时 900 小时	100 元/小时 80 元/小时	80 000 72 000 152 000	1.33 1.20 2.53
检验成本： 检验 测试 检验成本合计	2 800 小时 1 600 小时	50 元/小时 60 元/小时	140 000 96 000 236 000	2.33 1.60 3.93
内部质量损失成本： 返工 内部质量损失成本合计	500 件	500 元/件	250 000 250 000	4.17 4.17
外部质量损失成本： 客户服务 退货运费 维修保证 外部质量损失成本合计	400 件 400 件 600 件	40 元/件 50 元/件 450 元/件	16 000 20 000 270 000 306 000	0.27 0.33 4.50 5.10
质量成本合计			940 000	15.73

该公司销售总成本为 6 000 000 元，质量成本分别按不同质量作业设成本库归集分配，如按设备维护、人员培训按时间分配，检验和测试成本亦按时间分配，返工成本按返工产品数量分配，客户服务、退货运费、维修保证按修复产品的数量分配。

根据企业有关资料编制质量成本分析表，见表 12－2。

表 12－2　　质量成本分析表

质量成本	2010 年度		2011 年度	
	金额（元）	占质量成本的比重（%）	金额（元）	占质量成本的比重（%）
预防成本	82 200	6.85	152 000	16.10
检验成本	114 720	9.56	236 000	25.00
内部质量损失成本	382 920	31.91	250 000	26.48
内部质量成本合计	579 840	48.32	638 000	67.58
外部质量损失成本	620 160	51.68	306 000	32.42
质量总成本	1 200 000	100	944 000	100
销售总成本	5 000 000		6 000 000	
质量成本占销售成本的比重（%）	24		15.73	

表 12 -2 表明，该公司 2011 年度的质量成本比 2010 年度的质量成本有了较大的降低，质量成本占销售成本的比重由 24% 下降到 15. 73%。比较两年的质量成本数据可以看出，由于 201 × 年度增加了预防成本和检验成本的支出，提高了产品质量水平，降低了损失成本的发生，从而使质量总成本得以降低。

第十三章 资本成本会计

案例与问题分析

MN公司为了扩大经营活动的规模，需要追加大量资本。但是，以不同取得形式获取不同渠道的资本，既存在风险不同的问题，也存在代价不同的问题。通常，以借贷方式获取的资本，存在还本付息的压力，即财务风险较大，但是使用资本的代价较低。公司既可以使用借贷方式获取所需发展的资本，也可以使用吸收权益资本的方式来实现同样的目的。该公司该如何决策呢？

解决这一问题，关键是了解公司在使用这些资本时，需要考虑哪些相关因素。显然，与此问题相关的基本因素是与所筹集资本直接相关的风险和代价。所谓代价就是资本成本。该公司必须在风险和代价之间进行权衡，从而找到一个方案，使得其风险程度可以接受，同时又使资本成本可以降到最低。这就需要公司决策者应该了解和把握关于公司资本成本水平的计量和确认。

第一节 资本成本的经济意义

一、资本成本的定义

资本成本是筹集并使用一定量的资本而发生的代价。

从资本成本的内容来看，可以从两个角度来对资本成本进行分类认识。①资本成本本身的内容板块构成，包括筹资成本和用资成本；②依据导致资本成本发生的不同部分资本，包括权益资本成本和债务资本成本。将资本成本划分为筹资成本和用资成本，旨在揭示资本成本的不同部分具有不同的功能；而将资本成本划分为债务资本成本和权益资本成本，则在于揭示不同部分的资本成本的经济性质的差异。

在资本成本的形成上，还应该注意如后的两个关于外延的规范性惯例。首先是关于债务资本成本的问题。从严格的理论规范上说，债务资本成本是包括所有债务的代价，即流动负债和长期负债的成本，都应该被包括在债务资本成本中。但是，在实践中基于流动负债的期限短、利息率低，于是形成的变通做法就是将其忽略。而事实上如果仅仅考虑利息支付，则流动负债的利息对整个资本成本的影响并不大，因而在确认和计量资本成本时，通常是指将长期负债的利息作为资本成本加以考虑。其次是关于权益资本成本的问题。在权益资本成本上容易形成的误解是将全部当期的税后净利都作为资本成本。事实上，权益资本成本仅仅只是指作为现金红利分配给所有权人的那一部分净利润。

另一些财务学家对于债务资本成本的外延范围，表示了不同的看法。他们认为，流动负债虽然利率低，但是对于企业的财务活动来说其偿债压力是很大的，从而企业在流动负债上承担着颇为严重的财务风险。因此，对在资本成本中是否应该忽略短期债务的成本，表示了相反的看法。

二、资本成本的经济实质

资本成本是资本使用权的买价。

将资本成本的实质确定为价格，这是一种以财务活动是一种市场活动的理念作为其存在前提的重要命题。在资本成本中，虽然包含着权益资本成本和债务资本成本，但对每一部分的内容以及形成机制分析，证明上述结论适用于任何一部分内容。

债务资本成本，表现出典型的价格特征。无论是发行企业（公司）债券，还是从银行借贷货币资本，抑或是融资租赁等，实质上都是一种买卖行为。就融资一方而言，这些行为在于购买一定量资本在一定时段内的使用权，或者说使用价值。尤其是这些行为都必须借助金融市场这一平台才能实现。既然是买卖行为，当然买方就要支付购买价格。而银行借款的利息、发行债券的债息、融资租赁的租金，这些外在形式多种多样的内容，实质上就是上述购买行为的具体买价。

而权益资本成本，就其经济实质而言，也仍然表现出价格属性。首先，资本成本所体现的是两个平等市场主体之间的经济利益相关关系。作为这一关系的一极，企业是一个是典型的主体。因为无论是何种组织形式的企业，都具有主体意志，包括目标和实现目标的手段。虽然，就法理形式而言，仅仅只对公司制企业赋予人格从而形成法律主体即法人，但是从经济逻辑来看，任何企业都具有经济人格的本质特征。而企业的经济人格特征只能在市场活动中得以体现。以支付一定代价的形式获取一定资本的使用权，这实质上就是企业为实现自身目标而进行的一种商业活动。不论这一活动的法理形式有何种差异，其经济实质却是唯一和确定的。作为前述关系的另一极，是企业的所有者。企业的所有者是在对企业进行投资时才形成的。所以，企业的所有者，不论其外在形式是一般的投资者，还是股东，相对于企业而言，也是一种典型的市场主体。在金融市场上的投资，是一种典型的市场行为。所有者正是凭借这一市场行为，才获得了从企业获取相应报酬的可能。这种报酬是基于市场投资行为而获得，所以其市场属性即价格属性是显然的。综上所述，企业在金融市场上以支付一定代价而获取一定资本的使用权，其本质就是购买；而企业所有者在金融市场上以获取一定报酬而让渡一定资本的使用权，这就正好构成商品交换活动，毫无疑问，企业支付给企业所有者的关于其资本使用权的代价——权益资本成本，其本质就是价格。

三、资本成本的会计性质

（一）成本概念的内涵

成本是指基于衡量一项事项的经济可行性而对该事项的实现所发生的全部代价所进行的描述。简单地说，成本就是为实现一个目标而发生的代价。

在会计理念中，成本与费用的性质是不同的。费用仅仅是为实现当期受益而发生的代价，而且尤其是这种代价的效用对于特定会计主体而言，已经消失。与费用相区别的成本，其使用价值形态对于会计主体而言仍然保持持有或控制。所以，成本是会计主体的现时资产，而费用则是会计主体过去的意义上的资产。

在企业的经营活动中，包含着不同的阶段和不同的具体活动，而每一阶段都存在着本阶段的目标，而每一种具体活动也存在着具体的目标。因此，企业中的成本概念，也就具体包含着不同的具体成本类别。最典型的是产品成本以及以此为中心的采购成本、生产成本等内容。

（二）资本成本与产品成本的关系

资本成本是筹集和使用资本的代价，符合成本的定义中的核心思想即成本是为一定目标的实现而发生的代价，所以资本成本也是一种成本。

资本成本与产品成本的差异首先是相关对象不同。产品成本的相关对象是一定使用价值形态的产品。在整个产品的生产过程中，其实质内容是一种使用价值形态转变为另一种预期的使用价值形态。而这一转变过程，要消耗原使用价值形态，同时还有其他的消耗，如工具性的消耗、条件性的消耗等，这些消耗就形成产品成本。而资本成本的相关对象是一定的资本商品。在资本被作为特定市场活动所作用的对象时，资本已经成为商品。资本这种商品的使用价值只能在特定的经营活动即资本经营活动中被消费。但是，资本这种商品在被取得时要发生代价支出，更为特殊的是，消费资本这种商品还需要支付代价。

传统的产品成本，发生在产品的产销活动中，但最终将凝结或物化在产品上，产品成本不能离开产品而独立存在。并且产品成本是用以确定产品损益、衡量产品的经济价值的基础指标。同样，资本成本也是发生在资本经营活动中，但是资本成本却是取得尤其是使用资本商品的成本而不是生产销售资本商品的成本。资本成本并不必然地要凝结在特定的资本商品上，反而总是要与资本商品呈分离的状态而相对于资本商品独立地存在。

（三）资本成本与费用的关系

资本成本具有最典型的费用性质。

根据资本成本并不凝结于特定的资本商品的命题可知，就资本成本的流转对象而言，资本成本是不能随同资本商品的流转而流转的，从而资本成本就只能按照损益期间来实现流转。所以，在资本成本中，无论是权益资本成本还是债务资本成本，都具有典型的期间费用的性质。

四、资本成本的理论意义

（一）对成本理论的意义

资本成本概念的提出，对于成本理论而言，最大的意义在于既加深了成本概念的内涵，又拓宽了成本这一概念的外延，使得成本范畴的系统理论化程度得以进一步的完善和提高。

就成本概念的内涵而言，广义的成本其实应该包括费用。因为费用也是为一个特定目标而发生的资产耗费。只不过狭义的成本在资产被耗费后，将形成特定的另外形态资产。而费用的发生以至于资产被耗费后，是实现企业的销售收入。如果狭义的成本形成过程可以看成是资产形态在发生变动，则费用的发生则仅仅只表现为企业已经失去了资产的价值和使用价值，也就是企业已经失去了特定资产的所有权和控制使用权。现代会计在完善其体系的过程中，已经逐渐地将一些原属于分配领域的内容，重新确认为企业的成本费用。最典型的包括将所得税由原理念中的利润分配确认为所得税费用；将权益资本成本由股利分配在理念上确认为成本费用。之所以如此，乃是因为无论是所得税还是权益资本成本，都是基于企业的市场经营活动而产生的现金流出量。在定义成本时，虽然强调为了某一目标而发生的资产耗费，但是这种资产耗费的本质内容就是现金流出量。当我们如此理解成本概念时，就已经为成本概念的内涵增加了新内容，而这正是权益资本成本被作为成本后，对成本的意义。

就成本范畴的外延而论，资本成本的提出，使得成本范畴增加了全新的内容。这种外延的增加，正是基于上述成本概念的内涵发生改变后的一个必然结果。当权益资本成本也被作为资本成本构成内容之一时，完全意义的资本成本概念得以确立，同时成本概念也得以完善。具体的增加内容，不仅是对业主——股东的利润分配，还有企业的所得税。

（二）对传统损益观念的意义

资本成本概念对传统损益观念的意义在于表现出了对传统损益观念的突破。

传统的损益观念体现在损益计算式上，即：

收入－费用＝利润

这一损益计算式其实包含了如下几个段落：

收入－销售成本＝毛利

毛利－期间费用（包含债务资本成本）＝经营利润

经营利润－所得税＝净利润

传统损益观念的特征是：在扣减资本成本时，仅仅只是扣除了债务资本成本，同时，其损益计算是计算出现行口径的净利润时为止。

当权益资本成本也被作为资本成本构成内容之一时，完全意义的资本成本概念得以确立。而既然权益资本成本作为一种成本费用，当然也应该成为收入的抵扣因素。基于这一理念，形成了如下的损益理念扩展形式：

净利润－权益资本成本＝企业留剩权益

从上述计算公式中，首先表达了权益资本成本被作为费用从而在当期收益中得以扣除。同时，因为这一理念的突破，还产生了一个新概念即当期企业留剩权益的新概念。这些都表现出基于理念中关于权益资本成本性质的改变基础上的理论创新。

第二节　资本成本的管理与核算

一、资本成本的管理

在会计的管理理念中，只是将债务资本成本作为损益当期的费用，而并不将权益资本成本作为当期费用。但是，在财务经济学，无论是权益资本成本还是债务资本成本，都是资本成本。而且，所有资本成本都具有期间费用的性质。

资本成本在会计和财务两种活动视野中的差别，导致了具体管理中的差异。

首先是在损益计算上的差别。由于并不将权益资本成本作为费用，会计学在损益计算时，只计算扣减债务资本成本，而将权益资本成本的发生仅仅视作净收益的分配。而在财务经济学的损益理念视野中，这两种资本成本都是作为费用在当期收益中加以扣减的。

其次是损益抵扣顺序的差别。虽然无论是债务资本成本还是权益资本成本，基于所有资本成本都是当期的现金流出，实质上都形成一种对收益的抵扣。但是，在会计的理念中，由于未将权益资本成本视为成本费用，所以如果仅仅从现金流出的意义上将全部资本成本都视为损益抵扣，则在损益中首先抵扣债务资本成本，而在净利润确定后，再扣除权益资本成本。而在财务经济学视野中，并无这种抵扣顺序的差别。

而在会计中的抵扣顺序先后不同，又导致了一个重要的结果即所得税抵扣效应问题。在现行的会计损益计算程序上，债务资本成本是在抵扣所得税之前得以抵扣，通常称之为税前抵扣项目。而权益资本成本的现金流量则发生在所得税抵扣之后，于是习惯上称谓税后抵扣项目。由于在所得税之前抵扣收益，将降低所得税税基，从而起到减少应该缴纳所得税的作用。这就是所得税抵扣效应。

在会计的管理理念中，债务资本成本与权益资本成本的金额存在着金额确定或不确定的问题。在公司的管理理念和制度中，权益资本成本作为一种回报于股东的报酬，是随公司的收益和当期的分配政策的变动而变动的。因此，权益资本成本具有主观变动性。也就是说，在各个期间，其权益资本成本的金额是不能确定的，这种现象表明权益资本成本的金额存在或然性特征。而债务资本成本则是以确定金额而发生的，不存在金额的或然性特征。债务资本成本的金额确定性是由其法理性质所决定的。

二、资本成本的核算

（一）资本成本的确认

依据资本成本的定义，可以准确地确定资本成本。资本成本的定义明确了确认的基本原则，一是为了筹集资本，二是因为使用了资本，基于这两个基本原因而发生的成本，都应该确认为资本成本。因此，资本成本具体包括筹资成本和用资成本两个基本类别。如果对于资本成本再按以相关对象为标准进行分类，则同样的内容又可以划分为债务资本成本和权益资本成本两种类别。

（二）资本成本的计量

1. 资本成本的计量形式

对资本成本进行计量的形式，包括绝对数计量形式和相对数计量形式。

所谓资本成本的绝对数计量形式，是指以非比较的单一数字来对资本成本的规模进行定量表述的形式。在现行的会计损益计算公式中的扣减资本成本数值指标都是以绝对数形式存在的。资本成本的绝对数计量形式主要用于表达资本成本的总量规模。

但是，如果需要对资本成本的发生水平、构成质量的状况加以描述，则需要相对数计量形式。资本成本的相对数计量形式，是指以资本成本与导致其发生的相应资本额进行分式对比而形成的结果形式。这一形式就是资本成本率。但是，在习惯中也将资本成本率称为资本成本。

2. 资本成本的基本计算公式

资本成本的相对数计量形式的公式如下：

$$资本成本（率）=\frac{实际资本成本}{实际筹集的资本}$$

在上述公式的形成中，涉及三个指标：筹资成本、用资成本和筹集使用的资本额。在构造资本成本的相对数计量形式的公式时，这几个指标被置于不同的位置，并且起着不同的作用。

筹资成本，是一种与筹集资本发生于同一时点、但是两者所导致现金流动方向相反的数据，被作为筹集资本相反的数据处理，即作为筹集资本额的抵扣形式而存在，并因此而获得实际筹集资本额的概念。

基于筹资成本的处理形式，在资本成本的相对数计量形式的公式中，与实际筹集资本额进行强度对比的，仅仅只是用资成本。特别应该指出的是，用资成本必须采用实际数额形式。这是因为以形式数额出现的两种用资成本即债务资本成本和权益资本成本，在所得税抵扣上形成不同的效应，从而具有不同的实际数额。从实际数额上看，权益资本成本的形式数额与其实际资本成本额是相等的。而债务资本成本的实际资本成本数额则应该取决于其名义数额与所得税抵扣效应系数的乘积。所得税抵扣效应系数则是常数 1 与所得税税率之差。基于上述分析有如下计算公式：

所得税抵扣效应系数 = 1 − 所得税税率

实际支付债务用资成本 = 名义债务用资成本 × 所得税抵扣效应系数

应该说在现行的会计处理方式下，所有筹资成本都是在税前处理的，所以所有筹资成本都存在所得税抵扣效应。

关于实际筹集资本额指标，不同的筹资形式具有不同的结果。以资本证券为筹资形式的方式，存在着折价、平价或溢价的不同结果。而除平价发行的筹资结果是实际筹资额等于名义筹资额外，折价或溢价两种形式的实际筹资额都不等于名义筹资额。折价发行的结果是实际筹资额小于名义筹资额；溢价发行的结果是实际筹资额大于名义筹资额。而在资本成本的相对数计量的公式中，必须使用实际的筹集资本额。因为这是为准确表达资本成本水平的需要。

三、资本成本计量的具体公式

（一）单一筹资形式的资本成本计量的公式

1. 银行借款形式的资本成本计量公式

在银行借款筹资形式中，筹资成本的典型内容是手续费，用资成本则是利息，而实际筹资额则是按照借贷双方借贷合同所规定的借款额。因此，该形式的基本公式为：

$$\text{银行借款的资本成本（率）} = \text{每期利息} \times \frac{1 - \text{所得税税率}}{\text{借贷合同规定的借款额} - \text{手续费}}$$

将本公式右边的分子与分母各项同除以借贷合同规定的借款额，则上式可以简化为如下形式：

$$\text{银行借款的资本成本（率）} = \text{每期利率} \times \frac{1 - \text{所得税税率}}{1 - \text{手续费率}}$$

在银行借款这一形式下，其手续费率极其微小以至于可以忽略，则上式还可以简化为：

$$\text{银行借款的资本成本（率）} = \text{每期利率} \times (1 - \text{所得税税率})$$

2. 发行债券形式的资本成本计量的公式

债券的发行分成平价发行、溢价发行和折价发行三种形式。所，以发行债券形式的资本成本计量的公式也分成三种形式。

平价发行债券的资本成本计量的公式同银行借款的资本成本计量的公式在理论技术形式上是相同的，只是其中的具体指标不同。其中，银行借款利息的每期利息，在债券的资本成本计量的公式中改换成每期债息，借贷合同规定的借款额则改换为债券发行的面值总额，而手续费则改换为发行费。其余指标并无改变。平价发行债券的资本成本计量的公式如下：

$$\text{平价发行债券的资本成本（率）} = \text{每期债息} \times \frac{1 - \text{所得税税率}}{\text{发行债券的面值总额} - \text{发行费}}$$

折、溢价发行债券的资本成本计量的公式同平价发行债券的资本成本计量的公式在理论和技术形式上几乎是完全相同的，只是其中的债券发行的面值总额应改换为发行债券实际所得资本总额。

$$\begin{array}{c}\text{折、溢价发行债券} \\ \text{的资本成本（率）}\end{array} = \text{每期债息} \times \frac{1 - \text{所得税税率}}{\text{发行债券实际所得资本总额} - \text{发行费}}$$

值得注意的是，在债券平价发行的情况下，债券的资本成本计量的公式也可以有同银行借款形式的资本成本计量的公式一样的简化。但是，当债券的发行采用溢价发行和折价发行时，这种简化就不成立了。

3. 发行普通股份形式的资本成本计量的公式

普通股份形式的资本成本仍然包括筹资成本和用资成本两部分。但是，发行普通股份形式的资本成本的最大特点是所得税后的扣减项目，所以，在发行普通股份形式这种典型的主权资本的资本成本计量的公式中，就无须再乘以所得税效应系数。因此，发行普通股份形式的资本成本计量的公式如下：

$$\text{发行普通股的资本成本（率）}=\frac{\text{每期股利}}{\text{发行普通股实际筹集资本}-\text{筹资费用}}$$

在上述公式中，发行普通股实际筹集资本的本质就是普通股的现值。普通股的现值由普通股的每期股利以及到期的市值决定。通常，普通股无到期市值，所以普通股的现值就由每期股利决定。而当每期股利呈现为年金形式时，普通股的现值计算就成为一个典型的永续年金计算公式。在这个永续年金计算公式中，解出折现率，就成为上述发行普通股份形式的资本成本计量公式。但是，普通股股利并非就一定会呈现出年金一样的规则状态。当股利呈现出按照一定的增长率增加时，则发行普通股份形式的资本成本计量的公式又改变为如下形式：

$$\text{发行普通股的资本成本(率)}=\frac{\text{每期股利}}{\text{发行普通股实际筹集资本}-\text{筹资费用}}+\text{股利增长率}$$

在发行普通股的资本成本计量的公式中，同样存在类似前述公式上的简化形式问题。当发行股份的形式采取面值发行时，计量公式同样可以简化为前述的相应形式。

4. 发行优先股形式的资本成本计量公式

优先股份是一种混合资本证券。在有限股份形式上，既有普通股的性质，又具有公司债券的某些特征。但就其经济性质而言，优先股份仍然是一种权益资本。就内容而言，优先股份的资本成本内容仍然包括筹资成本和用资成本两个部分。一般而言，优先股的股利是固定的。因此，在优先股份上，其用资成本表现出较普通股更典型的年金形式。所以，优先股份的资本成本计量的公式如下：

$$\text{发行优先股的资本成本（率）}=\frac{\text{每期股利}}{\text{发行优先股实际筹集资本}-\text{筹资费用}}$$

5. 留存收益形式的资本成本计量的公式

留存收益是企业的未分配的利润留存于企业中，并将被作为资本用于后续经营期间。所以，留存收益是一种典型的内源筹资所形成的主权资本。由于是权益资本，所以留存收益也有同权益资本一样的用资成本。但是，留存收益由于是在企业内部形成，其权益资本的性质仅仅只需通过会计确认程序就已经得以确认，所以，该形式的资本成本仅仅只包括用资成本而无筹资成本。如果是公司制企业，则留存收益也表现出同普通股本一样的性质，因而其资本成本的计量的公式除了没有筹资成本这一因素外，其余部分就同普通股的资本成本计量的公式几无二致。留存收益形式的资本成本计量的公式如下：

$$\text{留存收益形式的资本成本（率）}=\frac{\text{股利}}{\text{留存收益所实际形成的资本}}$$

在上式中的股利，仅仅只指对应于留存收益部分资本的股利部分。如果公司是成长性的，其股利按照某一固定增长率增加，则应在留存收益形式的资本成本计量的公式上加上这一增长率，于是形成如下的形式：

$$\text{留存收益形式的资本成本（率）} = \frac{\text{股利}}{\text{留存收益所实际形成的资本}} + \text{股利增长率}$$

（二）综合的资本成本计量的公式

企业通常会以多种方式筹集所需资本。而以不同形式所筹集的资本，具有不同的风险和不同的成本水平。为了准确表述企业的综合资本成本水平，必须计算综合的资本成本。综合的资本成本水平，通常以加权平均形式计算而成。在这一计算中，权数是各种筹资形式所筹集的资本额所形成的资本结构系数，被平均数则是各该筹资形式所筹集资本的单一形式资本成本率。综合的资本成本计量的公式如下：

$$\frac{\text{综合资本}}{\text{成本(率)}} = \sum(\text{各该筹资方式所筹资本的比重} \times \text{各相应筹资形式的资本成本(率)})$$

（三）边际资本成本计量的公式

边际资本成本是指当所筹集资本总额每增加一个单位而相应增加的资本成本（率）。

当企业采用单一筹资形式时，资本成本率的变化方式是阶段式变化。通常是当筹资额在某一数量区间内时，其资本成本率保持不变，而当筹资额增加到超过该区间的上限值后，资本成本率将相应的增加，从而导致资本成本不仅绝对量增加，而且还将使资本成本率也增加。这里使资本成本率保持不变的资本额度区间的上限与下限，称为临界点。

而企业如果采用多种筹资形式筹资，则导致企业资本成本发生变化的不仅是各具体筹资形式的所筹集资本额，各种形式所筹集资本额之间的结构关系即比重，也将会导致企业的综合资本成本率发生变化。在研究边际资本成本时，一般是假设融资结构不变，而仅仅只研究筹资额的增加或减少而导致的边际资本成本的变化。这种变化主要表现为某一筹资形式的筹资额超过临界点时，该种筹资形式的资本成本率发生变化，从而导致加权平均的资本成本率发生变化。特定融资结构下的加权平均的资本成本率发生变化的总资本额，称为加权平均的资本成本率的临界点。

在确定边际资本成本发生变化时，确定某一单一筹资形式的资本成本率的临界点以及由此而引起的加权平均资本成本率的变化，是解决这一问题的关键。而加权平均资本成本率的临界点可由下式确定：

$$\text{加权平均资本成本率的临界点} = \frac{\text{单一筹资形式临界点资本额}}{\text{该种筹资形式资本额的结构系数}}$$

上述公式可以确定在筹资总额的增长过程中，各具体筹资方式的临界点对资本总额增长过程中的资本成本率的临界点的具体影响。在确定了资本总额的各个资本成本率的临界点后，资本总额的资本成本率变化也就相应确定了，最终资本总体的边际资本成本也因此确定了。

第十四章　人力资源成本会计

案例与问题分析

美国著名的微软公司总资产在短短13年的时间就从143亿美元达到2 600亿美元。其无形资产价值占微软公司总价值的99.07%，而且该公司的市场价值已超过美国三大汽车公司的总和。仅以此例，我们就不得不承认，在知识经济时代中知识已成为具有决定意义的生产要素。在知识经济时代，企业的竞争力和实力将会由其掌握有形资产的数量转移到拥有知识的能力和服务能力等无形资产的数量上去。

高新技术产业正成为国民经济的支柱产业。高新技术产业是知识经济的标志性产业，也是知识经济时代国民经济的支柱产业。1997年美国以信息技术为主的知识密集服务出口总值已接近商品出口总值的40%，高新技术产业对美国经济增长的贡献率已达到55%以上。知识经济将引起产业结构的大规模调整和产品结构的全方位变化。

可见，知识经济时代的人力资源成本会计在现代企业管理中的重要地位是毋庸置疑的。

第一节　人力资源会计概述

一、人力资源会计的意义

人力资源会计产生于20世纪60年代，在知识经济时代更显示出其重要的作用。知识经济时代，最需要的资源，不是物质资源，而是智力资源，企业对人力资源的投资将成为企业内部长期投资的主要项目，甚至要超过对厂房、设备等固定资产的投资。

（一）实施人力资源会计有助于正确反映各项收益

在传统会计中，足球俱乐部不将球员的价值作为一项资产来进行核算，因此所发生的转会费的收支都直接计入当期损益。这种处理方法，使售出球员的足球俱乐部的财务报告显示出该俱乐部取得了非常好的业绩，而购买球员的足球俱乐部的业绩就会大大缩水。在企业会计核算中，如果忽视了人力资源数据的鉴别和核算，会导致企业财务报表中的收益数据失真。

在现代企业管理过程中，实施人力资源发展战略，进行人力资源管理决策，必须依靠人力资源会计。在人力资源会计中，区分了人力资源中的收益性支出和资本性支出，使人力资源会计的核算遵循权责发生制原则，从而使企业的收益更加符合配比原则。

（二）实施人力资源会计有助于抑制管理者的短期行为

经营者在任期内为了达到提高业绩的目的，可能采取减少对员工进行教育、培训方面的开支或低价雇用非熟练工来代替熟练工以减少工资支出等损害企业长远利益的短期行为来达到减少支出、增加利润的目的。例如，2008 年中国中铁在杭州地铁修建过程中出现的垮塌事件就是因为赶工期、降低成本而大量使用未经培训的工人造成的。

进行人力资源会计核算，一方面外界能够通过企业在人力资源投资方面的信息了解管理者是否重视企业最重要的资源——人力资源素质的提高；另一方面有助于抑制管理者的短期行为，促使他们重视对人力资源的投资，以提高人力资源的质量。

（三）人力资源会计向投资者、债权人提供制定正确的投资和信贷决策所需的信息

传统会计报表并不向投资人和债权人提供企业人力资源的变化情况，以及对企业财务状况和经营成果的影响。在损益表中，传统会计将人力资源的投资成本列为本期费用，而未予以资本化列为资产，未在预计使用年限内按期摊销从而歪曲和低估了本期收益。在资产负债表中，传统会计在企业资产总额中并未包括人力资产从而歪曲和低估了企业实际拥有的人力资产和物力资产总额，以及企业的未来盈利能力。在知识经济时代，投资者和债权人更关注企业员工素质、构成，特别是企业的技术队伍和管理队伍、知识创新能力与技术创新能力等人力资源方面的信息。人力资源会计提供的会计信息，能够更确切地分析人力资源、物质资源的投资比例和投资效果，能够更真实地反映出企业总资产中人力资产、物质资产的比例，为投资者和债权人提供正确的决策依据。

（四）有利于国家有关部门进行宏观调控

人力资源会计向政府主管部门和社会公众提供反映企业履行社会责任情况的会计信息。政府主管机构和社会公众不仅要求企业披露财务状况和经营成果，还要求企业披露其履行社会责任的状况。为了创造良好的企业形象，企业在谋求投资者权益最大化的同时，必须兼顾企业职工、消费者和社会公众的利益。企业社会责任的一个重要内容是对人力资源安排方面的贡献，企业要为人力资源的载体——劳动者提供就业岗位。人力资源会计是提供企业履行社会责任的一个主要信息来源。

我国还处于介绍和引进人力资源会计的阶段，理论界对此研究尚处于起步状态，实务中也较少得到应用。但会计界对它研究的兴趣却日渐浓厚，对人力资源会计的研究正在不断深入。

二、人力资源会计的假设

会计假设是组织会计工作必须具备的前提条件，是从会计实践中抽象出来的，其最终目的是为了保证会计核算资料的有用性、合理性和可靠性。由于人力资源会计的

实践活动较缺乏，因此现在还不能有效地从人力资源会计的实践活动中抽象出人力资源会计的假设。目前，在人力资源会计研究工作中许多研究者提出的人力资源会计假设都没得到普遍的认同，但这些工作对将来人力资源会计假设的确立都具有探索意义。

本章将结合人力资源会计的特点，对传统会计的四大假设做一个重新认识。

（一）对会计主体假设的重新认识

会计主体假设规定了人力资源会计工作的空间范围。劳动者作为人力资源的载体，是人力资源产权的最终拥有者，但一旦与企业签订合同进入企业成为企业的员工后，企业就拥有或控制了人力资源的使用权、处分权，在合同规定的期限和规定的工作时间内企业能够运用人力资源的使用权和处分权来为企业创造新的价值。在这种情况下，企业所拥有或控制的人力资源已经成为企业的一种资产。企业应当进行人力资源会计核算，从而也成为人力资源会计的主体。

（二）对持续经营假设的重新认识

持续经营假设使人力资源会计的会计信息收集和处理中所应用的会计程序、会计方法保持稳定，使人力资源的计量和确认成为可能。例如，将在开发人力资源时所发生的支出划分为收益性支出和资本性支出及对资本性支出的摊销期限的确定。以工资报酬为基础的人力资源价值的货币性计量方法及该方法中计算年限的确定、人力资产的计量和人力资源权益的确立等，都是以持续经营假设为前提的。

（三）对会计分期假设的重新认识

对于人力资源会计来说，同样也要进行会计分期。要对在每一个会计期间的人力资源成本、投资进行核算，将开发人力资源所发生的资本性支出在受益期内摊销，要对每一个会计期间的期初、期末的人力资产、人力资源权益的数量进行核算，确定在该会计期间人力资产和人力资源权益的变化等。会计分期，使得企业能够将所发生的人力资源成本划分为收益性支出和资本性支出，为资本性支出摊销期限的确定提供了依据，使人力资源会计核算建立在权责发生制的基础之上，并为编制人力资源会计报告提供了较为恰当的时期范围。

（四）对货币计量和非货币计量假设的重新认识

传统会计中，无法用货币计量的经济活动不在会计核算中予以反映。在人力资源会计中，应将传统会计中的货币计量假设扩充为货币性计量和非货币性计量假设。

因为在人力资源会计核算中，既需要货币性的定量的会计信息，如人力资产、人力资源成本、人力资源权益等方面的信息，同时也需要非货币性的定性方面的信息。如对人力资源价值进行计量时，有些与人力资源价值有关的特殊因素（如企业员工的进取心、责任感、与各方面的关系、影响力、接受新知识、创新技术的能力等）是无法用货币性的计量方法来进行计量的，而只能用非货币性的计量方法来进行计量和给出说明。在人力资源会计核算中，货币性计量所提供的定量性会计信息和非货币性计量所提供的定性会计信息，对于组织内外的信息使用者都是十分重要的。

除了这四个基本假设外，人力资源会计还应有其自身的假设：

（1）人对组织是有价值的资本。人能为组织提供现在和未来的服务，而且这些服务对于企业具有经济价值。

（2）作为组织的资源的人其价值是其管理方式的函数。人的价值除了来自其自身的技能、受教育程度、才智外，还受管理方式的影响，有效的管理方式可以调动职工的积极性，提高劳动生产率，并使人力资源价值得到增长；反之，人力资源的价值或者难以实现，或者只能维持原状。

（3）计量人力资源成本和价值所提供的信息对有效地管理人力资源是必不可少的。人力资源会计所提供的人力资源的取得、开发、分配、组合、维护等信息，对于加强人力资源管理，提高组织管理水平非常有益。

三、人力资源会计的基本概念

美国著名人力资源会计学家埃里克·弗兰霍尔茨认为“人力资源会计是把人的成本和价值作为组织的资源进行计量和报告的活动”。

我国会计界对人力资源会计有不少定义，如“人力资源会计是会计学的一个新兴分支，它是测定和报告企业人力资源的变动和现状，帮助决策者决定行动方针的一门新兴会计”。这与弗兰霍尔茨的定义差不多，只是将“企业”改成了“组织”。还有人认为，“人力资源会计是以金额数字作为反映控制经济组织中人的成本和价值的管理活动，是会计体系一个新兴的分支。”这个定义对人力资源会计的核算对象仅局限于对人的成本和价值中可用货币单位计量的部分，对于人力资源的非货币性价值，如人力资源的教育程度、经验、知识水平等则未包括在内。这样，人力资源价值的计量模式——非货币价值模式也就难以找到理论支持了。

我们认为美国会计学会人力资源会计委员会于1973年对人力资源会计所下的定义更适合：“人力资源会计是用来确认和计量有关人力资源会计的信息，并将这些信息传递给有关利害关系人的程序。”这一概念将人力资源会计的核算对象、核算方法和核算目标等内容均包容其中，比较全面。

四、人力资源会计模式

现行得到公认的人力资源会计模式有两种：人力资源成本会计和人力资源价值会计。前者是为取得、开发和重置作为组织的资源的人所引起的成本的计量和报告，是目前可操作性最强的人力资源会计模式。

人力资源价值会计就是将企业所拥有或控制的人力资源作为一种有价值的组织资源，通过对员工运用其所拥有的能力在未来特定时期内为企业创造出价值的计量和报告，从而确定企业的人力资源的一种会计程序和方法。

在计量企业员工的人力资源价值时，应以员工在未来特定时期内为企业创造的价值为依据而不是以过去创造的价值为依据。

在计量企业员工的人力资源价值时，应注意所提供的人力资源价值信息的完整性。那么，什么样的人力资源价值信息才算得上是完整的信息呢？

一般来说，需体现以下几点：

（1）人力资源价值会计要反映包括补偿价值和剩余价值在内的整个人力资源价值。

（2）应当反映包括基本价值部分和变动价值部分在内的人力资源价值。在这里，需要指出的是不应忽视自然人力价值的计量。虽然单纯的基本价值对经济增长的作用较小，但这不能成为不予反映的理由。

（3）在计量企业员工的人力资源价值时，应处理好人力资源个体价值和人力资源群体价值的计量问题。人力资源价值会计既要反映企业的某个群体的人力资源价值，也要计量该群体中的每个个体的人力资源价值，并通过对计量结果进行分析做出正确的人力资源组织决策。一般说来，在不存在内耗或内耗影响很小的情况下，人力资源群体价值应当大于该群体的所有个体的人力资源价值之和。这一差额越大，说明组织结构的协同效应越显著。

（4）企业的人力资源价值会计应当将人力资源价值的货币性计量方法和非货币性计量方法恰当地结合起来加以运用。

人力资源价值是一个内涵非常丰富的概念，它既可按人力资源载体为企业所创造的价值来确认，也可将支付给人力资源载体即劳动者的工资报酬来确认。并且人力资源的价值是通过人力资源投资不断变动的。此外，人力资源的实际价值具有不确定性和波动性，它会受到外部的客观环境和人力资源载体主观努力程度的影响。

由于人力资源价值计量带有一定程度上的不确定性和计量方法多选性的问题，所以如何提高人力资源价值计量结果的可靠性，就成为研究者们致力解决的问题。

第二节　人力资源成本会计

一、人力资源成本会计的涵义

弗兰霍尔茨认为，人力资源成本会计是为取得、开发和重置作为组织资源的人所引起的成本的计量和报告。以后的研究者们突破了弗兰霍尔茨建立的人力资源成本结构的框架，将劳动者的工资部分作为人力资源使用成本也纳入了人力资源成本的核算范围。定义中的“重置成本”通常既包括为取得和开发一个替代者而发生的成本，也包括由于目前受雇的某一职工的流动而发生的成本，如遣散费，因此，应理解为“替代”“替换”等更为妥当。

在传统会计中，有关人力资源成本的数据都分散在许多账户中，不能提供系统、完整的人力资源成本信息。人力资源成本会计的特点之一，就是要单独计量人力资源的取得成本、开发成本、使用成本和替代成本。

企业取得的人力资源的使用权，其运用期限在一年或超过一年的一个营业周期以上的，所发生的人力资源的取得成本和开发成本应该视作资本性支出，在资产化处理后在确定的分摊期限内摊销。企业取得的人力资源的使用权，其运用期限在一年以内或超过一年的一个营业周期以内的，所发生的人力资源的取得成本和开发成本应视作收益性支出，在其受益期内分期摊销。企业运用人力资源的使用权时所发生的工资、奖金等支出，则属于收益性支出，应直接计入当期费用。

二、将人力资源成本中属于资本性支出部分资产化处理的必要性

在传统会计中，企业为取得、开发、使用人力资源和为取得及开发替代者以替代企业特定的人力资源的载体所引起的支出都是作为收益性支出，直接计入当期费用。人力资源成本会计则将人力资源成本中属于资本性支出部分进行资产化处理，在受益期内分期摊销，这对企业来说是很有必要的。

(一)它有助于正确地反映企业的实际情况和对企业管理者有关的人力资源决策进行评价

在知识经济时代，一些人力资本密集的高新技术型企业与传统产业的大企业相比，从资产、销售收入来看，只能算是一些小公司。但是，从盈利率、市场价值及市场价值的增长情况来看，它们则处于绝对的优势地位。

(二) 它更符合权责发生制原则和配比原则

将企业所发生的人力资源成本全部作为当期费用处理，显然不符合权责发生制原则和配比原则。因为人力资源的取得成本，是企业为了获得人力资源的使用权、处分权而发生的支出，而在合同期内的规定时间内，企业始终拥有这一使用权、处分权，并在支付使用成本（人力资源使用成本是因企业实际运用人力资源的使用权而给予作为人力资源载体的劳动者的补偿）后能运用这一使用权、处分权为企业创造效益。

(三) 人力资源取得成本和开发成本的增长更强化了资产化处理的必要性

全球范围内的人才争夺战使人力资源的取得成本呈直线上升趋势。企业不但要为所需要的人才提供有吸引力的高薪，还要向猎头公司支付价格不菲的服务费。在这些情况下，将人力资源的取得成本全部计入当期费用，显然是不恰当的。

有的人担心按照人力资源成本会计的模式进行核算，将人力资源的取得成本和开发成本资产化，可能会掩盖企业的支出发生，从而导致当期盈利的虚增。实际上，站在传统会计的角度上，会认为人力资源成本会计造成当期盈利的虚增；但如果站在人力资源会计的角度上，则会认为传统会计多计支出而造成了当期盈利的减少。也有人认为，将人力资源成本中的资本性支出部分进行资产化处理，会使企业丧失这部分支出的抵税好处（从货币的时间价值上来看）。其实，可以在核算企业应纳税所得额时，从利润总额中将当期作为资本性支出处理的人力资源成本支出扣掉就可以了。这样，一方面企业的财务报告能反映企业的人力资源成本信息，另一方面也不致因此而影响企业的效益。

为了体现重要性原则，在人力资源的取得成本和开发成本的核算工作中，对于一些数额较小的支出，虽然属于资本性支出，但也可以将它们费用化处理而直接计入当期费用，以简化会计核算工作。

三、人力资源成本的构成

人力资源成本项目主要包括取得成本、开发成本、使用成本和替代成本。

（一）人力资源的取得成本

人力资源的取得成本是指企业在获得所需要的人力资源的过程中所发生的各种支出。它主要包括：

（1）招募成本。它主要包括：招募人员的工资，招募过程中发生的场地费、手续费、差旅费、代理费、广告费、招募材料费以及其他与招募活动相关的管理费用等。招募成本应当做实际受聘人员的取得成本来处理。例如，招聘 5 名技工，有 30 名候选人，花费招募成本共 1 500 元，应将 1 500 元全部分配给 5 名受雇者。

（2）选拔成本。它包括：处理应聘人申请材料的初选费用，对初选合格者进行深入面谈、测试的费用，对合格者组织答辩、进行调查的费用、体检费用等。

（3）录用和安置成本。如支付给被录用人员原所在单位的补偿费，企业为安置录用人员发生的相关行政管理费、临时生活费、报到交通费、向某些特殊人才支付的一次性补贴等。

企业为获取人力资源发生的取得成本可以视为企业对人力资源的投资。

（二）人力资源的开发成本

人力资源的开发成本是企业为了使新聘用的人员熟悉企业、达到具体的工作岗位所要求的业务水平或为了提高在岗人员的素质而开展教育培训工作时所发生的支出。从本质上来看，人力资源的开发成本是真正意义的人力资源投资。人力资源的开发成本主要包括：

（1）定向成本。定向成本也称为岗前培训成本。它包括教育和受教育者的工资、教育管理费、学习资料费、教育设备的折旧费等。

（2）在职培训成本。在职培训成本是指在不脱离工作岗位的情况下对在职人员进行培训所发生的费用。在职培训往往会涉及机会成本问题。

$$\text{在职培训的投资成本}=\text{受训人员未能达到标准生产率}\times\text{培训期间受训人员工资}+\text{培训人员未能达到标准生产率}\times\text{培训期间培训人员工资}$$

（3）脱产培训成本。脱产培训成本是企业根据生产和工作的需要对在职职工进行脱产培训时所发生的支出。一些外部脱产培训成本已达到了相当高的水平，北京大学 MBA 班中的四川学员，仅一年里飞到北京参加培训的交通费就高达三万多元……这种培训成本如果不进行资产化处理而直接计入当期费用，显然是很不合适的。

（三）人力资源的使用成本

从本质上看，人力资源的使用成本是人力资源的产权主体因企业运用人力资源的使用权而从企业获得的补偿，它是人力资源交换价值的体现。从企业来说，人力资源使用成本属于收益性支出，应在发生的当期直接费用化。人力资源的使用成本主要包括：

（1）维持成本。维持成本是为保证人力资源维持其劳动力生产和再生产所需的费用，包括职工的计时工资或计件工资、各种劳动津贴和各种福利费用。

（2）奖励成本。

（3）调剂成本。调剂成本包括职工疗养费、职工娱乐及文体活动费、职工业余社团开支、职工定期休假费等。

（四）人力资源的替代成本

人力资源的替代成本是指企业发生人员替代的情况下所发生的人力资源成本。它既包括为取得或开发替代者而发生的成本，也包括由于企业的员工离开企业而发生的成本。

四、人力资源成本核算的方法

人力资源成本核算的方法主要有历史成本法、重置成本法和机会成本法。

（一）历史成本法

历史成本法是指以企业取得、开发和使用人力资源时实际发生的支出来计量人力资源成本的一种核算方法。它反映的是企业人力资源的实际成本。这种方法符合传统会计的核算原则和核算方法，提供的会计信息具有客观性并易于验证。历史成本法是一种为人们所广泛接受并易于理解的人力资源成本的核算方法。

$$\text{人力资源历史成本的账面价值}=\frac{\text{预计剩余服务期间}}{\text{目前已在职期间}+\text{预计剩余服务时间}}\times\text{账面购置成本}$$

（二）重置成本法

重置成本法，是指以在现实的物价条件下企业要重新得到目前所拥有或控制的已达到一定水平的某一员工或部分员工或全体员工所必须发生的所有支出作为企业目前相应的人力资源成本的一种核算方法。

重置成本法存在的明显的不足之处在于：增加了会计核算的工作量。而且核算时，要按重置成本调整人力资源投资的账面余额，将重置成本与原账面余额的差额作为人力资源投资损益计入当期利润总额，同时对以后会计期间分摊的人力资源投资的数额也要进行相应的调整，这些都会导致提供的会计信息失真。重置成本法提供的信息可以作为企业管理者在现时做出人力资源取得决策和开发决策时的参考。

（三）机会成本法

机会成本法，是指以企业员工在职学习而使有关部门受到影响导致工作效率下降，或遣散人员在离职前因工作业绩下降及离职后职位空缺而给企业造成的经济损失等为依据进行人力资源成本计量的一种核算方法。机会成本不是实际的支出，而是企业可能要为所做出的人力资源决策承担的牺牲。

机会成本不会出现在财务记录中，不能作为企业人力资源损益而计入当期损益，机会成本法提供的信息只作为企业管理者做出人力资源决策时的参考。

不少企业的管理者们很少意识到员工离职发生的成本正在悄无声息地吞噬着企业的利润。大多数企业将雇员离职成本狭义地理解为替代成本中的取得成本、开发成本和遣散成本，而忽略了遣散前业绩差别成本和空职成本。

五、人力资源成本会计账户的设置

人力资源成本会计是将传统会计中作为当期费用处理的与人力资源取得、开发、使用和替代等活动有关的支出单独地进行核算，并将其中的资本性支出进行资产化处理。因为有关的人力资源成本的数据都是以原始记录为依据，因此将人力资源成本纳入传统会计账户内进行核算是简便可行的。

人力资源成本会计应在传统会计账户设置的基础上，增设以下账户进行人力资源成本核算：

（1）“企业员工教育培训经费”账户，用来核算企业提取的用于员工教育培训的经费的增加、减少及其余额。

（2）“人力资源费用”账户，用来核算企业发生的属于收益性支出的人力资源取得成本和开发成本数额的变化及其余额。

对企业来说，该账户可按招募的批次和部门类别相结合设置明细账进行明细核算。该集体的人力资源取得成本和开发成本总额在受益期内平均分摊计入各期费用；该集体中的人员离开企业时，按人力资源取得成本进行核销。开发成本的人均数额和人均人力资源取得成本、开发成本累计摊销额之间的差额计算有关人员尚未摊销完的人力资源取得成本及开发成本，记入“人力资源费用”账户的贷方。

（3）“人力资源投资”账户，用来核算企业人力资源投资的增加、减少及其余额。

该账户设置“人力资源取得成本”和“人力资源开发成本”明细账户。

①“人力资源投资——人力资源取得成本”明细账户，用来核算企业属于资本性支出的人力资源取得成本的增加、减少及其余额。该明细账户按人员进行明细核算，可采用多栏式的格式，在借方栏目下设置招募成本、选拔成本、录用成本和安置成本专栏进行明细核算。

②“人力资源投资——人力资源开发成本”明细账户，用来核算企业属于资本性支出的人力资源开发成本的增加、减少及其余额。该明细账户按人员进行明细核算，可采用多栏式的格式，在借方栏目下设置“定向成本”“在职培训成本”和“脱产培训成本”专栏进行明细核算。

（4）“人力资源使用成本”账户，用来核算企业人力资源使用成本的增加和减少。该账户按人员或部门类别设置明细账进行明细核算。明细账采用多栏式的格式，在借方栏目下设置“维持成本”“奖励成本”和“调剂成本”专栏进行明细核算。

（5）“人力资源投资摊销”账户，用来核算企业人力资源投资（属于资本性支出的取得成本和开发成本）的累计摊销额。该账户应该按“人力资源投资——人力资源取得成本”“人力资源投资——人力资源开发成本”明细账户的人员来设置“人力资源取得成本摊销”“人力资源开发成本摊销”明细账进行明细核算，明细账采用多栏式格式。

（6）“人力资源投资清理”账户，用来核算因员工退出企业时产生的损益。

六、人力资源投资的摊销期限和各期摊销金额的确定

（一）人力资源取得成本的摊销期限和各期摊销金额的确定

如果员工和企业之间签订的合同上规定有服务期限的，那么企业对该员工的人力

资源取得成本的摊销期限可以确定为合同所规定的服务年限；如果合同上没有规定服务期限的，那么摊销期限可以根据同类人员在企业的平均服务年限来确定。

各期摊销金额，可以采取在摊销期内平均摊销的方法来确定。例如，企业与那些毕业后愿意前来企业工作的在校大学生签订用人合同后，为其支付培训费用、发放奖学金等，其前提是大学生毕业后必须为企业提供若干年的服务，那么，企业所支付的这些支出及其他相关的取得成本都应在有关学生进入企业开始工作时起在合同期内分期平均摊销。

（二）人力资源开发成本的摊销期限与每期摊销金额的确定

人力资源开发成本的摊销期限的确定，应结合对有关人员进行培训使其掌握的知识、技能的有效应用期限和有关人员可能为企业提供服务的年限来共同决定。当员工所掌握的知识、技能的有效应用期限大于或等于其可能为企业提供的服务年限时，摊销期限按后者来确定；当其所掌握的知识、技能的有效应用期限小于其可能为企业提供的服务年限时，摊销期限按前者来确定。摊销方法一般可采用平均年限法。但对于企业中那些知识、技能更新快的部门的人员，开发成本的摊销也可以采用与固定资产的加速折旧法类似的加速摊销法。

在人力资源开发成本的摊销期内，若员工在企业中以前参加培训所掌握的某些知识、技能已经过时，不能再有效地应用时，尽管这时相关的人力资源开发成本尚未摊销完，也可以不再继续摊销下去，而将尚未摊销完的有关人力资源开发成本提前转销作为人力资源投资损失。在实际操作中，如果这种情况很难判定，也可以不考虑提前核销尚未摊销完的人力资源开发成本的问题。

参考文献

［1］毛付根．管理会计［M］．北京：高等教育出版社，2000.

［2］孙丰林．对我国人力资源会计核算的一点设想［J］．会计研究，2001（6）.

［3］高伟富，张文贤．人力资源会计教程［M］．上海：上海财经大学出版社，2003.

［4］张文贤．人力资源会计［M］．大连：东北财经大学出版社，2002.

［5］（美）布莱恩·贝克，马克·休斯理德．人力资源计分卡［M］．北京：机械工业出版社，2003.

［6］林万祥．成本会计研究［M］．北京：机械工业出版社，2008.

［7］刘希宋，等．新的成本管理方法：作业成本法——机理、模型、实证分析［M］.北京：国防工业出版社，1999.

［8］（美）罗纳德·W. 希尔顿．管理会计学——在动态商业环境中创造价值［M］.5 版．阎达五，李勇，等，译．北京：机械工业出版社，2003.

［9］（美）韦恩·J. 莫尔斯，詹姆斯·R. 戴维斯，阿尔·L. 哈特格雷夫斯．管理会计——侧重于战略管理［M］.3 版．张鸣，译．上海：上海财经大学出版社，2005.

［10］（美）英格拉姆，奥尔布莱特，希尔．管理会计——决策信息［M］.2 版．陈晋平，程小可，译．北京：中信出版社，2004.

［11］（美）查尔斯·T. 亨格瑞，斯坎特·M. 达塔，乔治·福斯特．成本与管理会计［M］.11 版．王立彦，等，译．北京：中国人民大学出版社，2004.

［12］成本企画特别委员会．成本企画研究的课题［R］.1994 年度成本企画特别委员会报告草案，1994.

［13］冈野浩．日本的管理会计的展开——成本企画的历史观［J］．东京：中央经济社，1995.

［14］罗伯特·S. 卡普兰，安东尼·A. 阿特金森．高级管理会计［M］.3 版．吕长江，译．大连：东北财经大学出版社，1999.

［15］贺将雄．佳能的成本企画［J］．企业会计（日本），1996（11）.

［16］田中雅康．成本企画理论与时间［J］．东京：中央经济社，1995.

［17］清水信匡．成本企画中的“成本注入”概念［J］．会计，1995，147（4）.

［18］林万祥．成本论［M］．北京：中国财政经济出版社，2001.

［19］林万祥．中国成本管理发展论［M］．北京：中国财政经济出版社，2004.

［20］费文星．西方管理会计的产生和发展［M］．沈阳：辽宁人民出版社，1990.

［21］余绪缨．会计理论与现代管理会计研究［M］．北京：中国财政经济出版社，

1989.

[22] 李宏健. 现代管理会计 [M]. 武汉：湖北科学技术出版社，1994.

[23] 夏宽云. 战略成本管理 [M]. 上海：立信会计出版，2000.

[24] 陈胜群. 企业成本管理战略 [M]. 上海：立信会计出版社，2000.

[25] 李玉风，马海群，余诗武. 信息管理学概要 [M]. 西安：西安出版社，1997.

[26] 戴新民，刘先兵. 企业资源与成本管理——作业成本会计体系创新 [M]. 大连：东北财经大学出版社，2001.

[27] 余绪缨. 管理会计 [M]. 北京：首都经济贸易大学出版社，2004.

[28] Atkinson. Banker. Kaplan. Young. 管理会计 [M]. 北京：清华大学出版社，2001.

[29] 胡玉明. 高级成本管理会计 [M]. 广州：暨南大学出版社，2002.

[30] 许金叶. 管理会计 [M]. 北京：经济管理出版社，2006.

[31] 孙茂竹. 管理会计学 [M]. 北京：中国人民大学出版社，2000.

[32] 潘飞. 管理会计——案例研究 [M]. 北京：清华大学出版社，2005.

[33] 潘飞. 管理会计 [M]. 北京：高等教育出版社，2000.

[34] 吴大军. 管理会计 [M]. 大连：东北财经大学出版社，2007.

[35] 李天明. 管理会计 [M]. 北京：中央广播电视大学出版社，2005.

[36] 周宝源. 管理会计学 [M]. 天津：南开大学出版社，2004.

[37] 王化成，佟岩，李勇. 全面预算管理 [M]. 北京：中国人民大学出版社，2004.

[38] 王斌. 公司预算管理研究 [M]. 北京：中国财政经济出版社，2006.

[39] 林涛. 管理会计 [M]. 厦门：厦门大学出版社，2003.

[40] 秦洪珍. 管理会计教程 [M]. 上海：立信会计出版社，2004.

[41] 高樑，史建梁. 管理会计 [M]. 北京：科学出版社，2005.

[42] 徐晓辉，王朝伟. 管理会计 [M]. 沈阳：东北大学出版社，2001.

[43] 于树彬，等. 管理会计 [M]. 大连：东北财经大学出版社，2002.

[44] 胡秀群，等. 新编成本会计学 [M]. 北京：对外经济贸易大学出版社，2006.

附表 1

复利终值系数表

计算公式：$F=(1+i)^n$

期数	1%	2%	3%	4%	5%	6%	7%	8%	9%	10%	11%	12%	13%	14%	15%	16%	17%	18%	19%	20%	21%	22%	23%	24%	25%	26%	27%	28%	29%	30%
1	1.0100	1.0200	1.0300	1.0400	1.0500	1.0600	1.0700	1.0800	1.0900	1.1000	1.1100	1.1200	1.1300	1.1400	1.1500	1.1600	1.1700	1.1800	1.1900	1.2000	1.2100	1.2200	1.2300	1.2400	1.2500	1.2600	1.2700	1.2800	1.2900	1.3000
2	1.0201	1.0404	1.0609	1.0816	1.1025	1.1236	1.1449	1.1664	1.1881	1.2100	1.2321	1.2544	1.2769	1.2996	1.3225	1.3456	1.3689	1.3924	1.4161	1.4400	1.4641	1.4884	1.5129	1.5376	1.5625	1.5876	1.6129	1.6384	1.6641	1.6900
3	1.0303	1.0612	1.0927	1.1249	1.1576	1.1910	1.2250	1.2597	1.2950	1.3310	1.3676	1.4049	1.4429	1.4815	1.5209	1.5609	1.6016	1.6430	1.6852	1.7280	1.7716	1.8158	1.8609	1.9066	1.9531	2.0004	2.0484	2.0972	2.1467	2.1970
4	1.0406	1.0824	1.1255	1.1699	1.2155	1.2625	1.3108	1.3605	1.4116	1.4641	1.5181	1.5735	1.6305	1.6890	1.7490	1.8106	1.8739	1.9388	2.0053	2.0736	2.1436	2.2153	2.2889	2.3642	2.4414	2.5205	2.6014	2.6844	2.7692	2.8561
5	1.0510	1.1041	1.1593	1.2167	1.2763	1.3382	1.4026	1.4693	1.5386	1.6105	1.6851	1.7623	1.8424	1.9254	2.0114	2.1003	2.1924	2.2878	2.3864	2.4883	2.5937	2.7027	2.8153	2.9316	3.0518	3.1758	3.3038	3.4360	3.5723	3.7129
6	1.0615	1.1262	1.1941	1.2653	1.3401	1.4185	1.5007	1.5869	1.6771	1.7716	1.8704	1.9738	2.0820	2.1950	2.3131	2.4364	2.5652	2.6996	2.8398	2.9860	3.1384	3.2973	3.4628	3.6352	3.8147	4.0015	4.1959	4.3980	4.6083	4.8268
7	1.0721	1.1487	1.2299	1.3159	1.4071	1.5036	1.6058	1.7138	1.8280	1.9487	2.0762	2.2107	2.3526	2.5023	2.6600	2.8262	3.0012	3.1855	3.3793	3.5832	3.7975	4.0227	4.2593	4.5077	4.7684	5.0419	5.3288	5.6295	5.9447	6.2749
8	1.0829	1.1717	1.2668	1.3686	1.4775	1.5938	1.7182	1.8509	1.9926	2.1436	2.3045	2.4760	2.6584	2.8526	3.0590	3.2784	3.5115	3.7589	4.0214	4.2998	4.5950	4.9077	5.2389	5.5895	5.9605	6.3528	6.7675	7.2058	7.6686	8.1573
9	1.0937	1.1951	1.3048	1.4233	1.5513	1.6895	1.8385	1.9990	2.1719	2.3579	2.5580	2.7731	3.0040	3.2519	3.5179	3.8030	4.1084	4.4355	4.7854	5.1598	5.5599	5.9874	6.4439	6.9310	7.4506	8.0045	8.5948	9.2234	9.8925	10.6045
10	1.1046	1.2190	1.3439	1.4802	1.6289	1.7908	1.9672	2.1589	2.3674	2.5937	2.8394	3.1058	3.3946	3.7072	4.0456	4.4114	4.8068	5.2338	5.6947	6.1917	6.7275	7.3046	7.9259	8.5944	9.3132	10.0857	10.9153	11.8059	12.7614	13.7858
11	1.1157	1.2434	1.3842	1.5395	1.7103	1.8983	2.1049	2.3316	2.5804	2.853[illegible]	3.1518	3.4786	3.8359	4.2262	4.6524	5.1173	5.6240	6.1759	6.7767	7.4301	8.1403	8.9117	9.7489	10.6571	11.6415	12.7080	13.8625	15.1116	16.4622	17.9216
12	1.1268	1.2682	1.4258	1.6010	1.7959	2.0122	2.2522	2.5182	2.8127	3.1384	3.4985	3.8960	4.3345	4.8179	5.3503	5.9360	6.5801	7.2876	8.0642	8.9161	9.8497	10.8722	11.9912	13.2148	14.5519	16.0120	17.6053	19.3428	21.2362	23.2981
13	1.1381	1.2936	1.4685	1.6651	1.8856	2.1329	2.4098	2.7196	3.0658	3.4523	3.8833	4.3635	4.8980	5.4924	6.1528	6.8858	7.6987	8.5994	9.5964	10.6993	11.9182	13.2641	14.7491	16.3863	18.1899	20.1752	22.3588	24.7588	27.3947	30.2875
14	1.1495	1.3195	1.5126	1.7317	1.9799	2.2609	2.5785	2.9372	3.3417	3.7975	4.3104	4.8871	5.5348	6.2613	7.0757	7.9875	9.0075	10.1472	11.4198	12.8392	14.4210	16.1822	18.1414	20.3191	22.7374	25.4207	28.3957	31.6913	35.3391	39.3738
15	1.1610	1.3459	1.5580	1.8009	2.0789	2.3966	2.7590	3.1722	3.6425	4.1772	4.7846	5.4736	6.2543	7.1379	8.1371	9.2655	10.5387	11.9737	13.5895	15.4070	17.4494	19.7423	22.3140	25.1956	28.4217	32.0301	36.0625	40.5648	45.5875	51.1859
16	1.1725	1.3728	1.6047	1.8730	2.1829	2.5404	2.9522	3.4259	3.9703	4.5950	5.3109	6.1304	7.0673	8.1372	9.3576	10.7480	12.3303	14.1290	16.1715	18.4884	21.1138	24.0856	27.4462	31.2426	35.5271	40.3579	45.7994	51.9230	58.8079	66.5417
17	1.1843	1.4002	1.6528	1.9479	2.2920	2.6928	3.1588	3.7000	4.3276	5.0545	5.8951	6.8660	7.9861	9.2765	10.7613	12.4677	14.4265	16.6722	19.2441	22.1861	25.5477	29.3844	33.7588	38.7408	44.4089	50.8510	58.1652	66.4614	75.8621	86.5042
18	1.1961	1.4282	1.7024	2.0258	2.4066	2.8543	3.3799	3.9960	4.7171	5.5599	6.5436	7.6900	9.0243	10.5752	12.3755	14.4625	16.8790	19.6733	22.9005	26.6233	30.9127	35.8490	41.5233	48.0386	55.5112	64.0722	73.8698	85.0706	97.8622	112.4554
19	1.2081	1.4568	1.7535	2.1068	2.5270	3.0256	3.6165	4.3157	5.1417	6.1159	7.2633	8.6128	10.1974	12.0557	14.2318	16.7765	19.7484	23.2144	27.2516	31.9480	37.4043	43.7358	51.0737	59.5679	69.3889	80.7310	93.8147	108.8904	126.2422	146.1920
20	1.2202	1.4859	1.8061	2.1911	2.6533	3.2071	3.8697	4.6610	5.6044	6.7275	8.0623	9.6463	11.5231	13.7435	16.3665	19.4608	23.1056	27.3930	32.4294	38.3376	45.2593	53.3576	62.8206	73.8641	86.7362	101.7211	119.1446	139.3797	162.8524	190.0496
21	1.2324	1.5157	1.8603	2.2788	2.7860	3.3996	4.1406	5.0338	6.1088	7.4002	8.9492	10.8038	13.0211	15.6676	18.8215	22.5745	27.0336	32.3238	38.5910	46.0051	54.7637	65.0963	77.2694	91.5915	108.4202	128.1685	151.3137	178.4060	210.0796	247.0645
22	1.2447	1.5460	1.9161	2.3699	2.9253	3.6035	4.4304	5.4365	6.6586	8.1403	9.9336	12.1003	14.7138	17.8610	21.6447	26.1864	31.6293	38.1421	45.9233	55.2061	66.2641	79.4175	95.0413	113.5735	135.5253	161.4924	192.1683	228.3596	271.0027	321.1839
23	1.2572	1.5769	1.9736	2.4647	3.0715	3.8197	4.7405	5.8715	7.2579	8.9543	11.0263	13.5523	16.6266	20.3616	24.8915	30.3762	37.0062	45.0076	54.6487	66.2474	80.1795	96.8894	116.9008	140.8312	169.4066	203.4804	244.0538	292.3003	349.5935	417.5391
24	1.2697	1.6084	2.0328	2.5633	3.2251	4.0489	5.0724	6.3412	7.9111	9.8497	12.2392	15.1786	18.7881	23.2122	28.6252	35.2364	43.2973	53.1090	65.0320	79.4968	97.0172	118.2050	143.7880	174.6306	211.7582	256.3853	309.9483	374.1444	450.9756	542.8008
25	1.2824	1.6406	2.0938	2.6658	3.3864	4.2919	5.4274	6.8485	8.6231	10.8347	13.5855	17.0001	21.2305	26.4619	32.9190	40.8742	50.6578	62.6686	77.3881	95.3962	117.3909	144.2101	176.8593	216.5420	264.6978	323.0454	393.6344	478.9049	581.7585	705.6410
26	1.2953	1.6734	2.1566	2.7725	3.5557	4.5494	5.8074	7.3964	9.3992	11.9182	15.0799	19.0401	23.9905	30.1666	37.8568	47.4141	59.2697	73.9490	92.0918	114.4755	142.0429	175.9364	217.5369	268.5121	330.8722	407.0373	499.9157	612.9982	750.4685	917.3333
27	1.3082	1.7069	2.2213	2.8834	3.7335	4.8223	6.2139	7.9881	10.2451	13.1100	16.7387	21.3249	27.1093	34.3899	43.5353	55.0004	69.3455	87.2598	109.5893	137.3706	171.8719	214.6424	267.5704	332.9550	413.5903	512.8670	634.8929	784.6377	968.1044	1192.5333
28	1.3213	1.7410	2.2879	2.9987	3.9201	5.1117	6.6488	8.6271	11.1571	14.4210	18.5799	23.8839	30.6335	39.2045	50.0656	63.8004	81.1342	102.9666	130.4112	164.8447	207.9651	261.8637	329.1115	412.8642	516.9879	646.2124	806.3140	1004.3363	1248.8546	1550.2933
29	1.3345	1.7758	2.3566	3.1187	4.1161	5.4184	7.1143	9.3173	12.1722	15.8631	20.6237	26.7499	34.6158	44.6931	57.5755	74.0085	94.9271	121.5005	155.1893	197.8136	251.6377	319.4737	404.8072	511.9516	646.2349	814.2276	1024.0187	1285.5504	1611.0225	2015.3813
30	1.3478	1.8114	2.4273	3.2434	4.3219	5.7435	7.6123	10.0627	13.2577	17.4494	22.8923	29.9599	39.1159	50.9502	66.2118	85.8499	111.0647	143.3706	184.6753	237.3763	304.4816	389.7579	497.9129	634.8199	807.7936	1025.9267	1300.5038	1645.5046	2078.2190	2619.9956

附表 2

复利现值系数表

计算公式：$F=(1+i)^{-n}$

期数	1%	2%	3%	4%	5%	6%	7%	8%	9%	10%	11%	12%	13%	14%	15%	16%	17%	18%	19%	20%	21%	22%	23%	24%	25%	26%	27%	28%	29%	30%
1	0.9901	0.9804	0.9709	0.9615	0.9524	0.9434	0.9346	0.9259	0.9174	0.9091	0.9009	0.8929	0.885	0.8772	0.8696	0.8621	0.8547	0.8475	0.8403	0.8333	0.8264	0.8197	0.813	0.8065	0.8	0.7937	0.7874	0.7813	0.7752	0.7692
2	0.9803	0.9612	0.9426	0.9246	0.907	0.89	0.8734	0.8573	0.8417	0.8264	0.8116	0.7972	0.7831	0.7695	0.7561	0.7432	0.7305	0.7182	0.7062	0.6944	0.683	0.6719	0.661	0.6504	0.64	0.6299	0.62	0.6104	0.6009	0.5917
3	0.9706	0.9423	0.9151	0.889	0.8638	0.8396	0.8163	0.7938	0.7722	0.7513	0.7312	0.7118	0.6931	0.675	0.6575	0.6407	0.6244	0.6086	0.5934	0.5787	0.5645	0.5507	0.5374	0.5245	0.512	0.4999	0.4882	0.4768	0.4658	0.4552
4	0.961	0.9238	0.8885	0.8548	0.8227	0.7921	0.7629	0.735	0.7084	0.683	0.6587	0.6355	0.6133	0.5921	0.5718	0.5523	0.5337	0.5158	0.4987	0.4823	0.4665	0.4514	0.4369	0.423	0.4096	0.3968	0.3844	0.3725	0.3611	0.3501
5	0.9515	0.9057	0.8626	0.8219	0.7835	0.7473	0.713	0.6806	0.6499	0.6209	0.5935	0.5674	0.5428	0.5194	0.4972	0.4761	0.4561	0.4371	0.419	0.4019	0.3855	0.37	0.3552	0.3411	0.3277	0.3149	0.3027	0.291	0.2799	0.2693
6	0.942	0.888	0.8375	0.7903	0.7462	0.705	0.6663	0.6302	0.5963	0.5645	0.5346	0.5066	0.4803	0.4556	0.4323	0.4104	0.3898	0.3704	0.3521	0.3349	0.3186	0.3033	0.2888	0.2751	0.2621	0.2499	0.2383	0.2274	0.217	0.2072
7	0.9327	0.8706	0.8131	0.7599	0.7107	0.6651	0.6227	0.5835	0.547	0.5132	0.4817	0.4523	0.4251	0.3996	0.3759	0.3538	0.3332	0.3139	0.2959	0.2791	0.2633	0.2486	0.2348	0.2218	0.2097	0.1983	0.1877	0.1776	0.1682	0.1594
8	0.9235	0.8535	0.7894	0.7307	0.6768	0.6274	0.582	0.5403	0.5019	0.4665	0.4339	0.4039	0.3762	0.3506	0.3269	0.305	0.2848	0.266	0.2487	0.2326	0.2176	0.2038	0.1909	0.1789	0.1678	0.1574	0.1478	0.1388	0.1304	0.1226
9	0.9143	0.8368	0.7664	0.7026	0.6446	0.5919	0.5439	0.5002	0.4604	0.4241	0.3909	0.3606	0.3329	0.3075	0.2843	0.263	0.2434	0.2255	0.209	0.1938	0.1799	0.167	0.1552	0.1443	0.1342	0.1249	0.1164	0.1084	0.1011	0.0943
10	0.9053	0.8203	0.7441	0.6756	0.6139	0.5584	0.5083	0.4632	0.4224	0.3855	0.3522	0.322	0.2946	0.2697	0.2472	0.2267	0.208	0.1911	0.1756	0.1615	0.1486	0.1369	0.1262	0.1164	0.1074	0.0992	0.0916	0.0847	0.0784	0.0725
11	0.8963	0.8043	0.7224	0.6496	0.5847	0.5268	0.4751	0.4289	0.3875	0.3505	0.3173	0.2875	0.2607	0.2366	0.2149	0.1954	0.1778	0.1619	0.1476	0.1346	0.1228	0.1122	0.1026	0.0938	0.0859	0.0787	0.0721	0.0662	0.0607	0.0558
12	0.8874	0.7885	0.7014	0.6246	0.5568	0.497	0.444	0.3971	0.3555	0.3186	0.2858	0.2567	0.2307	0.2076	0.1869	0.1685	0.152	0.1372	0.124	0.1122	0.1015	0.092	0.0834	0.0757	0.0687	0.0625	0.0568	0.0517	0.0471	0.0429
13	0.8787	0.773	0.681	0.6006	0.5303	0.4688	0.415	0.3677	0.3262	0.2897	0.2575	0.2292	0.2042	0.1821	0.1625	0.1452	0.1299	0.1163	0.1042	0.0935	0.0839	0.0754	0.0678	0.061	0.055	0.0496	0.0447	0.0404	0.0365	0.033
14	0.87	0.7579	0.6611	0.5775	0.5051	0.4423	0.3878	0.3405	0.2992	0.2633	0.232	0.2046	0.1807	0.1597	0.1413	0.1252	0.111	0.0985	0.0876	0.0779	0.0693	0.0618	0.0551	0.0492	0.044	0.0393	0.0352	0.0316	0.0283	0.0254
15	0.8613	0.743	0.6419	0.5553	0.481	0.4173	0.3624	0.3152	0.2745	0.2394	0.209	0.1827	0.1599	0.1401	0.1229	0.1079	0.0949	0.0835	0.0736	0.0649	0.0573	0.0507	0.0448	0.0397	0.0352	0.0312	0.0277	0.0247	0.0219	0.0195
16	0.8528	0.7284	0.6232	0.5339	0.4581	0.3936	0.3387	0.2919	0.2519	0.2176	0.1883	0.1631	0.1415	0.1229	0.1069	0.093	0.0811	0.0708	0.0618	0.0541	0.0474	0.0415	0.0364	0.032	0.0281	0.0248	0.0218	0.0193	0.017	0.015
17	0.8444	0.7142	0.605	0.5134	0.4363	0.3714	0.3166	0.2703	0.2311	0.1978	0.1696	0.1456	0.1252	0.1078	0.0929	0.0802	0.0693	0.06	0.052	0.0451	0.0391	0.034	0.0296	0.0258	0.0225	0.0197	0.0172	0.015	0.0132	0.0116
18	0.836	0.7002	0.5874	0.4936	0.4155	0.3503	0.2959	0.2502	0.212	0.1799	0.1528	0.13	0.1108	0.0946	0.0808	0.0691	0.0592	0.0508	0.0437	0.0376	0.0323	0.0279	0.0241	0.0208	0.018	0.0156	0.0135	0.0118	0.0102	0.0089
19	0.8277	0.6864	0.5703	0.4746	0.3957	0.3305	0.2765	0.2317	0.1945	0.1635	0.1377	0.1161	0.0981	0.0829	0.0703	0.0596	0.0506	0.0431	0.0367	0.0313	0.0267	0.0229	0.0196	0.0168	0.0144	0.0124	0.0107	0.0092	0.0079	0.0068
20	0.8195	0.673	0.5537	0.4564	0.3769	0.3118	0.2584	0.2145	0.1784	0.1486	0.124	0.1037	0.0868	0.0728	0.0611	0.0514	0.0433	0.0365	0.0308	0.0261	0.0221	0.0187	0.0159	0.0135	0.0115	0.0098	0.0084	0.0072	0.0061	0.0053
21	0.8114	0.6598	0.5375	0.4388	0.3589	0.2942	0.2415	0.1987	0.1637	0.1351	0.1117	0.0926	0.0768	0.0638	0.0531	0.0443	0.037	0.0309	0.0259	0.0217	0.0183	0.0154	0.0129	0.0109	0.0092	0.0078	0.0066	0.0056	0.0048	0.004
22	0.8034	0.6468	0.5219	0.422	0.3418	0.2775	0.2257	0.1839	0.1502	0.1228	0.1007	0.0826	0.068	0.056	0.0462	0.0382	0.0316	0.0262	0.0218	0.0181	0.0151	0.0126	0.0105	0.0088	0.0074	0.0062	0.0052	0.0044	0.0037	0.0031
23	0.7954	0.6342	0.5067	0.4057	0.3256	0.2618	0.2109	0.1703	0.1378	0.1117	0.0907	0.0738	0.0601	0.0491	0.0402	0.0329	0.027	0.0222	0.0183	0.0151	0.0125	0.0103	0.0086	0.0071	0.0059	0.0049	0.0041	0.0034	0.0029	0.0024
24	0.7876	0.6217	0.4919	0.3901	0.3101	0.247	0.1971	0.1577	0.1264	0.1015	0.0817	0.0659	0.0532	0.0431	0.0349	0.0284	0.0231	0.0188	0.0154	0.0126	0.0103	0.0085	0.007	0.0057	0.0047	0.0039	0.0032	0.0027	0.0022	0.0018
25	0.7798	0.6095	0.4776	0.3751	0.2953	0.233	0.1842	0.146	0.116	0.0923	0.0736	0.0588	0.0471	0.0378	0.0304	0.0245	0.0197	0.016	0.0129	0.0105	0.0085	0.0069	0.0057	0.0046	0.0038	0.0031	0.0025	0.0021	0.0017	0.0014
26	0.772	0.5976	0.4637	0.3607	0.2812	0.2198	0.1722	0.1352	0.1064	0.0839	0.0663	0.0525	0.0417	0.0331	0.0264	0.0211	0.0169	0.0135	0.0109	0.0087	0.007	0.0057	0.0046	0.0037	0.003	0.0025	0.002	0.0016	0.0013	0.0011
27	0.7644	0.5859	0.4502	0.3468	0.2678	0.2074	0.1609	0.1252	0.0976	0.0763	0.0597	0.0469	0.0369	0.0291	0.023	0.0182	0.0144	0.0115	0.0091	0.0073	0.0058	0.0047	0.0037	0.003	0.0024	0.0019	0.0016	0.0013	0.001	0.0008
28	0.7568	0.5744	0.4371	0.3335	0.2551	0.1956	0.1504	0.1159	0.0895	0.0693	0.0538	0.0419	0.0326	0.0255	0.02	0.0157	0.0123	0.0097	0.0077	0.0061	0.0048	0.0038	0.003	0.0024	0.0019	0.0015	0.0012	0.001	0.0008	0.0006
29	0.7493	0.5631	0.4243	0.3207	0.2429	0.1846	0.1406	0.1073	0.0822	0.063	0.0485	0.0374	0.0289	0.0224	0.0174	0.0135	0.0105	0.0082	0.0064	0.0051	0.004	0.0031	0.0025	0.002	0.0015	0.0012	0.001	0.0008	0.0006	0.0005
30	0.7419	0.5521	0.412	0.3083	0.2314	0.1741	0.1314	0.0994	0.0754	0.0573	0.0437	0.0334	0.0256	0.0196	0.0151	0.0116	0.009	0.007	0.0054	0.0042	0.0033	0.0026	0.002	0.0016	0.0012	0.001	0.0008	0.0006	0.0005	0.0004

附表 3

年金终值系数表

计算公式：$F=\frac{(1+i)\ n-1}{i}$

期数	1%	2%	3%	4%	5%	6%	7%	8%	9%	10%	11%	12%	13%	14%	15%	16%	17%	18%	19%	20%	21%	22%	23%	24%	25%	26%	27%	28%	29%	30%
1	1.0000	1.0000	1.0000	1.0000	1.0000	1.0000	1.0000	1.0000	1.0000	1.0000	1.0000	1.0000	1.0000	1.0000	1.0000	1.0000	1.0000	1.0000	1.0000	1.0000	1.0000	1.0000	1.0000	1.0000	1.0000	1.0000	1.0000	1.0000	1.0000	1.0000
2	2.0100	2.0200	2.0300	2.0400	2.0500	2.0600	2.0700	2.0800	2.0900	2.1000	2.1100	2.1200	2.1300	2.1400	2.1500	2.1600	2.1700	2.1800	2.1900	2.2000	2.2100	2.2200	2.2300	2.2400	2.2500	2.2600	2.2700	2.2800	2.2900	2.3000
3	3.0301	3.0604	3.0909	3.1216	3.1525	3.1836	3.2149	3.2464	3.2781	3.3100	3.3421	3.3744	3.4069	3.4396	3.4725	3.5056	3.5389	3.5724	3.6061	3.6400	3.6741	3.7084	3.7429	3.7776	3.8125	3.8476	3.8829	3.9184	3.9541	3.9900
4	4.0604	4.1216	4.1836	4.2465	4.3101	4.3746	4.4399	4.5061	4.5731	4.6410	4.7097	4.7793	4.8498	4.9211	4.9934	5.0665	5.1405	5.2154	5.2913	5.3680	5.4457	5.5242	5.6038	5.6842	5.7656	5.8480	5.9313	6.0156	6.1008	6.1870
5	5.1010	5.2040	5.3091	5.4163	5.5256	5.6371	5.7507	5.8666	5.9847	6.1051	6.2278	6.3528	6.4803	6.6101	6.7424	6.8771	7.0144	7.1542	7.2966	7.4416	7.5892	7.7396	7.8926	8.0484	8.2070	8.3684	8.5327	8.6999	8.8700	9.0431
6	6.1520	6.3081	6.4684	6.6330	6.8019	6.9753	7.1533	7.3359	7.5233	7.7156	7.9129	8.1152	8.3227	8.5355	8.7537	8.9775	9.2068	9.4420	9.6830	9.9299	10.1830	10.4423	10.7079	10.9801	11.2588	11.5442	11.8366	12.1359	12.4423	12.7560
7	7.2135	7.4343	7.6625	7.8983	8.1420	8.3938	8.6540	8.9228	9.2004	9.4872	9.7833	10.0890	10.4047	10.7305	11.0668	11.4139	11.7720	12.1415	12.5227	12.9159	13.3214	13.7396	14.1708	14.6153	15.0735	15.5458	16.0324	16.5339	17.0506	17.5828
8	8.2857	8.5830	8.8923	9.2142	9.5491	9.8975	10.2598	10.6366	11.0285	11.4359	11.8594	12.2997	12.7573	13.2328	13.7268	14.2401	14.7733	15.3270	15.9020	16.4991	17.1189	17.7623	18.4300	19.1229	19.8419	20.5876	21.3612	22.1634	22.9953	23.8577
9	9.3685	9.7546	10.1591	10.5828	11.0266	11.4913	11.9780	12.4876	13.0210	13.5795	14.1640	14.7757	15.4157	16.0853	16.7858	17.5185	18.2847	19.0859	19.9234	20.7989	21.7139	22.6700	23.6690	24.7125	25.8023	26.9404	28.1287	29.3692	30.6639	32.0150
10	10.4622	10.9497	11.4639	12.0061	12.5779	13.1808	13.8164	14.4866	15.1929	15.9374	16.7220	17.5487	18.4197	19.3373	20.3037	21.3215	22.3931	23.5213	24.7089	25.9587	27.2738	28.6574	30.1128	31.6434	33.2529	34.9449	36.7235	38.5926	40.5564	42.6195
11	11.5668	12.1687	12.8078	13.4864	14.2068	14.9716	15.7836	16.6455	17.5603	18.5312	19.5614	20.6546	21.8143	23.0445	24.3493	25.7329	27.1999	28.7551	30.4035	32.1504	34.0013	35.9620	38.0388	40.2379	42.5661	45.0306	47.6388	50.3985	53.3178	56.4053
12	12.6825	13.4121	14.1920	15.0258	15.9171	16.8699	17.8885	18.9771	20.1407	21.3843	22.7132	24.1331	25.6502	27.2707	29.0017	30.8502	32.8239	34.9311	37.1802	39.5805	42.1416	44.8737	47.7877	50.8950	54.2077	57.7386	61.5013	65.5100	69.7800	74.3270
13	13.8093	14.6803	15.6178	16.6268	17.7130	18.8821	20.1406	21.4953	22.9534	24.5227	26.2116	28.0291	29.9847	32.0887	34.3519	36.7862	39.4040	42.2187	45.2445	48.4966	51.9913	55.7459	59.7788	64.1097	68.7596	73.7506	79.1066	84.8529	91.0161	97.6250
14	14.9474	15.9739	17.0863	18.2919	19.5986	21.0151	22.5505	24.2149	26.0192	27.9750	30.0949	32.3926	34.8827	37.5811	40.5047	43.6720	47.1027	50.8180	54.8409	59.1959	63.9095	69.0100	74.5280	80.4961	86.9495	93.9258	101.4654	109.6117	118.4108	127.9125
15	16.0969	17.2934	18.5989	20.0236	21.5786	23.2760	25.1290	27.1521	29.3609	31.7725	34.4054	37.2797	40.4175	43.8424	47.5804	51.6595	56.1101	60.9653	66.2607	72.0351	78.3305	85.1922	92.6694	100.8151	109.6868	119.3465	129.8611	141.3029	153.7500	167.2863
16	17.2579	18.6393	20.1569	21.8245	23.6575	25.6725	27.8881	30.3243	33.0034	35.9497	39.1899	42.7533	46.6717	50.9804	55.7175	60.9250	66.6488	72.9390	79.8502	87.4421	95.7799	104.9345	114.9834	126.0108	138.1085	151.3766	165.9236	181.8677	199.3374	218.4722
17	18.4304	20.0121	21.7616	23.6975	25.8404	28.2129	30.8402	33.7502	36.9737	40.5447	44.5008	48.8837	53.7391	59.1176	65.0751	71.6730	78.9792	87.0680	96.0218	105.9306	116.8937	129.0201	142.4295	157.2534	173.6357	191.7345	211.7230	233.7907	258.1453	285.0139
18	19.6147	21.4123	23.4144	25.6454	28.1324	30.9057	33.9990	37.4502	41.3013	45.5992	50.3959	55.7497	61.7251	68.3941	75.8364	84.1407	93.4056	103.7403	115.2659	128.1167	142.4413	158.4045	176.1883	195.9942	218.0446	242.5855	269.8882	300.2521	334.0074	371.5180
19	20.8109	22.8406	25.1169	27.6712	30.5390	33.7600	37.3790	41.4463	46.0185	51.1591	56.9395	63.4397	70.7494	78.9692	88.2118	98.6032	110.2846	123.4135	138.1664	154.7400	173.3540	194.2535	217.7116	244.0328	273.5558	306.6577	343.7580	385.3227	431.8696	483.9734
20	22.0190	24.2974	26.8704	29.7781	33.0660	36.7856	40.9955	45.7620	51.1601	57.2750	64.2028	72.0524	80.9468	91.0249	102.4436	115.3797	130.0329	146.6280	165.4180	186.6880	210.7584	237.9893	268.7853	303.6006	342.9447	387.3887	437.5726	494.2131	558.1118	630.1655
21	23.2392	25.7833	28.6765	31.9692	35.7193	39.9927	44.8652	50.4229	56.7645	64.0025	72.2651	81.6987	92.4699	104.7684	118.8101	134.8405	153.1385	174.0210	197.8474	225.0256	256.0176	291.3469	331.6059	377.4648	429.6809	489.1098	556.7173	633.5927	720.9642	820.2151
22	24.4716	27.2990	30.5368	34.2480	38.5052	43.3923	49.0057	55.4568	62.8733	71.4027	81.2143	92.5026	105.4910	120.4360	137.6316	157.4150	180.1721	206.3448	236.4385	271.0307	310.7813	356.4432	408.8753	469.0563	538.1011	617.2783	708.0309	811.9987	931.0438	1067.2796
23	25.7163	28.8450	32.4529	36.6179	41.4305	46.9958	53.4361	60.8933	69.5319	79.5430	91.1479	104.6029	120.2048	138.2970	159.2764	183.6014	211.8013	244.4868	282.3618	326.2369	377.0454	435.8607	503.9166	582.6298	673.6264	778.7707	900.1993	1040.3583	1202.0465	1388.4635
24	26.9735	30.4219	34.4265	39.0826	44.5020	50.8156	58.1767	66.7648	76.7898	88.4973	102.1742	118.1552	136.8315	158.6586	184.1678	213.9776	248.8076	289.4945	337.0105	392.4842	457.2249	532.7501	620.8174	723.4610	843.0329	982.2511	1144.2531	1332.6586	1551.6400	1806.0026
25	28.2432	32.0303	36.4593	41.6459	47.7271	54.8645	63.2490	73.1059	84.7009	98.3471	114.4133	133.3339	155.6196	181.8708	212.7930	249.2140	292.1049	342.6035	402.0425	471.9811	554.2422	650.9551	764.6054	898.0916	1054.7912	1238.6363	1454.2014	1706.8031	2002.6156	2348.8033
26	29.5256	33.6709	38.5530	44.3117	51.1135	59.1564	68.6765	79.9544	93.3240	109.1818	127.9988	150.3339	176.8501	208.3327	245.7120	290.0883	342.7627	405.2721	479.4306	567.3773	671.6330	795.1653	941.4647	1114.6336	1319.4890	1561.6818	1847.8358	2185.7079	2584.3741	3054.4443
27	30.8209	35.3443	40.7096	47.0842	54.6691	63.7058	74.4838	87.3508	102.7231	121.0999	143.0786	169.3740	200.8406	238.4993	283.5688	337.5024	402.0323	479.2211	571.5224	681.8528	813.6759	971.1016	1159.0016	1383.1457	1650.3612	1968.7191	2347.7515	2798.7061	3334.8426	3971.7776
28	32.1291	37.0512	42.9309	49.9676	58.4026	68.5281	80.6977	95.3388	112.9682	134.2099	159.8173	190.6989	227.9499	272.8892	327.1041	392.5028	471.3778	566.4809	681.1116	819.2233	985.5479	1185.7440	1426.5719	1716.1007	2063.9515	2481.5860	2982.6444	3583.3438	4302.9470	5164.3109
29	33.4504	38.7922	45.2189	52.9663	62.3227	73.6398	87.3465	103.9659	124.1354	148.6309	178.3972	214.5828	258.5834	312.0937	377.1697	456.3032	552.5121	669.4475	811.5228	984.0680	1193.5129	1447.6077	1755.6835	2128.9648	2580.9394	3127.7984	3788.9583	4587.6801	5551.8016	6714.6042
30	34.7849	40.5681	47.5754	56.0849	66.4388	79.0582	94.4608	113.2832	136.3075	164.4940	199.0209	241.3327	293.1992	356.7868	434.7451	530.3117	647.4391	790.9480	966.7122	1181.8816	1445.1507	1767.0813	2160.4907	2640.9164	3227.1743	3942.0260	4812.9771	5873.2306	7162.8241	8729.9855

附表 4

年金现值系数表

计算公式：$P=\frac{1-(1+i)^{-n}}{i}$

期数	1%	2%	3%	4%	5%	6%	7%	8%	9%	10%	11%	12%	13%	14%	15%	16%	17%	18%	19%	20%	21%	22%	23%	24%	25%	26%	27%	28%	29%	30%
1	0.9901	0.9804	0.9709	0.9615	0.9524	0.9434	0.9346	0.9259	0.9174	0.9091	0.9009	0.8929	0.885	0.8772	0.8696	0.8621	0.8547	0.8475	0.8403	0.8333	0.8264	0.8197	0.813	0.8065	0.8	0.7937	0.7874	0.7813	0.7752	0.7692
2	1.9704	1.9416	1.9135	1.8861	1.8594	1.8334	1.808	1.7833	1.7591	1.7355	1.7125	1.6901	1.6681	1.6467	1.6257	1.6052	1.5852	1.5656	1.5465	1.5278	1.5095	1.4915	1.474	1.4568	1.44	1.4235	1.4074	1.3916	1.3761	1.3609
3	2.941	2.8839	2.8286	2.7751	2.7232	2.673	2.6243	2.5771	2.5313	2.4869	2.4437	2.4018	2.3612	2.3216	2.2832	2.2459	2.2096	2.1743	2.1399	2.1065	2.0739	2.0422	2.0114	1.9813	1.952	1.9234	1.8956	1.8684	1.842	1.8161
4	3.902	3.8077	3.7171	3.6299	3.546	3.4651	3.3872	3.3121	3.2397	3.1699	3.1024	3.0373	2.9745	2.9137	2.855	2.7982	2.7432	2.6901	2.6386	2.5887	2.5404	2.4936	2.4483	2.4043	2.3616	2.3202	2.28	2.241	2.2031	2.1662
5	4.8534	4.7135	4.5797	4.4518	4.3295	4.2124	4.1002	3.9927	3.8897	3.7908	3.6959	3.6048	3.5172	3.4331	3.3522	3.2743	3.1993	3.1272	3.0576	2.9906	2.926	2.8636	2.8035	2.7454	2.6893	2.6351	2.5827	2.532	2.483	2.4356
6	5.7955	5.6014	5.4172	5.2421	5.0757	4.9173	4.7665	4.6229	4.4859	4.3553	4.2305	4.1114	3.9975	3.8887	3.7845	3.6847	3.5892	3.4976	3.4098	3.3255	3.2446	3.1669	3.0923	3.0205	2.9514	2.885	2.821	2.7594	2.7	2.6427
7	6.7282	6.472	6.2303	6.0021	5.7864	5.5824	5.3893	5.2064	5.033	4.8684	4.7122	4.5638	4.4226	4.2883	4.1604	4.0386	3.9224	3.8115	3.7057	3.6046	3.5079	3.4155	3.327	3.2423	3.1611	3.0833	3.0087	2.937	2.8682	2.8021
8	7.6517	7.3255	7.0197	6.7327	6.4632	6.2098	5.9713	5.7466	5.5348	5.3349	5.1461	4.9676	4.7988	4.6389	4.4873	4.3436	4.2072	4.0776	3.9544	3.8372	3.7256	3.6193	3.5179	3.4212	3.3289	3.2407	3.1564	3.0758	2.9986	2.9247
9	8.566	8.1622	7.7861	7.4353	7.1078	6.8017	6.5152	6.2469	5.9952	5.759	5.537	5.3282	5.1317	4.9464	4.7716	4.6065	4.4506	4.303	4.1633	4.031	3.9054	3.7863	3.6731	3.5655	3.4631	3.3657	3.2728	3.1842	3.0997	3.019
10	9.4713	8.9826	8.5302	8.1109	7.7217	7.3601	7.0236	6.7101	6.4177	6.1446	5.8892	5.6502	5.4262	5.2161	5.0188	4.8332	4.6586	4.4941	4.3389	4.1925	4.0541	3.9232	3.7993	3.6819	3.5705	3.4648	3.3644	3.2689	3.1781	3.0915
11	10.3676	9.7868	9.2526	8.7605	8.3064	7.8869	7.4987	7.139	6.8052	6.4951	6.2065	5.9377	5.6869	5.4527	5.2337	5.0286	4.8364	4.656	4.4865	4.3271	4.1769	4.0354	3.9018	3.7757	3.6564	3.5435	3.4365	3.3351	3.2388	3.1473
12	11.2551	10.5753	9.954	9.3851	8.8633	8.3838	7.9427	7.5361	7.1607	6.8137	6.4924	6.1944	5.9176	5.6603	5.4206	5.1971	4.9884	4.7932	4.6105	4.4392	4.2784	4.1274	3.9852	3.8514	3.7251	3.6059	3.4933	3.3868	3.2859	3.1903
13	12.1337	11.3484	10.635	9.9856	9.3936	8.8527	8.3577	7.9038	7.4869	7.1034	6.7499	6.4235	6.1218	5.8424	5.5831	5.3423	5.1183	4.9095	4.7147	4.5327	4.3624	4.2028	4.053	3.9124	3.7801	3.6555	3.5381	3.4272	3.3224	3.2233
14	13.0037	12.1062	11.2961	10.5631	9.8986	9.295	8.7455	8.2442	7.7862	7.3667	6.9819	6.6282	6.3025	6.0021	5.7245	5.4675	5.2293	5.0081	4.8023	4.6106	4.4317	4.2646	4.1082	3.9616	3.8241	3.6949	3.5733	3.4587	3.3507	3.2487
15	13.8651	12.8493	11.9379	11.1184	10.3797	9.7122	9.1079	8.5595	8.0607	7.6061	7.1909	6.8109	6.4624	6.1422	5.8474	5.5755	5.3242	5.0916	4.8759	4.6755	4.489	4.3152	4.153	4.0013	3.8593	3.7261	3.601	3.4834	3.3726	3.2682
16	14.7179	13.5777	12.5611	11.6523	10.8378	10.1059	9.4466	8.8514	8.3126	7.8237	7.3792	6.974	6.6039	6.2651	5.9542	5.6685	5.4053	5.1624	4.9377	4.7296	4.5364	4.3567	4.1894	4.0333	3.8874	3.7509	3.6228	3.5026	3.3896	3.2832
17	15.5623	14.2919	13.1661	12.1657	11.2741	10.4773	9.7632	9.1216	8.5436	8.0216	7.5488	7.1196	6.7291	6.3729	6.0472	5.7487	5.4746	5.2223	4.9897	4.7746	4.5755	4.3908	4.219	4.0591	3.9099	3.7705	3.64	3.5177	3.4028	3.2948
18	16.3983	14.992	13.7535	12.6593	11.6896	10.8276	10.0591	9.3719	8.7556	8.2014	7.7016	7.2497	6.8399	6.4674	6.128	5.8178	5.5339	5.2732	5.0333	4.8122	4.6079	4.4187	4.2431	4.0799	3.9279	3.7861	3.6536	3.5294	3.413	3.3037
19	17.226	15.6785	14.3238	13.1339	12.0853	11.1581	10.3356	9.6036	8.9501	8.3649	7.8393	7.3658	6.938	6.5504	6.1982	5.8775	5.5845	5.3162	5.07	4.8435	4.6346	4.4415	4.2627	4.0967	3.9424	3.7985	3.6642	3.5386	3.421	3.3105
20	18.0456	16.3514	14.8775	13.5903	12.4622	11.4699	10.594	9.8181	9.1285	8.5136	7.9633	7.4694	7.0248	6.6231	6.2593	5.9288	5.6278	5.3527	5.1009	4.8696	4.6567	4.4603	4.2786	4.1103	3.9539	3.8083	3.6726	3.5458	3.4271	3.3158
21	18.857	17.0112	15.415	14.0292	12.8212	11.7641	10.8355	10.0168	9.2922	8.6487	8.0751	7.562	7.1016	6.687	6.3125	5.9731	5.6648	5.3837	5.1268	4.8913	4.675	4.4756	4.2916	4.1212	3.9631	3.8161	3.6792	3.5514	3.4319	3.3198
22	19.6604	17.658	15.9369	14.4511	13.163	12.0416	11.0612	10.2007	9.4424	8.7715	8.1757	7.6446	7.1695	6.7429	6.3587	6.0113	5.6964	5.4099	5.1486	4.9094	4.69	4.4882	4.3021	4.13	3.9705	3.8223	3.6844	3.5558	3.4356	3.323
23	20.4558	18.2922	16.4436	14.8568	13.4886	12.3034	11.2722	10.3711	9.5802	8.8832	8.2664	7.7184	7.2297	6.7921	6.3988	6.0442	5.7234	5.4321	5.1668	4.9245	4.7025	4.4985	4.3106	4.1371	3.9764	3.8273	3.6885	3.5592	3.4384	3.3254
24	21.2434	18.9139	16.9355	15.247	13.7986	12.5504	11.4693	10.5288	9.7066	8.9847	8.3481	7.7843	7.2829	6.8351	6.4338	6.0726	5.7465	5.4509	5.1822	4.9371	4.7128	4.507	4.3176	4.1428	3.9811	3.8312	3.6918	3.5619	3.4406	3.3272
25	22.0232	19.5235	17.4131	15.6221	14.0939	12.7834	11.6536	10.6748	9.8226	9.077	8.4217	7.8431	7.33	6.8729	6.4641	6.0971	5.7662	5.4669	5.1951	4.9476	4.7213	4.5139	4.3232	4.1474	3.9849	3.8342	3.6943	3.564	3.4423	3.3286
26	22.7952	20.121	17.8768	15.9828	14.3752	13.0032	11.8258	10.81	9.929	9.1609	8.4881	7.8957	7.3717	6.9061	6.4906	6.1182	5.7831	5.4804	5.206	4.9563	4.7284	4.5196	4.3278	4.1511	3.9879	3.8367	3.6963	3.5656	3.4437	3.3297
27	23.5596	20.7069	18.327	16.3296	14.643	13.2105	11.9867	10.9352	10.0266	9.2372	8.5478	7.9426	7.4086	6.9352	6.5135	6.1364	5.7975	5.4919	5.2151	4.9636	4.7342	4.5243	4.3316	4.1542	3.9903	3.8387	3.6979	3.5669	3.4447	3.3305
28	24.3164	21.2813	18.7641	16.6631	14.8981	13.4062	12.1371	11.0511	10.1161	9.3066	8.6016	7.9844	7.4412	6.9607	6.5335	6.152	5.8099	5.5016	5.2228	4.9697	4.739	4.5281	4.3346	4.1566	3.9923	3.8402	3.6991	3.5679	3.4455	3.3312
29	25.0658	21.8444	19.1885	16.9837	15.1411	13.5907	12.2777	11.1584	10.1983	9.3696	8.6501	8.0218	7.4701	6.983	6.5509	6.1656	5.8204	5.5098	5.2292	4.9747	4.743	4.5312	4.3371	4.1585	3.9938	3.8414	3.7001	3.5687	3.4461	3.3317
30	25.8077	22.3965	19.6004	17.292	15.3725	13.7648	12.409	11.2578	10.2737	9.4269	8.6938	8.0552	7.4957	7.0027	6.566	6.1772	5.8294	5.5168	5.2347	4.9789	4.7463	4.5338	4.3391	4.1601	3.995	3.8424	3.7009	3.5693	3.4466	3.3321